Christophe André
Unvollkommen, glücklich und frei

Christophe André

Unvollkommen, glücklich und frei

Die Kraft des Selbstbewusstseins

Aus dem Französischen
von Karin Schreiner
unter Mitarbeit
von Gerhard Schmitz

Patmos

Titel der französischen Originalausgabe:
Imparfaits, libres et heureux. Pratiques de l'estime de soi.
Odile Jacob, Paris 2006

Bibliografische Information der Deutschen Nationalbibliothek

Die Deutsche Nationalbibliothek verzeichnet diese Publikation
in der Deutschen Nationalbibliografie; detaillierte bibliografische Daten
sind im Internet über http://dnb.d-nb.de abrufbar.

Für die französische Originalausgabe:
© Odile Jacob, 2006
Für die deutsche Übersetzung:
© 2007 Patmos Verlag GmbH & Co. KG, Düsseldorf
Alle Rechte vorbehalten
Printed in Germany
ISBN 978-3-491-42101-1
www.patmos.de

Mein Buch soll dich lehren,
dich mehr für dich selbst zu interessieren
als für es selbst,
und mehr für alles andere
als für dich selbst.

                        André Gide, *Uns nährt die Erde*

Inhalt

Wie geht es Ihnen? 11

1. Teil: All das gehört zum Selbstwertgefühl 17
1. Kapitel: Das Programm 18
2. Kapitel: Das Wichtigste über das Selbstwertgefühl 19
3. Kapitel: Was ist ein gesundes Selbstwertgefühl? 26
4. Kapitel: Schwankungen des Selbstwertgefühls 35
5. Kapitel: Das verletzbare Selbstwertgefühl:
   Höhen und Tiefen 43
6. Kapitel: Nachhaltige Entwicklung des Selbstwertgefühls ... 57
7. Kapitel: Das Selbstwertgefühl beginnt damit,
   dass man sich selbst annimmt 64
8. Kapitel: Meine Motorrollerbox 73

2. Teil: Auf sich achten 75
9. Kapitel: Das Sich-selbst-Annehmen praktizieren 76
10. Kapitel: Sich nicht mehr bewerten 88
11. Kapitel: Mit sich selbst sprechen 96
12. Kapitel: Gewaltloser Umgang mit sich selbst:
    Hör auf, dir weh zu tun! 104
13. Kapitel: Der Kampf gegen die eigenen Komplexe 109
14. Kapitel: Das Selbstwertgefühl vor schlechten Einflüssen,
    Werbung und gesellschaftlichem Druck schützen 117
15. Kapitel: Sich zuhören, sich respektieren und
    selbstsicher werden 124

16. Kapitel: Unvollkommen sein: Der Mut zur Schwäche 132
17. Kapitel: Sich um seine Stimmung kümmern 140
18. Kapitel: Sich selbst der beste Freund sein 148
19. Kapitel: »Beim Abendessen zwischen zwei Prominenten« .. 152

3. Teil: Mit den anderen leben 157
20. Kapitel: Der unerträgliche Schmerz sozialer Ablehnung ... 158
21. Kapitel: Der Kampf gegen die Angst vor Ablehnung 168
22. Kapitel: Die Angst vor Gleichgültigkeit und der Wunsch nach Anerkennung: Leben unter dem Blick der anderen ... 177
23. Kapitel: Liebe, Zuneigung, Freundschaft, Sympathie: Die Suche nach der Wertschätzung durch andere 185
24. Kapitel: Die Angst vor Lächerlichkeit und der Kampf gegen Scham und verletzte Selbstliebe 190
25. Kapitel: Die sozialen Beziehungen richtig aufschienen: Dem unwiderstehlichen Reflex des Vergleichens misstrauen und nutzlosen Wettbewerb ablehnen 196
26. Kapitel: Neid und Eifersucht: Die Emotionen des Selbstzweifels und ihre Heilmittel 203
27. Kapitel: Nicht misstrauen, sondern vertrauen: Die Vorteile überwiegen die Nachteile 207
28. Kapitel: Nicht mehr werten: Die anderen anzunehmen hat Vorteile 215
29. Kapitel: Freundlichkeit, Dankbarkeit, Bewunderung: Das Band mit den anderen stärkt das Band mit uns selbst . 225
30. Kapitel: Die Frage nach dem Selbstwertgefühl anders stellen: Seinen Platz unter den anderen finden 233
31. Kapitel: Narziss 241

4. Teil: Etwas tun – dadurch ändert sich alles! 243
32. Kapitel: Handeln und Selbstwertgefühl: Sich bewegen, um sich wertzuschätzen 244
33. Kapitel: Etwas tun – ohne Druck von außen: Regeln für ein gelassenes Handeln 250

34. Kapitel: Kann man die Angst vor Misserfolg loswerden? ... 260
35. Kapitel: Die Autonomie gegenüber Erfolg, Gelingen und Bestätigung: Wie gleichgültig soll man werden? Oder wie frei 267
36. Kapitel: Die Psychologie des Bedauerns ... 271
37. Kapitel: Der kleine braune Bär ist stolz auf sich ... 275

5. Teil: Sich selbst vergessen ... 277
38. Kapitel: Die Stille des Selbstwertgefühls ... 278
39. Kapitel: Seine Gegenwärtigkeit verstärken ... 284
40. Kapitel: In dem, was man tut, ganz aufgehen ... 291
41. Kapitel: Demut: Wie weit soll man sich zurücknehmen? ... 295
42. Kapitel: Das Selbstwertgefühl, der Sinn des Lebens und die Furcht vor dem Tod ... 301
43. Kapitel: Der alte arabische Herr und der Fernseher ... 307

Schluss ... 311

Anmerkungen ... 312
Weiterführende Literatur ... 330

Wie geht es Ihnen?

> *Die Menschen unterscheiden sich durch das,*
> *was sie von sich zeigen, und gleichen sich in dem,*
> *was sie von sich verstecken.*
> Paul Valéry

Es geht uns allen sehr gut, wir sind alle sehr zufrieden mit uns...

Wer kommt in den Himmel?

Als diese Frage im Jahre 1997 in den USA im Rahmen einer Umfrage gestellt wurde, nannten 52 Prozent Bill Clinton, 60 Prozent Lady Diana und 65 Prozent den Basketballspieler Michael Jordan.

Mutter Teresa erhielt mit 79 Prozent die meisten Stimmen. Die meisten? Nicht ganz... Auf die Frage: »Und wie stehen Ihre eigenen Chancen, in den Himmel zu kommen?« gab es 87 Prozent positive Antworten![1]

Selbstironie? Sicher, zum Teil schon. Man kann aber davon ausgehen, dass die meisten Antworten ernst gemeint waren. In der Sozialpsychologie ist diese sympathische Selbstzufriedenheit übrigens gut bekannt: Die meisten von uns fühlen sich immer »etwas besser als der Durchschnitt«.[2] So schätzen sich 90 Prozent der Führungskräfte und der Universitätsprofessoren in Bezug darauf, wie gut sie ihre Funktion erfüllen, als eher besser denn der Durchschnitt ein. Mehr als 96 Prozent der Studenten glauben, ihre Fähigkeiten liegen über dem Durchschnitt dessen, worüber man verfügen muss, um als gut gelten zu können.³ Die meisten schätzen sich als eher kompetenter, intelligenter und umgänglicher denn der Durchschnitt ein. Sie glauben, bessere Autofahrer zu sein, einen besseren Geschmack zu haben, und vieles andere mehr.⁴ Insgesamt geht aus diesen Umfragen hervor, dass sich 67 bis 96 Prozent der Befragten im Vergleich zu ihrer Peergroup höher bewerten.⁵ Und das ganz ohne dass es ihnen bewusst ist: Die meisten glauben nämlich nicht, dass sie sich höher bewerten, sondern finden, dass die Mehrheit der anderen dies tue. In dieser Einstellung liegt keine Geringschätzung der anderen. Sie bedeutet nicht notwendig, dass man die anderen herabsetzt: Man wertet sie ja nicht ab, man bewertet sich selbst einfach nur höher.⁶

Nun, wir sind uns einig – mir geht's gut, ich fühle mich bestens, Ihnen geht's gut, Sie fühlen sich bestens. Und gar besser als die anderen. Somit läuft alles bestens auf unserer schönen Welt.

Nicht so rasch! Und nicht so simpel!

Alles läuft gut, aber nur, solange kein Sturm aufkommt ...

Zunächst: Diese höhere Selbstbewertung zeigt sich mehr gegenüber leichteren als gegenüber schwierigeren Aufgaben. So sind Sie wahrscheinlich der Ansicht, dass Sie auf trockener Fahrbahn besser Auto fahren als Ihre Mitmenschen. Wenn es aber um eine vereiste Fahrbahn geht, dann sind Sie sich nicht mehr so sicher. In schwierigen Situationen tendieren wir eher dazu, uns etwas *unter* dem Durchschnitt einzuschätzen.⁷ Was aber nützt ein Selbstwertgefühl, das in einer schwierigeren Situation sofort brüchig wird?

Zusätzliches Problem: Diese stillschweigende Selbstüberschätzung kann unter bestimmten Bedingungen in Verbitterung, Böswilligkeit und Feindseligkeit umschlagen. Wenn man zum Beispiel Personen an Aufgaben, die man ihnen als einfach dargestellt hat, scheitern lässt oder sie glauben macht, man lehne sie ab, dann fangen sie nicht nur an, an sich selbst zu zweifeln, sondern werten auch die anderen ab und werden intoleranter und starrsinniger als zu Beginn.

Verletzungen des Selbstwertgefühls nehmen uns also ziemlich mit. Zuweilen tun sie das derart, dass wir uns nicht daran hindern können zu denken, diese zur Schau gestellte Zufriedenheit mit sich selbst – solange sie ungestört und fernab aller Schwierigkeiten ist – sei bei den meisten von uns nur eine fragile Fassade. Die sofort Risse bekommt, wenn es von der Absicht zur Tat, vom Leichten zum Schwierigen, vom Vertrauten zum Unbekannten, von der Ruhe zur Bedrohung, von der Theorie zur Praxis geht...

Sturmböen über dem Selbstwertgefühl

Sobald das Leben schwierig wird, treten die Unzulänglichkeiten unseres Selbstwertgefühls unbarmherzig zu Tage.[8] Bei den Verletzlicheren unter uns – verletzlich auf Grund dessen, wie sie psychisch gebaut sind, oder wegen ihrer gesellschaftlichen Schwierigkeiten (isolierte Menschen, Menschen in prekären Beschäftigungsverhältnissen, Arbeitslose) – ist gegen diese Einbrüche des Selbstwertgefühls nichts zu machen, sie speisen dann vielfältige Formen mentalen Leidens. Aus der Nähe betrachtet entdeckt man einen wichtigen Zusammenhang zwischen den Problemen mit dem Selbstwertgefühl und den meisten psychischen Störungen, seien es Depressionen,[9] Ängste,[10] Alkoholismus, Drogensucht in der Adoleszenz[11] oder Essstörungen.[12] Verfügt der durchschnittliche Bewohner des Abendlandes wirklich über ein so gesundes Selbstwertgefühl? Das ist alles andere als sicher.

Ein Lerchenspiegel?

Wie steht es also wirklich mit dem Selbstwertgefühl der Menschen, die von sich so gern behaupten, »etwas über dem Durchschnitt« zu sein?

Welche Erklärung gibt es für dieses absurde Bedürfnis, größere, schnellere, luxuriösere Autos zu haben? Und wenn wir sie dann haben, warum wollen wir sie unbedingt herzeigen oder damit viel schneller fahren als erlaubt? Wie lässt sich unsere Unterwerfung unter die Mode erklären, die dazu führt, dass wir ein noch fast neues Kleidungsstück plötzlich altmodisch finden? Und wer überzeugt uns davon, dass man jedes Jahr neue kaufen muss? Wie lässt sich dieses Bedürfnis erklären, einen Haufen nutzloser Dinge zu besitzen, wenn nicht damit, dass es die Konsequenz all dieser Schmeicheleien des Selbstwertgefühls von uns Verbrauchern ist? »Weil Sie es wert sind« oder »Wo immer Sie wollen, wann immer Sie wollen«.

Haben wir nichts anderes als diese Liebedienereien, womit wir unser Ego füttern können? Sind wir so schwach, dass wir uns nicht mehr wehren können gegen die Diktatur der äußeren Erscheinung, der Jugend, der Schlankheit, die uns von den Zeitschriften und den Händlern des Scheins aufgedrängt werden? Oder sind wir von uns selbst so sehr überzeugt, dass wir nicht mehr erkennen, wie leicht wir in diese plumpen Fallen tappen?

Zu viel Nabelschau?

Glaubt man den Philosophen, Soziologen und Politologen, dann ersticken wir langsam unter unserem Ego. Ihnen zufolge führt der ständig wachsende Individualismus des modernen Menschen dazu, dass wir immer träger, immer unpolitischer, immer nachgiebiger und selbstgefälliger werden. Sollte das Selbstwertgefühl letztlich nur Egotismus und Nabelschau sein? Ist es nur Narzissmus? Ist es ein Abfallprodukt der Verantwortungslosigkeit von Gesellschaften, die mit ihrer Gewalttätigkeit oder ihren Lügen fließbandartig Individuen erzeugen, die davon überzeugt sind, nur überleben zu können, wenn sie mehr gelten als die anderen? Die Erhöhung des Selbstwertgefühls würde also zu einem Ich-Kult führen, bei dem altruistische Werte, die für das Leben in der Gesellschaft notwendig sind, auf der Strecke bleiben.

Diese Kritik ist nicht neu. Schon immer wurde die exzessive Beschäftigung mit sich selbst als eine Gefahr für den Einzelnen wie auch für die Gesellschaft angesehen. Nehmen wir Pascal: »Das Ich ist hassenswert.« Oder Kant: »Die Selbstliebe ist, ohne immer schuldig zu sein, die Quelle alles Bösen.«

Selbstwertgefühl oder Selbstbesessenheit? »Wenn Sie zu viel an sich denken, dann weil Sie schlecht von sich denken«

Vielleicht sind wir ja wirklich viel zu sehr mit unserer Wenigkeit beschäftigt. Vielleicht aber stellen wir uns in unserem Verhältnis zu uns selbst vor allem falsch an...

Zunächst, weil wir uns zu leicht von unechten Werten und Befehlen einnehmen lassen: *Leistung, Überfluss, äußere Erscheinung*, drei Geißeln unserer Gesellschaft und unserer Psyche.[13] Leistung: Es ist normal, alles gut machen zu wollen, nicht aber, überall »challenges« zu sehen und ein »winner« sein zu wollen, bis man krank wird (das klassische *erschöpfte Selbst* des Soziologen Alain Ehrenberg).[14] Überfluss: Es ist normal, ein Dach über dem Kopf, etwas zum Anziehen und zu essen haben zu wollen, nicht aber, fieberhaft alles zu kaufen (oder kaufen zu wollen), was man uns vor die Nase hält. Äußere Erscheinung: Es ist normal, Freude an seinem Körper zu haben und sich zu pflegen, nicht aber, wegen der kleinsten Falte und dem ersten grauen Haar gleich in Panik zu geraten.

Außerdem ist der Platz, den die Konstruktion und die Pflege unserer selbst in unserer persönlichen Ökonomie einnehmen, exorbitant teuer geworden. In einer Gesellschaft, in der das Bild so große Bedeutung bekommen hat, können wir gar nicht mehr anders, als an uns zu denken. Ergebnis: Unser Ego ist tatsächlich aufgebläht, omnipräsent und mit schlechter Kost vollgestopft, von der es abhängig geworden ist. Es ist sicher kein Zufall, wenn Essstörungen wie Bulimie und Anorexie so eng mit den Problemen des Selbstwertgefühls zusammenhängen. Man ist sogar versucht, den Vergleich noch weiter zu treiben: Es gibt Bulimien des Selbst, Aufblähungen des Ego, bei denen man sich mit sich selbst vollstopft und dann sich selbst auskotzt. Oft folgen darauf Anorexien des Selbst, bei denen man sich in Askese und Versagung flüchtet und glaubt, zu wachsen und zu erstarken, indem man sich selbst ignoriert und sich malträtiert. Unnötige Leiden, die für nichts anderes gut sind, als das Leiden zu vergrößern und sich noch schwerer zu bestrafen...

Den einfachen Gefallen an sich selbst wiederfinden

Was die Leiden des Selbstwertgefühls angeht, so werden wir später noch sehen, dass ein omnipräsentes Ego ein Ego ist, dem es schlecht geht. *Die Lösung ist deshalb nicht, weniger, sondern anders an sich zu denken*, so anders, dass wir – einmal mehr – keine Wahl haben: Wir haben ein lebensnotwendiges Bedürfnis, uns selbst wertzuschätzen – sicher aber nicht so, wie es immer üblicher wird.

Wir werden jetzt darangehen zu verstehen, wie das Selbstwertgefühl lebt und atmet, wodurch es destabilisiert und wovon es ernährt wird, wovon es beeinträchtigt und wodurch es befreit wird. Verhältnis zu sich selbst, Verhältnis zu anderen, Verhältnis zum Handeln: Wir werden all das behandeln, was für das Selbstwertgefühl wichtig ist. Um es zu verstehen und es dann zu verändern. Sie werden sehen: Es ist gar nicht so schwer, wie man glaubt...

1. Teil
All das gehört zum Selbstwertgefühl

Das Leben wird schon noch kommen...
Aber das Zu-uns-selbst-Kommen lässt manchmal lange auf sich warten! Existieren ist nicht alles. Wie kann man mit sich selbst in gutem Einvernehmen leben? Wie kommt man aus diesem Ich-Gefängnis heraus, in dem wir ersticken, und hin zu einer Ich-Violine, auf der wir gelassen spielen lernen? Wie kann man sich ganz einfach selbst entdecken, sich mögen, sich selbst entwerfen?
Das Selbstwertgefühl, seine Natur, seine Bedürfnisse und sein Wesen, all das lässt sich verstehen: Das ist mein Ziel auf den folgenden Seiten.

1. Kapitel
Das Programm

Selbstwertgefühl haben heißt, dass ich:
- sagen kann, was ich denke
- machen kann, was ich will
- dranbleiben kann, wenn ich auf eine Schwierigkeit stoße
- mich nicht zu schämen brauche, wenn ich aufgebe
- mich nicht durch die Werbung oder die Mode beeinflussen lasse, die mir einreden wollen, man sei nur dann gut, wenn man diese oder jene Marke trägt oder eine bestimmte Meinung hat
- von Herzen lachen kann, wenn man mich auf den Arm nimmt
- weiß, dass ich Niederlagen überlebe
- mich traue, »Nein« oder »Stopp« zu sagen
- mich traue, »Ich weiß es nicht« zu sagen
- meinen Weg auch allein gehen kann
- mir erlauben darf, glücklich zu sein
- mich liebenswert finden kann, wenn ich geliebt werde
- es ertrage, nicht mehr geliebt zu werden, auch wenn mich das im Moment unglücklich macht
- mit mir selbst im Reinen bin
- sagen kann, »Ich habe Angst« oder »Ich bin unglücklich«, ohne mich dabei herabgesetzt zu fühlen
- andere lieben kann, ohne sie zu überwachen oder zu unterdrücken
- mein Bestes geben kann, um das, was ich will, zu erreichen, aber ohne mich selbst unter Druck zu setzen
- mir erlauben kann, andere zu enttäuschen oder an etwas zu scheitern

- um Hilfe bitten kann, ohne mich deshalb minderwertig zu fühlen
- mich nicht herabsetze oder mir Leid zufüge, wenn ich mit mir nicht zufrieden bin
- nicht eifersüchtig bin, wenn andere Erfolg haben oder glücklich sind
- meine Meinung nach reiflicher Überlegung ändern kann
- mich über mich selbst lustig machen kann
- sagen kann, was ich sagen muss, auch wenn ich Bammel habe
- aus meinen Fehlern lernen kann
- einen Badeanzug anziehen kann, auch wenn mein Körper nicht perfekt ist
- mit den Verletzungen der Vergangenheit zurechtkomme
- keine Angst vor der Zukunft habe
- mich für eine nette Person halte, die ihre Vorzüge und ihre Fehler hat
- spüre, dass ich Fortschritte mache und aus meinen Fehlern lerne
- mich akzeptiere, wie ich heute bin, und trotzdem nicht darauf verzichte, mich morgen zu ändern
- es schließlich schaffe, an etwas anderes als nur an mich zu denken…

2. Kapitel
Das Wichtigste über das Selbstwertgefühl

Der Geist ist darauf aus, vor sich selbst mit sich zufrieden zu sein. Das ist aber kaum von Dauer.
Paul Valéry

Wir sind eine instabile Mischung. Mal fühlen wir uns ganz einig mit uns, handeln und denken im Einklang mit uns, mal leiden wir unter *Selbstbeschau* (Autoskopie): Wir sehen uns beim Leben und Handeln zu, als ob wir neben uns stünden. Und wir hören uns reden, sehen uns etwas tun oder nehmen wahr, wie wir an etwas denken, von dem wir wissen, dass es nicht gut ist. Mal lieben wir uns, dann wieder hassen wir uns. Also, Herr Doktor, was ist das? Das ist das Selbstwertgefühl.

Was ist das Selbstwertgefühl?

Das Selbstwertgefühl ist:
1. Was ich von mir denke.
2. Wie es mir mit diesen Gedanken geht.
3. Was ich mit alldem aus meinem Leben mache.

Es besteht aus dieser Mischung von Blicken auf und Urteilen über mich selbst. Denn kein Blick ist neutral, und schon gar nicht der auf sich selbst.

Und es besteht auch noch aus einer anderen Mischung: aus der Beurteilung *über mich* und wie *ich aus dem Blickwinkel der anderen* beurteilt werde. Denn das Selbstwertgefühl hat nur im Rahmen sozialer Beziehungen Bedeutung.

Wie äußert sich das Selbstwertgefühl im Alltag?

Wie drückt sich das Selbstwertgefühl aus? An welchen Merkmalen können wir es erkennen?

Durch unsere Gefühle: Das Selbstwertgefühl macht sich in unserem inneren Wohlbefinden, in unserer Seelenruhe und in unseren Sorgen bemerkbar. Durch unser Verhalten: Auch Spontaneität und Blockiertheit stehen unter seinem Einfluss, sei es in sozialen Beziehungen oder in unseren Handlungen. Durch unser Denken: Es hängt immer von unserem Selbstwertgefühl ab, ob wir eher Mängel und Bedrohungen sehen oder ob wir *auch* den Rest sehen können.

Das Selbstwertgefühl resultiert aus alldem: aus dem Blick auf sich selbst, aus den Emotionen, die das nach sich zieht, und aus dem Verhalten, das sich daraus ergibt. Dieses enge Verhältnis zu uns selbst vollzieht sich zu einem großen Teil automatisch, unkontrollierbar und im Stillen – es wäre ja so einfach, *den Entschluss zu fassen*, sich ein für alle Mal zu lieben. Wir können aber dahin kommen, indem wir uns bemühen, uns selbst zu beobachten und uns zu verändern.

Wir haben von Natur aus ein Selbstwertgefühl

Einige Menschen, denen es nicht gelungen ist, sich zu lieben, versuchen sich selbst zu vergessen und nicht mehr an sich zu denken. Vergebliche Liebesmüh! Denn wir haben von Natur aus ein Selbstwertgefühl, so wie wir von Natur aus atmen, Hunger haben oder müde sind: es gehört zur Natur des Menschen. Es gibt niemanden, der kein Bild von sich, von seinem Wert in seinen eigenen und in den Augen der anderen hat. Warum?

In erster Linie, weil das Selbstwertgefühl sich nicht vom Bewusstsein unserer selbst trennen lässt. Wir sind mit der Fähigkeit ausgestattet, über uns nachzudenken und uns bei unseren Handlungen zu beobachten. Dieses »reflexive Selbstbewusstsein« ist eine außergewöhnliche Chance, die unserer Spezies gegeben ist: Durch es können wir uns zu uns selbst auf Abstand gehen, uns beobachten, uns analysieren und uns folglich verändern, uns anpassen und uns verbessern. Es kann aber auch dazu dienen, dass wir uns hassen, uns verachten, uns kritisieren und uns das Leben unerträglich und unangenehm machen. Und manchmal auch steril, denn die Aggressionen, die man gegen sich selbst richtet, können jegliche Form von Aktivität lahmlegen.

Zweitens, weil das Selbstwertgefühl mit unserem Status als *geselliges Tier* zusammenhängt. Als Menschenwesen sind wir zu einer Existenz in der Gruppe verurteilt, denn unser Überleben ist nur unter unseresgleichen denkbar, in einem mehr oder weniger engen Verhältnis zu ihnen. Und in der Sorge um das, zuweilen auch in der Wahrnehmung dessen, was sie uns gegenüber denken und fühlen. Wir sind von Natur aus mit einem »Sinn für den anderen« ausgestattet, um, zumindest im Großen und Ganzen, seine Bedürfnisse dekodieren zu können: Sich vorstellen und vermuten zu können, was der andere denkt, ist ein Glück.[1] Dadurch können wir erkennen, dass wir akzeptiert werden, und uns anpassen, falls es nicht so ist. Manchmal ist es jedoch auch ein Unglück. Wenn dieses Erkennen zur bloßen Einbildung wird, man vermutet und befürchtet mehr, als genau zu beobachten und abzuwarten, was wirklich geschieht. *Schließlich sieht man im anderen nur noch den durchdringenden Blick und die schonungslose Beurteilung. Man hat Angst, abgelehnt zu werden, anstatt darauf hinzuarbeiten, dass man angenommen wird. Man fürchtet den Misserfolg, anstatt sich zu bemühen, erfolgreich zu sein.*

Das Selbstwertgefühl wirkt sich auf unsere Lebensweise aus

Das Selbstwertgefühl ist eine Schnittstelle. Es liefert uns ständig Informationen darüber, wie angeglichen wir an unsere Umgebung sind. Selbstzweifel haben die Funktion, uns zu einer Veränderung unserer Lebensweise zu bewegen. Die Informationen, die uns das Selbstwertgefühl liefert, sind außerordentlich wertvoll: Genießen, wenn alles gut läuft, aktiv werden, wenn das Gegenteil der Fall ist. *Ein Ich in gutem Betriebszustand ist ein wertvolles Werkzeug für das Überleben und die Lebensqualität.*

Schließlich ist das Selbstwertgefühl eine Art Armaturenbrett des Ich, das unsere Fahrweise beeinflusst. Wie beim Auto hat es zur Aufgabe, uns alles anzuzeigen, was in unserem »psychischen Motor« funktioniert und was nicht. Auf dem Armaturenbrett Ihres Autos haben Sie eine Benzinanzeige, eine Kontrolllampe für die Batterie usw. Ganz ebenso zeigt uns das Selbstwertgefühl an, ob unsere Grundbedürfnisse befriedigt sind, ob unser Tank an Zuneigung oder Erfolg voll ist oder eher gegen null geht. Der Treibstoff für das Selbstwertgefühl verteilt sich auf zwei Kategorien. Einerseits die soziale Anerkennung: das sind alle Anzeichen von Zuneigung, Sympathie, Liebe, Bewunderung, die wir von anderen Menschen bekommen.

Andererseits die Leistungsbilanz: das ist alles, was wir erreicht haben, unsere erfolggekrönten Handlungen.

Auf dem Armaturenbrett im Auto zeigen uns die Kontrolllampen auch aufkommende Probleme an: wenn die Temperatur des Motors zu hoch ist, es an Öl fehlt, der Benzintank bald leer ist. Dasselbe gilt für das Selbstwertgefühl: Probleme können in den unterschiedlichsten Bereichen auftauchen, aber *das Selbstwertgefühl reagiert vor allem sehr sensibel auf Misserfolg und Ablehnung.* Für ein *geselliges Tier* wie den Menschen gibt es zwei Arten, sich bedroht zu fühlen: nicht mehr den Anforderungen der Umwelt zu genügen (oder das entsprechende Gefühl zu haben), und: von der Gruppe marginalisiert zu werden.

Das Armaturenbrett im Auto soll uns das Fahren erleichtern. Wir beachten die Informationen, die es liefert, um unsere Fahrweise darauf einzustellen: Können wir so weiterfahren, oder müssen wir anhalten, sollen wir anders fahren oder eine Werkstatt aufsuchen? Ganz ebenso ist das Selbstwertgefühl kein einfaches Hilfsmittel, das uns über unseren materiellen oder sozialen Erfolg informiert. Es spielt für unsere Persönlichkeit eine ungleich wichtigere Rolle, denn es hat Einfluss auf unsere psychische »Fahrweise«: es macht uns ängstlich oder wagemutig, es treibt uns dazu an, offen aufzutreten oder uns zurückzuhalten.

Das Selbstwertgefühl ist wichtiger als je zuvor

Früher suchten wir uns weder unseren Partner noch unseren Beruf aus: Unsere Familie tat das für uns. Wir suchten nicht nach unserer Bestimmung, wir hatten einen Platz in der Gesellschaft. Heute leben wir in individualistischen und durch Wettbewerb gekennzeichneten Gesellschaften. Man muss zeigen, dass man im Wettbewerb um einen Job oder einen Partner bestehen kann. Und sehr rasch verlieren wir unseren Platz in der Gesellschaft: kein Job, kein Partner, keine Freunde… Wir können das Beziehungsvakuum durch eine relative

Gleichgültigkeit der anderen erleben: Die sozialen Beziehungen sind heute so lose, wie sie es bisher vielleicht noch in keiner Gesellschaft waren. *Das Aufbauen des Selbst ist somit in Zeiten wie diesen, in denen alles auf Autonomie und individueller Leistung beruht, unentbehrlich geworden.*

Aber wir brauchen den alten Zeiten, als das Individuum vollkommen der Gruppe unterworfen war, nicht nachzutrauern. Damals war das Selbstwertgefühl an die Übereinstimmung mit den gesellschaftlichen Normen gebunden. Im Wesentlichen ging es darum, an seinem Platz zu bleiben. Das war zwar leichter, ging aber nur um den Preis der Unterordnung unter Regeln, die offensichtlicher, vor allem aber strenger waren als die, denen wir heute unterworfen sind. Viel besser ist es, nach der treffenden Formulierung von Jean-Claude Kaufman, an der »Erfindung des Selbst« zu arbeiten.[2]

Deshalb kommen wir heute nicht mehr ohne Selbstwertgefühl aus: um in dieser Welt zu überleben und um sie vielleicht sogar zu verändern; sie hat es bitter nötig. Wenn wir uns nicht um uns kümmern, wenn wir uns nicht ein Minimum an Selbstwertschätzung und Selbstachtung entgegenbringen, dann handeln wir entweder gar nicht, oder das, was wir tun, ist nicht gut, nicht klar oder nicht ausgeglichen. Ein gesundes Selbstwertgefühl bedeutet also nicht, dass man in frommer Einfalt alles – einschließlich seiner selbst – hinnimmt, wie es ist. Im Gegenteil, wir werden sehen, es ist der Motor für viele positive Veränderungen und Fortschritte.

Ohne Selbstwertgefühl lassen wir uns leicht beeinflussen

Man selbst werden und es bleiben... *Das Selbstwertgefühl ist ein Werkzeug für unsere Freiheit und für unsere psychische Autonomie.* Es ist ein Avatar dessen, was die Philosophen unter Würde verstehen: Durch das Selbstwertgefühl erkennen wir uns als menschlichen Wesen einen Wert zu, der über jedem Kaufpreis und jeglicher Verwendbarkeit steht. Das hilft uns, jedwedem Druck oder allen Manipulationen standzuhalten. Ohne es wären wir der Spielball zweier großer Einflussbereiche.

Da sind einmal die Einflüsse unserer Vergangenheit. Ohne ein gutes Selbstwertgefühl würden wir wie durch einen Autopiloten gelenkt, etwa durch das, was wir in unserer Kindheit erlernt haben (wie unsere Verwandten sich verhielten und miteinander umgingen), oder durch die herrschende Umgangsart (wie man uns behandelt hat). Wenn wir nicht Acht geben und uns nicht selbst misstrauen, beeinflusst dieser Autopilot, der sich aus dem in der Vergangenheit Erlernten zusammensetzt, unser Selbsturteil: »Ich bin nicht viel wert, ich verdiene nichts Besonderes, ich bin vom guten Willen der anderen abhängig.« Oder er prägt unser Urteil über die anderen: »Vom Leben, von der Gesellschaft ist nichts zu erwarten. Alles, was der Mensch tut, ist mittelmäßig und absurd.« *Durch das Selbstwertgefühl können wir das Beste aus den Einflüssen unserer Vergangenheit herausholen. Und wir können uns auch von ihnen befreien, um wir selbst zu werden.*

Zum andern sind es die Einflüsse durch die Gesellschaft: Ohne Selbstwertgefühl bin ich ein Opfer des gesellschaftlichen Trommelfeuers, das mir sagt, was ich tun, kaufen und sein muss, um meinen Platz in der Gesellschaft und die Anerkennung durch meinesgleichen zu verdienen: wie ich mich kleide, was ich denke, wie ich lebe. Werbung, Konformität, vorgefertigte Gedanken: Ich wäre der ideale Befehlsempfänger, weil ich mir selbst nicht vertrauen würde. *Ein gesundes Selbstwertgefühl verhindert, dass wir ein Spielball der gesellschaftlichen Einflüsse sind.*

Wie werde ich ich selbst und entziehe mich all diesen Einflüssen? Wie finde ich das, was ich sein will? Und vor allem: Wie stelle ich es an? Indem ich unbeirrt an meinem Selbstwertgefühl arbeite.

3. Kapitel
Was ist ein gesundes Selbstwertgefühl?

Ein Nichts bewegt mich. Nichts erschüttert mich.
Louise Weiss

»Sag mal, so viel muss man darüber wissen?«

Meine jüngste Tochter (7 Jahre alt) ist ganz beeindruckt von den vielen Papieren, Zetteln, Büchern, Zeitschriften und anderen Dokumenten, die sich auf meinem Schreibtisch stapeln.

»Das alles brauchst du für dein neues Buch?«

»Ja.«

»Wo ist es denn?«

Ich zeige ihr das Manuskript, sie blättert es höflich durch.

»Puh... Lauter Wörter. Bist du sicher, dass das alles nötig ist, um deine Sachen zu erklären?«

»Na ja... Ich glaube schon. Weißt du, es ist gar nicht so leicht, Psychologie gut zu erklären. Da zum Beispiel versuche ich zu erklären, was ein gesundes Selbstwertgefühl ist. Hast du eine Idee?«

Sie denkt kurz nach. Ich sehe, wie sie zwischen Höflichkeit und Spontaneität schwankt. Dann sieht sie mich mit einem breiten Lächeln an, die Spontaneität hat gesiegt:

»Tut mir leid, Papa, aber das interessiert mich nicht im Geringsten!«

Für das Folgende bin ich also allein verantwortlich...

Die sechs Dimensionen eines gesunden Selbstwertgefühls

Ein gesundes Selbstwertgefühl bedeutet nicht nur, eine hohe Meinung von sich zu haben, von sich überzeugt zu sein und das nach außen zu tragen. Man kann es mit den folgenden sechs Punkten ganz präzise und umfassend beschreiben:

Höhe: Man kann ein hohes Selbstwertgefühl haben (sich mögen, sich seiner selbst sicher sein, seinen Platz unter den anderen einnehmen, sich durch Misserfolge oder Probleme nicht aus der Bahn werfen lassen) oder ein niedriges (sich abwerten, seiner selbst unsicher sein, nicht handeln oder seinen Platz unter den anderen nicht einnehmen, sich leicht aus der Fassung bringen lassen und angesichts auftretender Misserfolge oder Probleme leicht aufgeben und anderes). Heute ist man jedenfalls der Ansicht, man das Selbstwertgefühl lasse sich nicht allein nach der Höhe bestimmen: Um jeden Preis ein hohes Selbstwertgefühl haben zu wollen, sei kein Ideal; zumindest könne die Höhe nicht das *einzige* Kriterium für ein *gesundes* Selbstwertgefühl sein. Viele Menschen mit einem hohen Selbstwertgefühl erweisen sich als ängstlich oder halsstarrig und haben in vielen Lebenssituationen große persönliche Niederlagen im Gefühlsleben und in ihren Beziehungen. Anderen wiederum, die ein gemäßigtes Selbstwertgefühl haben, gelingt es nicht weniger, sich gut zu fühlen und in ihrem Leben Großes zu vollbringen. In Bezug auf den Grad des Selbstwertgefühls ist es leicht zu lügen, auch sich selbst zu belügen. Das Selbstwertgefühl bemisst sich nicht nur quantitativ, sondern vor allem qualitativ. Es bringt nichts, in sich selbst und im Blick der anderen nach immer mehr Wertschätzung zu suchen. Man kann andere Dinge für ebenso wichtig halten: etwa ausgeglichener oder friedfertiger zu sein.

Woran ist ein hohes (und gesundes) Selbstwertgefühl zu erkennen? Am Sprechen über sich selbst: Die Person spricht von sich positiv, sofern die Umstände entsprechend sind, und kann Komplimente annehmen, ohne verlegen zu werden. Daran, wie sie handelt: Die Person kann etwas zu tun anfangen und ausdauernd sein, aber auch etwas aufgeben, ohne sich gedemütigt zu fühlen oder nach Entschuldigungen zu suchen. An den Erwartungen und Ambitionen: Die Person passt ihre Ansprüche an deren Wert an – nicht zu hoch, nicht zu niedrig.

Stabilität: Die Qualität des Selbstwertgefühls lässt sich sehr gut an der Reaktionsfähigkeit in bestimmten Lebenssituationen ablesen. Manchmal blättert die äußere Schicht des Selbstwertgefühls angesichts von Schwierigkeiten einfach ab. Die Intensität der emotionalen Reaktionen bei Misserfolgen, aber auch bei Erfolgen, sagt viel über die innere Festigkeit des Selbstwertgefühls aus. Hören wir dazu Alice: »Vor den anderen machte ich immer eine gute Figur. Aber sobald ich wieder zu Hause war, verlor ich die Fassung. Meine besten Freunde merkten sofort, wenn mich irgendetwas plagte. Lange Zeit habe ich richtig wahnhaft auf das kleinste Problem reagiert, das mein Image bei den anderen in Frage stellen konnte. Es war genau wie bei dem bürgerlichen ›Was werden die Leute sagen?‹, nur habe ich mir keine Sorgen um meinen guten Ruf gemacht, sondern um die Anerkennung seitens der anderen. So etwas konnte mich total durcheinanderbringen: schlaflose Nächte, Weinkrämpfe, absurde Wutausbrüche gegenüber meinen Kindern, und es war mir einfach unmöglich, an etwas anderes als an mögliche abfällige Bemerkungen über mich zu denken. Ich war schon so abhängig von Schlaftabletten und Beruhigungsmitteln, dass ich meine Gefühle nicht mehr im Griff hatte. Das Zusammenleben mit den anderen wurde immer unmöglicher. Da habe ich mit Psychotherapie begonnen.«

Woran ist ein stabiles Selbstwertgefühl zu erkennen? Daran, dass man es bei Erfolg und Misserfolg oder bei Zustimmung und Kritik wie »Stoßdämpfer« einsetzen kann. Man ist erfreut oder enttäuscht, aber man gerät nicht aus der Spur. Ein stabiles Selbstwertgefühl erlaubt auch ein relativ konstantes Verhalten und Reagieren ungeachtet äußerer Einflüsse: Man bleibt im Großen und Ganzen man selbst, ganz gleich vor welcher Öffentlichkeit oder vor welchem Gesprächspartner.

Harmonie: Von außen betrachtet scheint es oft so, dass viele ihr Selbstwertgefühl nur mit einem sehr (zu sehr?) begrenzten Bereich ihres Lebens in Verbindung bringen, etwa mit beruflichem Erfolg oder »jugendlicher« Erscheinung. Sobald man auf diesem Bereich Misserfolg erfährt, ist man sehr verletzbar. In Bezug auf das Selbstwertgefühl ist Vielfalt der »Monokultur« vorzuziehen, auch wenn Letztere zu einer gewissen Perfektion und mannigfacher sozialer Aufwertung führen kann. Das Selbstwertgefühl kann in den verschiedensten Bereichen zum Ausdruck kommen, allen voran in der äußeren Erscheinung, in der Angepasstheit (wie die anderen zu sein), in der Akzeptanz und der Popularität (beliebt und geschätzt zu sein) sowie in Erfolg und Status (sich von der Mehrheit nach oben absetzen). In bestimmten Bereichen (handwerkliche Berufe, Schulhöfe und soziale Brennpunkte) tragen auch Körperkraft und Geschicklichkeit zum Selbstwert bei.[1] Je mehr solcher Bereiche aber zur Verfügung stehen, desto mehr untätige Entschädigung gewähren sie: Gestützt auf die Freunde lässt sich eine Durststrecke im Berufsleben relativieren, oder man ertrinkt dank der Arbeit nicht in Liebeskummer. Dadurch werden die Sorgen zwar nicht behoben, aber doch teilweise entschärft. Man reduziert sich nicht auf sie und lässt sich durch sie nicht fertigmachen.

Woran erkennt man ein harmonisches Selbstwertgefühl? An der Interessenvielfalt eines Menschen und daran, dass es keine oder nur geringe Diskrepanzen zwischen der Privatperson und der öffentlichen Person gibt: daran, dass man im einen Bereich ausgleicht, was einem im anderen schiefgegangen ist, anstatt alle schlechtzumachen, wenn es im überbetonten Bereich Schwierigkeiten gegeben hat; an der Fähigkeit, nicht verbittert zu werden, auch wenn man schon mehrfach Misserfolge erlebt hat oder die eigene Ausstrahlung verblasst (vgl. das traurige Bild, das alternde Stars zuweilen abgeben, oder Führergestalten, die an Elan verlieren).

Autonomie: Bestimmte Formen des Selbstwertgefühls sind prinzipiell von äußeren Faktoren abhängig, etwa vom finanziellen oder Status-Erfolg oder von der äußeren Erscheinung. Andere dagegen orientieren sich mehr an Werten oder Tugenden: freundlich und hilfsbereit, solidarisch, großzügig, ehrlich sein. Wenn man sein Selbstwertgefühl auf solche inneren Ziele ausrichtet, schöpft man daraus mehr Widerstandskraft und Stärke, weil dadurch die Bewertung von außen weniger wichtig und das Risiko geringer wird, sich allzu sehr nach den anderen zu richten.[2] Was bei jedem von uns das Gefühl seines persönlichen Wertes bewirkt, beruht zweifellos auf einer Art Kontinuum, das vom Intimsten (Praxis dessen, was uns tugendhaft erscheint[3]) bis zum »Extimsten« reicht (damit ist das Nachaußenwenden der Intimität gemeint, nach dem Ausdruck des Schriftstellers Michel Tournier): Erfolg, äußere Erscheinung.

Woran erkennt man ein autonomes Selbstwertgefühl? Vor allem an der Autonomie gegenüber dem sozialen Druck auf das, was man haben, tun, oder vorzeigen muss, um von den anderen geschätzt zu werden (oder sich so zu fühlen oder es zu glauben): Auto, Partner, Kinder usw. Noch schlimmer: Ein Auto einer bestimmten Marke, eine musterhafte Partnerin (hübsch, schick und mit guten Manieren) und Kinder, die gut in der Schule sind. Auch die Fähigkeit, Ablehnung oder Nichtanerkennung auf dem Gebiet gesellschaftlicher Unterstützung auszuhalten, der »Marsch durch der Wüste«, ist ein gutes Erkennungszeichen für die Autonomie des Selbstwertgefühls.

Kosten: Um das Selbstwertgefühl auf einem bestimmten Niveau zu halten, um es zu erhalten, zu entwickeln oder zu schützen, braucht man Strategien: Auf diesem Gebiet wurde in der letzten Zeit am intensivsten geforscht. Es zeigte sich, dass manche Menschen tatsächlich erhebliche Energie darauf verwenden, ihr Selbstwertgefühl zu schützen oder zu stärken:[4] Leugnung der Realität, Ausflüchte und Vermeidungsverhalten, Aggressivität gegenüber anderen – alles dysfunktionale Strategien, die, weil sie so wenig für das Selbstwertgefühl bringen, viel an Lebensqualität opfern und Stress erzeugen.

Woran erkennt man ein in Bezug auf die psychische Energie »ökonomisches« Selbstwertgefühl? Grundsätzlich am gemäßigten emotionalen Einfluss unbedeutender Lebensereignisse, an einem niedrigen Stresspegel, daran, dass Kritik eine von außen nur wenig wahrnehmbare Verkrampfung auslöst und an dem geringem Rechtfertigungsdrang, wenn man Einwände zu hören bekommt. Im Gegenteil, ein

»ökonomisches« Selbstwertgefühl beweist – wie in den asiatischen Kampfkünsten –, dass man fähig ist, Kritik gelassen aufzunehmen und sie ernst zu nehmen, anstatt ihr aus dem Weg zu gehen oder sie kleinzureden.

Nehmen Fragen zum Selbstwertgefühl einen zentralen Platz im Leben ein? Welche Bedeutung messen wir unserem Bild, der Meinung, die die anderen von uns haben, und unserer Selbstliebe zu (auf Kritik reagieren, ohne sich angegriffen zu fühlen, oder sich manchmal dafür entscheiden, nicht zu reagieren ...)? Besetzen die Verteidigung oder die Verstärkung unseres Bildes einen zentralen Platz in unserem Denken und unseren Anstrengungen? Oder besetzen sie bloß einen legitimen Platz ohne Übertreibung? Kurz, spielt für unser Gleichgewicht im Leben, für das, wovon unsere Identität bestimmt wird, noch etwas anderes eine Rolle als das Selbstwertgefühl?

Woran erkennt man ein nicht übertriebenes Selbstwertgefühl? Daran, dass die Verletzungen der Selbstliebe nicht unsere Gedanken, Handlungen oder Emotionen vergiften. An der Fähigkeit, Misserfolge zu verdauen, ohne sie zu dramatisieren; daran, dass wir uns nicht ständig auf die kleinen Anzeichen konzentrieren, die unseren Status bezeugen, sondern uns damit zufriedengeben, einfach geschätzt zu werden, ohne immerzu gefeiert werden zu müssen; und auch daran, dass wir Ziele verfolgen, die für das soziale Prestige oder Image nicht unmittelbar etwas bringen. Etwas tun, ohne dass es für das Selbstwertgefühl etwas bringt: nicht jeder ist dazu fähig. Aber jeder kann es lernen.

Die Vorteile eines gesunden Selbstwertgefühls

Sie sind vielfältig. In diesem Buch werden wir ausführlich über das Selbstwertgefühl als Quelle innerer Motivation sprechen, durch die das Handeln erleichtert wird und Widrigkeiten besser ausgehalten werden. Außerdem werden wir davon sprechen, wie notwendig es ist, sozialen Einflüssen zu widerstehen und unsere Identität zu schützen – zwei weitere vorteilhafte Äußerungen des Selbstwertgefühls, denen wir uns jetzt zuwenden wollen.

Zunächst **der Schutz- und Selbstheilungseffekt**: Das Selbstwertgefühl fördert die Resilienz gegenüber widrigen »Umständen« im Leben. Sie funktioniert nicht mechanisch – etwa wie ein Schutzschild, mit dem man gegen Schwierigkeiten unempfindlich wird –, sondern wie eine Art Immunisierung: die Heilung emotionaler Verletzungen wird beschleunigt. Es gibt viele Studien über die kurz- und mittelfristige emotionale Auswirkung von Misserfolg: Wie hoch oder niedrig das Selbstwertgefühl auch sein mag, Misserfolg bereitet immer emotionalen Schmerz. Wenn ein Mensch sagt, Misserfolge berührten ihn nicht, so sagt uns das mehr über die Stärke seiner Verleugnungsmechanismen als über die seines Selbstwertgefühls. Denn der Unterschied zeigt sich darin, wie rasch die Selbstheilung eintritt: Manche erholen sich nach einer Niederlage sehr rasch, andere quälen sich lange damit herum.[5] Die Wahrheit des Selbstwertgefühls liegt in seiner Selbstheilungsfunktion *nach* einer Krise, nicht so sehr während der Krise selbst.

Ein anderer Vorteil ist die **günstige Auswirkung auf die körperliche Gesundheit,** und das nicht nur in psychologischer Hinsicht – was ja noch das wenigste wäre.[6] So befasst sich eine aktuelle Studie mit den physischen Vorteilen der Tendenz zur eigenen Höherbewertung und der reflexhaften Neigung, spontan eine »positive Vorstellung von sich selbst« zu haben.[7] Seit langem weiß man, dass positive Vorstellungen von sich selbst, zumindest in kleinen Dosen, ein Gutteil der psychischen Gesundheit ausmachen. In dieser Laboruntersuchung bat man die Probanden, sich einem psychologischen Stresstest zu unterziehen: Es ging darum, ausgehend von der Zahl 9095 immer wieder 7 zu substrahieren, sodann ausgehend von 6233 immer wieder 13. Das macht genau ... Um das Ganze noch spannender zu gestalten und vor allem um das Selbstwertgefühl zu aktivieren, wies man die Freiwilligen vorher darauf hin, dass der Test ein hervorragender Indikator für allgemeine Intelligenz sei und dass er erlaube, die Kandidaten untereinander in eine Rangordnung zu bringen. So simpel das auch scheinen mag, genügt es doch bei weitem, um das Selbstwertgefühl unter Druck zu setzen. Man bat die Teilnehmer, so schnell wie möglich zu rechnen ... und maß die Auswirkung der Übung auf kardiovaskuläre Variablen wie das Tempo der Pulsbeschleunigung oder das Ansteigen des Arteriendrucks sowie daran, wie rasch beide Werte sich nach dem Test wieder normalisierten, oder auch an biologischen Variablen wie dem Cortisolwert im Blut. Bei allen 92 Kandidaten, Frauen wie Männern, zeigte sich eine eindeutige Parallele zwischen der Fähigkeit zur eigenen Höherbewertung (seltsamerweise haben die Autoren nicht die klassischen Skalen für das Selbstwertgefühl benutzt) und einer guten physischen Stressresistenz. Offenbar ist das Selbstwertgefühl gut für die Gesundheit.

Gibt es das intelligente Selbst?

Das Selbstwertgefühl ist letztlich auch eine Form von Selbst-Intelligenz, und zwar in allen Bedeutungen von Intelligenz, nämlich die Fähigkeit, zu erkennen und zu verstehen (statisches Selbstwertgefühl), wie zugleich auch die Eignung, sich an neue Situationen anzupassen und Lösungen für auftretende Probleme zu finden (dynamisches Selbstwertgefühl). Somit ist es das, was uns erlaubt, im jeweiligen Moment und in Bezug auf unsere Umgebung *das Beste aus uns herauszuholen.*

Selbstwertgefühl ist jedem Einzelnen in unterschiedlicher Weise gegeben. Ganz offensichtlich wird es durch gesellschaftliche, medizinische und psychische Ungleichheiten beeinflusst. Zum Beispiel ist es viel leichter, sich selbst zu mögen, wenn man in einer Demokratie geboren und aufgewachsen ist, sich guter Gesundheit erfreut, einen Beruf hat, in seiner Kindheit geliebt worden ist und immer noch geliebt wird ... Aber es hilft auch in Bezug auf diese Ungleichheiten: *Dank unseres Selbstwertgefühls werden wir nicht von unseren*

Fehlern überrannt und auf sie allein reduziert. Wir können uns trotz unserer Unzulänglichkeiten wertschätzen. Denn durch das Selbstwertgefühl können wir an diesen Mängeln wirklich arbeiten und uns nicht nur an sie anpassen. So können wir unseren Rückstand wieder »aufholen«. Viele entwickeln ihr Selbstwertgefühl spät, erst im Alter von 30 oder 40 Jahren, vor allem Menschen, die sich selbst erst entwickeln mussten ...

Die Intelligenz ist nicht dazu da, um mit ihr zu glänzen, sondern damit wir uns anpassen. Dasselbe gilt für das Selbstwertgefühl: Sein Seinsgrund liegt in einem friedlichen Meistern der Anpassungsprozesse an unsere Umgebung.

Ist ein gesundes Selbstwertgefühl ein unerreichbares Ideal?

Nach dieser Definition des gesunden Selbstwertgefühls in seinen optimalen Aspekten scheint es ein für gewöhnliche Sterbliche unerreichbares Ziel zu sein. *Nun, es ist ganz einfach ein Ideal, dem man sich anzunähern versucht, falls man das überhaupt möchte.*

Was ist das Leben, wenn nicht das Annähern an seine Ideale? Es gibt das Ideal des harten Arbeitens oder das der Bequemlichkeit, das der Entdeckungen oder das der Beweisführungen, das Abenteuer kann ein Ideal sein oder die Sicherheit ... Auch die Psychotherapeuten haben ihre Favoriten: das Ideal einer persönlichen Entwicklung, das der Reisen ins Innere des Selbst, durch die wir lernen uns zu entwickeln, und manchmal auch, unsere Vergangenheit, unsere Verletzungen, unsere Mängel zu bewältigen ...

All das ist weder lästig noch mühselig, sondern voll vereinbar mit dem täglichen Leben. Sich seinem Ideal annähern ist sogar eher interessant. Vorausgesetzt, man schlägt den richtigen Weg ein und hat die richtigen Hilfsmittel. Und vorausgesetzt, man überwindet gewisse schlechte Gewohnheiten, die, wie wir noch sehen werden, oftmals im Weg stehen.

4. Kapitel
Schwankungen des Selbstwertgefühls

> *Im Hin- und Herfluten ihrer unaufhörlichen Wellen findet die Eigenliebe den getreuen Ausdruck der unruhigen Folge ihrer Gedanken und ihrer ewigen Bewegtheit.*
> La Rochefoucauld

Am einen Tag mag man sich, am anderen nicht.

Es ist normal, im Verhältnis zu sich selbst Höhen und Tiefen zu haben. Diese Schwankungen des Selbstwertgefühls sind legitim und nützlich. Sie halten uns auf dem Laufenden über Erfolg oder Nicht-Erfolg unserer Bemühungen und darüber, ob wir bei anderen ankommen oder ob wir abgelehnt werden. Sie sind also sehr wertvoll, und Selbstzweifel sind wichtig: Auf diesem Gebiet ist das Systematische (wenn man sich immer nur positiv oder immer nur negativ sieht) das Pathologische. Die Schwankungen zeigen an, wie wir uns an das, was wir erleben, ständig anpassen: Ebenso wie unsere Atmung, unser Puls, unsere Stimmung (mit der unser Selbstwertgefühl sozusagen blutsverwandt ist – auf gewisse Weise ist es unser »emotionales Ich«) variiert auch unsere Selbstwertschätzung.

Das Selbstwertgefühl kann sich, je nachdem, womit es vom Alltag »gefüttert« wird, verändern. Zwei Dinge sind hier von wesentlicher Bedeutung für die meisten Veränderungen in Richtung hoch oder tief:

Zunächst die soziale Anerkennung, sei sie nun offensichtlich (durch Zeichen der Sympathie und Wertschätzung) oder indirekt (durch Selbst-Anerkennung in Bezug auf die Annäherung an erstrebte Ideale). Hierin liegt im Großen und Ganzen die bei weitem wichtigste »Nahrung« für das Selbstwertgefühl.

Sodann das Gefühl persönlicher Leistungsfähigkeit. Es wiegt weniger schwer und hängt zum Teil von der sozialen Anerkennung ab (leistungsfähig sein *und* als leistungsfähig anerkannt werden ist genauso wichtig wie es einfach nur zu sein). Aber es umfasst auch Unabhängigkeit in Bezug auf Anerkennung: Die Freude daran, seine

Tomaten zum Gedeihen zu bringen und sie dann zu essen, ist gut für das Selbstwertgefühl, auch wenn niemand es sieht und davon weiß.

Sowohl Anerkennung als auch Leistungsfähigkeit sind notwendig. Leistung ohne Anerkennung führt zu jenem Gefühl der Leere, das manche sozialen Erfolgssituationen begleitet: »Wozu soll ich Geld verdienen, wenn niemand mich liebt?« Und Anerkennung ohne entsprechende Gegenleistung führt zu Frustration: »Es heißt, ich sei gut, aber ich bekomme keine Gehaltserhöhung.« »Alle sagen, ich sei intelligent, aber warum finde ich dann keine interessante Arbeit?«

Wie jeder von uns es anstellt, sein Selbstwertgefühl aus diesen beiden Quellen zu ernähren, spielt eine grundlegende Rolle für unser persönliches Wohlbefinden. Sicher gibt es zwischen hohem und niedrigem Selbstwertgefühl individuelle Unterschiede, was aber genauso zählt, ist die ganze Art und Weise, wie wir unser Dasein auf die Suche nach diesen Quellen des Selbstwertgefühls, Anerkennung oder Kontrolle, ausrichten.

Indes sind die Erfolge, die diese Nahrung zwangsläufig darstellt, auch subjektiv: Wir können Erfolge sabotieren und Misserfolge schönreden, wir können uns einreden, wir hätten unsere Umgebung unter Kontrolle ... also Handlungen, Beziehungen und *Unterstellungen*. Daraus ergeben sich mehrere Fehler- und Problemquellen:

- Bei der Selbstbeobachtung konzentriert man sich nur auf das, was schiefläuft, anstatt alles unter einem globalen Blickwinkel zu sehen (beispielsweise das Problem der Komplexe, das wir weiter unten behandeln werden).
- Bei der Selbstbeurteilung ist man derart streng, fordernd und perfektionistisch, dass man nur noch enttäuscht von sich sein kann (und in der Folge entweder tief betrübt ist oder mit sich hadert).
- Beim Vergleich mit anderen macht man Fehler (statt aus der Beobachtung des anderen zu lernen, beschwichtigt man sich oder wertet sich selbst ab).
- Bei der Ausrichtung auf den Blick und das Urteil der anderen fragt man sich ständig, was die anderen von einem selbst und dem, was man tut, halten. Und vor allem: Nicht nur fragt man es sich (statt

die Antwort bei den anderen zu suchen, indem man sie fragt oder beobachtet und ihnen wirklich zuhört), sondern man gibt sich auch noch selbst die Antwort (»Wie war ich? – Unmöglich!«). Dieses Sich-Einschließen in sich selbst ist eines der hartnäckigsten und schädlichsten Kennzeichen für die Probleme des Selbstwertgefühls (weil es jegliche Veränderung blockiert). Manche ängstliche Patienten scheinen das Gegenteil zu tun: Sie suchen andauernd nach Rückversicherung, sodass sie ihrer Umgebung auf die Nerven gehen. Wenn man ihnen aber auf ihre Fragen antwortet, hören sie gar nicht zu.

Deshalb kommt es vor, dass sich das Selbstwertgefühl scheinbar in einer Welt entwickelt, die von der Realität abgekoppelt ist: *Menschen unterschätzen sich, während sie vor Vorzügen und Qualitäten nur so strotzen, andere dagegen überschätzen sich in ganz unrealistischer Weise.* Deshalb können diese Schwankungen, die nicht immer durch die jeweiligen Lebensumstände zu erklären sind, auch massiv (Verzweiflung oder Euphorie), unangemessen (ausgelöst durch unbedeutende Kleinigkeiten oder eingebildete Ereignisse) oder gefürchtet sein (so dass man alles tut, etwa durch Flucht oder Verleugnung, damit man sie nicht spürt).

Die Leidenssymptome des Selbstwertgefühls

Sämtliche Weisen, auf die sich das Leiden des Selbstwertgefühls äußert, sind normal, solange sie nur gelegentlich auftreten. Zum Problem werden sie erst, wenn sie häufig oder gar konstant auftreten, intensiv sind und in keinem Verhältnis zu dem stehen, wodurch sie ausgelöst wurden. Sie zeigen dann einen Fehler in den »normalen« Regulierungsmechanismen des Selbstwertgefühls an. Hier ein erster Überblick über die Symptome, auf die wir im Folgenden näher eingehen werden:
- **Zwanghafte Beschäftigung mit sich selbst:** Wie immer, wenn uns

eine Sorge umtreibt, können die Fragen über uns selbst, unser Bild von uns und seine soziale Akzeptanz einen verfolgenden, bedrückenden und exzessiven Platz in unserem Denken einnehmen.
- **Innere Spannung:** Unsicherheit in sozialen Situationen, das Gefühl, sich geistig aufzureiben in Verbindung mit dem Gefühl, vom Blick der anderen überwacht zu werden, sowie ängstliches Sich-Fragen, ob man konform ist.
- **Gefühl der Einsamkeit:** Man hat den Eindruck, anders als die anderen zu sein: zerbrechlicher, weniger kompetent, verletzbarer, isolierter... Eine Patientin erzählte mir: »Wenn ich deprimiert war, schaute ich meinem Baby beim Schlafen zu. Ich litt an seiner Stelle: Ich hielt es für so zerbrechlich, für so allein auf der Welt. Ich war blind für all die Liebe, die es umgab. Ich fühlte mich total allein, und obendrein projizierte ich meine ganzen Ängste auf es. In diesen Momenten verstand ich, was die Psychotherapeuten ›altruistischer Selbstmord‹ nennen: diese Versuchung, seine Kinder in den eigenen Tod mitzunehmen, um ihnen zu ersparen, dass sie allein zurückbleiben und in dieser so harten Welt leiden müssen.«
- **Das Gefühl, zu betrügen:** Es tritt gelegentlich oder auch häufig auf, wird durch den geringsten Erfolg oder das kleinste Zeichen von Anerkennung ausgelöst und führt zu der quälenden Frage: »Verdiene ich das wirklich?« Oder: »Und jetzt? Werde ich diesem Erfolg gewachsen sein?«[1]
- **Unangemessenes Verhalten in Bezug auf unsere Interessen** (man wird unangenehm, wenn man sich beurteilt fühlt) **oder unsere Wertvorstellungen** (man versucht zu beeindrucken, den anderen schlechtzumachen, obwohl das gar nicht den persönlichen Wertvorstellungen entspricht): Man ertappt sich dabei, dass man gerade etwas tut, das man nicht tun sollte, tut es aber trotzdem. Man tut Dinge, die man eigentlich furchtbar findet, die einen traurig oder wütend machen: »Gemeinheiten sagen, andere schlechtmachen; ich kann mich nicht zurückhalten, es ist stärker als ich. Mit der Zeit habe ich natürlich begriffen, dass das kein

guter Zug an mir war, die anderen umso mehr herunterzumachen, je schlechter es mir selbst ging. Aber das geht von ganz allein los, außer wenn ich wirklich besonders darauf achte.« Manchmal, wenn man seinen »schlechten Neigungen« nachgibt, kann das ein flaues und paradoxes Wohlbefinden auslösen, so wie eine beinah Sicherheit gebende, weil vertraute Niederlage vor sich selbst (so etwas kann man jahrelang machen), die in dem Moment nur wenig Energie kostet.

- **Tendenz, den Zustand noch zu verschlimmern, wenn es einem schlecht geht**: Viele Studien[2] beschäftigen sich mit der unwiderstehlichen Neigung von Menschen mit niedrigem Selbstwertgefühl, sich hineinzusteigern, wenn sie den »Blues« bekommen, und dann nicht das zu tun, was sie tun müssten, wenn sie wollten, dass es ihnen wieder besser geht. »Was ich tue, wenn es mir schlecht geht? Nichts, einfach nichts, was mir helfen könnte. Und ich weiß es, es ist mir voll bewusst. Anstatt Freunde zu besuchen, ziehe ich mich zurück. Anstatt heitere Musik zu hören, suhle ich mich in Trauermärschen. Anstatt rauszugehen und frische Luft zu schnappen, schließe ich mich zu Hause ein, fläze mich aufs Sofa und schaue mir idiotische Serien im Kabelfernsehen an. Das mache ich so, seit ich ein kleines Kind war: Je schlechter es mir geht, desto mehr versinke ich darin. In anderen Lebensbereichen habe ich nicht das Gefühl, masochistisch veranlagt zu sein. Aber es ist wirklich seltsam: Es ist, als wollte ich mich, anstatt mir zu helfen, zuerst einmal für irgendetwas bestrafen.«

- **Konträr zu dem leben, wozu man eigentlich Lust hat**: Gegen die eigenen Interessen, gegen die eigene Intuition. Auch wenn diese Haltung zum Glück nicht so häufig vorkommt, ist sie doch nicht weniger erstaunlich. Ich erinnere mich an eine lebhafte und intelligente Patientin, die mir erzählte, sie habe ganz bewusst einen Mann geheiratet, den sie nicht liebte. Und dass sie sich Jahre später von ihm scheiden ließ, mit einem Gefühl von Schlamassel und Absurdität. »Es war kein Masochismus, ich habe nicht das Gefühl, dass ich masochistisch bin. Eben eine komplizierte Mischung aus

Angst, allein zu bleiben (da sich jemand für mich interessierte, wollte ich mir diese Chance nicht entgehen lassen), aus Zweifel an meiner eigenen Wahl (ich ließ mich lieber wählen, um nicht selbst die Verantwortung dafür übernehmen zu müssen), aus einer dunklen Resignation (verdienst du denn im Grunde Besseres?) und noch anderen Dingen, die sich mir entziehen, aber wozu sollte es gut sein, mein Leben damit zu verbingen, das alles zu analysieren? Jahrelang hat ein Psychotherapeut versucht, mich davon überzeugen, dass das Masochismus war. Eben nicht! Sondern weil ich mich nicht wertschätzte, kein Vertrauen in mich selbst hatte, mir nicht zuhörte, mich nicht kannte, mich nicht achtete. Seit ich auf diesem Gebiet Fortschritte mache, achte ich mehr darauf, mich selbst nicht mehr so schlecht zu behandeln.«

- **Schwierigkeiten, um Hilfe zu bitten:** Paradoxerweise fragen gerade Menschen mit einem gesunden Selbstwertgefühl am leichtesten andere um Hilfe. Sie fühlen sich dadurch nicht abgewertet: Es ist doch normal, dass man sich gegenseitig hilft, oder? Einige Tage bevor ich dies schrieb, erzählte ein junges Mädchen aus einer unserer Therapiegruppen, wie sie in einer schwierigen Phase ihres Lebens (ihr Freund hatte sie gerade verlassen) sich zum ersten Mal getraut hatte, ihre Freunde um Hilfe zu bitten, und wie ihr bewusst wurde, dass, ohne dass die Traurigkeit dadurch verschwunden wäre, diese eingegrenzt und daran gehindert wurde, zur Obsession zu werden. »Früher hätte ich mich zu Hause eingeschlossen und aus Verzweiflung und Scham das Telefon rausgezogen. Jetzt habe ich das Umgekehrte getan: Ich bin nie allein geblieben, ich bin nach draußen gegangen, um mit meinen Freunden und meiner Familie zu sprechen, und nicht unbedingt nur über mein Unglück. Und ich merkte, wie mir das half, die dunklen Gedanken abzublocken und die Lust, mich fertigzumachen und alles zu verschlimmern.«
- **Übertriebene Abhängigkeit von Normen** und Gruppencodes in Bezug auf die äußere Erscheinung, auf Mode, auf seinen Wortschatz, auf materiellen Besitz, auf die unausgesprochenen Regeln

guten Benehmens... Das Syndrom des »*Das gehört sich doch nicht...*«: andere Leute beim Essen stören, den Verkäufer nach einem Preisnachlass fragen, nein sagen, um Hilfe bitten, sagen, dass man etwas nicht weiß... Soziale Codes sind immer von der jeweiligen Epoche und Kultur abhängig: Früher waren Menschen mit schwachem Selbstwertgefühl darum besorgt, geachtet zu werden und anständig zu sein. Heute unterwerfen sie sich anderen Diktaturen: jung erscheinen, einen schlanken, gebräunten und faltenlosen Körper zu haben.

- **So tun, als ob**: Man gibt sich stark (»Nein, nein, kein Problem...«), schwach (»Ich bin zu dumm, können Sie mir helfen?«), gleichgültig (»Nein, ich bin weder enttäuscht noch traurig oder unglücklich«). Man bedient sich verschiedener sozialer Lügen, am häufigsten in Form von Unterlassung (ein für einem günstiges Missverständnis über seine Abschlüsse, seinen Beruf, sein Erfolgs- oder Bildungsniveau unaufgeklärt lassen). Das ist die Falle des falschen Selbst und des falschen Scheins, aus der man nicht mehr herauskommt: Habe ich einmal zu verstehen gegeben, dass ich Schokolade mag, wird man sie mir immer wieder anbieten, und ich werde sie weiter essen müssen und dabei so tun, als würde ich sie mögen. Bei so einem Leben steht man neben sich selbst, man befindet sich in einem permanenten *Para-Ich*. Oft wird das durch die Suche nach maximaler Angepasstheit unterstützt: Im Versuch, sich so weit wie möglich an die Wünsche der anderen anzupassen, tut man alles, um nicht abgelehnt zu werden. Man versteckt sich hinter einer sozialen Person, die man zwischen sich und die anderen stellt. Was aber hindert uns nachzuprüfen, ob die Wahrheit akzeptiert würde oder nicht? »Was würde passieren, wenn ich wirklich ich wäre?« Manchmal wird die Lüge bis zur Katastrophe aufrechterhalten. Ich erinnere mich an einen Arzt-Kollegen, den ich immer als einen Menschen mit köstlichem Humor und unerschütterlichem Optimismus erlebt hatte. Eines Tages jedoch unternahm er einen Selbstmordversuch, der ihm, wie ja oft bei Medizinern, die bis zum bitteren Ende professionell sind, sofort gelang. Ich sprach später mit seiner Frau. Sie schilderte mir einen Kollegen, der von Ängsten, Zweifeln und Befürchtungen, über die er mit niemandem je sprach, regelrecht aufgefressen worden war. Er war zermürbt von der Gewissheit, keiner Aufgabe gewachsen zu sein, und erschöpft durch die Anstrengung, sich ständig zu verstellen und bis zu seinem letzten Tag kompetent und bei allen beliebt zu sein.

- **Neigung zum Negativismus:** Man macht alles herunter, sieht nur das Negative, das Schäbige, die dunklen oder traurigen Seiten. Zu den mehr oder weniger bewussten Zielen gehört folgende Strategie: Nicht der Einzige zu sein, der erbärmlich ist. Manchmal sucht diese Neigung Bestätigung und Verkleidung im Scharfblick: »Mir macht man nichts vor!« Auch die Intoleranz gegenüber allem, was unsere Wertvorstellungen und Gewissheiten in Frage stellt, ist eine Reaktion auf die Schwankungen des Selbstwertgefühls: Je mehr man an sich zweifelt, desto weniger erträgt man andere, die diesen Zweifel hervorrufen, die Widersprecher, die Fremden, Leute, die nicht dieselbe Meinung haben wie wir oder anders leben als wir.
- **Probleme mit dem Infragestellen:** Bei Menschen mit niedrigem Selbstwertgefühl ist es permanent und quälend. Bei Menschen mit fragilem hohem Selbstwertgefühl ist es schwierig oder unmöglich, weil sie es vorziehen, sich aus der Verantwortung zu stehlen, den Blick abzuwenden oder zur Tagesordnung überzugehen, bevor sie etwas lernen könnten.
- **Übermäßige negative Emotionen** (Scham, Wut, Unruhe, Traurigkeit, Neid…): Sie richten durch ihre Häufigkeit, Intensität und Dauer sowie durch ihre Auswirkungen auf das Verhalten und die Beziehungen immense Schäden im Alltag an, vor allem durch häufige Konflikte oder Spannungen, gleich ob diese Konflikte nun offen oder verdeckt ausgetragen werden: Sie lösen Wutausbrüche und Streit, Ressentiments und Groll aus. Probleme des Selbstwertgefühls machen Menschen oft »schwierig«: »Mit dir wird immer alles kompliziert, du machst aus allem eine riesen Sache. Irgendwann wird man dich meiden.«

Bis wohin können die Probleme des Selbstwertgefühls gehen?

Die Probleme des Selbstwertgefühls sind so ein bisschen die »großen Verschlimmerer« aller Formen von Schwierigkeiten: Sie sind ein Risikofaktor, wenn sie mit psychischen Erkrankungen (Depressionen, Ängsten, Phobien usw.) oder mit Problemen der Selbstkontrolle im Alltagsleben verbunden sind (mit dem Rauchen aufhören, eine Diät machen, Erfolg in der Schule haben und andere schwierige Aufgaben...). Sie fördern die Labilität der Seele und des Glücks. Sie blockieren die persönliche Entwicklung und bewirken, dass die Menschen nur schwer weiterkommen und immer wieder dieselben Fehler machen. Mit diesen Formen des prekären Selbstwertgefühls werden wir uns jetzt eingehender beschäftigen.

5. Kapitel
Das verletzbare Selbstwertgefühl: Höhen und Tiefen

> *Zweifel, die in meinem Kopf hängen, in meine Adern dringen und sie vergiften.*
> Alfred de Musset

Neben den normalen Schwankungen des Selbstwertgefühls gibt es auch äußerst gleichförmige und angewöhnte Varianten. Hier geht es nicht mehr um Übergangs- und Reaktionsphänomene, sondern um Persönlichkeitsmerkmale, die manchmal erst durch bestimmte Ereignisse zum Vorschein kommen, diese Ereignisse manchmal aber auch auslösen. Misserfolge, Zurücksetzungen, Konflikte pflastern den Alltag dieser Menschen. Auch wenn sich diese Formen des Selbstwertgefühls in ihrer Entwicklung recht stabil erweisen, sind sie einer Veränderung nicht unzugänglich. Das allerdings bedarf persönlicher Anstrengung: Zeit allein reicht nicht aus, um einem unsicheren Selbstwertgefühl seine Sicherheit wiederzugeben.

Die Fragilität des Selbstwertgefühls und die Verteidigungsreflexe

Viele von uns leiden darunter, dass sie sich sehr verletzlich fühlen. Der ganz normale Alltag mit seinen Wechselfällen steckt für sie voller Bedrohungen: All die kleinen Risiken, denen er uns aussetzt (sich irren, Fehlschläge erleiden, Unrecht haben, plötzlich in eine Wettbewerbssituation verwickelt werden …), rufen in uns das Gefühl hervor, ständig bedroht zu sein.

Dieses Fragilitätsgefühl kann zu zahlreichen Irrtümern führen: Der erste ist, dass wir Selbstbild und Selbstwertgefühl in den Mittelpunkt unserer Besorgnisse und Anstrengungen stellen, was dann zu der heimlichen Überbeschäftigtheit mit sich selbst führt, von der wir bereits gesprochen haben. Der zweite liegt in der Versuchung, sein Selbstwertgefühl um jeden Preis zu verteidigen und dazu systematisch – und von daher wenig an die jeweilige Situation angepasst – eine offensive (um es durchzusetzen) oder defensive (um es zu schützen) Haltung einzunehmen. Äußerlich unterscheiden sich die beiden Strategien zwar, haben aber in Wirklichkeit eine gemeinsame Basis: das Gefühl der Verletzlichkeit, das bei niedrigem Selbstwertgefühl bewusst, bei fragilem hohem Selbstwertgefühl weniger bewusst, manchmal sogar völlig unbewusst ist.

Fragiles hohes oder niedriges Selbstwertgefühl – beide Profile liegen so nahe beieinander, dass man manchmal einen Übergang vom einen zum anderen beobachten kann, und zwar abhängig vom Lebensabschnitt. Dies ist bei Matthieu der Fall: Lange Zeit war er ein schüchterner und zurückhaltender Jugendlicher, zeigte aber gute Leistungen in Schule und Universität und bekam viel zu jung einen hohen Posten in der Verwaltung angeboten. In Sitzungen und bei öffentlichen Auftritten wurde er schroff und arrogant. Um älter zu wirken, dachte er, müsse er härter werden. Um überzeugender zu sein, so schien es ihm, müsse er bedrohlich wirken.

Beide Profile können auch gleichzeitig bei ein und derselben Person auftreten, und zwar je nach Lebensbereich: Man kann sich bei seinen besten Freunden nach den Regeln eines hohen Selbstwertgefühls verhalten (angeberisch sein, seine Meinung energisch vertreten, stolz sein) und gleichzeitig, bei Unbekannten oder bei wichtigen Persönlichkeiten, die Reflexe des niedrigen Selbstwertgefühls zeigen. Ein Beispiel für diese manchmal erstaunliche Mischung sind schüchterne Menschen, bei denen Verhaltensweisen eines niedrigen Selbstwertgefühls im realen gesellschaftlichen Umgang neben denen eines hohen Selbstwertgefühls in der Phantasiewelt her bestehen kann (von daher der »Stolz der Schüchternen«, der sich mehr aus der Einbildung als aus ihrer Verwirklichung speist). Manchmal zeigen die Schüchternen auch »Ausbrüche von Revolte oder Unbewusstheit«, wie es eine meiner Patientinnen einmal bezeichnete, Ausbrüche, die sie dazu treiben, endlich einmal etwas zu wagen, wenn sie beherrscht sind von jener legendären, bei ihnen leider so seltenen und unvorhersehbaren »Kühnheit der Schüchternen«.

Sich unter-positionieren: Die Kunst des Ausweichens bei Menschen mit niedrigem Selbstwertgefühl

»Ich bin absolut überzeugt, dass ich nicht so gut bin wie die anderen. In jeder Hinsicht: körperlich und seelisch. Es ist ganz einfach: Wenn man mir Komplimente macht, dann löst das bei mir fast eine körperliche Krise aus. Ich möchte davonlaufen oder weinen. Wenn sich jemand für mich interessiert, sage ich mir, das muss ein Irrtum sein, weil derjenige *noch nicht* weiß, wer ich wirklich bin. Eine andere überzeugende Erklärung kommt mir nicht in den Sinn. Und nach dem ersten Moment der Dankbarkeit – da interessiert sich jemand für mich! – überkommt mich sofort die Angst: Was mache ich mit dieser Wertschätzung, die man mir entgegenbringen zu wollen scheint? Wie lange wird es dauern, bis ich sie verspielt habe? Bis ich wieder in die Namenlosigkeit und Gleichgültigkeit zurückfalle, die mich für gewöhnlich umgibt?« (Philippine, 32 Jahre alt).

Man kann als Therapeut noch so sehr daran gewöhnt sein, man ist immer wieder erstaunt über die seltsame Sicht, die Menschen mit niedrigem Selbstwertgefühl auf sich selbst haben: durch ihre selektive Blindheit gegenüber allem, was interessant und sympathisch an ihnen ist und Wertschätzung verdient. Es handelt sich hier nicht um ein Wahngebilde, diese Menschen erfinden ihre Schwächen nicht, sie erschaffen sie nicht von A bis Z: Es gibt sie ja durchaus, all diese kleinen Fehler, Unvollkommenheiten und Beschränkungen, es sind ungefähr dieselben wie bei allen anderen Menschen. *Nur können Menschen mit niedrigem Selbstwertgefühl ihre kleinen Fehler überhaupt nicht relativieren, sie aus einem Abstand betrachten oder milde beurteilen*: Für sie steht ein für alle Mal fest, dass sie nicht unbekümmert und offen wie alle Welt sonst leben können.

Dennoch überwacht und beobachtet man die anderen – aber nicht um zu sehen, wie sie es schaffen, mit ihren Fehlern gut zu leben. Man überwacht sie, weil man sich ständig dem schädlichen Spiel des sozialen Vergleichens hingibt. Und es ist nicht nur schädlich, sondern auch schief, denn man sieht bei den anderen nur das, was besser ist. Dadurch wird der Vergleich schmerzhaft und kann nicht motivierend wirken. Manchmal vergleicht man sich mit den Schlechteren; das beruhigt für den Moment ein bisschen. Sehr rasch aber oder etwas später steigert das nur die Unsicherheit und die Besorgnis, denn man sieht darin eine mögliche Zukunft: »Und wenn ich am Ende auch so werde?«

Wie kann man trotzdem leben? Zunächst – keine Risiken eingehen. *Die einzige Losung heißt: das Selbstwertgefühl schützen*. Bei der Suche nach ein wenig Anerkennung bleibt man vorsichtig und geht kein Risiko ein, einen Reinfall zu erleben: das wäre zu schmerzhaft, vor allem wenn die anderen es mitbekämen. So bleiben soziale Aufwertungen natürlich selten.

Wenn es darum geht, zu handeln, verfährt man äußerst vorsichtig. Wenn möglich, handelt man nur, wenn alles abgesichert ist. In Beziehungen *sucht man um jeden Preis die Akzeptanz*, man versucht, anerkannt und beliebt zu sein, anstatt sich eroberungs- und unternehmungslustig zu zeigen. Man vermeidet Konflikte und alles, was Ablehnung hervorrufen könnte: seine Meinung sagen, um etwas bitten, das Umstände machen könnte. Man wartet darauf, dass die anderen einen ihrer Wertschätzung versichern, damit man sich entspannen und öffnen kann. Man zeigt kaum Initiative, denn das würde ja schon ein Risiko bedeuten (»Und wenn man meinen Annäherungsversuch zurückweist oder mich dafür verachtet?«). Am Ende hängt man dadurch sehr vom guten Willen der anderen ab. Das Problem dabei ist die Hyper-Empathie: Man steckt zu sehr im Kopf der anderen, beschäftigt sich zu viel mit ihren imaginären Bedürfnissen und vergisst dabei seine eigenen.

Indem man nur daran denkt, was die anderen von einem denken, vergisst man, an sich selbst zu denken. Das niedrige Selbstwertgefühl ist eine Form der Entfremdung: Es ist nicht erstaunlich, dass man am Ende das Gefühl hat, leer und langweilig zu sein. Man hindert sich daran, zu existieren, sich zu entwickeln, und gehorcht der Logik des »Nur nicht auffallen und abgelehnt werden!«, indem man am *Aufbau eines Unter-Ich* arbeitet, das fad, geruchlos und ohne Würze ist, dafür aber auch – einziger Vorteil – nicht zu orten und zu finden.

Von außen gesehen scheinen Menschen mit niedrigem Selbstwertgefühl klar auf der Verzichtseite zu stehen: Sie verzichten auf die Hauptrolle, auf das persönliche Weiterkommen, auf jegliche Form allzu sichtbaren Wettbewerbs. Vermeidungsverhalten und Unterordnung sind ihr täglich Brot. Ihre Strategie ist die der »Armen an Selbstwertgefühl«, die den völligen Untergang vermeiden wollen: Wie schafft man es, nicht noch weiter hinunterzufallen, als man schon ist (oder als man zu sein glaubt). Diese Menschen haben die hohe Kunst des Ausweichens vor der Gefahr des Bewertetwerdens durch andere entwickelt: immer bei der Herde bleiben, nicht versuchen, sich zu profilieren, aber auch bestrebt sein, nicht fallengelassen zu werden. Ihr Mangel an Vertrauen zeigt sich darin, dass sie gar nicht oder so wenig wie möglich handeln, und zwar nicht nur aus Angst vor dem Misserfolg, sondern auch vor seinen gesellschaftlichen Konsequenzen.

Aus meiner Zeit als Stationsarzt in der Psychiatrie erinnere ich mich an eine hervorragende Kollegin, die auf allen Gebieten brillierte – aber eben auch im Zweifeln an sich selbst. In Perioden großer Angst träumte sie davon, die Medizin aufzugeben, um Gärtnerin zu werden. Sie dachte, der Druck sei dann geringer. »Dieser Job lastet schwer auf mir; der kleinste Fehler kann tödlich sein. Zu hart für mich«, sagte sie immer wieder. Und wenn sie nicht darüber sprach, war leicht zu merken, dass sie davon beherrscht war: an ihrer Nervosität bei schwirigen Fällen, an den aufsteigenden Tränen, wenn die Oberärzte oder unsere Professoren Bemerkungen über Lücken in ihren Krankenberichten fallenließen. Der Gedanke, eine falsche Diagnose zu stellen, nicht das beste Medikament zu verschreiben, das Vertrauen der Patienten oder der Angehörigen zu enttäuschen oder auch das der älteren Kollegen, die uns ihre Kranken anvertrauten – all das war mehr als die einfache Sorge, die uns alle beherrschte: Bei ihr war es eine echte Zwangsvorstellung. Der Traum, Gärtnerin zu werden, war das nicht im Grunde ein Ausdruck von Weisheit? Denn, warum nicht? Es gibt Kämpfe, die zu anstrengend sind, und als Gärtnerin kann man ruhiger und glücklicher werden denn als eine Ärztin, die in ständiger Furcht lebt. Wenn diese Wahl aber gar keine echte Wahl ist, sondern ein Reflex aus Angst, Müdigkeit und Flucht – wer weiß, ob man sie dann nicht doch irgendwann bedauert und ob die Befürchtungen sich am Ende nicht gerade dort einnisten, wo man geglaubt hatte, sie würden nie hinkommen?

Zweifellos bringt es gewisse Vorteile, ein Unter-Ich aufzubauen und zu akzeptieren, denn es wäre sonst ja genauso unaushaltbar wie eine Depression. Indem man jeglichem Druck und jedem Wettbewerb entsagt, erwirbt man sich relative Ruhe und völlige soziale Akzeptanz (man stört niemanden mehr außer diejenigen, die Hoffnungen und Leistungserwartungen in einen gesetzt hatten). Denn diese Vermeidungs- und Ausweichstrategie wirkt wie eine Art soziales Schmiermittel: Was wäre das Leben, umgeben von Menschen mit nervösem und kämpferischem hohen Selbstwertgefühl? Wenn Sie wissen wollen, was ich meine, gehen Sie ins Kino, sehen Sie fern und schauen Sie sich die Politiker an.

Indem man aber Niederlagen aus dem Weg geht, vermeidet man zu handeln, und damit vermeidet man auch Erfolg, wodurch es zu einer wirklichen gesellschaftlichen Abwertung kommt, also nicht nur ein Gefühl, sondern ein Leben, das objektiv gesehen weniger reich und intensiv ist, eine persönliche Verarmung durch Verminderung und Begrenzung neuer Erfahrungen: »Ein Leben voller Ausweichmanöver: kein Schweiß, kein Blut, keine Tränen, dafür Traurigkeit, Langeweile, Enttäuschung…« beschrieb eines Tages eine Patientin ihre Situation.

Eine weitere Gefahr liegt darin, durch häufigen Verzicht in Frustration und Verbitterung abzukippen, oder dadurch, mit ansehen zu müssen, wie die anderen, die nicht besser sind als wir, an uns vorbeiziehen und es schaffen, Erfolg haben, ihren Erfolg genießen und zeigen…

Sich über-positionieren: Lügen und Verkrampfungen bei Menschen mit hohem Selbstwertgefühl

Hier geht es um Menschen, die wir Psychotherapeuten bis vor kurzem nicht so oft in unserer Praxis sahen. Eher waren es ihre Angehörigen, die uns von ihrer Verdrossenheit berichteten (»Er/Sie macht uns das Leben zur Hölle«) oder von ihrer Besorgnis (»Er/Sie bringt alle gegen sich auf«). Seit kurzem aber werden die Anfragen häufiger: Ein fragiles hohes Selbstwertgefühl bringt Leiden… Ich erinnere mich an eine ausgezeichnete Musikerin, die drauf und dran war, mit ihrem »unmöglichen« Charakter ihre internationale Karriere zu ruinieren: »Ich bin ein Antipathieträger. Ich bin fähig, in weniger als fünf Minuten bei egal wem Abscheu vor mir auszulösen. Lange Zeit war ich überzeugt, das wäre aus Eifersucht: Mir war ganz klar, dass die anderen mich um meine Fähigkeiten beneideten und mich sofort verabscheuten, weil sie sich durch meine Gegenwart, durch meine Existenz minderwertig und in den Schatten gestellt fühlten. Schließlich aber begriff ich, dass nicht meine strahlende Persönlichkeit das Problem war, sondern meine Arroganz. Selbst heute noch, obwohl ich es begriffen habe, ist es oft stärker als ich und macht sich in meinem Denken breit. Die Leute spüren, dass ich mich nicht daran hindern kann, sie zu beurteilen. Einmal habe ich es absichtlich getan: Eine ganze Sekunde lang betrachtete ich sie mit eiskaltem Blick von Kopf bis Fuß, bevor ich ihnen zur Begrüßung die Hand gab und mit ihnen zu sprechen anfing. Das verschaffte mir Einfluss – zumindest in meinem Kopf ... Es fällt mir noch immer schwer, mich nicht mehr in den Vordergrund zu stellen, nicht mehr in einem Ton zu sprechen, der keinen Widerspruch duldet, nicht mehr die anderen zu verbessern und ihnen zu widersprechen. Gleichzeitig fällt es mir schwer, nicht zu zeigen, dass ich offenkundig Recht habe, und zuzugeben, wenn ich Unrecht habe. Bei Abendveranstaltungen, Dinnerpartys, Cocktails versuche ich immer, im Mittelpunkt zu stehen und, wenn möglich, über den anderen. Ich gebe an, vor allem mit meinen Auslandskonzerten. Und manchmal fahren mich meine Angehörigen an: »Ist ja gut, wir wissen, dass du elf Mal in den USA warst ...« Aber wenn ich nicht die Aufmerksamkeit auf mich ziehe, habe ich den Eindruck, meine Zeit zu vergeuden, ja schlimmer noch, ich habe den quälenden Eindruck, gar nicht da zu sein, mich in Luft aufzulösen.«

Tatsächlich zeigen diese Menschen dieselbe Ich-Fragilität wie diejenigen mit niedrigem Selbstwertgefühl (die sie auf gewisse Weise auch sind oder zu denen sie im Fall von wiederholten Rückschlägen wieder werden können), sie kämpfen jedoch anders gegen ihre Zweifel an. Daraus erklären sich die zusätzlichen schillernden Merkmale: Glänzen wollen, dominieren, beliebt sein wollen, sich bewundern lassen – all das entspringt der Unsicherheit eines niedrigen Selbstwertgefühls. Das Ganze aber führt zu einer wackeligen Konstruktion ... Hier dienen die Bemühungen, das Selbstwertgefühl auf einem bestimmten Niveau zu halten, einem Verteidigungsmechanismus, damit man nicht zu sehr an sich zweifeln oder seine Grenzen akzeptieren muss und um sich nicht mit der beunruhigenden Zerbrechlichkeit auseinandersetzen zu müssen. Auch hier findet ständig ein Vergleich mit den anderen statt: Nach oben hin ist man eifersüchtig; um den Abstand zu verringern, wertet man ab, aber nicht, um selbst besser dazustehen, sondern um den anderen herabzusetzen. Nach unten hin verachtet man und ist leicht besorgt (»Was muss ich tun, damit ich nicht auch da lande?« oder »Und wenn ich jetzt bei den anderen auch diesen fatalen Eindruck hinterlasse?«). Einer meiner Patienten brachte mich eines Tages mit folgender Formulierung sehr zum Lachen: »Ich bin nicht stabil. Mein Selbstwertgefühl? Mal fühle ich mich wie ein Luftballon, mal wie eine Betonkugel. Mein Ich steckt ständig in der Krise!«

Wie kann man das fragile hohe Selbstwertgefühl verstehen und benennen? Nach der gängigen Lehrmeinung und dem Stand der Forschung werden ihm mehrere Bezeichnungen zugeordnet: instabil, unsicher, defensiv, falsch usw. In letzter Zeit beschäftigten sich viele Studien mit diesem Profil des Selbstwertgefühls, das viel mehr, als man glaubt, an zahlreichen psychischen Schwierigkeiten beteiligt ist, wie etwa unkontrollierbare Wutausbrüche, Alkoholmissbrauch oder plötzliche schwere Depressionen. Aber die Betroffenen sind nicht leicht zu beschreiben. Nicht nur, weil sie kaum in die Praxis kommen, sondern auch, weil sie selbst nicht wissen, wie sie funktionieren. Versucht man, mittels einfacher Fragebögen dahinterzukommen, ist es fast unmöglich, zwischen dem »wahren« Selbstwertgefühl, dem stabilen und ausgewogenen, und diesem fragilen hohen zu unterscheiden. Deshalb greift man, um der »Wahrheit« dieses Selbstwertgefühls auf die Spur zu kommen, auf die Methode der unterschwelligen Bewertung zurück. Zum Beispiel, indem man Sie ganz einfach bittet, am Computermonitor rasch auf positive Adjektive (sympathisch, intelligent, großzügig …) oder negative (distanziert, scheinheilig, wütend …) zu reagieren, je nachdem, ob Sie sich von ihnen betroffen fühlen oder nicht. Dabei untersucht man nicht so sehr die *Anzahl* der Antworten, sondern *wie rasch* sie erfolgen. Das ist der Indikator für die »Aufrichtigkeit« der Antworten oder vielmehr für die Tatsache, dass solche Antworten mit der insgeheimen Überzeugung von sich selbst übereinstimmen: Wenn das hohe Selbstwertgefühl authentisch ist, dann ist das Tempo der Antworten signifikant höher als bei Menschen mit fragilem, wenn auch hohem Selbstwertgefühl.[1]

Die Überschätzung des Selbst ist der Versuch, *ein »Super-Ich« aufzubauen, eine äußere Persönlichkeit als Schutz für die viel fragilere Person dahinter.* Dieses Super-Ich muss sich unbedingt Anerkennung verschaffen, indem es sich von der Herde abgrenzt: »Wenn ich mich damit zufrieden gebe, normal zu sein, stehe ich im Schatten. Ich muss vor den anderen, über den anderen stehen. Auf diese Weise bin ich geschützt, und die anderen können mir nicht zu nahe kommen, denn ich bin zu hoch oben oder mache zu großen Eindruck. Man sieht nur mein Bild, meine äußere Persönlichkeit, die ich unter Kontrolle habe.« Imponieren, um sich zu schützen ... Recht oft wird von Menschen mit fragilem hohen Selbstwertgefühl jede Form von seelischer Annäherung oder Zudringlichkeit als unangenehm empfunden: Da ein starkes und dominierendes Bild konstruiert werden soll, sind Nähe und Intimität eine Bedrohung.

Natürlich erzeugen diese Strategien Stress und fordern einen hohen emotionalen Preis. Wenn man auf Anerkennung und Leistung versessen ist, muss man ungeheuer viel persönliche Energie investieren. Das führt zu Überanstrengung und Schwächung sowie – wenn es für das Selbstwertgefühl gut läuft – zu gehäuften angstbesetzten Reaktionen: Man befürchtet, das Ziel nicht zu erreichen oder bloßgestellt zu werden. Es besteht aber auch die Gefahr einer Depression, wenn es mal schlechter läuft, und des unvermittelten Sich-Bewusstwerdens, wie zerbrechlich das eigene Selbstwertgefühl ist, gelegentlich auch zu Erschöpfungszuständen, weil man ständig seine äußere Persönlichkeit und ihre Privilegien verteidigen muss und deshalb immer in Unruhe ist.

Das fragile hohe Selbstwertgefühl und sein erschöpfendes Überpositionieren sind für die Betroffenen eine noch viel größere Sackgasse als für Menschen mit niedrigem Selbstwertgefühl. Wie kann man aus dem Schutz dieser Rolle, aus dem Gefängnis des relativen Erfolgs wieder herauskommen? *Wie wird man aufrichtig und offen?*

Über viele Jahre hat man sich versteckt, und das lief recht gut. Warum soll man also das Risiko auf sich nehmen? Was gewinnt man dabei? – vor allem, weil die Umgebung ja glaubt, es mit einem besonders robusten Ich zu tun zu haben.

»Schließlich konnte ich mich selbst nicht mehr belügen. Ich durchschaute mich zu gut, und wegen dieser Klarsicht habe ich enorm gelitten … Vorher hatte ich Angst, war aber durch Wegleugnen vor der Depression geschützt. Jetzt spürte ich zwar, dass ich immer noch Angst hatte, aber ich rutschte langsam in eine schwere Depression. Den anderen machte ich weiter etwas vor, selbst aber hielt ich mich nicht mehr aus. Ich hatte die ganze Zeit Angst mich aufzulösen, unter den ungläubigen Blicken der anderen auseinanderzubröckeln, plötzlich zusammenzubrechen. Mir ging es bei dieser ganzen Lügerei so schlecht, dass ich manchmal im Büro oder mitten auf der Straße, egal wo, laut schreien wollte: ›Ich habe gelogen! Ich habe schon immer gelogen! Ich spiele etwas vor, von Anfang an, schon seit ich ein Kind war, ich bluffe, ich tue so, als sei ich stark, ich bin aber schwach, schwächer als schwach, ich bin erbärmlich! Ich bin weniger als nichts.‹ Ich hatte den Eindruck, dass mich das erleichtern würde, wie eine Angeklagte, die ein Geständnis ablegt. Aber selbst das habe ich nie gemacht. Außer im Traum.«

Man findet auch extreme Formen, zum Beispiel Narzissten …
»Ich schaue mir dabei zu, und das ist das Schlimmste: Sobald mehr als drei Personen da sind, muss ich den Besserwisser spielen. Und wenn ich dann mein Publikum nicht mit meinem Charme herumkriegen kann, werde ich verbittert und paranoid …« Solange man zumindest einen minimalen Abstand zu sich selbst einhalten kann, ist es immer möglich, sich zu entwickeln. Je geringer aber dieser Scharfblick wird, desto mehr nähert man sich dem an, was Psychiater unter dem Fachbegriff »narzisstische Persönlichkeit« zusammenfassen, eine Form des aufgeblähten Selbstwertgefühls. Diese Patienten (sie kommen eigentlich nur sehr selten in die Sprechstunde, nur bei schweren Depressionen, die im Allgemeinen auf nicht minder schwere gesellschaftliche Misserfolge zurückzuführen sind) sind

davon überzeugt, dass sie besser als die anderen sind und deshalb auch Besseres verdienen: bessere Behandlung, bessere Plätze; dass sie mehr Rechte haben, weil sie ja besser und überlegen sind: Sie dürfen schneller fahren als die anderen (sie fahren besser und ihr Wagen ist sicherer), in Sitzungen länger das Wort führen (da ihre Ideen viel wertvoller sind), müssen rascher bedient werden (weil ihre Zeit kostbarer ist) usw. Ihr Erfolg macht sie nicht stolz (auf ihre Taten), sondern stürzt sie in die *Überheblichkeit*, jenen exzessiven Hochmut, den die alten Griechen so fürchteten. Durch diesen Stolz wird die ganze Person in ein aufgeblasenes Ich verwandelt, eine regelrechte Ausweitung des Ego. Narzissten versuchen oft zu zeigen, dass sie keine Menschen wie du und ich sind, und suchen daher systematisch Aufmerksamkeit zu erlangen, wozu sie übrigens recht talentiert sind, und es gelingt ihnen daher auch. Das erklärt ihre Überpräsenz im Fernsehen und beim Film.

Problematische Entwicklungen des Selbstwertgefühls: Vom niedrigen zum instabilen hohen und umgekehrt

Dieses Phänomen lässt sich am Beginn von Psychotherapien häufig beobachten, und zwar an Hand des Auftretens: Menschen mit niedrigem Selbstwertgefühl können sich manchmal nur feindselig zeigen. Sie geben sich distanziert (damit man ihre Erregbarkeit nicht sieht) und schroff (um das Gegenüber davon abzubringen, zu diskutieren oder zu widersprechen, denn man fühlt sich nicht fähig, die Distanz eines angespannten Wortwechsels auszuhalten). Nachhaltiger, wie im Fall von Matthieu, den ich weiter oben als Beispiel brachte, wenn die Reifung des Selbstwertgefühls bestimmten Lebensumständen (Erfolg, Aufstieg) hinterherhinkt, stellt sich die für Menschen mit niedrigem Selbstwertgefühl typische Frage: Wie soll man sich angesichts des Erfolgs »behaupten«? Mit Letzterem ziehe ich die Blicke und Erwartungen, den ganzen Druck der anderen auf mich. Dann wird das Hochstapler-Syndrom aktiv: »Was, wenn herauskommt, dass ich nicht auf allen Ebenen und in allen Bereichen so gut bin …?« Genau hier taucht dann die Versuchung auf, eine Karikatur des gesunden Selbstwertgefühls zu liefern, ergänzt durch eine zur Schau gestellte Sicherheit.

Diese oberflächlichen Veränderungen des Verhaltens in Verbindung mit dem Selbstwertgefühl können auch in kurzen Abständen auftreten, durch Schwankungen je nach Situation. Das äußert sich zum Beispiel in Stimmungsumschwüngen, wenn Menschen, denen es schlecht geht, plötzlich arrogant und unangenehm werden, aber auch je nach Bereich (Öffentlichkeit oder Privatleben) oder Umgebung (sicher oder bedrohlich). Menschen mit schwachem Selbstwertgefühl, die nach oben wollen, können dies manchmal erreichen, indem sie andere erdrücken. Ich erinnere mich an eine Ehefrau, die vor Freunden sogar gegenüber ihrem Mann ironisch und bösartig wurde, weil sie von ihnen beeindruckt war: Indem sie ihren Partner öffentlich heruntermachte, hatte sie die Illusion, sich selbst zu erhöhen und sich, indem sie sich von ihm distanzierte, aufzuwerten, weil sie glaubte, die anderen hätten von ihm keine gute Meinung. Aber es war ihr eigener Schaden: Mit ihrer Inszenierung kam sie schlecht an, und man äußerte sich hinterher abfällig oder mitleidig über sie.

Ein kleines, nicht unbedeutendes Detail: Wie werden Menschen behandelt, die einen geringeren Status (Mitarbeiter, Empfangspersonal, Reinigungskräfte) haben als man selbst. Oft habe ich im Fernsehen große Stars beobachtet, die sich vor der Kamera oder vor großem Publikum sehr liebenswürdig gaben, sich aber vollkommen ins Gegenteil verwandelten, sobald die Show zu Ende war.

Man muss es sagen: All das funktioniert nicht. Und schließlich: Es wiederholt sich immer das gleiche Szenario und mit ihm seine negativen Effekte: 1. Man hat das Gefühl (wirklich oder eingebildet), fragil zu sein. 2. Dadurch wird man (vorwegnehmend) unruhig oder fühlt sich (in der realen Situation) verletzbar gegenüber (wirklichen oder eingebildeten) Angriffen auf das Selbstwertgefühl. Diese wirklichkeitsfremden Überlegungen über sich selbst und über die Umgebung lösen schlechte Reflexe aus. 3. Diese führen zu unangepassten (aber realen) Strategien. Ein Großteil der Leiden des Selbstwertgefühls stammt deshalb aus einer falschen Steuerung: Die Lösungsversuche werden zu einem noch unangenehmeren Problem als das andere, das sie eigentlich lösen sollten. 4. Die unvermeidlichen Dauerfolgen sind chronische Gefühle des Unbehagens und Erfolge, die man nie genießen kann, weil sie immer nur unter bestimmten Bedingungen zustande kommen (»Ich werde nur dann akzeptiert, wenn und nur wenn ich mich so und so verhalte«).

Diese unangepassten Strategien zum Schutz des Selbstwertgefühls führen zu Problemen des Selbstwertgefühls. Und dies ebenso wie, wenn nicht noch mehr als die Fähigkeiten oder der reale Status der Person, sei sie nun begabt oder unbegabt, arbeitslos oder erwerbstätig, schön oder hässlich, mit schlimmer oder glücklicher Kindheit. Denn mit alldem kann man fertigwerden. Sicher, es kann die Dinge leichter machen oder erschweren. Aber die menschliche Intelligenz kann sich daran anpassen, und das ist gut so. Wenn Ungleichheiten nicht mehr ausgeglichen werden könnten, hätten wir auf Erden nur noch den nackten Schrecken.

Eine übermäßig verteidigende Haltung des Selbstwertgefühls blockiert das Lernen, die Entwicklung und den Aufbau des Selbst. Alle Bemühungen richten sich mehr auf die Selbstverteidigung als auf das Wachstum. Man opfert seine Entwicklung der Sicherheit und findet sich in einem Ich-Gefängnis wieder, in dem man erstickt, sich langweilt und ständig in Unruhe ist, anstatt die Vorteile eines schönen Instruments zu genießen, das man jeden Tag neu stimmt und nach und nach zu spielen lernt, jeden Tag besser, allein oder zusammen mit anderen. All das kann man aufbauen, Monat für Monat, Jahr für Jahr. Aber ich selbst muss auf dieser »psychischen Baustelle« die Initiative ergreifen. Denn wer sonst außer mir selbst könnte diese Arbeit übernehmen?

6. Kapitel
Nachhaltige Entwicklung des Selbstwertgefühls

> *Ich habe angefangen, sehr an mir zu arbeiten, und heute, nach fast fünfzehn Jahren, kann ich von Ergebnissen berichten: Ich verabscheue mich nicht mehr, ich verachte mich.*
>
> Bonmot des Karikaturisten Voutch

Kann man sein Selbstwertgefühl tatsächlich dauerhaft verbessern?

Wir wissen heute, dass das durchaus möglich ist, sowohl in der persönlichen Entwicklung, wenn die Probleme nicht zu schwerwiegend sind, als auch in einer Psychotherapie, wenn es sich um komplizierte psychiatrische Symptome (Depressionen, Angstzustände, Phobien, Essstörungen, Selbstzerstörungstrieb) handelt. Der Weg zur Veränderung in Bezug auf das Selbstwertgefühl führt über mehrere Etappen. Es geht vor allem darum, zu verstehen, was nicht mehr von uns abhängt (wie die Leiden und Mängel unserer Vergangenheit) und was von uns abhängt (die Beziehung, die wir zu dieser Vergangenheit haben, und unser Verhalten im Alltag). Je nach Fall führen die Versuche zu einem echten Aufbau oder Wiederaufbau des Selbstwertgefühls, manchmal ganz schlicht über eine »normale« Entwicklung. Und dann stellt sich die Frage, wie man das Selbstwertgefühl »wartet«, denn es verlangt ununterbrochene Pflege und Aufmerksamkeit.

Weshalb man sich um sein Selbstwertgefühl kümmern muss

Einer meiner Patienten sagte eines Tages zu mir: »Das Ich ist hassenswert, ganz sicher, aber mit ihm muss ich mein ganzes Leben verbringen...« Wenn Sie sich nicht um sich selbst kümmern, wer tut es dann für Sie? Und wer außer Ihnen weiß schon, was Sie brauchen und was für Ihr Wohlbefinden nötig ist?

Dennoch sind wir sehr damit beschäftigt, vor diesem Nachdenken über uns selbst zu flüchten, und lassen uns in unserem Leben und unserer Persönlichkeit oft automatisch steuern. Wir lassen uns durch die Verhältnisse und durch äußere Einflüsse treiben: durch die Vergangenheit, durch unsere Angehörigen oder Freunde, durch unsere soziale Herkunft, durch die Gesellschaft, in der wir leben. Das Ergebnis führt leicht zur Mittelmäßigkeit, außer wenn uns das Leben sehr verwöhnt hat, wenn wir in unserer Kindheit alles bekommen haben und wenn wir in einer Umgebung leben, in der Liebe und Harmonie vorherrschen, aber auch wenn es keine persönliche Wahl und keine Selbstbestimmung gibt, denn auch eine solche Umgebung kann sich ungünstig auf das Selbstwertgefühl auswirken, wie der Bericht Aurélies bezeugt:

»Eines meiner Probleme besteht darin, dass ich nicht wüsste, worüber ich mich beklagen sollte: Meine Eltern waren nett und liebevoll, das Leben zu Hause war angenehm, es herrschte eine gute Atmosphäre, und wir hatten keine materiellen Sorgen. Ich studierte, machte Reisen, fand rasch einen Beruf und einen Partner. Woher also diese Zweifel? Woher diese dumpfe Unzufriedenheit mit meinem Leben? Wenn ich in meiner Vergangenheit zu suchen beginne, kann ich mit viel gutem Willen ein paar Kleinigkeiten finden, Dinge, die nicht gut liefen, etwa in der Art von ›Meine Eltern waren zu perfekt.‹ Es stimmt, mein Vater war so brillant, dass er überall sehr beliebt war, und meine Mutter war ein so liebenswürdiger und feiner Mensch, dass sie von allen gemocht wurde. Andauernd sagten alle zu uns, was für ein Glück wir hätten, solche Eltern zu haben. Vielleicht fehlte mir der Raum, um selbstsicher zu werden, mich in der Opposition oder der Revolte aufzubauen? Aber wenn ich diese Probleme mit denen meiner Freunde vergleiche – mit Inzest, Gewalt in der Familie und fürchterlichen Krisen zwischen den Eltern… Nein, ich frage mich, ob mein Problem nicht etwa daher kommt, dass ich immer nur den Schienen gefolgt bin, die man mir gelegt hatte. Ich habe mir nie angewöhnt, über mich nachzudenken, darüber, wie ich war oder was ich wollte. Ich musste nie um etwas kämpfen.«

Die Arbeit am Selbstwertgefühl

Verbessert man sein Selbstwertgefühl, indem man direkt an ihm arbeitet? Das ist die gleiche Frage wie die Frage nach dem Glück: Für manche ist allein die Tatsache, glücklich werden zu wollen, schon das erste Hindernis. Die Idee ist verführerisch, aber falsch. In Wirklichkeit darf man nicht das (notwendige) Glück mit einer (schädlichen) Glücksbesessenheit verwechseln. Das gleiche gilt für das Selbstwertgefühl.

Probleme des Selbstwertgefühls sind keine Krankheit, sondern sie resultieren aus der Gesamtheit nicht angepasster Weisen, zu leben, sich zu schützen und zu fördern. Deshalb muss man, um eine wirksame Veränderung herbeizuführen, bestimmte Regeln kennen. Es gibt viele Studien zu diesem Thema, einerseits im Bereich psychiatrischer Störungen[1], andererseits im Bereich der »Normalen« ohne offenkundige Störungen, die einfach nur ihr persönliches Wohlbefinden verbessern wollen.[2]

Die Vergangenheit vermacht uns viele Zweifel und Unsicherheiten. In der Gegenwart kann das meiste repariert, manchmal sogar geheilt werden, jedoch unter der Bedingung, dass wir wirklich leben. Leben heißt etwas tun, sich entdecken, sich öffnen, Risiken eingehen, auch sich gehenlassen, ohne immerzu sein Selbstbild kontrollieren oder im Griff haben zu wollen. Wenn wir uns zu sehr schützen, dann vollzieht sich in unserem Leben die Reparaturarbeit oder der Prozess des Reifens nicht.

Was muss man tun, damit sich das Selbstwertgefühl günstig entwickelt?

- *Die Vergangenheit zu verstehen genügt nicht, um die Gegenwart zu verändern*

Noch ist nicht alles entschieden! Das Niveau unseres Selbstwertgefühls und die Art, wie wir es schützen, hängen ganz offenkundig von unserer Vergangenheit ab: Wie uns unsere Eltern durch ihre Liebe Sicherheit gaben, wie sie uns durch ihre Ermunterungen wertschätzten und indem sie uns ihre eigene Selbstwertschätzung vorlebten ... Der aktuelle Zustand unserer Psyche ist jedoch *nicht allein* durch die Vergangenheit bestimmt,[3] sondern auch durch die Gegenwart: Wenn man sich im Alltag nicht bemüht, bleibt man dem »Autopiloten« ausgeliefert, der in unserer Kindheit angelegt wurde, oder man ist nur ein Spielball gesellschaftlicher Einflüsse. Die Schwierigkeiten des Selbstwertgefühls können auf eine schlechte Ausgangslage in der Vergangenheit zurückgehen, aber auch auf einen schlechten Umgang mit ihr. Es gibt da nichts Schicksalhaftes, sondern ein unbestreitbares Gewicht der Vergangenheit, das man verstehen muss, um auf die Gegenwart einwirken zu können. Indes ist eine nie endende Erforschung unserer persönlichen Geschichte keine Lösung. *Die Vergangenheit ist vergangen, ganz wörtlich; wogegen wir ankämpfen, das ist ihr Phantom. Wir kämpfen aber immer in der Gegenwart.*[4]

- *Verstehen allein genügt nicht, man muss auch tatsächlich etwas tun*

Sie können alle Bücher über das Selbstwertgefühl lesen, an allen Konferenzen zu diesem Thema teilnehmen, alle Mechanismen verstehen, und nichts wird sich bei Ihnen ändern, solange Sie nicht tatsächlich etwas verändern und ausprobieren. Man muss etwas tun, um sich zu verändern. *Man ändert sich nur durch intelligentes Handeln.* Das ist entscheidend, denn die Probleme des Selbstwertgefühls neigen dazu, das Handeln zu hemmen oder zu stereotypisieren: gar nichts mehr tun, oder immer auf dieselbe Weise.

- *Mehr Lernen, weniger Offenbarung*

Dies ist sicherlich die wichtigste Entdeckung der Psychotherapie in den letzten Jahren: *Verändern kann man lernen.* Die Annahme, dass durch plötzliche Bewusstwerdung oder Aufdeckung von verschütteten Erinnerungen eine grundlegende psychische Veränderung herbeigeführt werden kann, hat sich kaum bewahrheitet. Wenn der

Glaube, dass Psychotherapie so funktioniere, noch immer fortbesteht, dann zweifellos auf Grund seines recht romantischen Aspekts (das Geheimnis liegt tief am Grunde von einem selbst versteckt), verstärkt durch zahlreiche Kinofilme:[5] In einem bestimmten Moment der Handlung wird die Musik lauter, über die Augen des Helden legt sich ein Schleier, eine Szene aus seiner Vergangenheit kommt ihm wieder ins Bewusstsein. Diese plötzliche Entdeckung lässt den Helden oder die Heldin zwar in Tränen ausbrechen, heilt ihn bzw. sie aber auch für immer von seinen Phantomen. Dieses Modell der Bewusstwerdung durch einen bestimmten Auslöser ist natürlich eine Karikatur und gelingt nur in der Phantasie der Filmkenner.[6]

- *Verändern ist nicht kompliziert*
Psychische Veränderung geschieht eher in einem Langstreckenlauf als in einem Sprint. Kompliziert ist es aber nicht: Sie werden sehen, es handelt sich fast immer um einfache Dinge. Ich werde oft von Journalisten aufgesucht und nach »Mitteln« gefragt, die das Selbstwertgefühl erhöhen, oder man stellt mir die Frage: »Wenn Sie nur einen einzigen Rat geben könnten, welcher wäre das?« *Mittel gibt es viele. Das einzige Problem: Man muss sie alle anwenden! Lange und regelmäßig!*

- *Kann man die Probleme des Selbstwertgefühls »loswerden«?*
Die Schwankungen des Selbstwertgefühls für immer loswerden – ist das nicht ein Mythos, dem gewisse Psychotherapeuten anhängen? Er besteht in der Beteuerung, dass man mehr oder weniger explizit »auf den Grund der Probleme« gehen muss, um eine anhaltende Besserung herbeizuführen. Aber niemand kann sicher sagen, dass es den Grund der Probleme tatsächlich gibt, vor allem in Bezug auf das Selbstwertgefühl. Und selbst wenn man dorthin gelangte, was dem »Grund der Dinge« gleichkommen würde, wäre das eine Garantie für ein ewiges Gleichgewicht? Oft ähnelt die Arbeit am Selbstwertgefühl dem, was man den Diabetes-, Asthma- oder Bluthochdruck-

Patienten empfiehlt: Man richtet sein Leben so ein, dass die Krankheit (oder Verletzbarkeit) die Lebensqualität nicht einschränkt. Und oft schafft man das ja auch. Geduldiges Bemühen und tägliche Arbeit am Selbstwertgefühl klingen nicht sehr poetisch? Zweifellos, aber auch das Leiden ist nun einmal nicht poetisch. Es gibt jedoch auch in Bezug auf das Selbstwertgefühl ganz klar definierbare Regeln.

Der Weg ist weit, aber es gibt ihn ...

Veränderung bedarf also regelmäßiger Bemühungen. Was nicht heißt, dass der Prozess sehr lange dauern muss. Dennoch werden die bewussten Bemühungen nur durch regelmäßige Praxis in psychisch weniger aufwendige Automatismen umgewandelt. Eine der klassischen Gefahren, sich zu demotivieren, ist, sich von den alten Dämonen wieder einfangen zu lassen. »Wenn man die Natur verjagt, kommt sie im Galopp zurück.« Ich hasse diesen Ausspruch, weil er bösartig ist und sich gegen alle richtet, die sich verändern wollen. Lassen Sie sich davon nicht beeindrucken. Rückschläge sind normal, bei allem, was wir lernen. Das Wiederaufflackern des Schlechten bedeutet nicht, dass unsere Bemühungen vergeblich waren oder dass Veränderung unmöglich ist. Es bedeutet nur, dass das Leben hart ist und wir, da wir fragil sind, uns um uns kümmern müssen. Lesen Sie, was Marc Aurel, der Philosophenkaiser, dazu gesagt hat: »Halte dir den Unmut fern, lass deinen Eifer und deinen Mut nicht sinken, wenn es dir nicht gleich vollständig gelingt, jede einzelne Handlung mit deinen Prinzipien in Einklang zu bringen!«

Weitere weise Aussprüche: »Gott, gib mir die Gelassenheit, Dinge hinzunehmen, die ich nicht ändern kann, den Mut, Dinge zu ändern, die ich ändern kann, und die Weisheit, das eine vom anderen zu unterscheiden.« Vielleicht kennen Sie dieses »Gelassenheitsgebet« schon. Es wird dem nordamerikanischen protestantischen Theologen Reinhold Niebuhr (1892–1971) zugeschrieben. Dieses Gelassenheitsgebet bezieht sich auf etwas sehr Grundlegendes: auf das Unterscheidungsvermögen und die Flexibilität.

Das Ziel der Entwicklung des Selbstwertgefühls liegt nicht darin, ein anderer Mensch zu werden, sich total zu verändern, wie durch Zauberei, von großen Zweifeln zu einer großen Gewissheit zu gelangen. Nein, das Ziel ist einfach, »ich zu sein, aber besser«, heiterer, zuversichtlicher, wagemutiger und gleichgültiger gegenüber Blicken und Bewertungen. Um dahin zu gelangen, muss man seine eigenen Persönlichkeitsmerkmale berücksichtigen: Es nützt nichts, eine schillernde Persönlichkeit zu werden, wenn wir im Grunde genommen eher zurückhaltend sind.

Man muss an sich arbeiten und aufhören, sich Gewalt anzutun, sich abzuwerten, sich zu verstecken … Dieser Schritt ist unentbehrlich, er reicht aber nicht aus: Selbstwertgefühl zu entwickeln bedeutet nicht, sich nur mit sich selbst zu beschäftigen, sondern auch in der Beziehung zu anderen weiterzukommen.

Nachdenken und Handeln – reicht das nicht aus? Nein, *sondern nachdenken, handeln und wiederholen, darin liegt der Entwicklungsprozess*. Unser Gehirn ist ursprünglich zum Handeln gemacht und erst dann zum Denken. Deshalb gilt: Selbst wenn Sie alles verstanden haben, haben Sie in Wirklichkeit nichts verstanden und vor allem nichts verändert, wenn Sie die Früchte Ihres Nachdenkens nicht in die Tat umsetzen und diesen Schritt nicht viele Male wiederholen, so wie Künstler oder Kunsthandwerker ihre Tätigkeiten immer wieder von Neuem ausführen.

Das Wichtigste fehlt aber noch: Denken Sie nicht mehr an sich. Das Entstehen des Selbstwertgefühls bedeutet, sich selbst zu vergessen, so wie das Atmen, an das wir nicht mehr denken, das wir aber beständig ausführen, ein Atmen, auf das wir bisweilen schauen, damit es regelmäßig ist oder sich beruhigt, das aber nicht ständiger Aufmerksamkeit bedarf. Sich so annehmen, wie man atmet, sich vergessen, um sich um den Rest zu kümmern: um die anderen, um das Leben.

Entscheidend ist: Eine psychische Stimmungslage schaffen, die eine nachhaltige Veränderung begünstigt

Die Arbeit am Selbstwertgefühl mag noch so spannend sein und rasch Früchte tragen, sie bedarf dennoch der Regelmäßigkeit und Kontinuität. Regelmäßige Übungen, die wir machen müssen und die für die Veränderung wichtig sind, geben wir leicht wieder auf, wenn sie in einer ungünstigen Atmosphäre ausgeführt werden oder wenn wir uns im Fall eines Misserfolgs selbst die Schuld geben. *Absolut notwendig ist, gegenüber seinen Schwierigkeiten tolerant zu sein*: Es ist durchaus normal, wenn wir zu gewissen Zeiten wieder in alte Gewohnheiten zurückfallen. Um eine neue Sprache perfekt zu lernen oder ein Musikinstrument gut zu spielen, braucht man Jahre. Das Selbstwertgefühl ist weder schwerer noch leichter zu erlernen als Russisch oder Geige. Aber alle, die Russisch sprechen oder Geige spielen, wissen, dass es dazu Zeit und ernsthafter Anstrengung bedurfte.

Damit diese lange Anstrengung nicht schmerzhaft oder zu mühsam wird, braucht man einen entsprechenden Verhaltenskodex gegenüber sich selbst: Man muss lernen, Respekt vor sich selbst zu haben. Auch das kann man lernen, und es hat einen Namen: Sich selbst annehmen.

7. Kapitel
Das Selbstwertgefühl beginnt damit, dass man sich selbst annimmt

Ins Paradies kommst du entweder ganz oder gar nicht.
Sufische Weisheit

»Ich habe mich immer gefragt, wie es die anderen anstellen, wenn sie sich hässlich finden, wenn sie den Eindruck haben, eine große Dummheit gesagt oder gemacht zu haben und die ganze Welt davon erfahren würde. Wenn sie eine Niederlage einstecken müssen, übergangen werden, wenn sie das Vertrauen anderer missbrauchen oder sich ganz einfach allein fühlen. Wie bringen sie es fertig, sich nicht total zu verabscheuen, sondern zu lächeln und weiter auf die andern zuzugehen? Wie schaffen sie es, sich trotz ihrer Fehler zu mögen? Und zu denken, dass man sie weiterhin gern einlädt, sie gern wiedersieht, sie liebt, mit ihnen arbeitet… Wenn ich sie danach gefragt hätte? Pah… Ich glaube, sie wüssten es selbst nicht.« (Clémentine, 34 Jahre).

Sich selbst annehmen, um sich wertzuschätzen

Wie stellen es die Menschen mit einem gesunden Selbstwertgefühl an? Sind sie *besser* als die anderen? Intelligenter, hübscher, begabter? Hatten sie eine glücklichere Kindheit? In Wirklichkeit liegt der Unterschied nicht – oder fast nicht – auf der Ebene objektiver Qualitäten. Menschen mit hohem Selbstwertgefühl haben ihre Fehler und ihre Zweifel, kennen auch Misserfolg, nicht nur Erfolge, hegen immer wieder Zweifel und sind auch manchmal niedergeschlagen. Aber sie akzeptieren das einfach.

Kritik geht ihnen nahe, vor allem, wenn sie berechtigt ist. Aber sie können ihre Irrtümer einsehen, ohne sich zu rechtfertigen oder – schlimmer noch – sie leugnen zu müssen. Ihre Grenzen und Unzulänglichkeiten empfinden sie manchmal als störend, aber das führt nicht dazu, dass sie anderen Menschen aus dem Weg gehen oder in Schweigen verfallen. Sie lernen vielmehr aus ihren Schwächen.

Kurz, das Hauptmerkmal von Menschen mit gesundem Selbstwertgefühl ist, dass sie ihre Schwächen tolerieren und akzeptieren können, denn sie haben ein gesundes umfassendes Selbstbild aufgebaut und verinnerlicht, und sie sind überzeugt, dass ihre Gesprächspartner eher für dieses umfassende Bild empfänglich sind als für »tödliche Details«.

Sich annehmen, um sich zu verändern

Sich annehmen, das heißt einfach »Ja« sagen – »Ja« zu dem, was existiert, weil es nun einmal existiert. Das Problem oder meine Angst vor dem Problem existieren durchaus. Das muss man einsehen und eingestehen, anstatt sich zu sagen: »Nein, es gibt kein Problem« oder »Nein, ich habe keine Angst, ich darf keine Angst haben«. *Man muss anerkennen können, dass die Dinge – zumindest momentan – so sind, wie sie sind, und nicht, wie man möchte, dass sie sein sollen.*

Akzeptieren bedeutet nicht allein erdulden, es bedeutet auch nicht resignieren und den Gedanken aufgeben, man könne etwas tun und verändern. Vielmehr sollte man sich dem Problem stellen und sich sagen: Ja, das Problem existiert. Wenn die Fragen des Sich-Annehmens, nach den Philosophen, so viele Psychotherapeuten interessieren, so deshalb, weil man sich besser verändern kann, wenn man bereit ist, sich anzunehmen. Um sich zu pflegen, muss man anerkennen, dass man krank ist: »Wenn du deine Krankheit nicht annimmst, fügst du deinen Symptomen auch noch Angst hinzu und bist krank daran, dass du krank bist.«[1] Um weiterzukommen, muss man sich selbst anerkennen und akzeptieren, dass man nicht perfekt ist. Nicht schuldig, nicht minderwertig, nur unvollkommen! Ganz einfach.

Annehmen: Eine Weise, auf der Welt zu sein

»Nehmen wir an, wir haben in einem einzigen Moment Ja gesagt, dann sagen wir damit auch nicht nur zu uns Ja, sondern zur gesamten Existenz. Denn nichts ist für sich allein, weder in uns noch in den Dingen. Und wenn das Glück, und sei es auch nur ein einziges Mal, unsere Seele erzittern lässt, dann braucht es alle Ewigkeiten, um dieses einzige Ereignis hervorzubringen, und die ganze Ewigkeit wird damit anerkannt, vereinnahmt, gerechtfertigt und bejaht in diesem einzigartigen Moment, in dem wir Ja gesagt haben«, heißt es bei Friedrich Nietzsche.

Sich selbst annehmen bedeutet loslassen: Man entdeckt, dass eine ganze Menge von Problemen dadurch von selbst verschwindet. Und was übrig bleibt, erscheint leichter veränderbar. Wenn wir aber von Sich-selbst-Annehmen sprechen, müssen wir wissen, dass das Annehmen in Wirklichkeit eine Lebensphilosophie ist. Jahrtausende lang galt Annehmen als Weisheit der orientalischen wie der griechischen Philosophie: »Ja« zu dem sagen, was ist, und sich ihm stellen. Die Stoiker, die Buddhisten ebenso wie andere auch lehrten es, jedoch mit stärkerem Nachdruck als die anderen: »Können Sie sagen: ›Nein, das ist nicht passiert‹? Unmöglich! Dann akzeptieren Sie es!«[3] Oder: »Man darf sich über die Dinge nicht aufregen, denn das kümmert sie nicht.«[4]

Wenn wir immer wieder üben, den Alltag anzunehmen, wie er ist, so ist das der Auftakt zu gelassenem Handeln, um ihn, falls notwendig, zu verändern. Natürlich geht das über das bloße Selbstwertgefühl hinaus. Aber es wird dadurch auch indirekt gefördert: Indem wir unseren Blick auf die Welt verändern, verändern wir den Blick auf uns selbst. Die Welt anzunehmen hilft uns, uns selbst anzunehmen, und erlaubt uns weiterzukommen.

Das Konzept des Sich-selbst-Annehmens ist für uns Abendländer schwer zu verstehen und anzuwenden, denn wir sind daran gewöhnt, gegen die Realität anzukämpfen und sie unmittelbar verändern zu wollen, wenn sie uns weh tut. Das Annehmen führt aber keineswegs zu Unterwerfung, Rückzug oder Tatenlosigkeit. Hier einige Beispiele:

Sie müssen einen Flug erreichen und sitzen mit Ihrem Auto im Stau fest. Es besteht große Gefahr, dass Sie Ihren Flug versäumen. Eine reflexartige Reaktion, die Sie bedroht, ist Stress: Sie akzeptieren die Vorstellung nicht oder nur sehr schlecht, dass Sie Ihr Flugzeug versäumen, und das aus gutem Grund: All die Unannehmlichkeiten und Ärgernisse, die daraus entstehen, kommen Ihnen in den Sinn und lösen negative Gefühle und Gedanken aus. Ausgelöst wird all das von der Tatsache, dass Sie das Flugzeug versäumen werden. Wie kann man eine so unangenehme Sache annehmen? Wenn Sie sie nicht annehmen, besteht der Nachteil darin, dass Ihr Problem durch den Stress nicht gelöst wird und die Gefahr besteht, dass weitere Probleme hinzukommen: Sie regen sich auf, verursachen vielleicht einen Unfall, weil Sie viel zu schnell fahren, sobald der Stau sich aufgelöst hat, oder Sie drängen sich vor, wenn der Stau anhält, Sie rennen ins Flughafengebäude, irren sich im Terminal, weil Sie es so eilig haben, streiten mit Leuten herum, von denen Sie scheinbar aufgehalten werden... Wenn Sie die Situation akzeptieren, dann sieht das so aus: »Also gut, ich werde vermutlich mein Flugzeug versäumen. Das ist sehr ärgerlich, aber es ist nun einmal so. Ich bin weder der Erste noch der Letzte, dem das passiert. Was kann ich im Moment tun? Zunächst werde ich alles versuchen, es noch zu erwischen. Und falls das nicht gelingt, werde ich meinen Ärger nicht verstärken und mich nicht noch mehr aufregen und weitere Schwierigkeiten auslösen.« Das Ziel des Annehmens von Tatsachen (Verspätung) liegt nicht darin, nichts zu tun, sondern – im Gegenteil – darin, besser zu handeln.

Ich erinnere mich, wie ich einmal mit einem Freund über eine Auseinandersetzung diskutierte, die in Psychotherapeuten-Kreisen geführt wurde. Es gab heftige Wortwechsel zwischen den Verhaltenstherapeuten und ein paar sehr genervten Psychoanalytikern der Lacan-Schule. Von meinem Standpunkt als Verhaltenstherapeut hatten unsere Kontrahenten Unrecht: Sie hatten den Streit begonnen und die anderen wüst beschimpft und eingeschüchtert. Aber mein Freund beurteilte die Sache ganz anders und sah Verhaltenstherapeuten und Lacanianer Rücken an Rücken: »Beide haben Unrecht«, sagte er. Ich konnte seine Ansicht kaum begreifen, denn ich hatte den Eindruck, dass keineswegs beide Unrecht hatten. Aber solange ich seinen Standpunkt nicht nachvollziehen konnte, blieb die Diskussion unsachlich, und ich merkte, wie ich mich immer mehr aufregte. Ich wechselte also meine Position und dachte: »Also gut, ich akzeptiere, dass er das denkt, was er denkt; das ist eine Tatsache und sein gutes Recht.« Sofort war ich viel entspannter und konnte viel konstruktiver und präziser weiterdiskutieren und ihm Fragen stellen wie: »Erklär mir, warum du das sagst. Auf welcher Annahme beruht das?

Sag es mir, es interessiert mich.« Und es interessierte mich tatsächlich. Weil ich seine Position akzeptiert hatte, konnte ich mich für seine Gründe interessieren, während ich vorher nur daran interessiert war, ihn von seiner Meinung abzubringen. Annehmen bedeutet hier verstehen wollen, was im Rahmen einer Diskussion nicht heißt, dem anderen Recht zu geben.

Kann man alles annehmen?

Einverstanden – man soll sich selbst annehmen. Einverstanden auch damit, die Schwächen der anderer anzunehmen und auch die großen und kleinen Unannehmlichkeiten des Alltags. Aber was ist mit dem Rassismus, was mit den Missständen und Ungerechtigkeiten? Muss man das auch akzeptieren?

Annehmen besteht nicht zwingend darin, alles zu tolerieren und zu billigen – zum Beispiel das Schlechte. Es steht außer Frage, dass man das nicht unterstützen muss. Die Frage ist aber auch: Was tut man dagegen? Welche Haltung ist die beste? Der Dalai-Lama erinnert in diesem Zusammenhang an Folgendes: »Schlägt man dich mit einem Stock, dann bist du dem böse, der den Stock hält, und nicht dem Stock selbst. Den aber, der dich schlägt, hält der Hass.«[5] Wir ändern die Welt leichter, wenn wir sie so akzeptieren, wie sie ist. So vermeidet man primitive Reflexe wie Rache: Erst wenn wir akzeptieren, dass es Mörder und Diebe gibt, wird eine Rechtsprechung möglich, und es kommt nicht zur Anwendung des Vergeltungsprinzips. Oder Brutalität: Wenn man zum Beispiel akzeptiert, dass Kinder Kinder sind, hindert einen das daran, ihnen gegenüber wütend oder gewalttätig zu werden; es bedeutet aber nicht, dass man sie nicht erziehen soll und nicht manchmal auch bestrafen muss.

Was immer wir über Gewalt oder Ungerechtigkeit denken, es gibt sie, ob wir uns nun darüber aufregen oder ob wir resignieren. Das müssen wir akzeptieren. Aber das heißt nicht resignieren: Akzeptieren, was ist, ist nur eine Vorstufe zur Veränderung.

Das Ziel des Annehmens liegt nicht darin, stellvertretend zu handeln, sondern eine Inszenierung zu vermeiden (»Das ist ja skandalös, unannehmbar« – und dann geht man in aller Ruhe nach Hause …). Annehmen bedeutet Kraft schöpfen und klarsehen, damit man eine Veränderung herbeiführen kann. Es ist die Vorstufe zu wirksamem Handeln und mehr als eine simple emotionale Empörung.

Was das eigene Selbstwertgefühl betrifft, so ist das Annehmen schwierig, weil es meistens um sehr Persönliches und Unangenehmes in Bezug auf das Selbstbild geht: Wer hat schon Lust, sich als untergeordnet zu akzeptieren?

Nehmen wir ein Beispiel: Bei einer Abendveranstaltung sprechen die Gäste sehr angeregt über ein bestimmtes Thema. Sie selbst wissen zu diesem Thema gar nichts. Wenn Sie das akzeptieren, dann werden Sie einen interessanten Abend verbringen, etwas dazulernen und Fragen stellen. Das fällt leichter, wenn Sie akzeptieren, dass Sie darüber nichts wissen und dies auch zugeben können. Genau darin besteht ein gesundes Selbstbewusstsein: sich in bestimmten Situationen und in bestimmten Bereichen mit seinen Grenzen annehmen: ein flexibles Annehmen.

Wenn Sie Ihre »Unkenntnis« nicht akzeptieren, dann sind Sie in einer unangenehmen Situation: Sie werden so tun, als wüssten Sie Bescheid, mit dem Kopf nicken und innerlich vor dem Moment zittern, da man Sie nach Ihrer Meinung fragt. Die anderen Gäste, die mit ihrem Wissen auftrumpfen, werden Ihnen auf die Nerven gehen. Und am Ende kehren Sie erschöpft oder verstört nach Hause zurück. Darin besteht der Reflex eines ungesunden Selbstwertgefühls: seine Grenzen nicht akzeptieren und nicht erkennen, dass sie uns in den Augen der anderen nicht weniger schätzenswert machen.

Annehmen beruht zum einen auf Selbstachtung: vom eigenen Wert als menschliches Wesen überzeugt sein, überzeugt sein, dass die Unzulänglichkeiten einer Person kein Grund für Missachtung und ihre Schwächen nicht maßgebend für ihren Wert sind. Zum andern ist Annehmen auch von Pragmatismus geleitet: Wozu soll es gut sein, wenn ich wütend oder traurig bin, wenn etwas bei mir nicht gut funktioniert? Dazu, dass ich mir noch mehr weh tue? Dass ich weiter jammere und im oberflächlichen Reagieren erstarre? In diesen »vergeblichen Revolten«, von denen Marc Aurel spricht: »Diese Gurke ist bitter; wirf sie weg. Da sind Brombeersträucher im Weg, geh ihnen aus dem Weg. Das reicht. Füge nicht hinzu: ›Warum gibt es das auf der Welt?‹«

Besser ist es, den Grund meiner Wut oder Traurigkeit zu akzeptieren und meine Energie für wichtigere Dinge als Jammern oder Ärger aufzusparen.

Wenn ich mir anschaue, wie sich unsere Patienten während der Psychotherapie verändern, so ist diese Veränderung eher eine Weiterentwicklung. Wie ich schon sagte: In Wirklichkeit machen sie von sich selbst besseren Gebrauch. Ihre eigentlichen Stärken und Schwächen sind immer noch da, aber sie machen das Beste daraus.

Die Vorteile des Sich-selbst-Annehmens

Sie sind zweifach: Das emotionale Wohlbefinden wird verbessert und die persönliche Veränderung erleichtert.

Der erste Vorteil des Sich-selbst-Annehmens liegt darin, dass es einem emotional besser geht. Nehmen wir beispielsweise William James, den Schöpfer des Begriffs Selbstwertgefühl, der im Jahr 1892 schrieb: »Seltsam, man fühlt sich viel leichter ums Herz, sobald man seine Inkompetenz in einem bestimmten Bereich zugegeben hat.« Oder: »Wie leicht ist einem an dem Tag, an dem man aufgegeben hat, jung und schlank sein zu wollen!«[6]

Der zweite Aspekt ist vielleicht noch paradoxer: Man verändert sich leichter, wenn man sich selbst annimmt. Das passt nicht zu dem verbreiteten Dogma, Unzufriedenheit sei der Motor jeglicher Veränderung, ja gar jeglichen Handelns. Das ist ein schwerwiegender Irrtum. Wenn man von dem Prinzip ausgeht, dass bei einer Veränderung auf psychischer Ebene eher die Gesetzmäßigkeiten des Lernens (neue Verhaltens- und Denkweisen einüben) in den Vordergrund treten als diejenigen einer kathartischen Selbstentdeckung (endlich *die* Ursache seines Leidens entdecken), dann werden Anspannung und Unzufriedenheit gefährlich und wirken demotivierend, denn sie stören den Lernprozess. Man lernt besser in einer gesunden und wohlwollenden Atmosphäre.

Die Nachteile des Sich-selbst-Annehmens

Ein bedeutender Teil des Problems mit dem Selbstwertgefühl ist damit verbunden, dass wir uns nicht so annehmen, wie wir sind: unsere Schwächen, unsere Grenzen, und dass wir Schwierigkeiten damit haben, uns zu verändern: Man ärgert sich, man ist verzweifelt darüber, dass man nicht weiterkommt, es nicht schafft, aus seinem Leben das zu machen, was man sich vorgestellt hat, und das zu sein, was man sein wollte. Diese Probleme hat man bei einer Vielzahl psychischer Leiden[7] wiedergefunden, vor allem bei drei der häufigsten Störungsbilder: Depression, Angst und Alkoholmissbrauch.

Bei Angststörungen und Phobien gelten die Schwierigkeiten der Patienten, ihre Angst zu akzeptieren und sich ihren schlimmen Angstvorstellungen (»Katastrophenszenarien«) zu stellen, als Hauptquelle der chronischen Entwicklung dieser Ängste.[8] Bei depressiven Störungen herrscht ein Unvermögen, die zu hohen Ansprüche an sich selbst herunterzuschrauben.[9] Bei Alkoholproblemen liegt vielen Symptomen das Unvermögen zugrunde, die Wirklichkeit anzunehmen.[10] Man sucht dann dieses Vermögen im Alkohol, dem Elixier des Annehmens.

Hochinteressante neue Forschungsergebnisse in der Psychotherapie belegen, dass die Arbeit am Sich-selbst-Annehmen, an den Emotionen und Gedanken einen wichtigen Weg darstellt, der bis jetzt vernachlässigt wurde und der auch für Menschen mit schwerwiegenden Störungen eine Hilfe sein könnte.[11]

Lernen, sich selbst anzunehmen

In einer hervorragenden Arbeit über den römischen Kaiser und Stoiker Marc Aurel[12] spricht der Philosoph Pierre Hadot über die Disziplin des Zustimmens. Marc Aurel übte sich nach den Prinzipien seiner stoischen Lehrer täglich in Meditation und Reflexion. Er schrieb seine sehr persönlichen Überlegungen in den *Selbstbetrachtungen* nieder.[13]

Muss man weise sein, um sich selbst wertzuschätzen? In gewisser Hinsicht sicherlich, denn durch das Sich-selbst-Annehmen kultiviert man Klarheit und Ausgeglichenheit, von denen wir durch unsere Zweifel und Ängste oft abgehalten werden. Mehr noch als weise aber sollte man empfänglich gegenüber den kleinen, unscheinbaren Zeichen unserer Seele sein. Wie bei allem Lernen, beginnt das Erlernen des Selbstwertgefühls bei der Aufmerksamkeit gegenüber den ganz kleinen Dingen.

8. Kapitel
Meine Motorrollerbox

Der Teufel steckt im Detail.
Sprichwort

Ein Frühlingsabend, kurz nach 19 Uhr. Ich komme vom Dienst und habe gerade eine Gruppentherapiesitzung mit Patienten, die unter sozialer Phobie leiden, hinter mir. Ich bin gut aufgelegt, die Sitzung ist gut gelaufen, wir haben gut gearbeitet, die Patienten machen Fortschritte. Ich nähere mich meinem Motorroller auf dem Parkplatz. Einer meiner Kollegen will gerade mit seinem Motorrad wegfahren. Wir tauschen ein paar Neuigkeiten aus. Nachdem ich meinen Helm aus der Gepäckbox genommen habe, lege ich meine Tasche hinein und schließe die Box ab. Automatisch kontrolliere ich nach dem Abschließen, ob die Box auch gut verschlossen ist. Diese kleine Geste ist dem aufmerksamen Blick meines Kollegen nicht entgangen (wir sind beide an der psychiatrischen Klinik tätig). Er nutzt die Gelegenheit, um mich freundschaftlich aufzuziehen: »Na, na? Was soll denn diese kleine Verifikationsmanie? Du hast nicht zufällig einen Tick?«

Ich hole Luft, um mich zu verteidigen und ihm zu erklären, dass ich weder eine Zwangsstörung noch eine Manie habe, sondern dies sei ein ganz normaler Reflex, weil mein Scooter alt ist und meine Box schlecht schließt, dass sie schon einmal auf der Pariser Ringautobahn während der Fahrt aufgegangen ist, und dass …

Plötzlich erinnere ich mich an das, was wir vorhin mit den Patienten erarbeitet haben: das Sich-selbst-Annehmen. Ich hatte sie viele Übungen und Rollenspiele zum Thema Selbstannahme machen lassen: Wie man mit Kritik und negativen Bemerkungen über sich umgeht, ohne sich aufzuregen. Wie man im Gegenteil nach Präzisierungen fragt. Wie man dem reflexartigen Impuls nicht nachgibt, sich sofort rechtfertigen und verteidigen zu wollen …

Und hier setze ich dazu an, mich gegenüber einer harmlosen Bemerkung über eine reale Geste zu verteidigen. Ja, diese Therapeuten, die das, was sie ihren Patienten raten, selbst nie tun!

Ich besinne mich, und anstatt mich zu rechtfertigen, bemerke ich: »Ja, das ist komisch, ich achte gar nicht mehr auf diesen kleinen Reflex. Aber sag mal, du siehst ja wirklich alles …« Und mein Kollege, der seit einigen Sekunden vor mir steht und befürchtet, dass ich eingeschnappt bin, gibt zu: »Ja, und nicht von ungefähr: Ich mach' das nämlich auch so!«

Wir fuhren los, jeder in seine Richtung. Aber für mich war die Geschichte noch nicht zu Ende. Beim Fahren dachte ich weiter über diese Situation nach, die, wie viele Alltagssituationen, zwei Seiten hat. Eine negative: Es ist nicht leicht, sich zu verändern, wenn sogar ein Psychiater, der im Sich-selbst-Annehmen geübt ist, so leicht in eine Falle tappt! Und eine positive: Es ist so leicht, sich zu verändern! Nicht nötig, große Ziele anzuvisieren; die kleinen Dinge tun es auch. Es genügt, wohlwollend und humorvoll auf seine Reflexe zu achten. Ein freundschaftlicher Blick auf sich selbst …

2. Teil
Auf sich achten

Wir kennen von uns immer nur dieselben Dinge, schmeichelhafte oder schmerzhafte, auf die wir immer wieder zurückkommen.

Wir glauben, dass wir nachdenken, aber oft hören wir nur das wirre Raunen unserer Seele. Das uns manchmal in die Irre führt, auf die Wege der Gewalt oder der Gefälligkeit uns selbst gegenüber.

Wir haben eine seltsame Beziehung zu uns selbst: erst Bewunderung, dann Abscheu, äußerliche Ruhe vor den anderen, fiebrige Unruhe vor uns selbst...

Wie kann man über sich urteilen, um sich zu helfen, und nicht, um sich zu bestrafen oder zu verletzen? Kann man ganz einfach in Freundschaft mit sich selbst leben? Wie findet man das Gleichgewicht zwischen Anspruch und Wohlwollen, das eine freundschaftliche Beziehung ausmacht?

Indem man sich annimmt, auch unvollkommen. Sich annehmen, um sich zu verändern und zu entwickeln – um schließlich zu sich selbst zu kommen.

9. Kapitel
Das Sich-selbst-Annehmen praktizieren

> *Findet man keine Ruhe in sich selbst, ist es sinnlos, sie anderswo zu suchen.*
>
> La Rochefoucauld

Aude ist eine intelligente Frau. Gestern wurde sie von einer ihrer Freundinnen zum Mittagessen eingeladen. Mit dabei war eine andere Freundin der Freundin, die Aude nicht kannte. Gleich von Anfang an fühlte Aude sich nicht wohl: Diese dritte Person, die offenbar sehr gebildet war, sprach über Ausstellungen und nannte Künstler, über die Aude nicht viel wusste. »Es war ein Ton, der ausdrückte: ›Natürlich, die kennt ja jeder, nicht wahr?‹ Und ich, ich kannte sie nicht und fühlte mich immer unbehaglicher...« Aude konnte das Mittagessen nicht genießen: Sie war von Anfang an beeindruckt, aber auch beunruhigt (»Wie verberge ich, dass ich keine Ahnung habe?«). Dann verärgert (»Ich hab' genug von dieser eingebildeten Tante; sie verdirbt uns das Mittagessen.«). Und schließlich traurig: Später, am Nachmittag und Abend, erkannte sie, wie sehr sie in der Defensive und verkrampft war und wie sehr diese Reflexe regelmäßig ihr Leben vergifteten. Als wir in unserer psychotherapeutischen Sitzung diesen Punkt ansprachen und ich sie fragte, weshalb sie nicht einfach die Tatsache akzeptiert hatte, dass diese Frau mehr über diese Künstler wusste als sie und dass sie, Aude, durchaus das Recht habe, sie nicht zu kennen, war sie sehr erstaunt. Wenn sie das akzeptiert hätte, dann hätte sie ein angenehmeres Mittagessen und einen besseren Tag verbracht...

Louis ist beim Tennis kein guter Verlierer. Jedes Mal wenn er schlecht spielt oder sein Gegner ihm überlegen ist, verkrampft er sich übermäßig. Er hat schon viele Schläger zerbrochen und viele Partner, Schiedsrichter und Zuschauer beleidigt. Oft hat er sich gefragt, warum er eigentlich weiterspielt, wenn er sich doch immer wieder so fürchterlich aufregt und verausgabt und dadurch nicht nur seine Freude am Spiel beeinträchtigt, sondern auch seine eigene Leistung herabsetzt. Als ich ihn auf diesen Punkt ansprach, antwortete er, es sei doch auch eine gute Methode, sich selbst zu motivieren. In Wirklichkeit stimmt das aber nicht. Louis kann es nicht hinnehmen, wenn er einen Ball oder gar mehrere hintereinander verschlägt. Und das gilt auch für viele andere Bereiche seines Lebens. Er ist, wie man so sagt, ein »Macher«, immer unter Druck. In Wahrheit ist sein Selbstwertgefühl sehr von seinen (sportlichen, universitären, gefühlsmäßigen) Leistungen abhängig. Das heißt, es ist sehr fragil. Wir begannen also am Sich-selbst-Annehmen zu arbeiten: Je weniger er damit fertig wird, wenn er schlecht spielt, desto schlechter spielt er, und er wird immer schlechter, vor allem dann, wenn er gleich die ersten Bälle verspielt. Seine Übermotiviertheit erweist sich als zweischneidig: Manchmal, wenn alles gut zusammenspielt, bringt sie ihn nach oben. Genauso oft zieht sie ihn aber auch nach unten, wenn ihm etwas schiefgeht. In jedem Fall, ob Erfolg oder Misserfolg, ist der Preis sehr hoher Stress, wie das bei Menschen mit fragilem hohem Selbstwertgefühl eben so ist. Für Louis liegt das Ziel darin, sich bewusst zu sagen: »Schlecht gespielt, alter Junge. Bleib ruhig, das kommt vor. Das Problem liegt nicht darin, einen Ball zu verschlagen, sondern sich darüber immer so aufzuregen. Dadurch verdoppelt sich das Problem...« Damit hätte er sein Problem gelöst.

Sich selbst annehmen ist nicht nur ein Begriff. Damit ist eine Seinsweise gemeint, die man nur durch ständiges Wiederholen erreichen kann. In diesem Kapitel geht es darum, Ihnen zu zeigen, wo es in Ihrem Alltag, in den kleinen Alltagssituationen um das Sich-selbst-Annehmen geht und wo sich die Probleme des Selbstwertgefühls einnisten können. Bei der Arbeit am Sich-selbst-Annehmen geht es um die Emotionen, Gedanken und Verhaltensweisen, die in bestimmten Situationen ausgelöst werden: In all diesen Situationen werden wir sehen, wie unser Geist und unser Selbstwertgefühl durch das Sich-selbst-Annehmen beruhigt werden.

Das Leiden des Selbstwertgefühls ist oft damit verbunden, dass man sich nicht annehmen kann

Häufig hängen die Probleme des Selbstwertgefühls mit Gedanken der Selbstablehnung zusammen. Wenn man denkt: »Das schaffe ich nie!«, dann leidet man nicht nur durch diesen Gedanken selbst, sondern auch an der Schockwelle, die er auslöst: »Das schaffe ich nie, und ich bin es leid, so zu sein, ich bin ein Nichts, ich verabscheue mich«, »Das ist nicht wahr, das ist unmöglich«, mitsamt den Emotionen, die dazugehören (Wut, Scham, Traurigkeit usw.).

Wie reagiert man auf den Schmerz, den diese automatischen Reaktionen auslösen? Es gibt zwei spontane Reaktionen: Entweder man versucht diese Gedanken abzustellen und sie aus dem Kopf zu verbannen. Oder man überlässt sich ihnen und käut sie ständig wieder. Beide Strategien findet man in den Studien zu diesem Phänomen am häufigsten wieder.

Es ist bekannt, dass der Versuch, Gedanken abzustellen, indem man sich sagt »Denk nicht mehr dran«, oder sich abzulenken, nur für kurze Zeit wirkt. Es gibt so etwas wie einen »Rückprall«: Die unterdrückten Gedanken kommen mit Macht wieder hoch. Aber auch ohne Rückpralleffekt erzeugt diese mentale Operation einen emotional unangenehmen Zustand.[1]

Das Wiederkäuen besteht in der Wiederholung düsterer Gedanken oder Bilder, die auf die negativen Aspekte seiner selbst oder der Welt abzielen. Sehr häufig tritt es bei Problemen mit dem Selbstwertgefühl auf. Nach einem Ereignis, das Ihr Selbstwertgefühl aus dem Gleichgewicht gebracht hat, handeln und diskutieren Sie zwar weiter, in Ihrem Kopf aber beginnt eine Wiederkäu-Mühle zu laufen und wirkt wie ein Dämpfer.

In genau diesen Momenten muss die Arbeit am Sich-selbst-Annehmen ansetzen: in konkreten Situationen, in denen diese von den Psychotherapeuten so genannten »automatischen und intrusiven« Gedanken ins Bewusstsein treten, in Situationen also, in denen das Selbstwertgefühl bedroht ist.

Gefahrensituationen für das Sich-selbst-Annehmen

Dies sind alle Situationen, in denen man mit seinen eigenen Grenzen konfrontiert wird: angesichts eines Misserfolgs oder eines schwer zu erreichenden Ziels, auf das man fixiert ist, oder auch beim Vergleich mit anderen, von denen wir glauben, sie seien »besser«. Dasselbe gilt für eine Bemerkung oder Kritik, einen – gutgemeinten oder freundschaftlichen – Spott. Hier einige Beispiele:

- Bei einem Spiel verlieren, eine Arbeit, etwa das Zubereiten einer Speise nach einem Rezept oder etwas Handwerkliches nicht mühelos erledigen können, sich mit dem Auto verfahren. Man akzeptiert nicht, dass man derart dumm sein soll. Man regt sich über sich auf, man hält sich für dumm, weil man sich (so glaubt man) dumm verhalten hat.
- Gespräche mit Menschen, von denen wir glauben, sie seien in irgendetwas *besser* als wir: intelligenter, besser ausgebildet, gebildeter, raffinierter, wichtiger. Wir glauben, dass wir nur dann sprechen dürfen, wenn wir etwas Neues, Lustiges oder Originelles zu erzählen haben. Deshalb sagen wir lieber gar nichts, um nicht Gefahr zu laufen, unsere Wissenslücken oder Plattheiten zu offenbaren. Aber wir hadern mit uns, wir akzeptieren uns nicht.
- Wenn uns eine Frage gestellt wird und wir um jeden Preis die richtige Antwort geben wollen. Falls wir das nicht können, sind wir beleidigt, fühlen uns gedemütigt, erniedrigt, inkompetent. Wir akzeptieren es nicht, bei dem Vergehen erwischt worden zu sein, etwas nicht zu wissen.
- Wenn wir glauben, wir müssten in den Augen der anderen perfekt

tanzen, tauchen, schwimmen, Wein verkosten, Auto fahren, Bridge oder Golf spielen usw. können. Es ist unser gutes Recht, es nicht zu können, wir fühlen uns aber schlecht, wenn wir es nicht können, was völlig absurd ist.

- Kritisiert oder hochgenommen werden: Manche Menschen haben schreckliche Angst davor, dass man sich über sie lustig macht. »Wenn ich zu einem Abendessen eingeladen bin, dann mache ich sofort die Leute mit der großen Klappe aus und tue alles, um ja nichts mit ihnen zu tun zu haben. Ich gehe ihnen aus dem Weg, schaue sie nicht an, spreche nicht mit ihnen, setze mich nicht neben sie.« Es scheint, als dürften wir keine einzige Schwäche haben, die Aufmerksamkeit erregen könnte, oder als müssten wir ausreichend Schlagfertigkeit oder Autorität besitzen, um solche Leute abzuschrecken oder sie in die Schranken zu weisen.

Warum nehmen wir uns in all diesen Situationen nicht das Recht, einfach zu sagen: »Ich weiß es nicht«, »Das kenne ich nicht«, »Tut mir leid, da komme ich nicht mit«, »Das habe ich nicht verstanden«, »Ja, stimmt, sich so zu verhalten ist manchmal etwas absurd oder lächerlich«? Warum akzeptieren wir uns nicht?

Man nimmt sich selbst nicht an, weil man davon überzeugt ist, dass darin eine Gefahr liegt. Sich nicht anzunehmen ist ein Ausweichen. Und wie jedes Ausweichen trägt es die Überzeugung in sich, dass man sich in Gefahr begibt, sobald man sich offenbart, vor allem, wenn man seine Grenzen und Verletzbarkeiten zugibt.

Anleitung zum Sich-selbst-Annehmen

Hier sind fünf Punkte als Anleitung zum regelmäßigen Üben:
1. **Bleiben Sie bewusst.** Oft ist es uns gar nicht bewusst, dass wir uns nicht annehmen: Unser reflexartiges Verkrampfen oder Verschweigen sind für uns normal und fallen uns schließlich gar nicht mehr auf. Die erste (schmerzhafte) Phase besteht darin, sich

dessen bewusst zu werden. Jedes Mal, wenn wir uns wegen eines Zwischenfalls über uns selbst ärgern, jedes Mal, wenn wir uns auf Grund einer Bemerkung rechtfertigen, jedes Mal, wenn wir uns wegen eines Misserfolgs aufregen. Wir müssen uns bewusst machen, was in uns vorgeht: Meistens sind wir im Begriff, »Nein« zu uns zu sagen.

2. **Sagen Sie Ja.** Üben Sie, im Geiste einfach »Ja« zu sagen. Geben Sie zu, dass nicht alles so läuft, wie Sie wollen, und akzeptieren Sie es. Sagen Sie sich: »Ja, so ist es, auch wenn es mich ärgert. Das Erste und Beste ist daher, zu akzeptieren, dass es so ist.« Versuchen Sie nicht, vor allem nicht unmittelbar, auszuweichen: zu leugnen, zu bagatellisieren, sich zu rechtfertigen. Die antiken Stoiker wie Kaiser Marc Aurel übten sich darin, eine gewisse Distanz zu ihren Seelenzuständen zu entwickeln: »Wenn ein Gedanke dich stört, lass ihn zu und untersuche ihn.«

3. **Bleiben Sie in der momentanen Situation.** Flüchten Sie nicht in endlose Betrachtungen über Ungerechtigkeit oder Vorurteile. Verstricken Sie sich nicht in sich selbst. Übertreiben und dramatisieren Sie nicht. Kommen Sie auf den unmittelbaren Kontext zurück, und machen Sie sich von Ihren Ängsten frei. Im Allgemeinen steckt hinter der Ablehnung der eigenen Grenzen und Niederlagen natürlich Angst: Angst, (in den eigenen Augen) mittelmäßig zu sein und (in den Augen der anderen) für mittelmäßig zu gelten. Das Ziel des Sich-selbst-Annehmens liegt darin, uns zu erlauben, in die Realität der Situation zurückzugehen und weiter zu handeln und sich auszutauschen. Um sich zu schützen, kann man sich kleine Sätze sagen wie: »Kümmere dich um dich«, »Keine doppelte Mühe«, »Akzeptiere und handle« usw. Jeder von uns verwendet solche Sätze, weil wir sie schön finden, weil sie uns von einem anderen gesagt wurden, dem man vertraut, und weil sie ihm in einem wichtigen Moment eine Hilfe waren.

4. **Arbeiten Sie daran, sich das Schlimmste vorzustellen – was nicht bedeutet, dass Sie es sich wünschen oder sich damit abfinden.** Wenn notwendig, gehen Sie bis zum Äußersten, inszenieren Sie

das schlimmste Szenario überhaupt: verheerender Misserfolg, komplette Ablehnung ... Wie bei schweren Angststörungen liegt der Schwerpunkt auf der Betrachtung des »Schlimmsten, was mir passieren kann«: Wovor habe ich Angst? Worin besteht die Gefahr? Was wäre das Schlimmste? Das Gleiche gilt für die Angst vor Ablehnung und sozialer Abwertung: Nicht mehr davor zittern. Meditation ist hier ein nützliches Mittel. Sie hat auch den Vorteil, die Emotionen zu regulieren und eine Abwehr der schädlichen Gedanken zu unterstützen. Die Technik der sogenannten Meditation des *vollen Bewusstseins* war Gegenstand der meisten Arbeiten zur Psychotherapie. Sie gilt zweifellos als eines der besten Mittel, um zu erreichen, dass das Sich-selbst-Annehmen zur einer Art mentalem Automatismus wird.[2]

5. **Akzeptieren Sie auch die Vergangenheit.** Wir haben gesehen, dass man möglichst vermeiden sollte, sich in der »Vergangenheitsfalle« zu verstricken, zu der uns unser Leiden über den Umweg von Bedauern oder Groll immer wieder hinzieht. Wenn unsere Vergangenheit sich uns durch aktuelle Erlebnisse hindurch aufdrängt, wenn die Emotionen von früher als zudringliche Gespenster wiederkehren, dann deshalb, weil wir sie nicht angenommen haben. Wenn man sagt, man habe seinen Frieden mit der Vergangenheit geschlossen, bedeutet das nicht, dass alles vergessen ist: Wir wissen, dass unser Gehirn nichts vergisst. Es merkt sich alles. Man kann die schmerzhaften Erinnerungen von ihrer emotionalen Last »säubern«, indem man an ihnen in der gleichen Weise arbeitet wie an den Ängsten, von denen ich gerade gesprochen habe. Wir müssen sie beobachten und ihre Auswirkungen auf uns so lange registrieren, bis die unangenehmen Emotionen, die zu zahlreich sind, ausgelöscht sind. Wenn ein Elternteil oder alle beide uns missbraucht haben, ist es notwendig, den »Film noch einmal abzuspulen«, wie das die Patienten ausdrücken, ohne zu zittern und zu weinen oder in Wut auszubrechen. Je schlimmer die Schmerzen der Vergangenheit sind, desto besser ist es, dass die Arbeit daran in Begleitung eines Therapeuten geschieht. Das Vergeben, von dem

wir noch sprechen werden, weil es der wichtigste Schlüssel zur Vergangenheitsbewältigung ist, beruht wesentlich darauf, das anzunehmen, was geschehen ist: Nicht verurteilen oder verabscheuen, sondern akzeptieren und neu zu leben beginnen.

Sich selbst annehmen gelingt

Immer mehr Arbeiten belegen inzwischen die Wirksamkeit der Techniken des Sich-selbst-Annehmens. Angesichts intrusiver Gedanken, die zum Beispiel mit einem Misserfolg verbunden sind, konnte man zeigen, dass Unterdrücken Stress erzeugt, während Annehmen zu einem besseren emotionalen Zustand führt.[3] Im Allgemeinen wird durch die Technik des Annehmens nicht die Anzahl der intrusiven Gedanken reduziert, sondern ihre emotionale Auswirkung: Der Prozess setzt an der Schnittstelle zwischen dem Gedanken (»Ich bin gescheitert«) und der Schlussfolgerung aus ihm (»Das ist nicht normal, ich kann gar nichts«) an. Die Anweisung besteht darin, den Misserfolg oder den Eindruck eines Misserfolgs sofort zuzugeben (anstatt zu versuchen, ihn zu bagatellisieren, zu leugnen oder an etwas anderes zu denken), um zu verhindern, dass eine Welle negativer wiederkäuender Gedanken über sich selbst, das ungerechte Leben, das Pech usw. einsetzt.

Das Sich-selbst-Annehmen wird auch bei der Behandlung chronischer körperlicher Schmerzen angewandt,[4] bei denen man weiß, dass die (verständliche) Auflehnung gegen das Leiden dieses noch verstärkt. Aus allen Schmerzen kann man einen Nutzen ziehen. *Denn das Sich-selbst-Annehmen ist ein sehr geeignetes Mittel, nicht um das Leiden zu unterdrücken, sondern um seine Ausbreitung auf die ganze Person einzugrenzen.*

Wie akzeptiert man »wirkliche« Probleme?

Körperliche oder moralische Schmerzen, die in der Meditation reguliert werden, sind echte Schmerzen. Die Meditation unterdrückt sie nicht, sondern bewirkt, dass sie nicht zu viel Macht über die leidende Person gewinnen. Das Annehmen muss sich aber auch auf die Ursachen der Schmerzen des kranken Selbstwertgefühls beziehen, die ebenfalls durchaus real sind, zum Beispiel wenn man nicht der sozialen Norm entspricht: Als Erwachsener keinen Job haben, mit 40 keinen Partner haben, als Frau keine Kinder haben.

Komplexe in Bezug auf den Beruf sind eine Sache: Sich abzuwerten, weil man unter Ingenieuren »nur« Briefträger oder Installateur, oder unter lauter Chirurgen »nur« praktischer Arzt ist, lässt sich zwar verstehen, sollte aber auch bekämpft werden. »Es gibt keine Deppenberufe«, sagt man. Bei Menschen, die große berufliche Misserfolge erlebt haben, kann die Scham gegenüber sich selbst und seinen Grenzen jedoch noch gravierendere Folgen haben. Sie vermeiden, aus dem Haus zu gehen, oder treffen keine anderen Leute mehr, denn reflexartig wird man immer gefragt: »Und Sie, was machen Sie so beruflich?« Die Antwort: »Nichts« tut in der Tat weh. Aber was sollte man sonst sagen? Das Thema wechseln?

Ich erinnere mich an Yanne, eine geduldige Mutter (in dieser sozialen Rolle war sie übrigens hervorragend), deren Mann Architekt war. Sie litt sehr darunter, dass sie nicht berufstätig war: Jahrelang war sie arbeitsunfähig wegen einer schweren Agoraphobie, die wir schließlich heilen konnten, die sie aber, als sie zwischen 20 und 40 war, daran hinderte, zu studieren oder eine ihren Möglichkeiten entsprechende Karriere zu verfolgen. Diese Krankheit hatte auch ihr Selbstwertgefühl untergraben: Obwohl sie kontaktfreudig, lebhaft und intelligent war, stellte sie sich ständig Fragen über ihren Wert und wie die anderen sie einschätzten. »Alle glauben, ich sei eine dumme, arbeitsscheue Kleinbürgerin.« Wenn man sie fragte: »Was machen Sie so beruflich?«, wich sie aus. Wenn man ihr ein Stichwort gab: »Sie arbeiten also mit Ihrem Mann zusammen?«, griff sie es bestätigend auf, fühlte sich erleichtert und wechselte das Thema, weil sie befürchtete, dass zu genaues Nachfragen ihre Notlüge aufdecken könnte. Schließlich nahm sie den Leuten ihren Mangel an Vorstellungskraft übel: »Warum stellt man am Anfang eines Gesprächs immer diese idiotische Frage? Als ob wir nur aus unserem Beruf bestünden!« Richtig, aber es ist nicht so leicht, ein Gespräch anzuknüpfen. Über den Beruf zu sprechen, ist da eine bequeme Lösung. Nur leider eben nicht für Arbeitslose und Menschen, die darunter leiden, keinen Beruf zu haben.

Wie sind wir zusammen mit Yanne vorgegangen? Wir setzten an beim Verheimlichen der Tatsache, dass sie nicht berufstätig war, was nicht so leicht war: »Wissen Sie«, versicherte sie mir, »das ist nicht nur so ein Gedanke. Es gibt Leute, die Sie danach beurteilen. Wenn Sie nicht berufstätig sind, dann sind Sie in deren Augen unfähig, unflexibel, ein Schmarotzer!« Das kann vorkommen, natürlich, aber nicht bei allen Gesprächspartnern und nicht immer. Noch einmal: Das Sich-selbst-Annehmen und die dadurch entstehende Offenlegung des Selbst darf nicht als starre Verpflichtung verstanden werden: Es ist einfach eine Möglichkeit, durch die wir weiterkommen und die wir jedes Mal wieder ergreifen müssen. Das Ziel liegt darin, dabei flexibel zu sein. Am Anfang war Yanne gar nicht flexibel: Sie offenbarte *nie* spontan, dass sie nicht berufstätig war (genauso wenig wie andere »Schwächen«, die sie zu haben glaubte), aber als ich mit ihr darüber sprach, hatte sie den Eindruck, es sei so gemeint, dass sie es *immer* offenbaren müsse… Um der Vielzahl unterschiedlicher Situationen besser begegnen zu können, erstellten wir zusammen eine umfangreiche Liste aller Menschen, mit denen sie ins Gespräch geraten könnte, sowie sämtlicher Situationen und Orte, wo dies passieren könnte. Als Nächstes bereiteten wir Yanne darauf vor, in unterschiedlichen Kontexten darüber weder abwertend noch jammernd zu sprechen, und zwar in Rollenspielen, in denen wir die Möglichkeiten, über sich zu sprechen, präzisierten: »Was ich beruflich mache? Ja, genau das ist mein Problem. Ich kämpfe im Moment sehr darum, einen Job zu finden. Das ist kein leichtes Gesprächsthema in meiner Situation. Aber ich zwinge mich dazu, darüber zu sprechen, und zwar aus mehreren Gründen: Zunächst, weil es so ist und weil ich nicht lügen will, schlimmstenfalls ist es immer noch besser, zu sagen, dass man darüber nicht sprechen möchte. Und dann, weil ich mir sage, wenn ich es erzähle, könnte es ja sein, dass andere mir helfen oder mir eventuell einen Rat oder einen Tipp geben, wo ich einen Job finden könnte. Und schließlich, weil ich mich, wenn ich es verschweige, noch mehr schäme und das nie ein Ende nimmt.«

Heute ärgert sich Yanne nicht mehr über »Leute, die indiskrete Fragen stellen«. Sie hat übrigens einen Job gefunden.

Gibt es Gefahren beim Sich-selbst-Annehmen?

Wenn es uns so schwerfällt, uns selbst anzunehmen, dann weil wir damit eine Vielzahl von Befürchtungen verbinden. Darunter folgende:
- Die Befürchtung, sich selbst gegenüber zu nachgiebig, zu weich zu werden und zu resignieren. »Ich habe kein Problem damit, mich zu akzeptieren, sondern damit, mich als mittelmäßig zu akzeptieren«, sagte mir eines Tages ein Patient. Das Problem bleibt jedoch bestehen: In bestimmten Momenten unseres Lebens sind wir alle mittelmäßig. *Manchmal mittelmäßig zu sein macht aus uns aber noch keine mittelmäßigen Menschen.* Wenn wir fähig sind, unsere Mittelmäßigkeit in bestimmten Situationen zu erkennen, ohne uns damit zufriedenzugeben, sind wir bereits ein bisschen weniger mittelmäßig… Jedem von uns passiert es, dass er nicht immer seinen Idealen und Wünschen gemäß handelt. Lesen Sie die Biografien großer Persönlichkeiten, die Sie bewundern: Alle kennen den Zweifel, machen Fehler, begehen manchmal Ungerechtigkeiten, machen Blödsinn oder tun etwas Böses. Trotzdem darf man sie weiter bewundern und schätzen.
- Die Befürchtung, unbedeutend, glanz- und farblos zu werden. Ich

habe festgestellt, dass diese geheime Sorge häufig bei Menschen mit instabilem hohen Selbstwertgefühl vorkommt, die lieber ihre Wutanfälle und ihre Exzesse als Persönlichkeitsbeweise betrachten. In Wirklichkeit handelt es sich hier meiner Meinung nach um zwei verschiedene Probleme: Der Gewinn an Ausgeglichenheit, den man durch das Sich-selbst-Annehmen macht, geht nicht zu Lasten der Persönlichkeit, sondern er befreit die Betroffenen gerade von bestimmten pathologischen Gefühlsregungen.

Die meisten dieser Befürchtungen bestehen nur in der Vorstellung und sind in der Realität unbegründet. Sie hängen von impliziten Glaubenssätzen ab, die unsere Familie oder unsere Gesellschaft uns eingeschärft haben: Nur wer gegen sich selbst hart ist, kommt im Leben weiter; bevor man etwas schlecht tut, soll man es lieber gar nicht tun; man muss immer auf Perfektion aus sein... Diese Glaubenssätze sind nur dann schädlich, wenn wir sie direkt und starr anwenden. Das Sich-selbst-Annehmen drängt uns nicht dazu, für uns wichtige Werte aufzugeben, sondern nicht zu Sklaven oder Opfern dieser Werte zu werden.

Die Urteilsfähigkeit im Sich-selbst-Annehmen

Erinnern wir uns: Das Sich-selbst-Annehmen ist kein »Ersatz«. Es ist kein Ersatz dafür, zu leben, zu handeln, sich zu freuen, starke Gefühle zu haben, zu meckern, sich zu amüsieren, vor Freude in die Luft zu springen... Vielmehr geht es aus alldem hervor. *Sein Leitspruch lautet nicht »Akzeptieren oder handeln«, sondern »Akzeptieren, dann handeln«.* Wie wir gerade gesehen haben, entsteht es durch Üben und dadurch, dass man nach und nach an der Qualität und an der Klarheit der Handlungen Geschmack findet, die aus dem Sich-selbst-Annehmen resultieren. So geht es beim Sich-selbst-Annehmen überhaupt nicht darum, das für uns wichtige Bemühen um Veränderungen aufzugeben, die uns notwendig erscheinen. Vielmehr hilft es uns, diese Veränderungen in Ruhe und im Einklang mit uns selbst durchzuführen. Da die Arbeit an der persönlichen Entwicklung unser ganzes Leben andauert, ist das Sich-selbst-Annehmen nötig, um in innerem Frieden zu leben und sich zu verändern.

10. Kapitel
Sich nicht mehr bewerten

Bewerten bedeutet, nicht zu verstehen.
André Malraux

Wenn man sich selbst bewertet, irrt man sich immer oder zumindest sehr oft, vor allem in Situationen, in denen es um das Selbstwertgefühl geht.

Ich glaube mich zu beobachten, aber in Wirklichkeit bewerte ich mich

Sich selbst kann man nicht neutral sehen. Das Selbstwertgefühl ist seiner Natur nach ein Bewerten: Man beobachtet sich und bewertet sich. Es ist sogar ein doppeltes Bewerten, ein Bewerten unter Druck, denn dieses Bewerten, das wir mit uns schleppen, wird von der Bewertung durch die anderen verdoppelt (*vergiftet* oder *forciert*): Man bewertet sich danach, wie man, zu Recht oder zu Unrecht, die Bewertung durch die anderen auffasst. Das Gespenst des Blicks der Anderen drängt uns dazu, uns zu bewerten, und setzt uns unter Druck.

Erstes Problem: Wir bewerten uns, anstatt uns zu analysieren und uns zu verstehen. Zweites Problem: Diese Bewertung fällt meistens zu streng aus. Was bedeutet bewerten? Eine Tatsache mit einem Wert verknüpfen. Und die Wertvorstellungen der Menschen, die Probleme mit dem Selbstwertgefühl haben, sind schädlich, denn sie sind zu hoch angesetzt und viel zu streng: Ihr Wunsch, perfekt zu sein, dient ihrem Schutzbedürfnis.

Das Problem: Der innere Kritiker

Was man in der Psychotherapie den »inneren Kritiker« nennt, sind diese ständigen negativen und einschränkenden Bewertungen, diese quasi fortwährende Selbstkritik, diese permanente und parteiische Verzerrung all dessen, was wir erleben, sei es Erfolg oder Misserfolg: »Wenn es schiefläuft, ist es mein Fehler, wenn es gut läuft, ist es Zufall. Wenn etwas schiefläuft, dann total, wenn es gut geht, dann nur teilweise (es gibt immer etwas auszusetzen). Wenn etwas schiefläuft, dann ein für alle Mal, wenn etwas gut läuft, dann nur für eine gewisse Zeit.«

Wie halten wir so etwas aus? Weil wir denken, dass dies eine Form von Klarheit und Anspruch ist. Schlimmer noch, eine Strenge gegenüber uns selbst, die uns sogar eher nützt. Strenge Klarheit? Tatsächlich ist der innere Kritiker nur nach außen hin aufrichtig und klar – wie alle Peiniger, die sich zunächst als gerechte, aber strenge Freunde ausgeben. Die Neigung zur zerfleischenden Selbstkritik ist nur eine Karikatur des normalen Phänomens der Distanznahme zu sich selbst und des Anspruchs. Sie ist aber weder wohlwollend noch flexibel. Außerdem ist sie äußerst fehlerhaft: Sie dramatisiert, sie verallgemeinert, sie zieht Schlüsse ohne Beweise, sie drängt unrealistische Ansprüche als Offensichtlichkeiten auf… Der innere Kritiker gibt für Information aus, was doch nur Selbstvergiftung ist. Aus falschen Vorhersagen lernt er nicht: Wenn sein »Das klappt doch nie« entkräftet wird, schweigt er oder träufelt das Gift des »Das hält bestimmt nicht lange an, du brauchst dich also gar nicht darüber zu freuen« ein. Aber wie triumphiert er, wenn die Vorhersage eintrifft: »Ich habe es dir ja gleich gesagt!«

Der innere Kritiker ist ständig in Aktion. Vorhersagen vor dem Tun: »Sinnlos, es zu versuchen, das funktioniert doch nie.« Kommentare während des Handelns: »Sieh nur, wie blöd du dich anstellst.« Schlussfolgerungen danach: »Du warst ergreifend.« Er ist wie ein echter intimer Feind in uns.

Dieser Feind, das sind natürlich wir selbst. Jedenfalls sind wir es, die ihn am Leben halten, ihm zuhören, ihn beherbergen, ihm gehorchen und glauben. Am Ende haben wir keinerlei Distanz mehr und glauben, dass diese stereotypen Gedanken begründet und wahr sind. Deshalb benutzen wir das Bild des »inneren Kritikers« in der Therapie, um ein wenig Distanz zu diesem Mechanismus einzuführen, der sich in unserem Innersten einnistet.

»Wenn man es lange genug denkt, glaubt man es schließlich!«

Woher kommt der innere Kritiker? Meistens entstammt er den verinnerlichten Reden unserer Eltern:
- Entweder unsere Eltern redeten mit uns regelmäßig in verbietender und einschränkender Weise und brachten uns ständig davon ab, etwas zu tun oder uns an etwas zu erfreuen.
- Oder sie redeten in unserer Gegenwart mit sich selbst so, indem sie ihre eigene inneren Kritiker laut sprechend (oder schreiend) in Worte fassten: »Warum hab' ich mich bloß auf so was eingelassen?«, »Ich hätte das nie versuchen sollen«, »Jetzt ist alles im Eimer«, »Das ist eine Katastrophe …«.
- Oder sie brachten uns diesen Kritiker als wichtiges Mittel bei, sich auf sich selbst zu beziehen: »Sei nie mit dir zufrieden«, »Man muss sich immer kritisieren, damit man weiterkommt«.

Danach haben vielleicht unsere Lehrer in der Schule, unsere Vorgesetzten bei der Arbeit diese Art zu reden, die immer das Unzufriedensein mit sich selbst lehrt, fortgesetzt. Und vielleicht auch Menschen, die uns nahestehen, Freunde oder Partner. Manchmal ganz freundlich und in gutem Glauben: »Wenn ich das sage, dann um dir zu helfen, versteh das bitte nicht falsch.«

Wieder einmal liegt das Problem nicht darin, dass man kritisiert oder in Frage gestellt wird. Das ist ja normal und nützlich, und man muss sich Kritik anhören und sie akzeptieren können. Das Problem liegt vielmehr darin, dass man immer nur – gleichsam leicht und natürlich – diese eine Art von Botschaften herausfiltert. Der innere Kritiker ist umso gefährlicher, als wir an ihn gewöhnt sind und auf seine wahre Natur gar nicht mehr achten.

Die Selbstbewertung wird dann gefährlich, wenn sie aus einer blinden Selbstkritik hervorgeht

Diese negative Autosuggestion stellt sich leider als sehr wirksam heraus und nährt ein Gutteil der Probleme mit dem Selbstwertgefühl. Vor allem bewirkt sie, dass wir aus unseren positiven Lebenserfahrungen keinen Nutzen ziehen, denn jeder Erfolg oder jede Anerkennung wird sofort der parteiischen Kritik unterworfen. »Illusorisch«, »Wird nicht lange anhalten«, »Im Grunde nicht so wichtig«.

Im Gegensatz zu dem, was uns der innere Kritiker glauben machen will, hilft er uns in Hinsicht auf die Entwicklung unserer Gesamtpersönlichkeit nicht im Geringsten. Er ist nur eine abschreckende und einschränkende Rede, die dazu führt, dass wir ängstlich werden, zweifeln, zittern und nie mit uns zufrieden sind. Hoch zieht er uns nicht, denn: Mit konstanter Kritik zieht man niemanden hoch, sondern zieht ihn in noch mehr Stress, noch mehr Hemmung, noch mehr Unzufriedenheit und Anspannung hinein. Und in ein noch geringeres Selbstwertgefühl.

Der innere Kritiker gehorcht einer Logik pathologischer, wirkungsloser Perfektion. Auch wenn er durch den hohen Druck, den er ausübt, manchmal dabei helfen mag, Ziele auf ganz konkreten, eng umgrenzten Gebieten (Schule, Beruf, Sport) zu erreichen, sind die emotionalen Kosten doch äußerst hoch und führen zu erheblichem Stress. In Wirklichkeit wird das allgemeine Selbstwertgefühl sehr fragil. Bei sehr selbstkritischen Menschen trifft man auf Dysphorie (mürrische Laune mit Angstzuständen oder Reizbarkeit), Stressanfälligkeit (man verliert angesichts alltäglicher Stressoren rasch die Fassung), Gefühle der Machtlosigkeit (»Unmöglich, das schaffe ich nie«).[1] Was zählen dann echte Leistungen in so einem ungesunden psychischen Ambiente?

Der innere Kritiker wirkt wie ein Filter und lenkt uns davon ab, von unseren Erfolgen zu profitieren (die Versuche, sich selbst auf die Schulter zu klopfen, sind kaum glaubwürdig), und hält uns konstant unsere Misserfolge vor Augen (diese werden als sehr vernünftig und verdient bewertet).[2]

Anleitung zu einer nützlichen Selbstkritik

Étienne Bonnot de Condillac, ein unaufdringlicher Philosoph der Aufklärung, der sich eingehend mit der Klarheit des Bandes zwischen Gedanken und Gefühlen beschäftigte, sagte Folgendes: »Fehler vermeiden, indem man nicht bewertet.« Eine schwierige Aufgabe. Zumindest aber können wir unseren Gedanken, deren Gegenstand wir selbst sind, ein wenig mehr Aufmerksamkeit entgegenbringen.

Eine neutrale und wohlwollende Information hilft sicher mehr als parteiisches und aggressives Bewerten. Um weiterzukommen, muss man lernen, sich anders, nämlich maßvoll zu kritisieren. Wie wir gesehen haben, verändert man sich nur dann in der richtigen Weise, wenn man sich selbst, seine Fehler, seine Grenzen akzeptiert. Erst danach kommt die Bewertung, gleich ob kritisch oder günstig.

Sobald die Neigung zur Selbstkritik aktiv wird, muss man sie so rasch wie möglich entschärfen und niederschlagen. Um ihr besser zu begegnen, hilft folgendes:

- **Daran denken, dass wir unser Leiden zu einem großen Teil selbst produzieren.** Wir müssen uns sagen: »Nimm es nicht mehr hin, dass ein Gedanke dich irre oder kaputt macht. Erkenne deine Beunruhigung an, statt sie sofort klein machen zu wollen, und verdränge sie auch nicht, indem du an etwas anderes denkst. Wenn durch deine Angst ein Problem aufgedeckt wurde, beschäftige dich damit. Aber in aller Ruhe. Auf seine Angst zu hören bedeutet nicht, sich ihr zu unterwerfen, im Gegenteil. Woher kommt das

Problem? Aus meiner Einbildung? Selten. Aus meiner Neigung, zu dramatisieren? Das ist häufiger.«

- **Zwischen dem unterscheiden, was passiert (Tatsachen), und dem, was ich darüber denke (meine Interpretation)**, und zwar immer da, wo ich durch den inneren Kritiker dazu neige, die beiden zu vermischen und seine Lesart der Welt für die Welt selbst zu halten. Durch die Probleme mit dem Selbstwertgefühl wird man extrem empfindlich. Wenn ich den Eindruck habe, dass mich jemand nicht besonders schätzt, kann das von der Kälte, die mein Gegenüber vermittelt, herrühren, aber auch von meiner Befürchtung, ganz allgemein oder von dieser konkreten Person im Besonderen nicht geschätzt zu werden. Sich das regelmäßig bewusst zu machen und Information und Beobachtung (neutral) von der Beurteilung des Wertes (subjektiv) zu trennen ist für die Entwicklung des Selbstwertgefühls unentbehrlich.[3]
- **Vorsicht vor den übereilten Schlussfolgerungen** des inneren Kritikers. Bleiben wir beim Beispiel des kühlen Gesprächspartners: Die Selbstkritik bringt uns dazu, dass wir an Gedanken hängen wie: »Du siehst doch, dass du ihm gleichgültig bist und er dich unsympathisch findet. Lass es lieber.« Diese stereotypen Gedankenmuster führen jedoch zu vielen Fehlern, so etwa zu einer falschen Verknüpfung: Wenn jemand nicht besonders freundlich zu uns ist, heißt das noch nicht, dass das an uns liegt (die Person kann selber Probleme haben, die sie unpersönlich und distanziert wirken lassen). Oder sie führen dazu, dass wir es persönlich nehmen: Die Person ist möglicherweise überhaupt unfreundlich, das hat nichts mit uns zu tun. Oder dazu, dass wir uns unfähig fühlen zu handeln: Ich kann trotzdem freundlich bleiben oder mich an andere, zugänglichere Menschen wenden.
- **Anders mit sich reden.** Radikale und endgültige Begriffe wie Katastrophe, Versager, inakzeptabel, total mißglückt … sollte man vermeiden. Hinter ihrer scheinbaren Arglosigkeit wiegen diese Begriffe schwer. Dass die Technik des anders mit sich reden wirkt, ist in der Psychotherapie weithin belegt.[4] Übrigens liegt hier eine

der Stärken der kognitiven Psychotherapien des Selbstwertgefühls.[5] Um bei unserem Beispiel zu bleiben: Sie werden nicht das Gleiche fühlen, wenn Sie denken: »Sehr warmherzig ist er ja nun nicht, der gute Mann. Liegt das an mir oder an ihm?« oder: »Entweder kann er mich nicht ausstehen, oder er verachtet mich, das ist klar.« Negative und kategorische Formulierungen entfachen leicht Katastrophenszenarios in Bezug auf soziale Ablehnung. Sobald ein Zweifel aufkommt (»Und wenn man mich nicht mag?«), verwandelt er sich in Gewissheit (»Ganz sicher mag man mich nicht«). Ein nutzbringendes Selbstgespräch ist eines, das Tatsachen zwar nicht leugnet, aber darauf achtet, was real und was virtuell ist, das heißt, was genau zwischen Beobachtung und Spekulation unterscheidet.

- **Einsehen, dass die Veränderung sich nur langsam einstellt**, so wie alle Veränderungen, die mit der eigenen Person zu tun haben. Zunächst sollte man Situationen üben, die emotional nicht »heiß« sind, das heißt wenig Selbstwertgefühl implizieren, und dann zu Schwierigerem übergehen. *Akzeptieren Sie, dass der innere Kritiker regelmäßig wiederkommt. Lassen Sie sich dadurch nicht verrückt machen. Begleiten Sie ihn sanft zur Tür.*

Was uns daran hindert, diesen technisch recht einfachen Abstand zu uns selbst zu bewerkstelligen, ist natürlich der Umstand, dass wir das selbstkritische Reden mit einem realistischen Reden verwechseln, und weil wir – vor allem in emotional »heißen« Situationen oft zu Unrecht – davon überzeugt sind, dass wir uns selbst am besten kennen. Das »Ich kenne mich gut« ist bei Menschen mit niedrigem Selbstwertgefühl oftmals ein Irrtum. In Wirklichkeit kennen sie nur einen Teil von sich gut, den ihrer Schwächen, und der ganze Rest ist ihnen kaum bekannt. Ihre Fähigkeiten werden eher von ihrer Umgebung als von ihnen selbst gesehen.

Die Regeln effizienter Selbstkritik sind die gleichen, wie wenn wir jemand anderen kritisieren: einerseits unbedingte Anerkennung aussprechen, andererseits ganz präzise Punkte kritisieren (»Du bist insgesamt super, aber in diesem Punkt hast du es nicht richtig gemacht«). Je präziser und weniger global eine Kritik ist, desto eher spricht sie die reflektierende und weniger die emotionale Ebene an.[6] Andererseits soll sie wann immer möglich konstruktiv und nicht nur negativ sein. Darin liegt der ganze Unterschied zwischen »Du warst schlecht« (global und negativ) und »Versuch beim nächsten Mal, es lieber *so* zu machen« (spezifisch und konstruktiv).

Um zu einem solchen Selbstgespräch zu kommen, muss man Abstand zu sich selbst gewinnen und üben. Eine mögliche Regel wäre, unserer Intuition nicht einfach blind zu vertrauen, wenn wir in einer für unser Selbstwertgefühl bedrohlichen Situation sind, vor allem, wenn wir uns selbst gegenüber für gewöhnlich kritisch sind: Unsere Selbstbewertung würde durch den Stress in Bezug auf unser Selbstbild vollkommen verfälscht.[7] Es gibt keinen schlimmeren Richter als uns selbst: Studien bestätigen, dass wir, sobald wir einen Fehler machen (oder etwas, das uns als einer erscheint), den kritischen Blick der anderen systematisch überschätzen.[8] Daran sollte man immer denken, bevor man in heikle Situationen hineingeht, und sich selbst sagen: »*Kümmere dich um dich selbst: Lass dich nicht wegen kleiner oder gar nicht existierender Bedrohungen von deinem inneren Alarmsystem beeindrucken, das zu Unrecht ausgelöst wird. Konzentriere dich auf die Situation, bewerte sie nicht zu früh, schädige dich nicht, lass dich nicht von deinen Ängsten mitreißen.*«

Kein doppelter Schmerz: Es bringt nichts, sich vorzuwerfen, dass man sich Vorwürfe macht …

Oft werfen wir uns vor, dass wir immer das Gleiche wiederkäuen: »Du solltest lieber relativieren; es gibt Leute, denen es noch viel schlechter geht als dir, während du ständig um deinen eigenen Bauchnabel kreist …« *Diese Vorwürfe, dass man sich etwas vorwirft, sind klassisch.* Man trifft auf diese »Emotionen im Quadrat«, diese

»Emotionen auf Grund von Emotionen« und dieses »Wiederkäuen des Wiedergekäuten« bei emotionalen Störungen: In der Depression (man ist tief betrübt, weil man sieht, wie traurig man ist), bei Angstzuständen (man ist beunruhigt darüber, dass man seine Beunruhigung nicht kontrollieren kann) und Phobien (man hat Angst davor, Angst zu haben). Oft schlagen Nahestehende eine Neubewertung der Alltagssorgen vor: daran denken, *dass andere schlechter dran sind...* Damit das funktioniert, muss man sich zunächst selbst beruhigt und angenommen haben. Sodann darf man sich nicht für blöd halten, weil man sich *immer wieder neu* in Erinnerung rufen muss, dass man an schlimme Dinge denken soll, damit man sich nicht in seinen Problemchen ersäuft. *Wir halten uns für den Mittelpunkt der Welt? So ist der Mensch nun mal beschaffen. Deswegen muss man sich nicht schämen* und nicht betrübt sein, sich nicht reinwaschen und sich nicht dabei zuzusehen, wie man stöhnt und leidet. Sondern einfach handeln. Es ist wie mit dem Haushalt oder dem Staub, der Instandhaltung eines Gartens oder eines Hauses: Ganz sachte das Wiederkäuen über sich selbst beseitigen ist eine Arbeit, die man jeden Tag von Neuem tun muss.

11. Kapitel
Mit sich selbst sprechen

> *Wenn man sagt, man pfeift auf etwas, dann weil man gerade nicht drauf pfeift.*
> Henri de Toulouse-Lautrec

Unser inneres Leben... All die Gedanken, Erinnerungen, Bilder und Selbstgespräche... Die leise Musik des Ich: Wie man mit sich selbst spricht. Bei Problemen mit dem Selbstwertgefühl ist diese leise Musik leider sehr oft wirr und negativ.

Mit sich selbst sprechen ist nicht nur ein Bild

Platon sagte, Denken sei ein Sprechen mit sich selbst. In diesem Sinne besteht unser inneres Leben aus Bildern, Eindrücken, Emotionen und Gedanken, die mehr oder weniger deutlich sind und die wir für uns selbst erzeugen. Da wir keine Antworten bekommen, gewöhnen wir uns an, diese Gedanken in unserem Kopf, die zugleich von uns stammen und an uns gerichtet sind, nicht sehr präzise zu formulieren. Würde es sich nicht auszahlen, in diesem diffusen inneren Gemurmel Klarheit zu schaffen?

Bei Problemen mit dem Selbstwertgefühl lassen sich mürrische und miesmacherische Gedanken beobachten. Negative, unscharfe, dürftige und kreisende Gedanken, die eine schleichend zersetzende Wirkung haben, denen wir aber kein ernsthaftes Interesse entgegenbringen. Wir lenken uns von ihnen ab: Damit alles nicht mehr so bedrohlich aussieht, lesen wir, sehen wir fern, um unseren Geist mit etwas anderem oder mit einer Leere zu füllen.

Wenn wir unsere seelische Verfassung und unser Bewusstsein so automatisch steuern lassen, dann denken wir nicht wirklich, wir murmeln. Das Problem dabei ist, dass dieses wirre Gemurmel eine bedeutendere Rolle spielt, als wir auf den ersten Blick glauben wollen: Es bestimmt großteils unsere Zufriedenheit mit uns selbst, unsere Stimmung, unseren Mut und unseren Verzicht. *Wie ein kleiner böser und hemmender Geist, der auf unserer Schulter sitzt und uns dazu antreibt, eher zu jammern als zu handeln, eher etwas aufzugeben als weiterzukommen.*

Aus dem wirren Gemurmel unserer Seele herauskommen

Unser Denken, das in diesem Zwischenreich umherirrt und weder Problemlösung noch Bildung eines Vorhabens ist, bezeichnet der Philosoph André Comte-Sponville als das »wirre Gemurmel unserer

Seele«. Klarheit in dieses Gemurmel zu bringen, es wirklich zu benutzen (und nicht es zu erleiden), aus unserem Denken ein Werkzeug zu machen, denn wir sind sein Objekt – all das geht nicht von allein.

Wir können das nicht ganz allein, oder nur sehr selten. Denn wir wissen nicht, wie wir damit umgehen sollen, einfach weil man es uns nie beigebracht hat. Übrigens kommt es selten vor, dass man mit sich selbst spricht. Früher war das eher ein Zeichen für Verrücktheit als für Weisheit: Nur die Wahnsinnigen taten es. Heute ist das Mit-sich-selbst-Sprechen normal geworden, meistens aber sind es Leute, die mit Hilfe eines kleinen Kopfhörers telefonieren. Wenn wir lernen wollen, mit uns selbst zu sprechen, dann suchen wir oft einen Psychotherapeuten auf. Nicht nur, um *über uns* zu sprechen, im Gegensatz zu dem, was die meisten glauben, sondern auch, um *mit uns selbst* zu sprechen. Ein Großteil der Wirksamkeit einer Psychotherapie scheint mir darin zu liegen, dass man regelmäßig mit jemandem spricht, dessen Arbeit darin besteht, einen zum Reflektieren über sich selbst zu veranlassen, und der uns hilft, dieses wirre Gemurmel, dieses Ungefähre, diese Gewohnheiten, dieses vorfabrizierte Denken des Alltags aus uns herauszufiltern. Er hilft uns zu reflektieren, das heißt, nicht vage zu grübeln, sondern Sätze zu bilden, Worte zu verwenden und somit Gefühle und Intuition zu präzisieren. Er hilft herauszufinden, wie unsere Schwierigkeiten beschaffen und gelagert sind und was wir darüber zu uns selbst sagen.

Die Kunst, mit sich selbst zu sprechen

Lange Zeit wurde die Beziehung zu sich selbst der Philosophie oder der Spiritualität zugeschrieben. Die ersten, die sich damit beschäftigten, waren die Stoiker: Epiktet, Marc Aurel, Seneca. In ihren Werken überliefern sie uns die Zeugnisse ihrer Versuche, Klarheit in ihre Gedanken zu bringen und ihre Seelen zu befrieden. Danach folgen christliche Denker wie Augustinus in seinen *Bekenntnissen*[1], die dasselbe Ziel der Selbstverbesserung verfolgten, jedoch durch Unterwerfung unter den Willen Gottes. Es entstand eine katholische Tradition geistiger Übungen, deren berühmteste die Meditationen des Ignatius von Loyola sind.[2] Er schrieb: »Unter dem Wort geistige Übung versteht man alle Arten und Weisen, sein eigenes Bewusstsein zu untersuchen, zu meditieren, Betrachtungen anzustellen, still für sich oder laut zu beten und schließlich alle anderen geistigen Tätigkeiten auszuführen, wie wir im Folgenden sagen werden. So wie Spazierengehen, Marschieren und Laufen körperliche Übungen sind, so sind Vorbereiten und Bereithalten der Seele (…) geistige Übungen.«

Hat man diese Übungen selbst zu machen versucht –, in welchem Kontext auch immer, weltlich oder spirituell –, drängen sich drei Feststellungen auf:

1. Am Anfang ist es erstaunlicherweise ungemein schwierig.
2. Man kann es lernen, und es gibt Regeln.
3. Es tut gut.

Machen Sie die Erfahrung. Versuchen Sie es: Legen Sie dieses Buch beiseite und beginnen Sie an irgendetwas zu denken. Oder überlegen Sie, was Sie aus Ihrem Leben machen möchten. Versuchen Sie präzise Wörter und zusammenhängende Gedanken zu verwenden, und verharren Sie nicht bei einer vagen Absicht. *Versuchen* Sie nicht, »an … zu denken«, *tun* Sie es wirklich. Sie werden sehen, dass diese Übung schwieriger ist, als Sie erwartet haben, denn Ihr Denken schweift ab oder sucht eine äußere Stütze. Wie viel leichter wäre es doch, wenn ein anderer Ihnen Fragen stellen und Sie zwingen würde, Ihr Denken zu präzisieren.

Kein Wunder, dass es schwierig ist: Wir tun es ja nie wirklich. Wir sprechen zwar ständig mit uns, aber immer nur sehr vage.

Begegnung mit sich selbst: Tagebuch und Meditation

Zahlreiche Autoren haben die psychische Bedeutung des »Sichselbst-Schreibens« hervorgehoben, wie es ein Tagebuch darstellt.[3]

Dies hat sich vor allem bei Menschen erwiesen, die Traumatisches oder zumindest sehr Schmerzliches erlebt hatten.[4] Folgendes ist dabei wirksam: dass man nicht nur die Erlebnisse niederschreibt, sondern auch ihre Auswirkungen auf uns, unsere Gedanken, unsere Emotionen sowie die Verbindung zwischen all diesen Aspekten. Im Allgemeinen ist es so, dass das Schreiben genauso wie das Nachdenken über heikle Erlebnisse kurzfristig schmerzliche Empfindungen auslösen oder verstärken kann, sich aber auf Dauer günstig auswirkt.[5] Daher ist es wünschenswert, diese Übung wenn nicht täglich, so doch regelmäßig zu machen.

Man braucht nicht jeden Tag zu *schreiben*. Es reicht, morgens oder abends kurz über sich *nachzudenken*: Was habe ich heute erlebt? Was war angenehm, was weniger angenehm? Was habe ich gelernt? Wie bin ich mit mir selbst umgegangen? Wie mit den anderen? Diese Frageliste ist natürlich sehr persönlich, je nach den Bedürfnissen und jeweiligen Glaubensvorstellungen ... Mit einem Patienten legten wir eine Methode fest, die er JJMD nannte, für »Ja, Jetzt, Morgen, Danke«. Jeden Abend dachte er einige Minuten entlang dieser vier Begriffe nach:

- *Ja* für »Annehmen«. Ich vergegenwärtige mir alles, was in meinem Leben gerade passiert – die Ereignisse und meine Reaktionen auf sie –, und ich akzeptiere sie, ohne sie zu bewerten oder zu schnell zu reagieren.
- *Jetzt* für »Was soll ich in diesem konkreten Moment tun, wo diese Gedanken oder Gefühle in mir aufkommen?« Mich beruhigen, nachdenken und aufhören zu grübeln.
- *Morgen* für das, was ich morgen aus meiner Situation und meinen Reaktionen machen möchte.
- *Danke* für eine kleine Dankesübung an den Tag, ein Wort oder eine Geste von jemandem, die einen als angenehm erlebten Moment darstellen.

Der Vorteil dieser »fertigen« Übungen liegt, wie bei der vorherigen, darin, dass sie die Vorgänge vereinfachen, indem sie sie strukturieren.

Sie zwingen uns dazu, in unsere ungenaue persönliche Erfahrung, in die Verworrenheit der Eindrücke, Bilder, vagen Gefühle und Gedanken Klarheit zu bringen. Mit diesen Übungen lernen wir klare Sätze, Fragen, Antworten zu formulieren ... Das erscheint vielleicht naiv, aber wenn wir versuchen, Sätze zu artikulieren, dann werden aus unseren vagen Gedanken präzise und aus dem Nutzlosen Nutzbares. Die Wörter bilden und formen die Wirklichkeit.

Bedeutende Schriftsteller praktizierten dieses »Mich-selbst-Schreiben«.[6] Wenn man es aber selbst tut, merkt man schnell, dass das bewusste Formulieren, vor allem beim Schreiben eines Tagebuchs, auch eine Übung in Demut ist: Manchmal offenbart sie uns die Leere unserer Gedanken oder vielmehr den Mangel an Originalität oder Dichte. Von den Emotionen des Augenblicks verleitet, haben wir zuweilen das Gefühl, eine »geniale Idee« zu haben. Wenn wir uns aber einige Minuten Zeit nehmen, um sie in einen Satz zu fassen oder aufzuschreiben, dann ist sie schon gar nicht mehr so genial. Tut das weh? Sicherlich. Aber ist es besser, sein ganzes Leben lang davon zu träumen, dass man, wenn man sich Mühe gegeben hätte, ein großer Geist oder ein großer Philosoph hätte sein können? Darüber lässt sich streiten ... Im Vergleich zu dem, was man gewinnt: die Klärung und Verdichtung des eigenen Denkens, ist der Preis (Desillusionierung über etwaige literarische Begabung oder Genialität) nicht so hoch. Das Selbstwertgefühl hat kein großen Nutzen davon, sich aus trügerischen Illusionen über die eigenen Fähigkeiten zu nähren.

Wann soll man diese Übungen machen? Am besten morgens oder abends. Am Morgen etwas früher aufstehen, vor einem Fenster durchatmen und mit sich selbst sprechen. Am Abend, anstatt sich mit einem Buch oder einer Zeitschrift (oder gar vor dem Fernseher) abzulenken, sich hinlegen und über seinen Tag nachdenken, entsprechend dem Modus, den man für sich selbst gewählt hat ...

Wir sollten es uns zur Gewohnheit machen – oder wieder machen –, mit offenen Augen über unser Leben nachzudenken. Wir sollten gegen die Versuchung ankämpfen, ständig Aktivitäten,

Gedanken, Anregungen aneinanderzureihen. Wir sollten uns von diesen Fesseln befreien – zumindest von Zeit zu Zeit. Wir sollten uns ein paar Sekunden Zeit zum Nachdenken darüber nehmen, was wir in den vergangenen Stunden oder Tagen unseres Lebens gemacht haben. Wir sollten unseren Geist befreien und unseren Blick verschieben – *ganz einfach im gegenwärtigen Moment sein, anstatt ihn mit verschlossenen Augen und ebensolchem Geist vorübergehen zu lassen.*

Soll man zu sich selbst positiv sprechen? Die Bedeutung des »mentalen Klimas«

In neuesten Studien konnte die *Existenz unbewusster Einflüsse auf das Selbstwertgefühl* belegt werden: Zum Beispiel wird durch die unterschwellige Darstellung des Wortes »ich« auf einem Computerbildschirm, noch bevor positive Adjektive (mutig, sympathisch, intelligent…) erscheinen, das implizite Selbstwertgefühl der Versuchspersonen erhöht, und sie sind in der Folge gegenüber Kritik an ihrer Intelligenz resistenter.[7]

Solche Studien beweisen nicht, dass man *ununterbrochen* positiv mit sich reden muss. Es bringt nichts, von einem solchen psychologischen Werkzeug Wunder zu erwarten. Aber angesichts der Schwierigkeit, sich zu ändern, ist es besser, keines auszulassen. Da es bis heute keine »Wunderkur« für das Selbstwertgefühl gibt, sind solche Gesten einer *psychischen Ökologie* (sich nicht unnötig den Kopf vollstopfen) durchaus wünschenswert. Meiner Meinung nach unterstreichen diese Untersuchungen die Bedeutung des »Klimas« und des »Kontakts« hinsichtlich des Selbstwertgefühls.

Das mentale Klima spielt eine wichtige Rolle. Es besteht aus einer Menge *kleiner unterschwelliger Botschaften, von denen jede für sich genommen nicht schwer wiegt, deren Wirkung aber mit den Jahren kumuliert und relevant wird.* Wenn Sie in Ihrer Kindheit systematisch durch abfällige Reden über Sie gedemütigt wurden, etwa durch kurze, sich täglich wiederholende Sätze – *die nicht einmal so bösartig gewesen sein müssen wie* »Lass, ich mach' das lieber selbst, sonst gibt's nur wieder eine Katastrophe« –, warum sollten Sie dann die gleiche Entwertungsarbeit im Erwachsenenalter fortsetzen? Wir alle wissen, dass uns manche Menschen gut tun, weil sie uns positiv sehen und weil sich dieser positive Blick auf subtile Weise ausdrückt, etwa durch kleinste Assoziationen, die durch die Verwendung von positiven Wörtern transportiert werden. Wenn ich an Problemen des Selbstwertgefühls meiner Patienten arbeite, bin ich mir bewusst, dass eine wichtige Komponente der Therapie darin liegt, den Erfolg der Patienten, ihre persönlichen Qualitäten, ihre Errungenschaften hervorzuheben und ihnen zu sagen, dass das ihre eigene Leistung und ihr Verdienst ist. Aber dieses Lob muss diskret und inoffiziell ins Gespräch einfließen. Man darf nicht versuchen ihnen Mut zuzusprechen, sondern soll ihnen einfach nur Gerechtigkeit widerfahren lassen. So wie ich mir wünsche, dass sie es nach und nach auch mit sich selbst tun: Sich still und ohne zu übertreiben zu dem beglückwünschen, was gut gelaufen ist, halte ich für eine sehr ökologische Art, sein Selbstwertgefühl zu stärken. Solche Sätze soll man deutlich aussprechen, zumindest im Geiste, und sich nicht vom Konkurrenzdenken anstecken lassen. Wir werden später noch sehen, warum Sätze wie »Du bist der/die Beste«, »Du hast gewonnen« nicht immer angemessen sind. Geeigneter sind Sätze wie »Du hast gut gespielt«, »Du hast getan, was getan werden musste« … *Man muss sich nicht feiern: Es genügt, das anzuerkennen, was gut gelaufen ist, und ganz einfach seine Qualitäten zu sehen.*

Die Grenzen des Selbstgesprächs

»Durch mein Tagebuch kann ich der feindlichen Welt widerstehen, ihm allein kann ich anvertrauen, was mich bedrückt oder belastet. Es ist ein Vertrauter, der mich von vielen anderen frei macht. Die Gefahr ist nur, dass sich sowohl meine Schmerzen als auch meine

Entschlüsse in Worte auflösen. Es hat die Tendenz, mich vom Leben zu dispensieren, mir das Leben zu ersetzen.«

Diese Zeilen aus einem der berühmtesten Tagebücher, denen des Schweizers Amiel,[8] zeigen deutlich die Vorteile und die Grenzen von Selbstbekenntnissen und vor allem von Selbstgesprächen auf. Wir haben gesehen, wie legitim es ist, Klarheit in das Gespräch mit sich selbst zu bringen und es weiterzuentwickeln; dass es nützlich ist, ihm *auch* eine positive und nicht nur eine kritische Orientierung zu geben. Aber dieser innere Monolog, der uns bestärken soll, hat die Aufgabe, das Wiederkäuen zu ersetzen und nicht den Austausch mit den anderen oder das Handeln... Wir werden darüber noch sprechen.

12. Kapitel
Gewaltloser Umgang mit sich selbst:
Hör auf, dir weh zu tun!

> *Ich werde nie wissen, warum ich mich so verabscheute...*
> *und auch nicht, warum ich die Schwelle des Alters*
> *erreichen musste, wo es nun zu spät ist, um zu erkennen,*
> *dass es ein Fehler war.*
> Frédéric Mitterrand, Das schlechte Leben

Der Kampf gegen die negativen Emotionen und Gedanken des Selbstwertgefühls soll kein Kampf gegen sich selbst sein.

Während ich mich um die Pflege des Selbstwertgefühls meiner Patienten kümmere, sind mir die erstaunlichsten Dinge untergekommen. Ich erinnere mich an eine hübsche junge Frau, die sich heftig schlug, wenn sie mit sich selbst unzufrieden war, zum Beispiel nach einer Abendeinladung, auf der sie glaubte sich wie eine Idiotin (weil sie zu viel geredet hatte) oder wie eine dumme Gans (weil sie zu wenig geredet hatte) benommen zu haben. Diese Lust, sich selbst zu schlagen, tritt bei Menschen mit Problemen des Selbstwertgefühls häufig dann auf, wenn sie unzufrieden mit sich sind. Manche begnügen sich damit, es zu wollen, andere beißen sich, verbrennen sich mit der Zigarette. Wieder andere schlagen ihren Kopf gegen die Wand. Und alle beschimpfen, beleidigen, bedrohen, erniedrigen sich …

Die Selbst-Misshandlung

Wie weit kann eine schlechte Beziehung zu sich selbst führen? Probleme des Selbstwertgefühls können uns weit über die einfache Gereiztheit gegenüber uns selbst hinausführen, wenn es uns nicht gelingt, das zu tun, was wir möchten, oder so zu sein, wie wir gerne wären. Es gibt unterschiedliche Grade einer schlechten Beziehung zu sich selbst:

- **Zweifel und Unzufriedenheit**: Nie sich belohnen und seine Fortschritte anerkennen. Die chronische Unzufriedenheit (sich immer auf das konzentrieren, was hätte besser sein können) ist eine Form der Gewalt gegen sich selbst, denn sie ist eine Ungerechtigkeit, und Ungerechtigkeit ist eine Form von Gewalt.
- **Persönliche Selbstentwertung**: Sich nicht mit der Feststellung zufriedengeben, dass man seine Ziele nicht erreicht hat, und es nicht bedauern, sondern noch ein Scheit nachlegen und sich bis zum Exzess kritisieren oder sich entwerten. Normalerweise ist die Aufgabe des Bedauerns die folgende: Es fügt uns einen kleinen Schmerz zu, um uns zu veranlassen, es beim nächsten Mal besser zu machen. Man braucht nicht noch weiter zu gehen. Die Aufgabe unserer Intelligenz ist nicht, uns zu bestrafen, sondern uns zu helfen nachzudenken, damit sich die Enttäuschung nicht wiederholt.
- **Sich so verhalten, dass es schiefgeht**: Es gibt Verhaltensformen, mittels deren man die Beurteilung seiner selbst umgeht. Zum Beispiel bereitet man sich nicht auf eine Prüfung vor, damit man sich, wenn man durchfällt, sagen kann, man sei nur deshalb durchgefallen, weil man sich nicht vorbereitet hat, und nicht, weil man nicht intelligent genug ist. Bestimmte Niederlagen haben jedoch auch eine selbstbestrafende Komponente: »Da es so ist,

verdiene ich es nicht, in die Ferien zu fahren, zu dieser Einladung zu gehen, diese Belohnung zu bekommen ... da tauche ich besser ab ...«

- **Selbstaggression**: Psychische (sich beschimpfen) oder körperliche (die leider häufige »Lust, sich zu schlagen«, die bestenfalls umgeleitet wird in Gewalt gegen Sachen). Ich hatte viele Patienten, die sich selbst diverse Verletzungen zugefügt hatten: Arm- oder Beinbrüche durch Schläge oder Tritte gegen die Tür, Brüche des Nasenbeins durch Schläge mit dem Kopf gegen eine Wand. Manchmal kommt es auch zu Selbstmordabsichten, die der Selbstverachtung entspringen als Folge einer Enttäuschung über sich selbst.

Krieg oder Frieden mit sich selbst?

»Mein Gehirn ist ein Kriegsschauplatz...«, sagte mir eines Tages ein Patient. Woher kommt diese bei Leiden des Selbstwertgefühls so häufige Kriegsstimmung gegen sich selbst?

Dafür gibt es mehrere Erklärungen, die einander möglicherweise ergänzen. Man kann gegen sich selbst Krieg führen, weil man die Ausfälle in seiner Kindheit verlängert: Selbstverachtung tritt häufig bei Menschen auf, die nicht geliebt worden sind oder denen seit dem Kindesalter Zuneigung versagt geblieben ist. Oder sie sind das Opfer ihren eigenen Ideale: Dann ist es die Enttäuschung über sich, die sie gewalttätig gegen sich selbst werden lässt. Sie sind nur dann bereit, sich anzunehmen, wenn sie perfekt sind. Oder sie glauben, dass Härte gegen sich selbst gut ist: Ständig sind sie misstrauisch und haben das Gefühl, dass, wenn sie zu milde oder respektvoll gegen sich selbst sind, die »schlechten Neigungen« sie überwältigen und zu Schlaffheit und Mittelmäßigkeit führen.

Sich bestrafen oder sich dabei helfen, es zu ändern?

Eine wichtige Frage, die man beantworten muss, lautet: Was möchte man – sich bestrafen oder sich verändern? Wenn Ihre Antwort lautet: »Mich bestrafen, um mich zu verändern«, müssen Sie wissen, dass die Psychologie schon seit langem gezeigt hat, wie wenig Nutzen die Bestrafung als pädagogisches Mittel hat. Kommen wir durch sie weiter? Überhaupt nicht! »Die Bestrafung lehrt nur eines: die Bestrafung zu vermeiden«, betonte B. F. Skinner immer wieder, einer der besten Verhaltensforscher.[1] *Die Bestrafung dient – vielleicht – der Aufrechterhaltung der Ordnung, nicht aber dazu, ein motivierendes Klima zu schaffen, in dem sich eine Person verändern kann.*

Alle Formen von Gewalt, auch die Gewalt gegen sich selbst, sind nur ein verabscheuenswürdiger, missbräuchlicher Umgang mit Kraft. *Zu glauben, dass Kraft und Strenge gegen sich selbst eine Veränderung bewirken, ist eine archaische und unwirksame, ja sogar gefährliche Vision.* Denn mit der Zeit etabliert sich eine Logik der Gewalt, die die Wiederkehr der gleichen Fehler und der gleichen Unzufriedenheit mit sich selbst fördert: Weil die Ergebnisse, die man erwartet hat, nicht eintreten, verdoppelt man die Gewalt gegenüber sich selbst und verschärft die Bestrafung, die man sich auferlegt. *Dahinter steckt die Logik des doppelten Schmerzes: Dem Schmerz über den Misserfolg fügt man noch den der Bestrafung hinzu.* Aber das Leiden bringt einen nicht weiter. Man kommt nur weiter, indem man versteht, warum man leidet und wie man dieses Leiden überwinden kann. Bestrafung und Gewalt können uns in diesem Bereich nicht helfen.

Denken Sie daran, dass das *Gegenteil von Gewalt nicht Schwäche ist, sondern Milde.* Man kann sehr gut auch milde *und* bestimmt mit sich sein.

Die Kunst der gewaltlosen Veränderung

Jede Form von regelmäßiger Gewalt und Beleidigung gegenüber sich selbst ist folglich nutzlos. Immer wenn der Mensch auf den Einsatz von Gewalt verzichtet hat, war das ein Schritt vorwärts. Heute sind, zumindest im Abendland, alle Rechtfertigungen der Gewalt gegen Frauen, Kinder, Sklaven, Gefangene längst vergessen. Die Gewalt gegen sich selbst ist nur ein Relikt überkommener Handlungsformen. Gewalt gegenüber sich selbst hat noch immer nur einen punktuellen Sinn: den Sinn des Ausdrucks »sich Gewalt antun«, was bedeutet, dass man sich zu etwas zwingt. Aber sich Gewalt anzutun funktioniert definitiv nicht. Es ist ein doppelter Schmerz und führt zur Wiederkehr von Gewalt bei der nächsten Schwierigkeit. Dadurch erhöht sich die Gefahr der Verbreitung von Gewalt in unserer Umgebung: Unsere Gewalt löst auch bei anderen Gewalt aus, bei unseren Kindern, weil sie sehen, wie wir gegen uns selbst verfahren.

Ich erinnere mich an einen Patienten, bei dem eines von den Dingen, die ihm dabei halfen, auf die Gewalt gegen sich selbst zu verzichten, der Blick seiner Kinder war: »Ich änderte mich durch meine Kinder: Ich wollte das nicht an sie weitergeben. Wenn ich über mich selbst wütend war, dann schrie ich mit mir in der Wohnung: ›Du bist so was von einem Arschloch, ein Arschloch bist du!‹ Ich bestrafte mich, indem ich auf dem Familienspaziergang am Wochenende nicht mitging, bei keinem Familienfest oder Essen bei Freunden mehr auftauchte. Meine Kinder begriffen nach und nach, dass ich damit auf meine Niederlagen reagierte. Eines Tages sah ich meinen älteren Sohn, wie er sich beschimpfte und gegen sich aufgebracht war, weil er seine Matheaufgaben nicht hinbekam, und dabei dieselben Beleidigungen wie ich verwendete. Ich war erschüttert. Ich dachte: Ist es *das*, was du ihnen beibringen willst? *Das* willst du ihnen also hinterlassen? *Das* sollen sie sich antun? Ich weiß, woher das bei mir kommt. Zumindest kenne ich eine Ursache: Meine ganze Kindheit hindurch sah ich meinen Vater, wie er ganz genau das gleiche tat. Natürlich habe ich das weitergegeben.«

Wenn man sich unter dem Druck der Probleme des Selbstwertgefühls an Gewalt gewöhnt hat, dauert es lange, sie seinzulassen. *Wenn man sich selbst gegenüber lange aggressiv war, muss man sich zweifellos sein ganzes Leben lang davor in Acht nehmen*: Je müder man ist, desto eher kommen die alten Reflexe wieder hoch.

13. Kapitel
Der Kampf gegen die eigenen Komplexe

> *Es trifft sie Furcht und Schrecken, obwohl doch nichts zu befürchten ist.*
> Psalm 53

Ein Komplex ist ein Zweifel, der sich in einen Schmerz verwandelt.

Es ist normal, an sich zu zweifeln und mit sich insgesamt nicht hundertprozentig zufrieden zu sein. Ein Komplex übersteigt jedoch eine situationsgebundene Unzufriedenheit bei weitem. Beim Komplex geht es um die – ständige oder sehr häufige – schmerzhafte und besessene Fokussierung aller Gedanken auf einen bestimmten Teil des Körpers, der als unschön gilt, oder auf einen Aspekt der Persönlichkeit, der für unzureichend oder nicht entsprechend gehalten wird, wodurch unser Wohlbefinden und unser Sozialverhalten gestört ist. Das gesamte Selbstwertgefühl leidet dabei, das Unbehagen aber konzentriert sich im Komplex.

Man kann wegen allem Möglichen einen Komplex haben

Komplexe sind häufig und sehr unterschiedlich. In einer Umfrage für die Zeitschrift *Psychologies*[1] wurde aufgezeigt, woran am meisten gezweifelt wird: an der eigenen Bildung (70 Prozent, davon 10 Prozent »häufig«), an der Fähigkeit, sich korrekt auszudrücken (69 Prozent), an den intellektuellen Fähigkeiten (67 Prozent), an der äußeren Erscheinung (54 Prozent). So kann man sich auf das konzentrieren, was (in den eigenen Augen) an der äußeren Erscheinung nicht passt: Es gibt den Komplex des »zu viel« (Fett, Körperbehaarung), des »nicht genug« (Haare, Größe, Muskeln), des »nicht so, wie es sein sollte« (Haut, Nase, Busen) und schließlich den des »Ich weiß nicht genau, aber irgendetwas stimmt nicht« (Anmut, Gangart). Die Unzufriedenheit mit dem eigenen Körper ist ein äußerst wichtiger Faktor für die Destabilisierung des Selbstwertgefühls.[2] Man kann sich auch auf unterstellte psychische Mängel konzentrieren: Mangel an Bildung, Intelligenz, Geistesgegenwart (die passende Antwort fällt einem immer erst zwei Stunden später ein), Ausstrahlung und anderes. Schließlich kann man sich auf eine schleichende und generelle Intuition von Unzulänglichkeit konzentrieren. Man leidet dann an einem globalen Minderwertigkeitskomplex, der beliebig aktiviert wird, eine Art allgemeine, hyperreaktive Fähigkeit, Komplexe auszubilden, die auch dann ausgelöst werden kann, wenn wir nicht im Blickpunkt oder in der Bewertung anderer stehen. Zum Beispiel können, wenn man die Vorzüge einer anderen Person bewundert, dabei sehr rasch negative Gedanken über einen selbst aufkommen: Man bleibt nicht bei der Bewunderung, sondern man vergleicht sich in unvorteilhafter Weise und wirft sich vor, dass man nicht so gut ist wie der andere. Dieser Minderwertigkeitskomplex führt zu unendlichem Leiden. Er ist nicht so spektakulär wie der Komplex wegen der eigenen äußeren Erscheinung, aber manchmal gefährlicher. *Er zeigt die dunkle und schmerzvolle Gewissheit der »eigenen Unzulänglichkeit« an.*

In unserer Gruppentherapie kam es vor, dass ich Patienten »die Ohren langziehen musste«. Wir sprachen gerade über das Problem des sozialen Vergleichs und über Gefühle der Minderwertigkeit, die daraus entstehen können. Indem sie die anderen beobachten, kommt die Mehrheit der Teilnehmer zu der Überzeugung, zu den weniger Begabten der Gruppe zu gehören. Wenn sie dies merken, müssen sie lachen. So fühlt sich jeder von ihnen, auch die, die man bewundert, den anderen unterlegen... Das könnte bedeuten, dass das Gefühl der Minderwertigkeit so absurd wie unnütz ist. Wir arbeiten auch an der Neigung von Patienten, die Therapeuten, Ärzte, Psychologen, Krankenpfleger der Gruppe zu idealisieren, die den Patienten im Gegensatz zu ihnen selbst »so gut drauf« vorkommen. Auch hier machten wir sie darauf aufmerksam, dass niemand ihnen als Mensch »überlegen« sei, sondern dass es einfach Menschen gibt, die bestimmte Gewohnheiten und Fähigkeiten besser im Griff haben als sie selbst.

Komplexe entspringen also ganz offensichtlich einem allgemeinen Defizit des Selbstwertgefühls. Mehr als die mögliche Realität der Schwäche selbst ist es die Überzeugung, dass die anderen nur diese Schwäche sehen und dass das negative Konsequenzen hat, die den Komplex konstituiert: Trotz gleichen Aussehens ziehen manche einen Badeanzug an und andere nicht; trotz gleicher Bildung trauen manche sich, bei Esseneinladungen mitzudiskutieren, andere nicht… Der Gegenstand des Komplexes selbst ist also nur ein ganz kleiner Teil des Problems, das mit dem Komplex verbunden ist… Ich therapierte extrem kleinwüchsige Menschen. Manche hatten deshalb einen Komplex, andere wiederum erstaunlicherweise nicht – und das angesichts der sozialen Wertigkeit der Körpergröße. Ich erinnere mich an einen Patienten, der 1,48 Meter groß war und mir humorvoll erzählte, wie er sich bei seinen Einkäufen im Supermarkt zu helfen wusste, damit die anderen für ihn die Produkte aus den Regalen holten, die für ihn zu weit oben waren, und wie er möglichst immer Frauen um Hilfe bat, die ihm gefielen. Er schäkerte gern mit ihnen und machte Späße über seine Größe: »Ich liebe große Frauen.« Und meistens klappte das sehr gut.

Komplexe: Was man vermeiden sollte

Komplexe sind nicht nur eine geringfügige Sorge, sie können sich zu einem schweren Leiden auswachsen. In der Psychiatrie zum Beispiel nennt man die krankhafte Unzufriedenheit mit der eigenen physischen Erscheinung Dysmorphophobie.[3] Wie alle Probleme, die mit

dem Selbstwertgefühl zu tun haben, werden Komplexe, woher auch immer sie kommen, schlimmer und chronisch, wenn man sich seinen Ängsten, die durch die Unzufriedenheit mit sich selbst entstehen, unterwirft oder aufgibt. Alles, was in diese Richtung geht, sollte bekämpft werden:
- Einem Komplex gehorchen, das heißt Blicke oder Bewertungen meiden, indem man Situationen scheut, in denen eine Schwäche hervortreten könnte: nicht mehr mitreden, um seine mangelnde Bildung nicht zu zeigen, keinen Badeanzug mehr anziehen usw.
- Sich erst dann exponieren, wenn man den Komplex »kompensiert« und unter Kontrolle hat: Das Wort nur bei Themen ergreifen, die man vorher »geübt« hat; nicht ohne Makeup ausgehen, Ferseneinlagen oder eine Perücke tragen.
- Seine Freiheit oder seine Würde opfern, um akzeptiert zu werden: Viele Leidensschicksale entstehen aus der Furcht, abgelehnt zu werden. Diese Menschen sind zu allem bereit, um anerkannt zu werden, ja sogar dazu, Schikanen und Demütigungen hinzunehmen. Darin liegt eine der Ursachen des Abhängigkeits- und Unterwerfungsverhaltens in sexuellen und anderen Beziehungen.

Komplexe: Was erfolgreich wirkt

Es gibt nicht »die« Lösung für die unfehlbare Heilung von Komplexen, sondern eine Vielzahl von Versuchen, die die Komplexe nach und nach verringern oder zumindest ihre Auswüchse eindämmen:
- Verstehen, woher unsere Komplexe stammen: aus einem allgemein entwertenden Erziehungsklima, auch wenn es nicht Demütigung zum Ziel hatte? Beleidigende Botschaften von den Eltern? Komplexe der Eltern selbst? Emotionale Löcher? Bestimmte Ereignisse im Leben? Bin ich schon einmal abgelehnt worden, weil ich etwas gezeigt habe, dessen ich mich schäme? Wenn ja: Ist diese Erfahrung dann aber Jahre später noch übertragbar? auf andere Menschen? auf Menschen, mit denen ich gerade in Kontakt stehe?

- Die anderen beobachten: Sehen, wie ähnliche »Schwächen« andere Menschen nicht daran hindern, ungezwungen zu leben. Erkennen, wie sie mit ihren Schwächen leben und sie nicht um jeden Preis verstecken. Verstehen, dass diese Freiheit mitsamt ihren Grenzen nicht nur ein Glückszufall ist, sondern das Ergebnis der Geisteshaltung und der angepassten Verhaltensweisen ist, von denen wir hier sprechen.
- Mit den anderen reden: *Komplexe nähren sich aus der Scham und der Isolierung.* Mit seinen Nächsten darüber zu sprechen heilt die Komplexe zwar nicht, mildert sie aber. Und wenn die anderen sagen: »Ich habe auch Komplexe«? Ihnen zuhören, sie zum Reden bringen, ihnen Fragen stellen, anstatt sich wie eine Auster zu verschließen und zu denken: »Sie haben nichts verstanden, sie nehmen nicht wahr, dass meine Komplexe mein Leben zerfressen und mich lähmen.« Selbst wenn Sie Recht haben, wozu sollte Ihre Verärgerung gut sein?
- Hören Sie ganz genau auf den Rat der anderen, wenn diese Ihnen sagen, Sie hätten keinen Grund, derartig zu zweifeln. Oft denken komplexbeladene Menschen: »Ich weiß, bei den anderen funktioniert das. Aber die Unzufriedenheit kommt aus mir.« Versuchen Sie, sich regelmäßig positive Meinungen von außen in Erinnerung zu rufen.
- Kämpfen Sie gegen die »Komplex-Paranoia« an: Nicht alle Misserfolge haben ihren Grund in den Schwächen, die unsere Komplexe verursachen, nicht alle auf uns gerichteten Blicke bedeuten, dass die anderen unsere Schwächen erraten. Die Intensität des Komplexes ist manchmal so groß, dass sämtliche Schwierigkeiten nur ihm zugeordnet werden.
- Stellen Sie sich: Das ist das beste Mittel, Komplexe abzutragen. Indem man sich beständig in Situationen versetzt, in denen man sich schämt, ohne sich dabei zu vergewaltigen, kann man nach und nach die emotionalen Reaktionen abschwächen und leichter gegen die mit dem Komplex verbundenen Gedanken (»alle sehen es, schrecklich, ich bin lächerlich …«) vorgehen.

- Erweitern Sie den Blick auf sich selbst: *Sehen Sie sich als Gesamtperson, erweitern Sie Ihr Bild von sich selbst und reduzieren Sie sich nicht auf Ihre Schwächen, Grenzen und Fehler.* Konzentrieren Sie sich nicht auf Ihre Mängel. Denken Sie daran, dass Sie nicht nur eine Ansammlung von Fehlern sind! In schwereren Fällen von Komplexen, etwa bei Essproblemen wie Bulimie und Anorexie, hat man zeigen können, dass die Betroffenen so gut wie unfähig waren, sich für die harmonischen Körperteile zu interessieren, während sie sich zwanghaft mit den Teilen beschäftigen, die als unschön empfunden werden. Bei »normalen« Menschen ist das genau umgekehrt.[4]

Die Schönheitschirurgie »pflegt« die Komplexe nur dann, wenn sie das Verhalten verändert ...

Viele Leute greifen heute auf die Schönheitschirurgie zurück. Es ist wahrscheinlich, dass ihre Zahl in Zukunft steigen wird, weil der gesellschaftliche Druck auf das körperliche Erscheinungsbild immer höher wird.

So seltsam es klingen mag: Wir verfügen über keine klaren Informationen, ob die Schönheitschirurgie das Wohlbefinden und das Selbstwertgefühl dauerhaft verbessert. Die wenigen, eher positiven Untersuchungen stammen von amerikanischen Vereinigungen ästhetischer Chirurgen und werden natürlich von diesen finanziell unterstützt, was problematisch ist,[5] vor allem, wenn man die Zahlen auf dem Markt der »handgenähten Schönheit« kennt: 11,9 Millionen Eingriffe allein in den USA im Jahr 2004.[6] Die Schönheitschirurgie wirkt bei körperlichen Fehlern, aber wirkt sie auch auf das Selbstwertgefühl?

Wenn man sich anschaut, wie erfolgreiche Schönheitschirurgie vorgeht, dann scheint es, als läge dieser Erfolg zum großen Teil darin, dass sie nicht nur die körperliche Erscheinung verändert, sondern auch das Sich-selbst-Annehmen beeinflusst. Menschen, die davon überzeugt sind, ihren Fehler losgeworden zu sein und dadurch besser akzeptiert zu werden, verhalten sich freier, natürlicher. Deshalb haben sie gesellschaftlich »Erfolg«, werden tatsächlich mehr akzeptiert als früher, als sie noch unsicher, misstrauisch und ängstlich waren. Diese Vorteile beruhen jedoch eher auf einem anderen Verhalten als auf ihrer Erscheinung. *Letztlich wirkt eine erfolgreiche Schönheitschirurgie vor allem auf der psychischen Ebene, beim Selbstwertgefühl...*

Der lange Weg vom krankhaften Komplex zum gesunden Zweifel

Im Allgemeinen ist der Kampf gegen Komplexe langwierig. Er verläuft in folgenden Phasen:
- Man denkt andauernd daran, auch wenn man nicht in einer schwierigen Situation ist. Man stellt sich seinem Komplex nicht, das ist zu schmerzhaft.
- Dann denkt man nicht mehr andauernd daran, sondern nur noch in den jeweiligen Situationen. Man versucht, sich dem Komplex zu stellen, das ist schmerzhaft.
- Obwohl man in schwierigen Situationen gefühlsmäßig immer noch angespannt ist, vergisst man seinen Komplex nach und nach für Momente und befreit sich von diesem schmerzhaften Hyper-Bewusstsein seiner selbst.
- Schließlich gelangt man dahin, sich von seinen Komplexen kaum noch beeinträchtigen zu lassen, außer wenn man es mit Superhelden zu tun hat, die sehr schön oder sehr intelligent sind. Da das aber nicht jeden Tag vorkommt, kann man mit diesem Zustand leben...

Das Schwierigste bei den Komplexen besteht darin, »Farbe zu bekennen«. Man hat in seinem bisherigen Leben einen Teil von sich versteckt, und auch wenn man nun verstanden hat, dass man ihn nicht mehr verstecken muss, wie schafft man den Sprung? Wie gelingt es, keine Perücke mehr zu tragen, sich nicht mehr die Haare zu färben? Damit riskiert man doch, Aufmerksamkeit auf sich zu ziehen, an die man gar nicht gewöhnt ist. Wenn man nicht mehr in Schweigen verfallen muss, sobald jemand den Raum betritt, der »diplomierter-intelligenter-glänzender« ist? Und wenn man dabei riskiert, manchmal Dummheiten zu sagen (wie alle Welt)? Gerade der Komplex und das Schweigen, das er uns auferlegte, waren doch sehr wirksame Mittel, um *niemals* Dummheiten zu sagen... Sehr oft sind in der Therapie gerade in dieser Hinsicht die Bemühungen, sich zu verändern, so schwierig: Sich wieder der Gefahr der Blicke und der Bewertungen der anderen auszusetzen, verleiht einem zweifellos Freiheit, und das ist ein immenser Vorteil.

Moral: Sich nicht ganz verstecken, nur um einen kleinen Teil von sich zu verbergen

Schließlich bestehen die zwei großen Stoßrichtungen im Kampf gegen die Komplexe einerseits darin, zu akzeptieren, dass ein Teil von uns unzureichend ist, und andererseits in der Erweiterung des Blicks auf uns. Wir sollen nicht meinen, der Teil von uns, der uns nicht gefällt, mache unser ganzes Wesen aus. Er ist nur ein Teil, der weder die Überbewertung durch unsere Einbildung verdient, noch das Verschweigen, das ihm unsere Scham auferlegt.

14. Kapitel
Das Selbstwertgefühl vor schlechten Einflüssen, Werbung und gesellschaftlichem Druck schützen

> *Die Gesellschaft gründet auf gegenseitigem Nutzen:*
> *Aber wenn sie mir zu kostspielig wird,*
> *wer hindert mich daran, auf sie zu verzichten?*
> Montesquieu, Perserbriefe

Soziale Einflüsse sind unvermeidbar ... Und das Selbstwertgefühl und seine Unregelmäßigkeiten sind zu großen Teilen von ihnen abhängig. Natürlich sind soziale Normen sinnvoll: Wenn sehr viele Menschen sich für schätzenswerter halten, wenn sie reich, groß und schön sind, als wenn sie arm, klein und hässlich sind, so deshalb, weil diese Kennzeichen in unserer Gesellschaft allgemein wünschenswert sind und konkrete Vorteile bringen. Hier handelt es sich ganz klar um eine Form von Ungleichheit, und die Rolle der Gesellschaft besteht darin, ihr so gut es geht Grenzen zu setzen: In jeder Gesellschaft muss der Einzelne einen Platz haben, wie wünschenswert oder auch nicht seine Eigenschaften sind. In der Geschichte der Menschheit wurden in jeder Gesellschaft bestimmte Qualitäten wie Intelligenz, Güte und andere Tugenden hervorgehoben, die weniger genetisch bedingt waren oder durch die Familie weitergegeben wurden als Schönheit, Stärke, Reichtum oder Macht. Heute jedoch leben wir in einer eigenartigen Zeit, in der es scheint, dass wir von diesen anderen Weisen, Selbstwertgefühl zu erweben, abrücken und auf eine primäre und inegalitäre Ebene zurückzufallen: Es scheint immer schwieriger zu werden, sich selbst wertzuschätzen, wenn man nicht jung, reich oder schön ist. Andere Kräfte als die natürlichen verdoppeln diese Ungleichheiten, zum Beispiel die Werbung und das Marketing.

Der gesellschaftliche Druck auf das Körperbild

Das Streben nach Schönheit hat es immer gegeben, und zwar wegen der gesellschaftlichen Vorteile, die sie bietet.[1] Schon Cicero mahnte: »Das höchste Gut und die erhabenste Aufgabe eines klugen Menschen besteht darin, dem äußeren Schein zu widerstehen.«[2] Zweifellos aber wird darauf heute ein immenser Druck ausgeübt, bei der die Diktatur der äußeren Erscheinung – jung, schön und schlank zu sein – ein bisher kaum dagewesenes ungesundes Niveau erreicht.

Dafür gibt es viele Erklärungen, die einfachste aber liegt vielleicht in der technologischen Beschleunigung. Seit einigen Jahrhunderten sind wir einer Omnipräsenz des Bildes unterworfen, wie das vor uns noch in keiner Kultur der Fall gewesen ist. Und dies unter der Einwirkung eines zweifachen Drucks: einerseits die Demokratisierung des Spiegels, der Fotografie, des Videos (für unsere eigenen Bilder), andererseits die Vermehrung der Bilder von perfekten Körpern in Kino, Fernsehen und Printmedien.

Das löst eine Steigerung des Bewusstseins von unserem – im Allgemeinen unvollkommenen – Körper und den vielfältigen Vergleichsmöglichkeiten mit perfekten sozialen Modellen aus (Stars aus allen Genres). Daraus resultiert eine wachsende Unzufriedenheit mit der eigenen äußeren Erscheinung.

Diese Besorgnis wird durch zahlreiche Indikatoren bestätigt: Wir verfügen über Studien, die belegen, dass eine Steigerung des Bewusstseins seiner selbst (zum Beispiel gefilmt werden und sich dann im Film sehen ...) dazu führt, sich verstärkt mit den (übrigens nicht nur körperlichen) Standards zu vergleichen.[3] Und man weiß, dass diese Vergleiche vom Selbstwertgefühl abhängen: Wenn es fragil ist, fallen sie negativ aus ... Außerdem gibt es Beweise aus Experimenten zur gesellschaftlichen Entwicklung: das Auftreten der gleichen Unsicherheiten bei Männern in Bezug auf das Körperbild einige Jahrzehnte später als bei Frauen, in Europa wie in den USA.[4] Dazu kamen neue psychiatrische Störungen, äquivalent zur weiblichen Anorexie, bei vielen Bodybuildern, die genauso davon überzeugt sind, zu wenig Muskeln zu haben, wie Anorektikerinnen glauben, zu dick zu sein.[5] Denken Sie daran, wie seit einigen Jahren in der an Männer wie Frauen gerichteten Werbung der muskulöse Körper eines Adonis verstärkt eingesetzt wird. Denken Sie auch an die eindrucksvolle Entwicklung der Muskulatur bei Spielzeugfiguren wie etwa GI Joe, Jungle Jim und anderen Action Men, die für die Jungen die gleiche Rolle spielen wie die Barbie-Puppe für Mädchen und immer unerreichbarere Körperstandards darstellen. Denken Sie auch an die regelmäßig wachsende Muskulatur der Kinohelden: Vergleichen Sie die Helden der Filme aus den 1960er Jahren mit denen von heute. Es genügt offenbar heute, einen sehr muskulösen männlichen Körper zu zeigen, um die Zufriedenheit der Männer in Bezug auf ihren eigenen Körper zu schmälern, ganz so, wie es bei den Frauen geschah.[6]

Erfolgsdruck und soziale Angepasstheit

In den vorindustriellen Gesellschaften, in denen die Geburt ausschlaggebend für den sozialen Status war, gab es wenig soziale Mobilität: Als Kind eines Bauern wurde man Bauer, ein Nichtadeliger blieb nichtadelig, während die Geburt in einer adeligen Familie einen privilegierten Status gewährleistete. Man musste demnach kaum Erfolge nachweisen, vielmehr seinen Platz besetzen und sich anpassen. Die Zufriedenheit mit sich selbst war daran gebunden, dass man seine Pflicht erfüllte und seinen Platz auf dem gesellschaftlichen Schachbrett einhielt. Für Menschen, die von Anfang keine Chance hatten, die arm und unterdrückt geboren waren, erinnerte das Christentum daran, dass die Gewinner des sozialen Spiels ihren Platz im Jenseits verlieren und die Letzten dort die Ersten sein würden. Demnach gab es keinen Anlass zur Selbstentwertung, wenn man arm unter Armen, hässlich oder ungeliebt war. Den Ausgleich dafür würde man später bekommen. Der persönliche Wert wurde deshalb nicht geschmälert. Halten wir fest, dass dies allen zu Gute kam: den Reichen, die ein Argument hatten, um den Armen zu erklären, dass sie arm bleiben sollten. Und den Armen, die, obwohl arm, sich in Bezug auf ihr Selbstwertgefühl nicht untergeordnet zu fühlen brauchten.

Mit den politischen und intellektuellen Revolutionen seit dem 17. Jahrhundert nahm diese Komponente in den traditionellen Gesellschaften zu Gunsten einer höheren sozialen Mobilität ab, weil es möglich geworden war, seinen Platz zu wechseln: Arme kamen zu Reichtum, Adlige fielen in Armut. Ein Fortschritt, zumindest für die Armen. Die Kehrseite: Wenn man in diesem sozialen Wettkampf scheiterte, war nicht mehr das Schicksal verantwortlich, sondern fehlender persönlicher Wert.[7] Die neuen, angeblich meritokratischen Spielregeln blieben für die herrschenden Klassen weiterhin vorteilhaft, denn im erwachenden Wettbewerb hatten ihre Schäflein gleichwohl ernsthafte Vorteile (sie erbten ein Vermögen und hatten eine gute Ausbildung). Die Armen jedoch waren nun in der Situation, für ihre Armut verantwortlich gemacht zu werden. Worin sich bereits die gravierenden Probleme mit dem Selbstwertgefühl ankündigten, die die Schicht der sozial durch den Rost Gefallenen bekommen sollte, sobald das Sozialsystem nicht mehr funktionierte: Man weiß zum Beispiel, dass Langzeitarbeitslose als Folgeerscheinung große Probleme mit dem Selbstwertgefühl haben.

In Wirklichkeit hat jede Gesellschaft ihre eigenen Normen und ihre eigene Art, Druck auszuüben: Einen Beruf haben zu müssen, aber auch einen Partner, wenn man über 30 ist, oder als Frau ein Kind… Diese Bedingungen nicht zu erfüllen erfordert für das Selbstwertgefühl zusätzliche Bemühungen.

Die Lügen der Werbung

Um auf das charakteristischste Beispiel unserer Zeit zurückzukommen, das des Körpers, so liegt das Problem letzten Endes darin, dass man mit dem Selbstbild viel Geld machen kann. Natürlich lässt sich auch an den eher psychologischen Aspekten des Selbstwertgefühls verdienen, etwa bei den Psychotherapeuten, aber das spielt sich auf einer eher kunsthandwerklichen Ebene ab, und die ist für die kapitalistische Wirtschaft schlicht weniger interessant – trotz einiger Versuche wie diese seltsamen und sehr amerikanischen *Self Esteem Shops*, die Sie ganz leicht im Internet finden können und auf deren Homepages Ihnen unter anderem Kaffeetassen oder T-Shirts mit stolzen Sprüchen angeboten werden (»Ich bin stolz, ich zu sein«, »Ich fühl' mich gut«). Der Grund des Problems liegt zweifellos darin, dass man (dank der Bekleidungs- und Schönheitsindustrie) viel Geld verdienen kann, wenn man den Frauen einflüstert, schön und anziehend sein zu müssen, anstatt ihnen vorzuschlagen, lustig, sympathisch und offen zu sein (das lässt sich nicht verkaufen).

Viele Studien belegen *die schädliche Rolle der Werbung in Zeitschriften für das weibliche Selbstwertgefühl*, vor allem bei Frauen, die viel auf ihre äußere Erscheinung geben und mit ihr unzufrieden sind.[8] *Was legen diese zahllosen Bilder nahe, wenn nicht ständige – und von vornherein verlorene – Vergleiche mit den schönsten Mädchen der Welt?* Der Mechanismus des sozialen Vergleichs ist also gefährlich. Selbst wenn man versucht, gegen ihn anzukämpfen, der Kampf wird im Unbewussten ausgetragen. Schon seit langem hat man nachgewiesen, dass Frauen sich weniger attraktiv fühlten, nachdem man ihnen Fotos von sehr hübschen Mädchen gezeigt hatte.[9] Heute jedoch weiß man, dass das noch weiter reicht. Das wurde in einer Studie über die Darstellung unterschwelliger Bilder, die man Versuchspersonen zeigte, bewiesen: Nachdem sie das Gesicht eines Babys gesehen hatten, fühlten sie sich viel älter.[10]

Auch Momentaufnahmen und Situationen, die in der Werbung Glück, Liebe, Freundschaft suggerieren, sind von der Realität so weit entfernt (Glück, Liebe und Freundschaft müssen geduldig aufgebaut werden), dass daraus nur Frustration und Enttäuschung über sich selbst entstehen können und die Anzahl der Menschen, deren Selbstwertgefühl unter Druck steht, immer höher wird.

Nein zum Aufblasen des Selbstwertgefühls!

Und wenn wir nun Nein sagen würden zu diesen Lügen, diesen falschen Versprechungen? Unser Selbstwertgefühl ist mehr wert. Hier einige Vorschläge:
- Lernen Sie die Werbung zu entziffern: Was will man mich glauben machen? Wie schmeichelt man meinem Ego, damit ich das Ding da kaufe? Die größte Gefahr liegt darin, dass man glaubt, durch seine Intelligenz oder seine klaren Ansichten im Allgemeinen vor den schädlichen sozialen Einflüssen der Werbung geschützt zu sein. Der einzige Schutz ist, den Vorgang von Beeinflussung und Manipulation in dem Moment zu analysieren, wo man damit konfrontiert wird. Zu diesem Thema gibt es gute und allgemeinverständliche Bücher.[11]
- Seine Schwachpunkte kennenlernen: »Worin liegt mein Bedürfnis wirklich, wenn ich Lust habe, mir das zu kaufen?«, »Wird dadurch mein Wohlbefinden, mein Glück wirklich verstärkt?« Über nicht käufliche Dinge nachdenken, die einen weiterbringen und glücklicher machen.
- Sich angesichts schöner Models daran erinnern: Sie sind tatsächlich schön, aber das ist ihr Beruf (ihr Leben besteht darin, zu essen, zu schlafen, ihren Körper zu pflegen und ihn auszustellen), die Fotografien werden sorgfältig retuschiert; die Natürlichkeit, die sie ausstrahlen, ist vollkommen gefälscht (2 Wochen lang Aufnahmen in der Karibik mit einem 12-köpfigen Team).
- Denken Sie an die Zukunft und bringen Sie Ihren Kindern möglichst früh eine kritische Haltung gegenüber der Werbung bei.[12]

Werden wir als moderne Bürger angesichts dieser Manipulationen des Selbstwertgefühls immer dümmer oder immer klüger? Hier und da kann man Anzeichen eines beginnenden Kampfes, etwa bei der jungen Generation bemerken, die gegenüber der Werbung kritischer eingestellt ist als die vorhergehende. Aber es ist nicht ganz so einfach, denn die kritische Haltung der Jugendlichen gegenüber der Werbung kann mit angepasstem Verhalten gegenüber dem sozialen Druck einhergehen (vgl. ihre Fixiertheit auf Labels).

Die Folgen des gesellschaftlichen Drucks auf das Selbstwertgefühl

Muss man noch darauf hinweisen, dass dieses *ständige Einhämmern, so wie ein schleichendes Gift, das man gar nicht spürt,* Früchte trägt und unsere Erwartungen an das Selbstwertgefühl prägt? Hinsichtlich sozialer Aggressionen sind es wie immer die sozial Schwachen, die das ausbaden müssen, die Armen und jene Bürger, die über kein sicheres Gegenmodell für das Selbstwertgefühl verfügen, ein Gegenmodell, das zeigen könnte, dass es auch in Ordnung ist, wenn man keine Jeans mit »Ozonlöchern« trägt oder kein großes Auto fährt.

Unsere Gesellschaft, die durch diese Botschaften beeinflusst ist, bringt ein hohes, aber fragiles, instabiles, abhängiges und an Bedingungen geknüpftes Selbstbewusstsein hervor (»Ich bin schätzenswert, wenn …«), das dem eigentlichen Lebenskampf nicht standhalten kann: dem Kampf ums Glück und den Sinn des Lebens. »Sie sind fantastisch!«, sagt man uns andauernd. Warum will uns alle Welt (Politiker, Medien, Werbung) dermaßen davon überzeugen, dass wir fantastisch sind? Dieses *künstlich »aufgespritzte« Selbstwertgefühl* ist, hoch, aber es beklagt sich (»Das habe nicht verdient!«) oder beschwert sich (»Das lasse ich mir nicht bieten!«). Alles ohne Freude.

Auf die Dauer wird der Kampf darum gehen, *die Quellen des Selbstwertgefühls zu verinnerlichen*: Wie kann man von den Zielen, die andere uns aufzwingen, prinzipiell unabhängig bleiben? Man sollte sich weniger aufregen oder weniger intensiv und seltener, man sollte den anderen mehr zuhören, effizienter arbeiten und beim Erlernen eines Musikinstruments, einer Sportart oder Kunst weiterkommen.

15. Kapitel
Sich zuhören, sich respektieren und selbstsicher werden

> *Ich frage im Goldenen Löwen: ›Um wieviel Uhr gibt es Mittagessen?‹*
> *›Um elf.‹*
> *›Gut. Ich gehe noch ein bisschen in die Stadt.‹*
> *Ich esse dann in einem anderen Hotel und traue mich später nicht mehr, am Goldenen Löwen vorbeizugehen. Vielleicht warten sie noch immer. ›Sie werden zum Abendessen kommen‹, sagen sie. Wird man mir den Inspektor auf den Hals hetzen?*
> *Usw. Dumme Ängste.*
>
> Anekdote, erzählt von Jules Renard in seinem Tagebuch (15. August 1898)

Armer alter Jules! Woher kommt es, dass wir uns so sehr vor den Urteilen der anderen fürchten? Woher diese Furcht – die extrem sein kann – vor den harmlosen Konsequenzen unserer Handlungen? Warum haben wir solche Angst, selbstsicher aufzutreten und eventuell andere zu stören? Hier einige Überlegungen für alle, die überall Goldene Löwen sehen.

Was ist Selbstsicherheit?

Selbstsicher sein bedeutet, seine Bedürfnisse, Gedanken und Emotionen ausdrücken zu können, sich also nicht mehr hemmen zu müssen, und trotzdem Rücksicht auf den anderen zu nehmen, das heißt ohne dabei aggressiv sein zu müssen.

Wir werden nicht selbstsicher geboren, sondern wir werden es, normalerweise durch eine Erziehung, die uns dazu ermutigt, uns frei auszudrücken, ohne dass man uns dafür bestraft. Oder später, beim freiwilligen Lernen im Erwachsenenalter.

Selbstsicher aufzutreten erscheint in der Theorie immer einfach, außer in bestimmten Situationen, wenn man etwas fragen, ablehnen, verhandeln muss, eine andere Meinung als sein Gesprächspartner hat, seine Unzufriedenheit ausdrücken will usw. Die Probleme, die man dabei haben kann, sind extrem weit gestreut: Sie treten massiv und chronisch bei sozialer Phobie,[1] gelegentlich bei gewissen Formen der Depression auf und sind punktuell bei den meisten Menschen zu finden.

Wie soll man selbstsicher auftreten können, wenn man sich nicht wertschätzt?

Mangel an Selbstsicherheit geht häufig Hand in Hand mit Problemen eines niedrigen Selbstwertgefühls und führt dazu, dass man Problemen ausweicht, was wiederum schlecht für das Selbstbild ist. Die Person vermeidet es, sich Situationen zu auszusetzen, in denen sie abgelehnt oder entwertet werden könnte: »Ich traue mich nicht zu fragen, weil ich Angst habe zu stören, aber auch, weil ich weiß, dass eine Ablehnung bei mir eine Art Trauma auslöst.« Natürlich gibt es auch die Angst vor dem Konflikt, den diese Menschen regelmäßig überbewerten: »Ich bin schon in meinen ganz normalen und unauffälligen Beziehungen von allen beeindruckt. Also sage ich mir, wenn ich sie ärgere oder wütend mache, wäre ich ja noch viel beeindruckter, und das passiert auch, die wenigen Male, in denen ich geschrieen habe, ohne es zu wollen, denn ich tue alles, um so etwas zu vermeiden …«

Mangel an Selbstsicherheit kommt auch bei Menschen mit fragilem hohen Selbstbewusstsein vor, jedoch in aggressiver Form: Man fragt in aggressivem Ton nach etwas (um sicherzugehen, dass man es bekommt), man lehnt etwas kurz angebunden ab (weil man schlecht drauf ist) usw. Diese oberflächliche Aggressivität verbirgt nur schlecht die Angst, die man vor dem anderen und seinem möglichen Widerstand hat: »Ich fühle mich nur dann gut, wenn ich die anderen dominiere. Sonst bin ich in gleichrangigen Beziehungen nicht entspannt. Ich muss jemanden gleich von vornherein einschüchtern, um jedwede Aggression oder mögliche Aufdringlichkeit zu verhindern.«

Dieses Defizit zeigt sich in vielfältiger Form:
- *Verhalten:* Sich nicht trauen, Nein zu sagen, Fragen zu stellen oder zu stören; nicht zugeben, dass man etwas nicht weiß oder nicht einverstanden ist; Schwierigkeiten damit haben, auf Kritik zu antworten... Und wenn man sich doch äußert, dann verkrampft oder wütend, aggressiv...
- *Emotional:* Frustration, nach innen gewendete Wut, Traurigkeit, Verbitterung gegen sich oder die anderen.
- *Psychologisch:* Bild eines verletzlichen, abhängigen, dominierten Selbst... Wiederholte kleine Schläge gegen das Selbstwertgefühl. Anhäufung von kleinen Verzichten, die schädlich sind.

Die Vorwände, die man vorbringt, um nicht selbstsicher auftreten zu müssen, zeugen davon, wie erfinderisch wir sein können, wenn es gälte, den Realitäten ins Auge zu sehen, die uns stören. Ich erinnere mich, wie eine Patientin ihr ausweichendes Verhalten gegenüber ihren Schwiegereltern rechtfertigte. Sie wollte das Ritual aufbrechen, alljährlich die Weihnachtsferien bei ihnen zu verbringen: »Ich würde es ihnen gern sagen, finde aber nie den geeigneten Moment. Ist die Stimmung gut, sage ich mir, jetzt sei nicht der passende Moment: es könnte alles verderben. Ist sie aber schlecht, sage ich mir, jetzt sei ein noch viel unpassenderer Moment: es könnte zu einem Eklat kommen.«

Solange man nicht zu einer Konfrontation bereit ist, die eventuell andere verärgern könnte, ist es nie der richtige Moment, um selbstsicher aufzutreten...

Selbstsicherheit soll nicht nur eine Verhaltensweise sein, sondern auch eine Seinsweise

Die Schwierigkeiten damit, selbstsicher aufzutreten, sind so häufig und so hinderlich, dass man einige psychotherapeutische Techniken zusammenfasste mit dem Ziel, sie besser zu überwinden: Therapien zur Selbstsicherheit. Dabei handelt es sich um mehrere Kommunikationstechniken aus den Sechzigerjahren, die ihren Ausgang in der Verteidigung von Minderheiten (Frauen, Farbige) nahmen und dann bei Patienten eingesetzt wurden, die davon profitierten konnten. Sie bestehen meistens aus Rollenspielen, in denen man, vor allem in Gruppentherapien, die problematischen Situationen durchspielt.

Wie das Selbstwertgefühl ist auch die Selbstsicherheit erst in den modernen, demokratischen, nicht-patriarchalischen Gesellschaften zu einem allgemeinen Bedürfnis geworden: Früher war die Form der Interaktion eher vom Status und der Machtposition der Gesprächspartner abhängig als von persönlichen Fertigkeiten. Das Bedürfnis, selbstsicher auftreten zu können, besteht demnach nur in Gesellschaften, in denen die Beziehung zwischen den Menschen – zumindest theoretisch – frei und egalitär ist.[2]

Es geht aber nicht nur darum, fertige Formeln nachzusprechen. Sicheres Auftreten ist nicht nur eine stereotype und oberflächliche Verhaltensweise. Seine tiefere Natur betrifft nicht nur das Verhalten, sondern auch eine globale Sicht, die man auf sich und sein Selbstwertgefühl hat: Indem man sich traut, sich zu äußern und sich bestimmten Situationen auszusetzen, konstruiert man nach und nach ein immer positiveres Selbstbild, erlaubt sich, mit anderen zusammenzusein, ohne sie heruntermachen zu müssen. Die Übungen, die wir in der Therapie anbieten, gehen über »Tricks« für eine bessere Kommunikation hinaus: Man lässt die Menschen sich in neue Situationen begeben, die sie zuvor gemieden hatten, man lässt sie neue emotionale und intellektuelle Erfahrungen machen. Man bringt sie zurück auf den Weg und versucht ihnen zu zeigen, wie sie aus ihrem Alltag lernen können. In der Therapie der Selbstsicherheit sagt der Therapeut seinen Patienten nie, was sie tun sollen (in einer bestimmten Situation Ja oder Nein sagen), sondern wie sie es anstellen können, damit sich Interessantes ereignet. *Wie alle modernen Methoden der Verhaltenstherapie beschränkt sich die Selbstsicherheit nicht auf das Verhalten allein: Sie benutzt das Verhalten wie einen Hebel, eine Tür zur Veränderung.*

Die Etappen, die ich in diesem Kapitel beschreibe, sind daher folgende: Um selbstsicher zu werden, ist es zunächst notwendig, sich selbst zuzuhören, sich zu respektieren und dann ins kalte Wasser zu springen.

Sich zuhören anstatt sich zu belügen

Die Defizite des Selbstwertgefühls führen oft dazu, dass man seine fundamentalen Erwartungen und Bedürfnisse verdrängt, weil sie mit dem starken Bedürfnis nach sozialer Anerkennung unvereinbar oder weniger wichtig erscheinen: »Eher verdränge ich meine Bedürfnisse und bin frustriert, als dass ich riskiere, schlecht beurteilt, schlecht verstanden und am Ende abgelehnt zu werden.«

Menschen, die Jahr um Jahr so mit sich umgehen, nehmen ihr seelisches Bedürfnis nach Selbstsicherheit zuletzt nicht einmal mehr bewusst wahr: Ihre Lust, Nein zu sagen, ihren Wunsch, das Wort zu ergreifen, die Vorstellung, dass sie Nein sagen könnten – all das haben sie vollkommen verdrängt. Sie leben in jener »ruhigen Hoffnungslosigkeit«, die der amerikanische Schriftsteller Henry Thoreau beschreibt. Zu wagen, selbstsicher aufzutreten oder sich Gehör zu verschaffen, kommt ihnen gar nicht mehr in den Sinn; zu sagen, was sie wollen oder was sie denken, nicht mehr über die Lippen.

Die Selbstverleugnung ist eine Form der Selbstunterdrückung, die sich auch auf die Emotionen erstreckt. Enttäuscht? Nie! Neidisch? Nie! Unglücklich? Nie… Trotz aller Ausweichmanöver, die wir uns aufbürden… Aber unsere Rationalisierungen (»Brauche ich ja gar nicht« oder: »Ich habe ja gar nicht wirklich Lust drauf«) können nur unseren Verstand erreichen, nicht aber unsere Emotionen: Und gerade die verhindern, dass wir diese kleinen Verbrechen gegen uns, die all diese Verzichte darstellen, auf bequeme Weise begehen. Denn unsere Emotionen lassen sich nicht verdrängen, die Unterdrückung wird normalerweise durch kleine körperliche Anzeichen wie Anspannung oder Unbehagen angezeigt. Der Neuropsychologe Antonio

Damasio nennt sie »somatische Marker«.[3] Es sind jene Zeichen, mit denen, auch wenn unsere Vernunft unseren vitalen Interessen eine Falle stellen will, unser emotionales Gehirn, das älter und weniger anfällig für soziale Konventionen ist, rebelliert: »Mmh, ich hätte aber schon Lust drauf!«

Man muss lernen, diesen kleinen Zeichen, diesen diskreten körperlichen Empfindungen in sozial heiklen Situationen mehr Aufmerksamkeit zu schenken.

Sich respektieren

Sich hinsichtlich der Selbstsicherheit zu respektieren bedeutet, seine Erwartungen zu respektieren. Nicht indem man sie alle und um jeden Preis erfüllt. Sondern indem man sie annimmt und sie anhört, anstatt sie zu unterdrücken, etwa wie seelisch grausame Eltern es mit den legitimen Bitten ihres Kindes tun: »Du willst trinken und essen? Mit Freunden spielen? Was stellst du dir eigentlich vor?« Wir überzeugen uns selbst so restlos davon, dass es besser ist, unsere Bedürfnisse zu verdrängen, dass wir schließlich gar nicht mehr erkennen, dass wir uns selbst Gewalt antun. Unter dem Vorwand, uns vor Feindschaft und Ablehnung zu schützen, ersticken wir uns langsam und negieren unser Recht zu existieren.

Auch hier gibt es vielfältige Auswirkungen. Wir sprachen schon über die emotionalen Kosten dieser Unterdrückung, aber die Kosten betreffen auch die Verhaltensebene: Durch die Unterdrückung wird der soziale Austausch massiv beeinträchtigt. Wenn wir eine Frage, eine Bitte oder ein Nein unterdrücken, verhindern wir, dass der andere wirklich weiß, wer wir sind, und sich für uns interessiert. Wir bringen uns um diese wichtigen Inputs auf Beziehungsebene, die jeder Mensch braucht. Indem wir in unseren sozialen Beziehungen kein Risiko eingehen, desinfizieren wir sie bis ins Extrem und lassen sie verarmen. Natürlich entstehen auch psychische Kosten, die direkt mit den Problemen des Selbstwertgefühls in Verbindung stehen: die

Aufrechterhaltung eines Selbstbildes, das allen anderen unterlegen ist.

In der Therapie arbeitet man zum Beispiel mit dem Patienten daran, über seine persönlichen Rechte nachzudenken: Das Recht, Nein zu sagen, sich mit sich selbst zu beschäftigen, andere zu enttäuschen, ein Versprechen zurückzunehmen, wenn man gute Gründe dafür hat. Dann erstellt man eine Liste der Situationen, in denen der Patient bereits gewagt hat, selbstsicher aufzutreten (oder auch nicht), und bewertet jedes Mal die Vor- und Nachteile. Man wiederholt die Situationen in Rollenspielen. Man formuliert konkrete Ziele, um diesen Situationen in den darauf folgenden Wochen in anderer Weise zu begegnen.

Selbstsicher auftreten, um seinen Platz einzunehmen, aber nicht gegen die anderen

All diese Überlegungen münden in die Praxis selbstsicherer Verhaltensweisen. Allein durch diese regelmäßige Praxis kann eine tiefgreifende Veränderung herbeigeführt werden. Tief heißt nicht unbedingt in Bezug auf ein hypothetisches Unbewusstes, sondern in Bezug auf Automatismen und Reflexe. Dies geschieht schrittweise.

Die Patienten berichten, die ersten Veränderungen zeigten sich nicht darin, dass sie »Nein« sagten, wo sie bisher immer »Ja« gesagt hatten, sondern dass sie sich sehr schnell, ja unmittelbar die Frage stellten: »Warum sage ich jetzt nicht Nein?« Dass sie von Zeit zu Zeit wagten, es zu sagen. Dass sie es von Zeit zu Zeit auch nicht schafften, dann aber über die Gründe für diese Blockade nachdachten. Je öfter man ein bestimmtes Verhalten übt, desto leichter fällt es. Deshalb werden in der Therapie kleine Übungen verschrieben. Denjenigen, die sich schwer tun, Nein zu sagen, empfehlen wir zum Beispiel, in verschiedene Geschäfte für Einbauküchen zu gehen, sich Modelle zusammenstellen zu lassen und sie dann nicht zu kaufen. Es ist wichtig, viele Übungen dieser Art zu machen, bei denen es um nicht viel geht, damit man mit der Zeit auch in anderen Situationen, in denen es um mehr geht, wie etwa bei Angehörigen oder im Beruf, selbstsicher auftreten kann.

Selbstsicheres Verhalten muss mit einer dauerhaften sozialen Bindung vereinbar sein. In diesem Sinne unterscheidet es sich von aggressiven Verhaltensweisen, denn es ist empathisch und berücksichtigt die Bedürfnisse des Gesprächspartners. Selbstsicher tritt man nicht *gegen*, sondern *für* auf, nicht *gegen* die anderen, sondern *für* sich, *für* jemanden, den man verteidigt, *für* ein Ideal … *Das Ziel liegt darin, sich selbst einen Platz zu bereiten, und nicht darin, anderen den ihren wegzunehmen.* Ein häufiger Fehler beim Versuch, selbstsicher aufzutreten, ist, dabei aggressiv zu werden. »Ich hatte genug davon, mich anderen gegenüber immer so klein zu machen«, erklärte mir eines Tages ein Patient, um einen Wutanfall zu rechtfertigen, wegen dem er an seiner Arbeitsstelle zurechtgewiesen wurde.

Bei den Verhaltensweisen in Beziehungen gibt es drei unterschiedliche Gruppen von Zielen, die nicht immer gleichzeitig erreicht werden können:

- *Materielle Ziele:* Das erreichen, was ich möchte (die geforderte Dienstleistung, den Preisnachlass; das nicht tun, was ich nicht tun will).
- *Emotionale Ziele:* Das tun, was mir meine innere Stimme sagt (sich trauen, nach einem Preisnachlass zu fragen; auch wenn man sie mir verweigert, bin ich doch zufrieden, weil ich mich getraut habe; wenn ich es nicht getan hätte, hätte mich das gequält).
- *Ziele in Beziehungen:* Selbstsicher auftreten und dabei die Bindung dauerhaft sichern. Das heißt nicht, Konflikte zu vermeiden, sondern zu wissen, wie man sie nicht verschlimmert: Wenn sich die Situation zuspitzt, auch mal nachgeben können und zum Beispiel sagen: »Also gut, wir sind nicht einer Meinung, reden wir ein anderes Mal darüber; ich wollte dir nur sagen, dass das für mich ein Problem ist.«

Nur durch Praxis erreicht man eine nachhaltige Veränderung

Ebenso wie das Selbstwertgefühl, dessen Werkzeug sie ist, lässt sich Selbstsicherheit nicht dekretieren, sondern muss erlernt werden. In der Therapie bin ich oft über den großen Unterschied zwischen dem Sprechen über die eigenen Schwierigkeiten und der Tatsache, sich ihnen zu stellen, überrascht. Oft unterschätzen die Patienten, die Probleme mit ihrem Selbstwertgefühl haben, wie schwer es ist, selbstsicher aufzutreten. Wenn ich sie frage, ob es ihnen nicht schwer falle, Fragen zu stellen, etwas abzulehnen oder zu sagen, sie seien mit etwas nicht einverstanden, dann antworten sie oft, im Großen und Ganzen hätten sie damit keine Probleme. Um ganz sicher zu gehen, lasse ich sie dann trotzdem ein kleines Rollenspiel machen, und dieses Sich-in-die-Situation-Versetzen löst bei ihnen Ängste in einer Stärke aus, die sie selbst erstaunt: »Ich dachte nicht, dass das eine solche Wirkung auf mich hat.«

Die Emotion, die den Patienten überwältigt, sobald man zu sprechen aufhört und sich in die Situation begibt, setzt sich zusammen aus all den kleinen jahrelangen Verdrängungen des Alltags. Sie ist äußerst wertvoll, denn sie zeigt den Weg und die Notwendigkeit künftiger Bemühungen auf. Und in gewissem Sinne auch ihre Einfachkeit: Sich in die Situation begeben, ganz einfach. Die Schwierigkeit besteht darin, es gelassen und regelmäßig zu tun.

16. Kapitel
Unvollkommen sein: Der Mut zur Schwäche

> *Die Vollkommenheit lieben, weil sie die Schwelle ist. Aber sie negieren, sobald man sie erreicht, sie vergessen. Das Höchste ist Unvollkommenheit.*
> Yves Bonnefoy

Etwa 15 Prozent der Bevölkerung, die nicht an psychischen Probleme leiden, haben einen Minderwertigkeitskomplex.[1] Ein chronisches

Minderwertigkeitsgefühl braucht nicht unbedingt konkrete Situationen, es kann auch allein schon in ihrer Vorwegnahme bestehen. In einer konkreten Situation löst es natürlich ein starkes Schamgefühl aus und treibt zu vielen Hemmungen und Ausweichmanövern. ein viel größerer Teil der Bevölkerung aber hält sich gelegentlich für minderwertig und unvollkommen.

Das Gefühl, unzulänglich zu sein

Wie kann sich das – völlig normale – Gefühl, Grenzen und Mängel zu haben, in den *Schmerz, nicht perfekt zu sein,* verwandeln – und folglich in die Besorgnis darüber, deshalb abgelehnt und ins Abseits gestellt zu werden? Meistens handelt es sich dabei um eine falsche Beurteilung dessen, was die eigene Beliebtheit und Wertschätzung seitens des anderen ausmacht: Man denkt, man würde mehr akzeptiert, wenn man glänzt und unanfechtbar ist. Alfred Adler, ein Schüler Sigmund Freuds, den dieser bald wegen Differenzen über die menschliche Natur verstieß, war einer der ersten, die immer wieder auf die Omnipräsenz des Minderwertigkeitskomplexes in unserer Psyche hinwiesen: »*Mensch sein heißt sich minderwertig fühlen*«, schrieb er. Nach Adler gründet unser Verlangen, zu handeln und Erfolg zu haben, in dem Wunsch, dieses Minderwertigkeitsgefühl zu überwinden, gleich ob es nun im körperlichen, zwischenmenschlichen oder sozialen Bereich angesiedelt ist.[2]

Wenn man Angst hat, das Gesicht zu verlieren

Je nachdem, wie intensiv es ist, kann das Minderwertigkeitsgefühl eine Konstante unserer mentalen Landschaft sein oder sich nur in bestimmten Situationen zeigen. Zum Beispiel:
- Nicht auf eine Frage antworten können
- Beim Spiel verlieren

- Vor anderen scheitern oder in einer Situation sein, in der man vor ihnen scheitern könnte
- Die Verhaltenscodes einer sozialen Gruppe nicht kennen
- Weniger gebildet sein (weniger Diplome, weniger Kenntnisse haben...) als die anderen (vor allem, wenn man der einzige ist oder es zu sein glaubt).

Eine Situation nimmt man dann als gefährlich für das Selbstwertgefühl wahr, wenn man sie so bewertet, als sei es nicht normal, etwas nicht zu wissen oder nicht so zu sein wie die anderen, und glaubt, die anderen würden einen deshalb weniger schätzen, weshalb man in der Folge abgelehnt werde. Von daher dann die Strategien des Verheimlichens (man steckt in der Patsche, also muss man es verbergen...): von der am wenigsten blamablen (sich sorgsam zurückhalten, um nicht aufgefordert zu werden) bis zur blamabelsten, die emotional am meisten kostet (so tun, als wüsste man...). Menschen mit fragilem hohen Selbstwertgefühl neigen auch zur Flucht nach vorn – *glänzen, um nicht zu zweifeln*: Man versucht, im Vordergrund zu bleiben, aber nur dort die Aufmerksamkeit auf sich zu ziehen, wo man sich sicher fühlt, die anderen beeindrucken zu können. Eine andere Strategie ist die Ablenkung: durch Humor oder Bissigkeit viel Wirbel um sich machen, um die Aufmerksamkeit abzulenken und andere davon abzubringen zu testen, wie stabil das Gebäude tatsächlich ist.

Der Preis des »So tun als ob«

Angesichts der Bedrohung durch sozialen Misserfolg ist die Versuchung groß, so zu tun als ob: so tun, als wüsste man, so tun, als wäre es einem egal usw. Die Strategie des »als ob« hat einen Preis, emotional wie intellektuell: Man verliert seine Gelassenheit und wird weniger leistungsfähig. In Studien, die dieses Phänomen analysierten, ließ man Versuchspersonen sich in ungewohnter Form präsentieren, das heißt sehr couragiert vor bekannten Personen und bescheiden vor

Unbekannten. Die meisten Menschen haben umgekehrte Reflexe: Sie präsentieren sich von ihrer besten Seite vor Unbekannten und zeigen sich viel natürlicher vor Bekannten und Familienmitgliedern.

Eine Gefahr des »Als ob«: Das Gefühl, zu betrügen

Ein weiterer Nachteil: Das »Als ob« nährt das Gefühl, zu betrügen, sehr häufig bei Menschen mit hohem oder niedrigem Selbstwertgefühl. Dieses Gefühl sagt natürlich nichts über den wirklichen Wert der jeweiligen Person in der Situation aus, in der sie sich als »Betrüger« empfindet. Es folgt auch nicht aus dem Wunsch, willentlich den anderen zu täuschen, wie es ein Gauner täte, um es dann auszunutzen. Das Gefühl, zu betrügen, ist nichts anderes als das Resultat von komplizierten, unangemessenen Verteidigungsstrategien des Selbstwertgefühls. Eine meiner Patientinnen formulierte es einmal so: »Ich habe den Eindruck, ein Superliebling zu *sein* und dass alle bald darauf kommen werden.«

Das Paradoxe an diesem Gefühl, zu betrügen, liegt darin, dass es gerade dann aktiv wird, wenn man zu handeln begonnen hat und im Begriff ist, mit Erfolg einen Platz unter den anderen zu finden.[3] Bleibt man inaktiv, wird es nicht ausgelöst. Aber sobald man ins Wasser springt, überkommt einen die starke Befürchtung, entdeckt und entblößt zu werden: als eine Person, die weniger kompetent ist, als die anderen geglaubt hatten. *Man hat ein negatives Gefühl, die Traurigkeit (»Niemand nimmt mich wahr«), gegen ein anderes, die Beunruhigung (»man hat mich wahrgenommen«), ausgetauscht, was zur Angst führt, »demaskiert« zu werden.* Ich erinnere mich an einen Patienten, der im Alter von 50 Jahren zu mir kam und bekannte: »Mein ganzes Leben hatte ich die unbeherrschbare und absurde Angst, demaskiert zu werden. Trotz meines beruflichen Erfolgs, trotz der Tatsache, dass ich Freunde und eine Familie habe, litt ich mein Leben lang unter Alpträumen, in denen mir der Prozess gemacht und ich kritisiert wurde, die anderen in Bezug auf meine wahren

Fähigkeiten betrogen zu haben. Ich verbrachte mein ganzes Leben in der Angst, dass die anderen mich in den Meetings oder beim Abendessen gern fertigmachen würden und meine Fragilität und meine Unfähigkeit, mich zu verteidigen, meinen Mangel an Persönlichkeit und meine innere Leere in die ganze Welt hinausposaunen würden.«

Lügen zum Schutz des Selbstwertgefühls

Probleme mit dem Selbstwertgefühl können also dazu führen, dass man lügt… Für Lügen gibt es im Allgemeinen je nach Umstand mehrere Erklärungen: Man lügt aus Angst, Missfallen zu erwecken, aus Sorge, einen Konflikt zu provozieren, oder weil man keine Mühe machen möchte.[4] Oft wird man dazu gebracht zu lügen, weil man sich aufwerten möchte, wenn man sich in einem bestimmten Bereich minderwertig fühlt.

Im letzteren Fall ist die Lüge eine schlechte Antwort auf ein tatsächliches Problem – schlecht, weil wir uns dadurch daran gewöhnen, uns den Schwierigkeiten, die in unserem Leben auftreten, nicht zu stellen. Schlecht ist sie auch, weil wir um dürftiger momentaner Vorteile willen künftige Feindschaften riskieren. Sehr rasch wird alles kompliziert, schuldbeladen, unsicher, wenn man ein Problem, seine Komplexe, seine Frustrationen, seine Grenzen durch Lügen lösen möchte. *Viele notorische Lügner sind Menschen, die daran zweifeln, dass man sie so mag, wie sie sind, wenn sie das, was sie sind oder tun, nicht ausschmücken; viele können auch nicht Nein sagen. Um nicht mehr zu lügen, müssen sie lernen, ihrer selbst sicher zu sein.* Oder sie lügen, um sich aufzuwerten, um Bedauern oder Mitgefühl zu erwirken. Oder auch um Erklärungen oder einem Konflikt aus dem Weg zu gehen, vor dem man flüchten möchte. Jules Renard schrieb: »Ein wirklich freier Mensch ist einer, der eine Einladung zum Abendessen ohne Vorwände ablehnt.« Die Versuchung, zu lügen, führt bisweilen dazu, dass man imaginäre Erklärungen erfindet, um nicht selbstsicher auftreten zu müssen…

Die Lösung: Selbstsicherheit im Negativen

Wenn man das Gefühl hat, sich zu oft zu verstellen oder sich »mit der Wahrheit zu arrangieren«, muss man etwas tun: Denn es ist ungeheuer ermüdend, sein ganzes Leben lang zu lügen und so zu tun, als ob. Es ist zwar weniger frustrierend, als abgelehnt zu werden, aber unendlich viel anstrengender.

Ganz offensichtlich rührt das Problem nicht von unseren Schwächen, sondern von unserer Unfähigkeit her, sie auf uns zu nehmen – zweifellos deshalb, weil wir befürchten, sie könnten eine dauerhafte Ablehnung (und völliges Unverständnis) zur Folge haben, oder weil wir denken, sie seien unüberwindbar. Beide Fehler führen zu unangemessenen Strategien.

Die Arbeit an der Selbstsicherheit im Negativen besteht darin, sich nach und nach daran zu gewöhnen, seine Schwächen und Grenzen zuzugeben, um schließlich seinen Detektor für soziale Ablehnung neu zu eichen. Menschen mit einem schlechten Selbstwertgefühl überschätzen die Gefahr der Ablehnung aus subjektiven und nicht logischen Gründen. In der Therapie lässt man sie ihre Vorhersagen in mehreren Übungen überprüfen. Zum Beispiel indem sie üben, ihre Unfähigkeit einzugestehen, die Fragen von Trivial Pursuit, wenn möglich: Modell Genius, zu beantworten. Oder auch auf Fragen der Allgemeinbildung – solche Listen von Fragen findet man im Internet.

Die Idee dahinter ist, den Patienten mit dem zu konfrontieren, wovor er sich immer gefürchtet hat und weswegen er alles tut, um sich nie damit auseinandersetzen zu müssen. Wie immer entdeckt man dann, dass die echten Gefahren viel geringer sind als die imaginierten.

Nach solchen kleinen Aufwärmübungen kommt die Konfrontation mit Schwierigerem: sich im wirklichen Leben, mit wirklichen Menschen zu entblößen und nicht mehr nur im Rahmen eines Rollenspiels. Denn in diesem Moment ist die Gefahr, die Wertschätzung zu verlieren, bedeutender als gegenüber Unbekannten oder dem

Therapeuten. Der Patient soll lernen, dass es nicht darum geht, seine Schwächen *immer* zu offenbaren, sondern vielmehr, sich *immer dazu imstande zu fühlen*, in Abhängigkeit von den Gesprächspartnern, den Umständen, der Umgebung usw.

Ich erinnere mich an einen Patienten, der am allerersten Tag in der neuen Firma mit der neuen Software noch nicht so gut umgehen konnte. Es vergehen Stunden, bevor er sich dazu entschließt, zu fragen. Ein netter Kollege erklärt ihm einiges. Er hat nicht alles verstanden, wagt aber nicht, es zu sagen. Zum Glück merkt der Kollege das und sagt zu ihm: »Normalerweise versteht man es nicht sofort, man braucht mehrere Tage dazu. Kommen Sie ruhig zu mir, wir alle mussten da durch.« Wenn aber der Kollege nicht so nett gewesen wäre, hätte der Patient womöglich gekündigt. In der Vergangenheit hatte er das bereits wegen weniger getan.

Eine andere Patientin, ein junges Mädchen, normal intelligent, gab sich, wenn sie abends mit Freunden zusammen war, selbst Zensuren, weil sie überzeugt war, dass alles, was sie sagte, weniger sinnvoll oder interessant war als das, was andere sagten. Die Arbeit mit ihr bestand darin, dass sie aus kleinen Zettelchen mit Gesprächsthemen (der letzte Film, den ich gesehen, ein Buch, das ich unlängst gelesen habe, meine letzten Ferien, ein Kindheitserlebnis…) nach dem Zufallsprinzip eines zog und darüber improvisierte. Wir brauchten ein paar Therapiestunden, um den Parasiten in ihren Gedanken abzuschwächen, der immer wieder in ihrem Geist auftauchte: »Was ich da sage, ist bedeutungslos, uninteressant, nicht klar, nicht durchdacht…« Und auch einige »Übungen« mit sehr vertrauten Freunden, damit sie zur gleichen Schlussfolgerung wie La Rochefoucauld kam: »*Für das Gespräch ist Vertrauen wichtiger als Geist.*« Ihr Problem war nicht die Qualität ihrer Antworten, sondern der Anspruch ihres Selbstwertgefühls.

Unverletzbar – oder zumindest beinahe ...

Loïc, einer meiner Patienten, erzählte: »Ich habe einen Freund, den kann man einfach nicht kleinkriegen. Er hat die unglaubliche Gabe, alle sozialen Räuber, all die Vampire unserer Schwächen, die Haie, die sofort da sind, wenn sie eine Schwäche bei jemandem wittern, aus dem Konzept zu bringen (Loïc sieht wirklich überall Haie, so stark zweifelt er an sich). Sobald man meinen Freund kritisiert, tut er so, als wäre nichts. Er bleibt ganz ruhig. Nicht dass er die Kritik zwangsläufig akzeptieren würde, nein, er fängt sofort an zu fragen: ›Ja, gut, sagen Sie noch mehr.‹ Sehr rasch dreht er das Ganze um und der, der die Kritik geübt hat, muss sich rechtfertigen und erklären. Ohne dass er sich je weigern würde, sich in Frage zu stellen, ist es neun von zehn Malen am Ende der andere, der das tut. Er ist der einzige Mensch, den ich kenne, der so funktioniert: Wie ein Meister des Aikido. Immer stark, aber immer ohne Kraftaufwand ...«

Ich arbeitete oft mit Patienten, die unterrichten oder Vorträge halten. Zu ihren Ängsten gehört, auf Fragen aus dem Publikum oder von Studenten keine Antworten zu wissen. Warum muss man immer alles wissen – und auch noch sofort? Um bewundert zu werden? Ist das den Stress wert? Ich arbeitete auch mit anderen, die größte Probleme damit hatten, in einer Diskussion keine Argumente zu haben, oder dass sie sich irrten, indem sie zu rasch einen Standpunkt einnahmen, während die Argumente des Gesprächspartners besser und logischer waren. In all diesen Fällen liegt die einzige Lösung, die friedlichste, ehrlichste, stärkste und schließlich bereicherndste Lösung darin, zu sagen: »Ich weiß es nicht« oder »Vielleicht habe ich Unrecht«.

Das geht in zwei Richtungen: Ein gesundes Selbstbewusstsein erlaubt, solche Verhaltensweisen anzunehmen. Umgekehrt aber ist, solche Verhaltensweisen anzunehmen, gut für das Selbstwertgefühl: Wir lernen daraus, dass es möglich ist, geschätzt zu werden, ohne perfekt sein zu müssen. Seine Grenzen anzunehmen ist nicht leicht, aber notwendig und nützlich. Gibt es Risiken? Menschen mit niedrigem Selbstwertgefühl, die es nicht oft tun, kennen zahlreiche Anekdoten über unangenehme Gesprächspartner, die die offen gezeigte Verletzbarkeit ausgenutzt haben. Dann aber man macht sie darauf aufmerksam, dass die empfohlene Lösung nicht darin besteht, die Antwort des »Sichoffenbarens« zu verallgemeinern, sondern darin, sie dem jeweiligen Gesprächspartner anzupassen. Deshalb ist es wichtig, dass man in Situationen sozialen Austauschs stets mehr die anderen als sich selbst beobachtet. Wichtig ist auch, die Gelegenheiten, selbstsicher im Negativen aufzutreten, zu vervielfältigen, um diese menschliche Erfahrung zu machen, die diesen Menschen normalerweise fehlt. Von da an profitieren sie von den Vorteilen ihrer Haltung: Sie bekommen wirkliche Informationen über die soziale Akzeptanz ihrer Schwächen. Man kommt so besser voran als mit seinen falschen Vorstellungen.

17. Kapitel
Sich um seine Stimmung kümmern

Werden Sie nicht verbittert...
Georges Courteline tröstet Jules Renard

»Meine Seelenzustände und ich« oder das kleine Theater unseres inneren Lebens...

Die enge Verbindung zwischen Selbstwertgefühl, Stimmung und Emotionen

Das Selbstwertgefühl betrifft nicht nur den Blick auf sich selbst, sondern auch die allgemeine Empfindung, das uns überkommt, wenn wir an uns denken. Manche Forscher definieren das Selbstwertgefühl als »affektive Komponente des Selbstkonzepts«,[1] um anzugeben, bis zu welchem Grad es durch die emotionale Dimension »kontaminiert« ist. Durch sie sind wir nicht nur »kalte Identitäten«.[2]

Es besteht ein deutlicher Zusammenhang zwischen unserer Stimmung und unserem Selbstwertgefühl: Alles, was uns in gute (oder schlechte) Stimmung versetzt, verbessert (oder verschlechtert) das Selbstwertgefühl ein wenig.[3] Umgekehrt beeinflusst jede Regung (Verletzungen oder Anregungen) des Selbstwertgefühls unsere Stimmung (negativ oder positiv).[4]

Insgesamt verspüren Menschen mit fragilem Selbstwertgefühl eher negative Gefühle, vor allem in Stresssituationen.[5] Man kann sich sogar fragen, ob gewisse chronische Defizite des Selbstwertgefühls nicht etwa der Ausdruck schlechter Stimmung (das heißt alle Arten von Depressionen) sind und sich vor allem im Blick auf sich selbst manifestieren. So kann bei Menschen, die an Dysthymie leiden, die Verschreibung von Antidepressiva zu einer deutlichen Verbesserung ihrer Probleme mit dem Selbstwertgefühl führen.

Ein gesundes Selbstwertgefühl scheint auch all dem förderlich zu sein, was man emotionale Intelligenz nennt: die Fähigkeit, seine eigenen Emotionen und die der anderen wahrzunehmen, zu entziffern und zu regulieren.[6] Ein gesundes Selbstwertgefühl spielt auch die Rolle eines emotionalen Thermostats und hilft die Auswirkungen negativer Emotionen zu steuern, damit sie nicht zu viel Platz einnehmen oder sich verallgemeinern. Wahrscheinlich verhindert es auch eine psychische Feuersbrunst nach der emotionalen Schockwelle von Misserfolg oder Problemen: »Ich hab's satt, so kann das nicht mehr weitergehen, das schaffe ich nie, das ist zu hart...« Die Emotionen beeinflussen also den Blick auf sich selbst und die Selbstbeurteilung. Spezifischer noch scheint diese Verbindung zwischen Selbstwertgefühl und Affekthaushalt in Bezug auf die Emotionen zu sein, die mit dem Selbstbild zusammenhängen: mehr Scham als Wut, mehr Stolz als Wohlbefinden.[7]

Das betrifft nicht nur starke Emotionen. Die Wirkung zeigt sich sogar auf einem so einfachen Niveau wie dem allgemeinen Gefühl der Energie: Eine Langzeitstudie über sieben Wochen wies die enge Korrelation zwischen der von den Versuchspersonen empfundenen Energie (gut drauf zu sein) und ihrem Selbstwertgefühl nach.[8] Wir wissen, dass auch die unauffälligen Emotionen, die unsere seelische Verfassung ausdrückt, diese Schwankungen der täglichen Stimmung, die so leicht sind, dass wir zuweilen ihren Einfluss vergessen, eine Rolle für das Gleichgewicht unseres Selbstwertgefühls spielen.

Menschen, die Probleme mit dem Selbstwertgefühl haben, wissen nicht, wie sie ihre Stimmung verbessern können

Man weiß, dass Menschen mit einem schlechten Selbstwertgefühl dazu neigen, »in sich zu versinken«, wenn es ihnen nicht gut geht: Wenn sie sich nicht genug geliebt fühlen, dann ziehen sie sich zurück, anstatt ihre sozialen Beziehungen zu verstärken. Wenn sie Misserfolg erleben, neigen sie zu Selbstanklagen und Selbstentwertungen, anstatt sich zu ermutigen, um weiterzumachen. Sie versuchen gar nicht erst, etwas zu tun, wodurch sie sich besser fühlen,[9] ja schlimmer noch, sie grenzen sich gegenüber positiven Emotionen ab, während Menschen mit gesundem Selbstwertgefühl sie so genießen können, wie es sein sollte.[10]

Warum? Die Forschung liefert uns eine ganze Reihe von möglichen Antworten.[11] Liegt es an der Gewohnheit, meistens eher schlecht drauf zu sein und sich deshalb an negative Emotionen mehr gewöhnt zu haben, wodurch diese weniger bekämpft werden? Oder weil man auf Grund vergangener fehlgeschlagener Versuche davon überzeugt ist, dass es eben sehr schwer ist, seine Stimmung zu ändern, und es deshalb gleich sein lässt? Am vagen Vorgefühl, erneut mit bestimmten Situationen konfrontiert zu werden, sobald man in einer besseren Stimmung ist, sodass man Angst hat, dass es zu erneuten Verletzungen des Selbstwertgefühls kommt? Oder an den schwachen Regulierungsmechanismen der Stimmung bei Menschen mit niedrigem Selbstwertgefühl und geringer Stressresistenz im Alltag (was zu der Schwierigkeit führt, seine Vorsätze einzuhalten und das zu tun, was man tun müsste, damit es einem besser geht)?

Das Problem liegt darin, dass die wiederholten vergeblichen Versuche, sich anzupassen, emotional sehr anstrengend sind und demotivierend wirken (das Gefühl der Machtlosigkeit und der persönlichen Ineffizienz) und das Problem mit dem Selbstwertgefühl noch verschlimmern.

Vielleicht gibt es Gehirnwindungen, die nach und nach für wiederholte Misserfolge sensibilisiert werden, was dazu führt, dass der kleinste Zwischenfall unverhältnismäßig intensive negative Emotionen und Gedanken auslöst. Einer meiner jungen Patienten, ein Neurowissenschaftler, sprach von einer »negativen synaptischen Autobahn«: »Je mehr Fortschritte ich in der Therapie mache, desto mehr kann ich die negativen Gefühle im vorhinein spüren und psychische Umleitungen einschalten, damit ich nicht jedes Mal gegen die Wand renne.«

Schlechte Stimmung weckt die Probleme des Selbstwertgefühls

Patienten, die an Problemen mit dem Selbstwertgefühl leiden, beschreiben sehr genau, wie im Zusammenhang mit den (ganz normalen) Stimmungsschwankungen manche Tage schlimmer sind als andere: Was andere nur als vorübergehende mentale Eintönigkeit empfinden, weckt bei ihnen Selbsthass, das Wiederkäuen ihrer Probleme und geringe Lust am Tun und Leben.

Aber negative Stimmung erzeugt nicht nur Unbehagen. Sie mindert offenbar die Fähigkeit zu handeln und Probleme zu lösen. Man vermutet auch, dass schlechte Stimmung bei fragilen Menschen depressive Rückfälle erleichtert, vor allem, wenn sie bereits mehrere depressive Episoden erlebt haben.[12] Man konnte auch zeigen, dass eine Stimmungsverschlechterung, selbst wenn sie nur schwach und vorübergehend ist, sich bei Menschen mit einer Vorgeschichte von Depressionen und Selbstmordversuchen auf ihre Fähigkeit, kleine Probleme des Alltags zu lösen, negativ auswirkt.[13]

Eine Neuropsychologie des Selbstwertgefühls?

Der Fortschritt in den Bildgebenden Verfahren, mit denen die Aktivität der verschiedenen Gehirnzonen sichtbar gemacht wird, war spektakulär: Man kann jetzt besser verstehen, dass alle psychischen Phänomene, Gedanken oder Emotionen, psychobiologische Entsprechungen haben; dass jedes psychische Leiden mit zerebralen Störungen verbunden ist: die eingebildete Krankheit gibt es nicht; und wie die verschiedenen Behandlungsarten, psychotherapeutisch oder medikamentös, diese Störungen beseitigen.[14] Für die Störungen des Selbstwertgefühls liegen meines Wissens keine vergleichbaren Arbeiten vor. Für die Depression dagegen, die eng mit dem Selbstwertgefühl zusammenhängt, gibt es sie: Ein französisches Team wies die neuropsychologischen Sockel bestimmter »Fehler« nach, die im Gehirn deprimierter Menschen auftreten.[15]

Das Experiment verläuft folgendermaßen: Den Versuchspersonen werden Listen mit Wörtern gezeigt. Die einen benennen Qualitäten (freigebig, intelligent, liebenswert usw.), die anderen Mängel (geizig, heuchlerisch, nachtragend). Zunächst bittet man die Teilnehmer, die Wörter unter einem allgemeinen Gesichtspunkt zu lesen (»Was halten Sie von Freigebigkeit? Von Geiz?«), danach unter einem persönlichem Gesichtspunkt (»Sind Sie selbst freigebig? geizig?«).

Man erkennt dann, dass bei »normalen« (nichtdepressiven) Menschen, je nachdem ob die Wörter unter allgemeinem (ist das eine Qualität oder ein Mangel?) oder persönlichem Gesichtspunkt (habe ich selbst diese Qualität oder diesen Mangel?) gelesen werden, nicht dieselben Gehirnzonen aktiv werden. Der psychische Apparat nichtdepressiver Menschen unterscheidet ganz klar zwischen dem Nachdenken über einen Charakterzug und seiner Zuweisung zu einem selbst. Tatsächlich gibt es eine bestimmte Zone im Gehirn, von der man erst seit kurzem weiß, dass dort die Tendenz sitzt, behandelte Informationen zu »personalisieren«: der präfrontale dorsale mediane Cortex. Wenn Sie nicht an Depressionen leiden, wird dieser Bereich nur dann aktiv, wenn Sie sich selbst analysieren. Bei depressiven

Menschen aktiviert sich dieser Bereich tendenziell vollständig, und zwar insbesondere dann, wenn negative Wörter evoziert werden, auch wenn sie nur allgemein betrachtet werden. Anders gesagt, wenn sie gefragt werden: »Was halten Sie von dieser Schwäche?«, hören depressive Menschen: »Sind Sie von dieser Schwäche betroffen?« Und neigen dazu, zu bejahen.

Man weiß, dass die Neigung, Informationen, vor allem negative (»Das ist mein Fehler«, »So etwas passiert immer nur mir«), persönlich zu nehmen, charakteristisch für Depression ist. In ihr liegt der Ursprung von Gefühlen wie Verzweiflung, Schuld und Selbstentwertung, die ständig das Innenleben depressiver Menschen vergiften und ihr Selbstwertgefühl ruinieren. Übrigens besteht eines der vorrangigen Ziele der kognitiven Psychotherapie darin, deprimierten Menschen diese automatischen Gedankenverzerrungen bewusst zu machen.

Erstmals (und das ist sicherlich erst der Anfang) konnten mit Hilfe der Bildgebenden Verfahren die zerebralen Grundlagen eines psychopathologischen Mechanismus aufgezeigt werden. Wenn depressive Menschen uns erklären, dass »das viel stärker ist als sie« und dass sie nicht anders reagieren können, dürfen wir ihnen glauben: Diese Mechanismen sind nicht von ihrem Willen abhängig. Sie können nur versuchen, sie zu korrigieren, nicht aber verhindern, dass sie auftreten.

Glücklicherweise ist es nicht so, dass ein auf biologischen Grundlagen beruhendes Phänomen nicht durch die Kraft der Psyche verändert werden könnte. Das ist die zweite große Lehre aus diesem Forschungsbereich. Ein kanadisches Team konnte zeigen, dass die zerebralen Dysfunktionen bei deprimierten Menschen sich durch eine Psychotherapie besserten:[16] Die beobachteten Störungen werden »funktionell« genannt, es handelt sich nicht um Gehirnschädigungen. Die Neigung, negative Informationen auf sich zu beziehen, ist also im Fall der Depression »reparierbar«. Es gibt keinen Grund anzunehmen, dass dies bei Leiden in Bezug auf das Selbstwertgefühl nicht genauso der Fall ist.

Mit Hilfe von Emotionen am Selbstwertgefühl arbeiten

Heute ist weitgehend bestätigt, dass man an seiner seelischen Verfassung, jener Mischung aus Stimmungen und Gedanken, arbeiten kann.[17] Man weiß, dass es für das Wohlbefinden nicht harmlos ist, wenn man sich zu lange und zu oft von negativen Emotionen (Traurigkeit, Wut, Sorgen…) beherrschen lässt. Gleiches gilt für das Selbstwertgefühl. *Auf seine Stimmungen* (englisch: mood) *muss man mindestens genauso achten wie auf starke und heftige Emotionen, wenn nicht sogar mehr.* Obgleich viel diskreter als Emotionen, sind sie oft schädlicher, weil heimtückischer, weniger leicht aufzuspüren und folglich schwerer zu bekämpfen.

Diese seelische Zustände, unsere Stimmungen, sind weniger spektakulär, häufiger, auch eher chronisch und verhalten sich wie ein Kräutertee:[18] nicht besonders kräftig, aber aktiv, wenn man ihren Einfluss auf unsere Psyche nicht verhindert. Eine witzige Patientin, der ich diesen Mechanismus erklärt hatte, erzählte mir eines Tages: »Ich habe Ihre Theorie verstanden, Herr Doktor. Bei mir funktioniert das so: Diese seelischen Zustände sind wie Kräutertees. Sie sind nichts Besonderes, aber wenn man sie lange ziehen lässt, werden sie stark. Ich bade mein Gehirn oft in einem Schwermut-Kräutertee. Wenn ich nicht aufpasse, dann lasse ich es darin einweichen, und am Ende geht es mir schlecht. Ähnlich gibt es auch Tage, an denen ich sehr gereizt bin… manchmal wie eine Mischung aus Lindenblüten-Minze: Ich bin unruhig-wütend oder schwermütig-reuevoll. Aber jetzt habe ich es verstanden: Ich lasse mein Gehirn nicht mehr darin herumplanschen…«

Die Arbeit an diesen Stimmungen spielt in der Psychotherapie und in der Rückfallprävention bei Depressionen eine immer wichtigere Rolle. Denn diese Fähigkeiten können »trainiert« werden und entwickeln sich nach und nach durch regelmäßiges Üben.[19] Ist das nicht eine gute Nachricht? Folgendes hilft Ihnen, Ihre Fähigkeiten nach und nach auszubauen:
- **Regelmäßiges Beobachten der (starken und schwachen) Emotio-**

nen: Man nennt das »affektive Chronometrie«. Sie besteht darin, seine Stimmungen regelmäßig in ein kleines Heft einzutragen und die Verbindung zwischen ihnen und den damit assoziierten Gedanken und Erlebnissen herzustellen.[20] Wenn ich schwermütig bin, welche Gedanken oder Verhaltensweisen löst das dann in mir aus? Wie kann ich sie bekämpfen? Welche Erlebnisse haben diese Stimmungen ausgelöst? Ist meine Reaktion auf das, was passiert ist, angemessen oder übertrieben? Ist Letzteres der Fall, bin ich zweifellos Opfer meines nicht funktionierenden emotionalen Thermostats: Ich werde regelmäßig Übungen machen, damit er wieder angemessen reagiert.[21]

- **Arbeit an den Gedankeninhalten:** Das nennt man »kognitive Arbeit«.[22] Sie besteht im Großen und Ganzen darin, seine Gedanken nicht mehr mit der Realität zu verwechseln. Wir sprachen weiter oben darüber.
- **Regelmäßige Meditationsübungen** gleich welcher Form: Volles Bewusstsein, Za Zen usw. Sie helfen sehr dabei, auch die kleinsten Stimmungsschwankungen frühzeitig zu erkennen und sich davon zu distanzieren.
- **Die ernsthafte Anstrengung, positive, legitime und aufrichtige Emotionen bei sich auszulösen oder anzunehmen:**[23] Das erleichtert das allgemeine emotionale Gleichgewicht, wenn es angemessen praktiziert wird und nicht aufgesetzt und stereotyp ist.

Baruch Spinoza

Meine Kollegen ziehen mich oft auf, wenn ich bei unseren wissenschaftlichen Zusammenkünften vom Glück oder von positiven Emotionen spreche. In unserem Beruf als Psychiater, als Seelenärzte, legen wir viel Wert darauf, die Aufgabe, Leiden zu verringern, als die edlere, legitimere und vor allem als die dringlichere anzusehen. Zweitrangig, nebensächlich, ja unangemessen (»Darin liegt nicht unsere Mission«) ist für uns, den Patienten durch kleine Anstöße zu helfen, glücklich zu werden. Die kleinen Hänseleien meiner Kollegen und Freunde ärgern mich zuweilen, ich gebe es zu (ich spreche hier nicht von den groben Gemeinheiten meiner Kollegen und Feinde, mit denen ich mich nicht auseinandersetzen muss, denn sie werden nie in meiner Gegenwart ausgesprochen). Ich akzeptiere sie, ich lächle darüber, und trotzdem ... Ich suche nach Verbündeten. Einer meiner hervorragendsten Verbündeten ist Baruch Spinoza (1632–1677), ein außergewöhnlicher Philosoph und Verfechter der Freude. Hören Sie, was Gilles Deleuze in einem ihm gewidmeten Buch über ihn sagt: »Spinoza gehört nicht zu denen, für die Traurigkeit etwas Gutes hat (...). *Nur die Freude zählt, nur die Freude bleibt*, nur sie bringt uns dem Handeln und der Glückseligkeit beim Handeln näher. Traurigkeit ist immer machtlos. (...) Wie kann man so nah wie möglich an freudvolle Leidenschaften herankommen und von dort aus zu freien und aktiven Gefühlen übergehen?«[24]

Spinoza war weder naiv noch ein Träumer. Eben deshalb pries er so sehr die Freude und nicht die Traurigkeit. Zufall oder Zeichen des Schicksals: sein Vorname war Baruch.

Was so viel wie *sehr glücklich* bedeutet ...

18. Kapitel
Sich selbst der beste Freund sein

Die Freundschaft, die ein jeder sich schuldig ist.
Michel de Montaigne

Paul Valéry beschrieb in seiner berühmten Novelle *Der Abend mit Monsieur Teste* einen der berühmtesten Sätze in der französischen Literatur über das Selbstwertgefühl: »Ich habe mich selten aus den Augen verloren: Ich hasste mich, ich bewunderte mich – und dann sind wir miteinander alt geworden.« Nach dem unvermeidbaren Schwanken zwischen Selbsthass und Selbstliebe – wie erreicht man ein friedliches Zusammenleben mit sich selbst?

Muss man versuchen sich zu bewundern?

Die Gefahren der Selbstliebe...

Ein häufiger Fehler, den Menschen machen, die an Problemen des Selbstwertgefühls leiden, liegt darin, zu denken, man werde nur dann geschätzt, wenn man bewundert wird. Die Strategien variieren dann entsprechend dem Niveau des Selbstwertgefühls. Menschen mit einem fragilen hohen Selbstwertgefühl suchen nach dieser Bewunderung durch andere, deshalb versuchen sie sich in den Vordergrund zu stellen und sich selbst davon zu überzeugen, dass sie bewundernswert sind. Menschen mit niedrigem Selbstwertgefühl begnügen sich damit, davon zu träumen: Fantasien über Erfolg und Ruhm, aber ihr mangelndes Bemühen und das Nichteingehen von Risiken machen sie leider sehr realitätsfremd. Dieses Suchen nach Bewunderung, gleich ob in der Wirklichkeit oder in ihren Tagträumen, ist für das Selbstwertgefühl in Wahrheit eine Einbahnstraße: Wir haben gesehen, wie zerbrechlich es wird, wenn es an Bedingungen geknüpft und extrem abhängig von äußerlichen und nicht kontrollierbaren Situationen ist.

Versuchen wir deshalb, uns wertzuschätzen, aber uns nicht zu bewundern. Der Unterschied zwischen Wertschätzung und Bewunderung wurde von André Comte-Sponville perfekt definiert:[1] Bewunderung für das, was uns weit übertrifft, Wertschätzung für das, was uns leicht voraus ist, »eine Art positives Gleichgewicht«. Dies ist eine hervorragende Grundlage für die Festlegung alltäglicher Ziele, die jeder anstreben kann: Um uns zu schätzen, sollten wir alles ein wenig besser machen, als wir es spontan gemacht hätten. Es ist nicht nötig, Ruhmestaten oder glänzende Erfolge anzustreben. Das wäre zu schwierig und außerdem ein allzu guter Vorwand, um aufzugeben, noch bevor man begonnen hat.

Muss man sich selbst lieben?

Beim Thema Selbstwertgefühl haben die meisten Autoren (ich auch, das gebe ich zu) lange Zeit betont, wie nötig die Liebe ist, die man sich entgegenbringen muss, um sich zu schätzen. In pädagogischer Hinsicht ist dies vielleicht keine gute Idee. Abgesehen davon, dass Liebe nur schwer verordnet werden kann, kann man bemerken, dass Liebe auf einer unentwirrbaren Mischung aus körperlicher Anziehung, dem Bedürfnis nach gegenseitiger Vereinigung und Annäherung und dem Anspruch auf Ausschließlichkeit beruht, die mit der friedvollen Beziehung zu seinem Ich, die man von einem gesunden Selbstwertgefühl erwartet, unvereinbar zu sein scheinen. Man wäre dann viel näher am Narzissmus, dieser exzessiven Selbstliebe. Oder vielmehr ganz einfach der Liebe. Warum sollte man sich *lieben* wollen? Gibt es keine anderen affektiven Beziehungen zu sich selbst?

Letzten Endes steht das gesunde Selbstwertgefühl der Freundschaft näher als der Liebe: Nur die Freundschaft kann *Anspruch* (die Freunde nicht tun lassen, was sie wollen) und *Wohlwollen* (sie nicht bewerten, sondern ihnen helfen wollen), *Präsenz* (man ist aufmerksam und für sie bereit) und *Toleranz* (man akzeptiert ihre Fehler und Mängel) miteinander verbinden. Oder die Liebe zu uns selbst müsste genauso sein wie die Liebe der Eltern zu ihren Kindern: bedingungslos und unendlich wohlwollend. Manche Therapien arbeiten heute auf dem Gebiet der Selbstelternschaft, mit ersten vielversprechenden Ergebnissen.[2]

Einfach sein eigener Freund sein

Sind Wertschätzung und Zuneigung nicht die Charakteristika von Freundschaft? Ein Freund oder eine Freundin sind Menschen, für die wir diese Gefühle empfinden. Und es ist sehr wahrscheinlich, dass eine Freundschaft ein sehr gutes Modell ist für die Beziehung zu sich selbst.

Die Übung namens »Bester Freund«, ein Klassiker in der kognitiven Therapie, geht so: Der Therapeut bittet seinen Patienten, seine negativen Gedanken in einer schwierigen Situation aufzuschreiben. Zum Beispiel: »Als ich an dieser Aufgabe gescheitert bin, habe ich mir gesagt: Du bist wirklich zu blöd, lass es, du schaffst es nie.« Dann fragt er den Patienten, ob er das auch zu seinem besten Freund sagen würde, falls der in der gleichen Situation wäre. Nein, natürlich nicht, antwortet der Patient, denn er ist sich sehr wohl bewusst, dass ein derartiger Ton falsch, ungerecht und ineffizient wäre ... Dann bittet man den Patienten, das Gespräch so abzuändern, als ob er es mit seinem Freund führen würde: Was würden Sie sagen, wenn einer Ihrer Freunde mit einem derartigen Problem konfrontiert gewesen wäre? Das Gespräch verläuft nun folgendermaßen: Bei gleichen Tatsachen ist der Ton viel weicher und unterstützender. Und auch gerechter: »Ja, gut, es ist hart, du hast es nicht geschafft. Das kommt vor. Wenn du daran arbeitest, wirst du es nach und nach schaffen. Und wenn nicht, dann lass es einfach, wenn es zu schwer ist.«

Nach und nach regt man den Patienten dazu an, ein solches inneres Gespräch mit sich selbst zu führen. Damit die Reflexe verfestigt werden, macht man regelmäßig Rollenspiele, in denen der Therapeut die Rolle des Patienten spielt, der sich zu streng kritisiert, während der eigentliche Patient im stärkenden Dialog die Rolle des Freundes übernehmen muss: So muss er ohne zu lügen den Gesprächspartner trösten, der kein anderer ist als er selbst ... Dabei soll der Patient mehr und mehr positive Ausdrücke verwenden: Weder soll er sich feiern (»Nicht doch, du bist genial, die anderen sind Idioten, oder es liegt an dem Problem, das überhaupt keinen Sinn macht«) noch das Problem leugnen (»Es läuft doch, pfeifen wir also drauf«), sondern ruhig an das Ganze herangehen (»Stimmt, da läuft etwas unrund«), nicht verallgemeinern (»Ist es wirklich so schwer und endgültig, wie deine Enttäuschung dich glauben lässt?«), Lösungen hervorheben (»Du bist nicht der erste, dem das passiert; es muss Mittel und Wege geben, dem zu begegnen«).

Das Erlernen der Freundschaft mit sich selbst

Einigen fällt es recht leicht, diese freundschaftliche Beziehung zu sich selbst herzustellen. Diese Menschen kümmern sich um sich, sie schimpfen nicht mit sich, wenn sie enttäuscht von sich sind. Im Übrigen »enttäuschen« sie sich nicht: Sie stellen in aller Ruhe ihre Niederlagen fest und lernen daraus. Sie empfinden sich selbst gegenüber Zuneigung ohne Leidenschaft. Diese Art von Beziehung muss man jedoch erlernen, wenn sie uns nicht in unserer Erziehung weitervermittelt wurde. Man kann lernen, fordernde, leicht verletzliche und von Bedingungen abhängige (»Ich liebe dich, wenn ...«) Beziehungen zu sich selbst zu überwinden und unbeschwertere Beziehungen schaffen.

19. Kapitel
»Beim Abendessen zwischen zwei Prominenten«

Eine Patientin, die ich sehr mag: Sie kam zu mir wegen massiver Panikattacken, durch die sie klaustrophobisch und agoraphobisch wurde. Ein Jahr lang haben wir gut gearbeitet, und heute ist sie davon frei. Von Zeit zu Zeit kommt die Angst wieder, aber sie kann sie problemlos auf Distanz halten. Da wir einander sympathisch waren, erzählte sie mir auch andere Probleme, die weniger gravierend waren, aber ebenso ihr Leben schwermachen, nämlich Probleme mit dem Selbstwertgefühl. Seit ihrer Kindheit glaubt sie, dass sie nicht gut genug ist, damit andere sie lieben. Sie hatte den Eindruck, dass ihre Eltern ihre Brüder bevorzugten oder jedenfalls bewunderten. Sie selbst wurde zwar auch gemocht, aber von niemandem bewundert. Ihr ganzes Leben lang hatte sie seltsame soziale Ängste gehabt. In der Adoleszenz zum Beispiel hatte sie die Angst, die anderen durch ihren Körpergeruch oder ihre Hässlichkeit zu stören. In Wirklichkeit roch sie weder unangenehm, noch war sie hässlich. Heute weiß sie es, sie wusste es möglicherweise auch damals, aber es war nun einmal so, ihre Befürchtungen waren auf die Angst fixiert, »dass man mich nicht riechen oder nicht anschauen könnte«, sagte sie mir und lächelte. Wir haben einige Zeit lang an den Problemen mit ihrem Selbstwertgefühl gearbeitet. Sie waren nicht dramatisch, wie es manchmal der Fall ist, und dennoch fühlte sie sich dadurch beeinträchtigt. Ich wollte, dass sie die Probleme abschwächte, denn sie hätten einen Rückfall in die Phobien bewirken können. Mit ihr ist meine Arbeit leicht: Sie macht fast ganz von selbst Fortschritte, weil sie die Ratschläge befolgt, die ich ihr gebe.

Heute kommt sie und erzählt: »Gestern Abend habe ich an Sie gedacht, raten Sie, was mir passiert ist! Ich war in einer Situation, in der ich alles anwendete, was wir in der letzten Zeit besprochen hatten. Ich saß beim Abendessen zwischen X (berühmter Schriftsteller) und Y (Fernsehmoderator). Können Sie sich das vorstellen?«

Ich konnte es gut. Wenn meine Patientin den Eindruck hat, ihre Gesprächspartner seien intelligenter als sie, dann kommen ihre Komplexe hoch, und es geht ihr sehr schlecht. Was ein reizvoller und interessanter Abend hätte sein können, musste für sie eine harte Prüfung gewesen sein. Sie arbeitet in der Verwaltung und ihr Mann, Leiter eines Unternehmens im Osten Frankreichs, ist ein geselliger Mensch, der stark im örtlichen kulturellen und gesellschaftlichen Leben engagiert ist. Die Einladung gestern Abend war im Rahmen eines Kulturfestivals organisiert worden.

»Als wir zu den Tischen gingen, sah ich, dass man uns platziert hatte und dass ich zwischen den beiden prominenten Gästen sitzen sollte. Sofort ging es mir schlecht: Worüber würde ich wohl das ganze Essen über mit ihnen reden können? Ich war wirklich beunruhigt und machte mir Vorwürfe, dass ich die Einladung überhaupt angenommen hatte. Ich kenne diese Essen, bei denen ich die Gänge zähle und mir sage: Jetzt noch das Dessert, dann der Kaffee… Aber ich dachte an unsere Übungen und bemühte mich. Ich konzentrierte mich ganz darauf, was wir zusammen gesehen hatten: mich nicht darauf konzentrieren, dass ich mich unbehaglich fühle; dem anderen Fragen stellen, ohne mich dabei zu zensieren und darüber nachzudenken, ob sie intelligent oder originell genug seien; den Antworten wirklich zuhören, anstatt mich damit zu quälen, herauszufinden, ob ihre Antwort mir zeigen würde, dass meine Frage gut war… Wie schwer es mir fällt, ganz einfach vorzugehen!

Gestern war die positive Überraschung, dass X (der Schriftsteller) sich als charmanter und angenehmer Mann entpuppte, der gern auf meine Fragen antwortete und mir viele Fragen über meinen Beruf, über die Region und anderes stellte. Nach kurzer Zeit war ich erleichtert und fühlte mich sicherer, ich sah in ihm nicht mehr einen Zensor oder gar Richter, sondern eine sympathische Person. Ich war zufrieden, da zu sein. Y (der Moderator) war das, was ich als »höflich unangenehm« bezeichnen würde, er war säuerlich, hochmütig, distanziert, und er ließ mich sehr die Distanz zwischen ihm, dem Star aus Paris, und mir, der Beamtin aus der Provinz, spüren: Seufzer, hochgezogene Augenbrauen, umherschweifende Blicke, um zu überprüfen, ob man auf ihn schaute, und um zu zeigen, dass er sich langweilte… Ich spürte, wie die Wellen des Unbehagens an meinem kleinen fragilen Ego hochstiegen! Alle meine alten automatischen Gedanken kamen wieder: »Uninteressante, ungenügende Idiotin…« Und das um so mehr, als Y mir langsam und, wie mir schien, ostentativ den Rücken zukehrte, um mit seiner Nachbarin zu sprechen, die zumindest den Vorteil hatte, jünger, wenn nicht sogar interessanter als ich zu sein. Und dann passierte das Schlimmste: Niemand sprach mehr mit mir. Mein Schriftsteller war zu seiner Linken in eine große Diskussion verwickelt, mein Moderator behandelte mich von oben herab. Ich war allein zwischen den beiden Stars des Abends, saß vor meinem Teller und meinem Unbehagen. Natürlich hatte ich den Eindruck, dass alle auf mich schauten oder vielmehr die Szene beobachteten und dachten: Sie ist so albern und geistlos, dass die beiden sie überhaben. Ich hatte den Eindruck, alle in diesem riesigen Saal sahen nur das… Und dann reagierte ich anders als gewöhnlich. Ich atmete durch und dachte: »Lass dich nicht erdrücken wie sonst immer. Verschlimmere die Lage nicht. Bleib oben, schwimm da durch, verkrampf dich nicht, fall nicht in deine Neurose zurück.«

Also sammelte ich mich, blickte um mich und kämpfte gegen meine Angst an, in Blickkontakt mit denen anderen zu geraten. Einige Freunde grüßten mich von den anderen Tischen her, und ich lächelte ihnen zu. Ich sagte mir, es sei doch ganz normal, dass meine beiden Stars mit ihren beiden anderen Nachbarn sprachen. Und da die Tische viel zu groß waren, als dass man die Personen gegenüber in diesem Höllenlärm hätte verstehen können, war es normal, dass ich wie ein Einfaltspinsel allein war. Und überdies hatte ich das Recht, nicht interessant zu sein. Das Recht, nicht perfekt zu sein. Und diese beiden Herren mochten denken, was sie wollten, so wie der ganze übrige Saal, mir war es egal... In Wirklichkeit nicht, mir war es nicht wirklich egal. Nicht ganz. Aber es geschah etwas Neues: Zum ersten Mal hatte ich das Gefühl, dass mir dieser Satz »Es ist mir egal« beinah wahr vorkam, dass ich es beinah wirklich so empfand und nicht mehr allzu weit davon entfernt war, ihn gefühlsmäßig zu spüren, anstatt ihn nur in Gedanken zu wiederholen. Ich konzentrierte mich also auf ein einfaches Ziel: mich im Moment wohlzufühlen, Minute für Minute, bequem zu sitzen, leicht zu atmen, jeden Schluck Wein und jeden Bissen zu genießen...

Dann wandte sich der Schriftsteller mir sehr freundlich zu und sagte: ›Entschuldigen Sie bitte, ich bin ein Rüpel, wie kann man eine so charmante Frau wie Sie nur im Stich lassen?‹ Und er begann wieder mit mir zu sprechen. Und ich antwortete ihm vollkommen entspannt. In diesen fünf kurzen Minuten hatte ich mich völlig entspannt. Anstatt mich zu kaputt zu machen und mich in dieses *Im-Stich-gelassen-Werden*, diese *Nichtanerkennung* vor allen anderen hineinzusteigern und dann unfähig zu sein, die Konversation wiederaufzunehmen, wie es früher immer passiert wäre, war ich ganz einfach zufrieden, weiterplaudern zu können, wie mit einem alten, sehr intelligenten und gebildeten Freund, dessen Intelligenz und Bildung mich freuten anstatt meine Komplexe anzuheizen. Ich blieb in der Situation, anstatt mich in meinem Unbehagen zu ertränken. Sie können sich gar nicht vorstellen, wie viel Spaß es mir gemacht hat, so ganz *normal* zu agieren.

Schließlich stellten diese beiden Gäste die zwei Seiten meines Problems dar, sie verkörperten die beiden Facetten meiner Persönlichkeit. Auf der einen Seite die Freude – und die Fähigkeit –, ich selbst zu sein, spontan, zufrieden, intelligent und interessant, weil ich mich akzeptiert und deshalb sicher fühle. Auf der anderen Seite die Angst, mich bewertet zu fühlen und in diesem Teil von mir verkrampft, beunruhigt, paralysiert, übertölpelt und schließlich in der Tat als uninteressant unterzugehen. Nicht weil ich uninteressant *bin*, sondern weil die Angst, es zu sein, es mich *werden* lässt.«

»Ja, genau darum geht es, herzlichen Glückwunsch! Und wie endete der Abend?«

»Ganz einfach. Das Ende des Essens war angenehm, mein Schriftsteller und ich haben uns herzlich voneinander verabschiedet. Er wiederholte, dass er dank meiner einen wunderbaren Abend verbracht habe, dass ich charmant sei und so.«

»Und was bewirkte das in Ihnen?«

»Nun, früher hätte ich kein Wort davon geglaubt. Ich hätte mir gesagt: Das sagt er nur aus Höflichkeit, er muss es sagen, auch wenn er sich furchtbar gelangweilt hat.«

»Und gestern?«

»Gestern war es einfach. Anstatt mir einen Kopf mit komplizierten Gedanken zu machen, nach der Art: Was denkt er wirklich über mich, wenn er mir solche netten Sachen sagt? usw., stellte ich mir zwei Fragen: 1. Und du, hast du einen netten Abend verbracht? – Ja! 2. Hat er einen netten Abend verbracht? – Vermutlich, denn er sagt und zeigt es dir! Und wenn er es sagt, ohne es zu meinen, dann ist das sein Problem. Denn es ist wirklich nicht meines, oder?«

»Eben, genau! Genau das ist es!«

Ich seufzte erleichtert auf. Ich liebe diese Momente, in denen man spürt, dass der Patient im Begriff ist, gesund zu werden ...

3. Teil
Mit den anderen leben

Soziales Wesen.
 Und soziale Ängste!
 Tausend und eine Angst: Vergessen, abgelehnt, lächerlich gemacht, nicht genug geliebt zu werden… Durch diese Ängste reagieren wir zuweilen übersensibel auf das, wovor wir uns fürchten, sodass wir überall die Gefahr wittern, abgelehnt und nicht geliebt zu werden. Unsere Erwartung, anerkannt zu werden, verwandelt sich in Fragilität und Leid, ausgelöst durch Nichtigkeiten.
 Die große Beunruhigung, die große Obsession des Selbstwertgefühls ist das Abgelehntwerden in all seinen Formen: Gleichgültigkeit, Kälte, Bösartigkeit, Aggression, Verachtung, Vernachlässigung… Um es zu vermeiden, sind wir zu allem bereit: zu kämpfen, uns unterzuordnen, uns übermäßig anzustrengen. Alles, bloß das nicht: in den Augen oder im Herzen der anderen nicht zu existieren.
 Um uns von dieser übermäßigen Angst zu befreien, müssen wir andere Formen erlernen, das soziale Band zu leben: frei und offen Vertrauen, Bewunderung, Dankbarkeit, Freundlichkeit, das Teilen entwickeln… Kurz, die tausend und eine Art von Liebe. Daran ist nichts Erstaunliches: Das Selbstwertgefühl bevorzugt immer die Liebe.

20. Kapitel
Der unerträgliche Schmerz sozialer Ablehnung

Der ist unglücklich, der allein ist.
Prediger Salomo 4, 10

Sie haben sich damit einverstanden erklärt, an einem psychologischen Experiment im Labor Ihrer Universität teilzunehmen. Nach einem Persönlichkeitstest teilt Ihnen der Forscher das Ergebnis mit: »Tut mir leid, aber Sie haben das psychologische Profil einer Person, die ihr Leben sehr einsam beschließen wird, weil sie unfähig ist, dauerhafte und erfüllende Beziehungen einzugehen.« Uff! Dann führt man Sie unter dem Vorwand, einen zweiten Test zu machen, in einen anderen Raum. In diesem Raum stehen zwei Stühle. Der eine steht vor einem Spiegel, der andere vor einer kahlen Wand. Auf welchen werden Sie sich setzen? Wenn Sie soeben jene düstere Voraussage erhalten haben, dann wählen Sie vorzugsweise den Stuhl, der mit dem Rücken zum Spiegel steht (90 Prozent der Versuchspersonen). Wenn Sie dagegen das Glück gehabt haben, zu jener zufällig ausgewählten Gruppe zu gehören, der man ein glückliches, erfülltes und dauerhaftes Beziehungsleben vorausgesagt hat, hätten Sie vollkommen unbefangen zwischen beiden Stühlen gewählt.[1] Eine rosige Zukunft löst also kein besonderes Eigenlob aus. Durch eine negative und Einsamkeit versprechende Vorahnung hingegen neigt man dazu, sein eigenes Spiegelbild weder zu suchen noch zu stützen.

»Ich konnte nicht mehr in den Spiegel schauen«

Oft erzählen mir Patienten, dass sie sämtliche Spiegel in ihrer Wohnung entfernt haben, weil sie ihr Spiegelbild nicht mehr aushalten, und sich zurückziehen, wenn jemand einen Fotoapparat oder eine Kamera zückt. Es handelt sich dabei fast immer um Menschen, die an Problemen mit dem Selbstwertgefühl leiden, die glauben, nicht geliebt zu werden, und die auch tatsächlich ständig soziale Ablehnung erfahren.

Sich abgelehnt zu fühlen führt dazu, dass wir unserem Bild von uns selbst als etwas Unangenehmem, Schmerzhaftem aus dem Weg gehen: Dieses Etwas sind wir selbst… »Wenn die anderen mich nicht akzeptieren, wie kann ich mich dann selbst akzeptieren?« Als wären wir an dieser Ablehnung selbst schuld, als würden wir uns selbst gegenüber Abscheu oder zumindest Aversion empfinden. Während wir die Opfer dieser Ablehnung sind, während wir uns trösten sollten, lehnen wir uns ab und verwerfen uns.

Der Schmerz der Ablehnung

Wir alle wissen, wie schmerzhaft die Erfahrung ist, sozial abgelehnt zu werden. Die meisten von uns haben nur »milde« Formen von Ablehnung erlebt: abgebrochene Liebesbeziehungen, Ausgrenzung aus Gruppen oder Banden, bisweilen in einem Unternehmen ins Abseits gestellt werden. Einige haben traumatisierende Ablehnungen erlebt wie etwa öffentliche Demütigungen, andere wiederum unauffällige, aber wiederholte Ablehnung, wie etwa alle Äußerungsformen des Rassismus.

»Jeden Tag nehme ich in meinem schicken Vorort den Zug. Jeden Tag trage ich Anzug und Krawatte und lese eine schicke Zeitung. Und jeden Tag bin ich die letzte Person, neben die sich jemand setzt. Vor allem Frauen. Nur wenn sonst kein Platz mehr frei ist, setzt sich jemand neben mich. Einmal stieg ich hinter einer dieser Frauen aus und sah, wie sie gleich ihre Handtasche fest umgriff, als sie bemerkte, dass ich hinter ihr war. Ich bin schon so übersensibel für all diese Dinge geworden, dass ich jedes Mal, wenn eine weiße Frau schnell vor mir her geht – ganz sicher, weil sie es eilig hat –, zunächst denke, dass sie Angst vor mir hat. Das kommt ganz von selbst...«.[2] Dieses Bekenntnis eines farbigen amerikanischen Staatsbürgers aus dem Jahr 2002 bringt die ständige Zermürbung und Sensibilisierung auf Grund kleinster sozialer Ablehnungen im Alltag in Erinnerung. Leider kann man davon ausgehen, dass dies immer noch aktuell und auch in Europa an der Tagesordnung ist... Rassismus bedeutet nicht nur, »dreckiger Nigger« oder »dreckiger Araber«, »dreckiger Jude« oder »dreckiger Gelber«, oder »dreckiger Weißer« usw. zu sagen. Er betrifft den gesamten Kontext subtiler, unbedeutender oder unbemerkter Ereignisse, die eine übersensible Reaktion auf Ablehnung auslösen, deren Wirkungen sehr schädlich sind: Sobald man sich in einer Umgebung befindet, in der solche kleinsten Ablehnungen vorkommen könnten, wird man »paranoid« – man ist aufmerksam, überwacht, entdeckt und übertreibt. Manchmal zu Recht: Rassismus gibt es in den verschiedensten Formen, mit unterschiedlicher Intensität und variierenden Graden an Bewusstheit. Und manchmal zu Unrecht: Der überreizte Detektor ist zu sensibel geworden.

Das Beispiel Rassismus ist besonders aussagekräftig, weil es gut aufzeigt, wie unendlich viel schmerzvoller – und empörender – es ist, für das abgelehnt zu werden, was man *ist*, als für das, was man *getan hat*. Wir können akzeptieren, wenn man nicht mehr mit uns sprechen will, weil wir etwas Schlechtes über jemanden gesagt haben, ihm das Geld nicht zurückgegeben haben usw. Wenn wir dagegen das Gefühl haben, dass sich ein anderer von uns abwendet, weil wir einer anderen Ethnie, Nationalität, Religion oder Gesellschaftsklasse angehören, dann empfinden wir den Schmerz als viel destruktiver.

Ablehnung im Alltag

Bei Erfahrungen von sozialer Ablehnung im Rahmen von Laborversuchen ist eine Tatsache besonders frappierend, nämlich die Eindeutigkeit, mit der die Ablehnung als schmerzhaft erfahren wird, obwohl die Versuchspersonen wissen, dass sie nur künstlich herbeigeführte und vorübergehende Situationen erleben und die beteiligten Personen nie wiedersehen werden. *Als ob ein tiefsitzender Instinkt uns signalisieren würde, dass es nichts Gefährlicheres für uns gibt, als von Unseresgleichen abgelehnt zu werden.* Selbst eine Ablehnung durch fremde und nicht sichtbare Personen oder in Situationen, in denen es um nichts Konkretes geht, etwa wenn man bei einem Chat im Internet ignoriert wird, löst deutliche Störungen des Selbstwertgefühls aus.[3]

Gleichwertige Situationen im Alltag wären etwa, keine Antwort auf einen Brief, eine E-Mail oder einen Telefonanruf zu bekommen; deshalb die Aversion gegenüber Anrufbeantwortern bei Menschen mit Problemen des Selbstwertgefühls (lieber keine Nachricht hinterlassen, als das Risiko einzugehen, keine Antwort zu erhalten: dies würde den Weg zu Ablehnungsfantasien eröffnen). Es gibt auch Menschen, die sich aus Angst, *zu stören* oder *ungelegen zu kommen*, nicht trauen, jemanden anzurufen, die aber hocherfreut sind, wenn man sie anruft (weil sie dann sicher sind, dass ihr Gesprächspartner tatsächlich mit ihnen sprechen möchte). Andere Beispiele von Gefahrensituationen für das Selbstwertgefühl und die Aktivierung von Ablehnungsfantasien: Eine Ablehnung einstecken und gleichzeitig das Gefühl haben, dass andere auf die gleiche Frage eine positive Antwort erhalten haben. Nicht zu einer Abendveranstaltung eingeladen worden sein, obwohl man es erwartet hätte. Auf einer mehr oder weniger wertenden Liste (z. B. mit Beiträgern zu einem Projekt) nicht genannt werden. Missbilligung oder Kritik erfahren…

All das wird noch schlimmer, wenn es in der Öffentlichkeit passiert: Man fühlt sich von allen abgelehnt, was sicherlich der Höhepunkt des sozialen Schmerzes ist. Deshalb ist Spott als Zeichen der

Ablehnung eines einzelnen und verletzbaren Individuums durch eine Gruppe so gefährlich. Spott erfährt man häufig in der Kindheit und Adoleszenz. Eltern müssen darauf achten, wenn ihre Kinder Opfer von Spott sind, und eingreifen, um Exzesse dieser Art von Ablehnung (die rasch in Verfolgung umschlagen kann) zu stoppen und dem Kind zu helfen, anderswo Anschluss zu finden. *Ablehnung durch eine ganze Gruppe verursacht immer ein schreckliches Gefühl von Isoliertheit, und das nicht nur im Moment des Verspottetwerdens, sondern auch danach, wenn die Person sich allein sieht:* Schmerz, Demütigung und das Wiederkäuen der Ablehnung, die als dauerhaft und schwerwiegend erlebt wird, führen nach meiner Erfahrung als Psychiater zu einer erhöhten Selbstmordgefahr. Ein weiterer erschwerender Faktor: wenn die Menschen, die uns ablehnen, uns normalerweise nahe stehen oder wir bis dahin angenommen haben, wir könnten uns fest auf sie verlassen. Unter derartigen Umständen entsteht das zweifache Gefühl, betrogen und verlassen zu werden, das die Person überwältigt und ihre Lebensfreude vernichtet.

Störungen auf Grund von Ablehnung

Wenn in der besten aller Welten alles zum Besten stünde, dann würden wir im Fall von Ablehnung die Ursache erfahren wollen und versuchen, sie zu beseitigen. Leider führt Ablehnung oft zu Verhaltensweisen, die den Interessen der Betroffenen zuwiderlaufen,[4] und diese Verhaltensweisen erhöhen sogar das Risiko, erneut abgelehnt zu werden. Hier eine Liste der Gefahren, die wir laufen, wenn wir abgelehnt werden, und gegen die man sich wappnen sollte:
- Sich gegen eine Person aggressiv verhalten.[5] Viele aggressive Verhaltensweisen und Haltungen werden durch das Gefühl, abgelehnt zu werden, begünstigt: »Immer wenn ich mich unsicher fühle, wenn ich Angst habe, einer Sache nicht gewachsen zu sein, werde ich oft schon im vorhinein unangenehm. Mir ist es lieber, man geht mir aus dem Weg, als dass ich abgelehnt werde.«

- Sich zurückziehen. Die Neigung, sich einzuigeln, verschlimmert das Problem noch, weil die Person dadurch mit ihren Emotionen und Gedanken allein ist. Im Fall einer Ablehnung ist die beste Strategie die, auf die anderen zuzugehen: Auch wenn sie uns nicht hundertprozentig verstehen, auch wenn sie uns nicht richtig trösten können, auch wenn die Qualität ihrer Unterstützung uns enttäuscht – das Schlimmste wäre, allein zu bleiben… Es ist manchmal sehr schwer, dies unseren in Bezug auf Ablehnung übersensiblen Patienten zu erklären: Auf die anderen zugehen – nicht um sich besser zu fühlen oder getröstet zu werden, sondern als Überlebensstrategie, durch die wir uns zwar nicht zwangsläufig besser fühlen (auch wenn das manchmal der Fall ist), die aber unbedingt nötig ist. So wie wenn man eine Wunde sofort desinfiziert: Das verhindert zwar nicht, dass es schmerzt, aber die Gefahr einer schweren Infektion wird geringer. Die schweren Infektionen bei Ablehnung sind Paranoia, Selbstbestrafung, Verbitterung, Menschenfeindlichkeit – alles Reaktionen, die unser Leiden verschärfen und unsere Fähigkeiten verringern, mit den anderen später *wieder zusammenzukommen.*
- Die bestehenden Beziehungen zu nahe stehenden Menschen zerstören. Während wir gerade durch sie Trost und Unterstützung finden könnten, schleicht sich die Übersensibilität in Bezug auf Ablehnung beispielsweise oft in Partnerbeziehungen ein und erhöht die Gefahr der Unzufriedenheit mit dem Partner.[6] Unzufriedenheit und Ressentiment können sich auch auf unsere Familie oder Freunde verlagern.
- Manche Menschen, die durch die Ablehnung besonders fragil oder mürbe geworden sind, neigen in bestimmten Momenten dazu, sich weh zu tun. Sie verspüren die dunkle Lust, sich zu verstümmeln oder zu zerstören. Exzessiver Konsum von Drogen wie Alkohol wird vor allem bei Frauen dieser Selbstzerstörungsdynamik zugeschrieben. Bei ihnen ist zu beobachten, dass sie nach einer Ablehnung hochprozentigen Alkohol konsumieren, was bis zur Volltrunkenheit und schließlich zum Koma führen kann. Auch

Bulimie-Krisen werden häufig durch soziale Ablehnung ausgelöst, sei sie auch noch so klein, nur gemutmaßt und unbewiesen (keine Post bekommen, keine Nachrichten auf dem Anrufbeantworter, keine E-Mail in der Mailbox haben: »Alle haben mich vergessen, ich bin ganz allein ...«)

- Erstaunlicherweise haben erlebte, ja sogar nur vorgestellte Ablehnungen negative Auswirkungen auf unsere Intelligenz. Man tut sich dann schwerer, wenn man ein Problem lösen soll oder einen Intelligenztest macht.[7] Diese schädliche Wirkung scheint nicht nur der emotionalen Auswirkung der Ablehnung geschuldet zu sein: Nicht nur, weil wir darüber traurig oder beunruhigt sind, nimmt unsere Leistungsfähigkeit ab, und auch nicht, weil wir über unser Pech nachgrübeln. Es scheint, dass durch die Ablehnung eine Art unbewusste »Schockwelle« entsteht, die unsere psychische Energie gewissermaßen in Bewegung bringt und erstarren lässt. Die Ablehnung schmälert uns also nicht nur emotional, sondern auch intellektuell, zumindest unmittelbar nach der Situation. Vorsicht also bei den »großen Entscheidungen« oder »wichtigen Bereichen« unseres Lebens.

Achtung: Emotionale Wunden auf Grund sozialer Ablehnung sind nicht immer spektakulär. Sie können unauffällig sein – »torpid«, wie man in der Medizin einen Abszess nennt, der sich ohne Lärm zu machen entwickelt ... Die Not, die auf eine Ablehnung folgt, muss nicht unbedingt sehr groß sein, zumindest nicht bewusst. Es ist, als wären wir mit einem Schmerzdämpfer ausgestattet. Das kann für kurze Zeit nützlich sein. Langfristig kann diese Anästhesie jedoch böse Folgen haben: Zweifellos dazu bestimmt, uns bei alltäglichen Ablehnungserfahrungen – die bei einem Leben in der Gemeinschaft zwangsläufig häufig vorkommen und nicht alle dramatisch sind – die Verzweiflung zu ersparen, kann sie uns aber auch betäuben oder den uns nahe stehenden Menschen oder Beobachtern den Eindruck vermitteln, wir wären gleichgültig. Die gilt vor allem bei wiederholter, gewohnter Ablehnung.

Genau das passiert zum Beispiel mit den sozial Ausgeschlossenen, den Obdachlosen und Randgruppen, die seit ihrer Kindheit Opfer wiederholter, gewalttätiger und massiver Ablehnung waren.[8] Bei ihnen kommt es in schweren Fällen von Nichteingliederung sehr häufig zu einer »Zombifizierung« – ein Beleg dafür, dass der wesentliche Teil von ihnen als sozialem Wesen abgestorben oder zumindest ihr Selbstwertgefühl erstarrt ist.

In einem anderen Bereich großer Verzweiflung finden viele Studien, die den psychischen Zustand von Menschen untersuchen, die kurz vor einem dann ausgeführten Selbstmordversuch standen (im Allgemeinen auf Grund der hinterlassenen Schriftstücke), dieselbe Gleichgültigkeit gegenüber der Realität, eine Erstarrung und Erschlaffung des Denkens und der Emotionen, die weder Ruhe noch Entsagung sind, sondern eher eine Bewusstseinstrübung anzeigen, die mit der Verzweiflung verknüpft ist. Viele Selbstmorde sind das Ergebnis unerträglicher Abbrüche sozialer Beziehungen auf gefühlsmäßiger, familiärer und beruflicher Ebene.[9]

»Wenn niemand mich liebt, wozu soll ich mich dann anstrengen?«

Ein neues Experiment in der Psychologie, das zwar nicht lustig ist, uns aber hilft, die Mechanismen, die für das Leiden an der sozialen Ablehnung verantwortlich sind, aufzuzeigen und zu bekämpfen:[10] Sie sind in kleine Gruppen zu je sechs Personen gleichen Geschlechts eingeteilt. Nach einer allgemeinen Vorstellungsrunde von je 20 Minuten Dauer bittet man Sie, in einen kleinen Raum zu gehen, wo Sie zwei Personen aussuchen sollen, mit denen Sie gleich in einer Gruppe zusammenarbeiten werden. Kurz danach kommt man zu Ihnen und teilt Ihnen mit, dass Sie leider von niemandem ausgesucht worden sind (in Wirklichkeit handelt es sich um eine simple Auslosung, das erfahren Sie aber erst nachher). Die andere Hälfte der Teilnehmer erhält eine weniger schmerzliche Botschaft: »Sie wurden von mehreren Personen der Gruppe für andere Versuche ausgewählt, aber nicht sofort.«

Danach – gleich ob Sie abgelehnt oder akzeptiert worden sind – schlägt man Ihnen vor, an anderen Versuchen teilzunehmen, aber ganz allein. Der darauf folgende Versuch besteht darin, anhand eines detaillierten Fragebogens den Geschmack und die Konsistenz von Keksen zu bewerten, die alle gleich aussehen und in großer Menge (35 Stück) auf einem Tablett liegen. Man lässt Sie mit Ihren Keksen, dem Fragebogen und der noch ganz frischen Erfahrung der sozialen Ablehnung für zehn Minuten allein.

Diejenigen Teilnehmer, die soeben abgelehnt worden sind, verdrücken im Durchschnitt neun Kekse, bevor sie den Bewertungsbogen ausfüllen. Die anderen Teilnehmer, die nicht abgelehnt worden sind, verdrücken nur vier oder fünf Kekse. So als ob die »Abgelehnten« ihre Fähigkeit zur Selbstkontrolle verloren hätten, die man braucht, um angesichts der Schwierigkeiten im Leben nicht unterzugehen... Andere Manipulationen während derselben Studie brachten die gleichen Ergebnisse: Wenn man abgelehnt wird, fällt es einem schwerer, sich anzustrengen und sich zu kontrollieren, man gibt bei schwierigen Aufgaben viel schneller auf oder geht eher absurde Risiken ein. Die Feinanalyse der Resultate zeigt, *dass ebenso wie der Verlust der Selbstkontrolle auch die Lust, sich anzustrengen, bei Menschen, die eine Ablehnung erfahren, zunichte wird.*

Diese Ergebnisse treten auch bei Menschen auf, die ihren Partner verloren haben, und erstaunlicherweise zeigen einige Studien, dass unter Witwern eine abnormal hohe Anzahl von Mördern zu finden ist, so als ob das Fehlen des Partners, der Verlust dieses für unser Wohlbefinden so fundamentalen Bandes, eine Störung der Selbstkontrolle begünstigen würde.[11]

Sich der Ablehnung stellen

Wie findet man die Lust wieder, sich zu stellen? Laborversuche zeigen, dass kleine Details dabei erleichternd wirken: Sich nach der Ablehnung mit einfachen Aufgaben motivieren oder sich ganz einfach vor einen Spiegel stellen. Menschen, die das versuchen, bemerken, dass ihre Fähigkeit zur Selbstkontrolle zunimmt, im Gegensatz zu anderen, die man nach einer Ablehnung sich selbst überlässt. Nun, andere Studien haben ja gezeigt, dass diese Menschen natürlich die Tendenz haben, ihrem Spiegelbild auszuweichen … Es ist also notwendig, dass sie sich wieder fangen und sich ihrer selbst, ihrer Identität und ihres Wertes wieder bewusst werden. Kurz, sie müssen die Ressourcen des Selbstwertgefühls aktivieren.

Nach einer Ablehnung muss man systematisch nach sozialen Beziehungen suchen und sollte sich nicht in Alkohol, Arbeit, oder Schlaf flüchten, sondern seine alltäglichen Pflichten erfüllen, auch wenn sie angesichts unserer Traurigkeit lächerlich erscheinen … Die Arbeit an diesen kleinen Nebensächlichkeiten und jegliches Bemühen um Selbstkontrolle können dabei eine kleine, aber wirksame Hilfe sein.

Ein weiteres Mittel, sich zu stellen, besteht in Mitgliedschaften verschiedener Art: ein soziales Netz pflegen, das so groß und vielfältig wie möglich ist und wo man mehr oder weniger offen sein kann. Im Allgemeinen gilt: Je empfindlicher man auf Ablehnungen reagiert, desto vertrauenswürdigere und verlässlichere Menschen sucht man sich aus und hofft, dass sie einen »nicht enttäuschen«. Auf diese Weise besteht natürlich die Gefahr, noch mehr zu leiden, wenn ausgerechnet sie uns enttäuschen, denn eine geringe Zahl von verfügbaren Beziehungen lässt einen Verlust oder eine Veränderung noch schlimmer werden. »Ich ziehe die Qualität der Quantität vor«, sagen uns die Patienten bisweilen. Wer aber sagt, dass Qualität nicht mit Quantität einhergehen kann? *Warum soll die Tatsache, einige wirklich sehr gute Freunde zu haben, nicht damit vereinbar sein, viele Freunde und viele losere Bekanntschaften zu haben?* Sicher, in einem Unglücksfall sind sie vielleicht nicht immer sofort treu zur Stelle, sie können aber viele andere Qualitäten haben. Verlässlichkeit muss nicht das einzige Kriterium bei der Wahl unserer sozialen Kontakte sein.

Hier noch eine ausgezeichnete Übung zur Akzeptanz anderer: Auch wenn jemand oberflächlich ist, kann er sehr komisch sein; auch wenn jemand etwas langweilig ist, so hat er doch immer einen guten Rat zur Hand; auch wenn dieser andere Mensch mir (meiner Meinung nach) manchmal in den Rücken gefallen ist, können wir sehr gut zusammenarbeiten… Warum sollte ich sie also aus meinem Leben ausschließen unter dem Vorwand, dass sie nicht ganz genau so sind, wie ich sie haben will? Ich kann sie auch wegen ihrer Qualitäten schätzen, ohne von ihnen anderes zu erwarten.

21. Kapitel
Der Kampf gegen die Angst vor Ablehnung

Unser Bedürfnis nach Trost ist unstillbar.
Stig Dagerman

»Ich lese in den Gedanken und Blicken. Ich habe eine Art sechsten Sinn entwickelt, um versteckte Ironie, Herablassung, Verachtung, Feindseligkeit und alle möglichen unangenehmen Dinge in den Köpfen der Menschen aufzuspüren, denen ich begegne. Aber ich leide schrecklich unter dieser Übersensibilität. Wenn sich in der Kantine meiner Firma niemand neben mich setzt, bin ich schon verletzt. In den monatlichen Versammlungen einer wohltätigen Vereinigung, bei der ich mitarbeite und wo wir so zahlreich sind, dass wir uns nicht alle kennen, kommt es vor, dass einer seine Sachen neben mich legt, dann aber wieder aufsteht und sich woanders hinsetzt. Das macht mich krank. Das ist eine Geschichte, die mich seit meiner Kindheit verfolgt: von den anderen vergessen, oder schlimmer, abgelehnt zu werden. Nicht offen abgelehnt, sondern subtil an den Rand gedrängt, nicht eingeladen, nicht geschätzt, nicht angenommen zu werden … Ich erinnere mich zum Beispiel daran, dass mir vor einigen Jahren meine Schwägerin ihre zehnjährige Tochter für einen Tag anvertraut hatte. Wir hatten es sehr lustig miteinander, und am Ende vertraute mir meine Nichte an: »Ich weiß gar nicht, warum Mama mir gesagt hat, sie würde mich jederzeit abholen, wenn ich mich mit dir langweile. Wir haben es doch so lustig miteinander!« Ich war wegen dieser Worte meiner Schwägerin sehr betrübt. Ich frage mich immer, ob ich die anderen nicht langweile. Ich habe den Eindruck, dass ich nicht weiß, wie ich bei den anderen gut ankommen kann. Ich brauche wirklich sehr deutliche Zeichen des Vertrauens, das heißt sehr lange Freundschaften, denn ich misstraue Menschen, die allzu freundlich sind, fühle mich dann nicht sicher und kann nicht richtig aus mir herausgehen. Heute weiß ich sehr genau, dass das krank ist. Als meine eigenen Kinder groß waren und zu sehen anfingen, was ich tue und wie ich lebe, spürte ich, wie sie mich beobachteten und beurteilten. Ihre fragenden Blicke (»Warum regt sie sich darüber so auf?«) und Urteile (»Hat sie ein Problem, oder was?«) waren für mich sehr schwer auszuhalten. Ich hatte den Eindruck, dass sie meinen Mann lieber mochten, der psychisch viel stabiler ist als ich. Ich fühlte mich von der einzigen bedingungslosen Liebesquelle, die ich hatte, im Stich gelassen. Damals begann ich meine Therapie.« (Angèle, 38 Jahre).

Die Angst vor Ablehnung und dem dazugehörigen Absturz

Das Bedürfnis nach Beziehungen, Zugehörigkeit und Anerkennung gehört zweifellos zu den grundlegendsten der menschlichen Natur.[1] Zweifellos ist es ein genetisches Erbe unserer Vergangenheit als schutzlose Primaten, die gegenüber ihren Feinden nur gemeinsam überleben konnten: Ablehnung bedeutete Verdammung. Von daher die Bedeutung der Beziehungen für das Selbstwertgefühl. Die Notwendigkeit, sie anzuknüpfen und zu genießen. Und auch das Misstrauen gegen sie, wenn das Bedürfnis nach ihnen und der Ablehnungsdetektor gestört sind und uns gegenüber jeder Form von Distanzierung übersensibel gemacht haben.

Wenn man an seinem Selbstwertgefühl arbeitet, ist es entscheidend, über die Auswirkungen der sozialen Ablehnung sowie unseren eigenen Anteil an ihnen – etwa die übermäßige Sensibilität, die dadurch Jahr um Jahr ausgelöst werden kann – ausführlich nachzudenken. Wir haben gesehen, wie wichtig es war, nie die Auswirkungen einer Ablehnung zu vernachlässigen: Man muss rasch und überlegt handeln, auch wenn der Schmerz paradoxerweise unauffällig sein kann. *Im Gegenzug ist es entscheidend, nicht nur auf die Ablehnung zu achten, sondern auch darauf, wie wir sie erkennen:* Wenn das gestört ist (was bei Problemen mit dem Selbstwertgefühl oft vorkommt), stellt man sich darauf ein, viel zu leiden und oft Niederlagen zu erfahren ... *Denn sich abgelehnt fühlen bedeutet nicht, dass man es tatsächlich wird*: Wir haben gesehen, dass man, wenn man in der Vergangenheit häufig Ablehnung erfahren hat, auch dann übersensibel reagiert, wenn unsere gegenwärtige Umgebung freundlicher geworden ist.

In gewisser Weise handelt es sich um ein kaputtes Alarmsystem. Es wurde uns von der Evolution vererbt: Als »gesellige Tiere« konnten wir nur in solidarischen Gruppen überleben, und unser Überleben war an unsere Fähigkeit gebunden, unseren Platz in der Gruppe zu sichern. Allein sein war gleichbedeutend mit einem Todesurteil. Was aber in einer objektiven Gefahrensituation berechtigt ist, kann sich in Situationen, von denen wir wissen, dass sie theoretisch nicht so gefährlich sind, unserem Willen entziehen: Von dieser »Software« kann man weder loskommen noch sie seinen Bedürfnissen entsprechend umprogrammieren ...

Die Angst vor negativer Bewertung durch eine andere Person, die so häufig bei Problemen mit dem Selbstwertgefühl auftritt, ist an deren mögliche negative Konsequenzen gekoppelt: Bewertet werden bedeutet, abgelehnt werden zu können, wenn die Bewertung negativ ausfällt. Da man sich im Allgemeinen nicht wertschätzt, wenn man sich selbst negativ bewertet, nimmt man folglich an, dass die Bewertung durch den anderen genauso aufmerksam, mitleidlos und streng ist wie unsere eigene. Man hält sich dann von dem, was man als eine Gefahr ansieht, fern und bestätigt dadurch unbewusst die Möglichkeit dieser Gefahr. Diese Übersensibilität gegenüber der Bewertung ist nur der sichtbar gewordene Teil der Angst vor Ablehnung. Häufig (immer?) steht sie mit den Problemen des Selbstwertgefühls im Zusammenhang.[2] Leider wird dadurch nichts einfacher, denn das schwache Selbstwertgefühl kann zwischen einer echten und einer erfundenen Niederlage oder Ablehnung nur schlecht unterscheiden. Im Zweifel schenkt es der Intuition mehr Glauben. »Wenn ich mich abgelehnt oder nicht geliebt fühle, dann weil ich es werde. Kein Rauch ohne Feuer.« *Leider gibt es in der Psychologie des Selbstwertgefühls, ganz entgegen dem Sprichwort, oft Rauch ohne Feuer.*

Die emotionale Beweisführung und ihre Gefahren

Diese Art verzerrte Beweisführung findet sich bei Menschen, die von einer starken Emotionalität beherrscht werden: Da man sich schlecht *fühlt*, ist man überzeugt, dass es einem schlecht *geht*. Und dass alle *sehen*, dass es einem schlecht geht. Wenn wir uns lächerlich fühlen, sind wir der Meinung, es wirklich zu sein usw. Man interpretiert seine Emotionen nicht mehr als Warnung vor der Möglichkeit eines Problems, sondern als Gewissheit hinsichtlich seiner *Wirklichkeit* und *Schwere*. Dabei übergeht man einen ganz wichtigen Schritt, ohne sich dessen bewusst zu sein.

Die Kraft dieser Überzeugung zieht eine Veränderung des eigenen Verhaltens nach sich, und zwar gerade in Richtung auf das, was man befürchtet: Man läuft Gefahr, Aufmerksamkeit auf sich zu ziehen, weil man sich komisch benimmt. So können Menschen, die eine krankhafte Angst davor haben, zu erröten, wenn man sie ansieht, es schaffen, Aufmerksamkeit zu erregen, nicht weil sie *rot*, sondern weil sie *steif* sind, sich vor Unbehagen verkrampfen und ihre ganze

Natürlichkeit verlieren. Und genau dadurch erregen sie dann Aufmerksamkeit. Einfach zu erröten, wenn man dabei weiter handelt und spricht, erregt kaum Aufmerksamkeit, denn das kommt bei vielen Menschen vor. Blockiert man sich dagegen durch das Erröten oder eine andere Form von Unbehagen, wird es nur verstärkt, hält länger an und erhöht die Gefahr, dass der Gesprächspartner »etwas« merkt.

Man muss also auf das Auslegen seiner Gedanken und die Selbstvergiftung durch eine irrige emotionale Beweisführung sehr Acht geben: Soziale Interaktionen sind komplex und subtil, und es besteht die Gefahr, dass dieses oder jenes Verhalten falsch gedeutet wird. Die Bedeutung eines Blicks, eines Lächelns, eines Schweigens oder eines ins Ohr desjenigen geflüsterten Wortes, mit dem wir gerade sprechen, kann unter dem Einfluss dessen, dass wir uns nicht wohl fühlen, leicht falsch gedeutet werden. In der Therapie begegnet man oft Menschen, die jede Kleinigkeit als Verdachtsmoment interpretieren und unter einer Art »Beziehungswahn« leiden, deren sie sich zwar bewusst sind, die sie aber nur mit größter Mühe kontrollieren können. »Es reicht, dass einer meiner Kollegen mit ›Ja‹ antwortet, ohne dabei den Kopf zu heben, wenn ich ihn gerade etwas gefragt habe, und schon bin ich beunruhigt«, erzählte mir einer dieser Patienten. »Oder wenn am Morgen einer vergisst, mich zu grüßen, während er allen anderen schon Guten Morgen gesagt hat. Für mich ist das sofort wie Öl ins Feuer. Ich muss mich dann sehr anstrengen, um nicht in paranoische Gedanken zu verfallen. Zum Glück habe ich gemerkt, dass das vorbeigeht, wenn ich mit ihnen spreche. Immer öfter sah ich, dass niemand etwas gegen mich hatte. Oder wenn doch, konnte ich das Problem sofort verstehen. Jahrelang aber hielt ich mich dann von ihnen fern, und das hatte den umgekehrten Effekt: Der Zweifel hielt an, und die Beziehung kühlte noch mehr ab. Für mich war das der Beweis, dass da etwas war, das ich selbst provoziert hatte...«

Auch von unseren Angehörigen können wir uns immer mehr selbst entfernen: Menschen mit einem niedrigen Selbstwertgefühl zum Beispiel nehmen ihren Partner als kritisch und mit ihnen unzufrieden wahr. Sie lassen dann die Beziehung abkühlen, distanzieren sich und fangen sogar selbst an, negativ über ihren Partner zu denken, was im wirklichen Leben natürlich nichts in Ordnung bringt, ganz gleich ob die Unzufriedenheit des Partners real oder nur vorgestellt ist.[3]

Der »Spotlight«-Effekt: Aber es schauen ja gar nicht alle auf Sie!

Vorsicht also bei der Projektion der eigenen mentalen Vorgänge: Da man an sich selbst und seiner sozialen Anerkennung zweifelt, beginnt man sich zu überwachen. Und man denkt, dass die anderen dasselbe tun. In der Folge hat man den unangenehmen und oft falschen Eindruck, im Zentrum ihrer Aufmerksamkeit und ihres Interesses zu stehen. Diese Überbewertung unserer »Bemerkenswertheit« in den Augen der anderen wird unter Soziopsychologen »Spotlight«-Effekt genannt: der Eindruck, ständig im Rampenlicht zu stehen.[4] Ein sehr amüsantes Experiment machte es möglich, die erhebliche Abweichung zwischen dem Eindruck, beobachtet zu werden, und dem tatsächlichen Beobachtetwerden sichtbar zu machen. Zunächst bat man die Testpersonen, ein T-Shirt mit dem aufgedruckten Gesicht einer bekannten, aber aus der Mode gekommenen Persönlichkeit zu tragen. Danach sollten sie sich in einen Raum setzen, in dem sich andere Testpersonen befanden, ohne dass sie wussten, was passieren würde. Zuvor bat man sie, vorauszusagen, wie vielen Personen ihr lächerliches T-Shirt auffallen würde. Nachher fragte man diese Personen, ob sie sich an das Gesicht auf dem T-Shirt der Testperson, die als letzte eingetreten war, erinnern könnten ... Während der Träger des T-Shirts überzeugt war, dass zumindest die Hälfte der anderen das aus der Mode gekommene Porträt bemerkt hatte, hatte kaum ein Viertel von ihnen eine vage Erinnerung daran (halb so viele wie vorhergesagt). Und dieser Prozentsatz sank auf ein Zehntel, wenn das Porträt auf dem T-Shirt nicht von einem aus der Mode gekommenen Sänger stammte, sondern von einer bedeutenden Persönlichkeit (etwa Martin Luther King oder Bob Marley).

Was lernen wir daraus? Wir überschätzen die Anzahl der Personen, die uns aufmerksam beobachten, um mindestens 50 Prozent... Außerdem ging die eben erwähnte Studie nicht so weit, zu erfassen, was auch noch hätte interessant sein können: Ideal wäre es nämlich gewesen, die Personen zu fragen, ob das Tragen dieses T-Shirts den Träger in ihren Augen entwertete, und wenn ja, wie sehr? Denn oft läuft es ja so: Wir werden nicht nur weniger beobachtet, als wir denken, sondern wenn wir betrachtet und bewertet werden, dann weniger streng, als wir denken. Das bestätigen sämtliche Studien zu diesem Thema: Lässt man Testpersonen in Gegenwart anderer einen Misserfolg erleben, *dann sind die Beurteilungen von außen immer viel günstiger, als wir selbst glauben.*[5] Und wenn wir negativ bewertet werden, ist es schließlich immer möglich, diese Bewertung durch eine positive Interaktion umzukehren, wodurch der erste Eindruck korrigiert werden kann für den Fall, dass er kritisch war.

Diese erste Stufe, also die des Bewusstwerdens und des Misstrauens hinsichtlich vorschneller Interpretation sozialer Bewertung und Ablehnung ist ganz wichtig, muss aber durch praktische Arbeit gefestigt werden: Deshalb lassen wir unsere Patienten bisweilen Übungen machen, bei denen sie *der Lächerlichkeit ausgesetzt werden*, etwa indem wir, wie die Testpersonen im Experiment, so bekleidet auf die Straße gehen, dass wir eine Beurteilung durch die Passanten provozieren, zum Beispiel mit bis zum Knie hochgekrempelten Hosen, einem aus der Hose hängenden Hemd, mit offenem Hosenschlitz oder einem lustigen Hut auf dem Kopf... Natürlich werden diese Übungen niemandem aufgedrängt, der spürt, dass er solche Konfrontationen nicht aushält. Wir beginnen ganz »sanft dosiert«. Bei manchen ist die Schwelle, sich der Lächerlichkeit auszusetzen, sehr niedrig, bei ihnen geht es schon los, wenn sie nach dem Weg gefragt werden oder die Erklärungen eines Verkäufers nicht verstehen. Natürlich muss der Therapeut die Übung auch selbst und in

Gegenwart seiner Patienten machen. Dadurch wird auch ihm bewusst, dass es eine Sache ist, Ratschläge zu geben, und eine andere, sie umzusetzen.

Mit der Angst vor Ablehnung fertigwerden

»Mach dich nicht so klein, du bist nicht so groß!« Eine meiner Patientinnen erzählte mir, wie dieser kurze Satz, den ihr ein Freund mitgab, ihr jedes Mal gute Dienste leistete, wenn sie unter dem Druck ihrer Angst vor sozialer Bewertung ins Wanken geriet. *Du bist nicht so groß, dass alle dich anschauen, so wie du es befürchtest. Atme durch, halt den Kopf hoch, schau um dich; mach dich nicht so klein...*

Hier einige Strategien, die helfen, mit der Angst vor Ablehnung fertigzuwerden:

- **Die Situationen kennen, in denen unsere Angst vor Bewertung ausgelöst wird**: Das sind immer Situationen, in denen wir beobachtet werden, in denen es um Wettbewerb oder Leistung geht ... Manchmal ist das, was anderen harmlos erscheint, für einige destabilisierend: An einer hochkarätigen Diskussion teilnehmen, bei der die Gäste mit Anspielungen und Gebildetheit nur so protzen. Zu wissen, dass wir in solchen Momenten dazu neigen, Urteile über uns überzubewerten, ist der erste Schritt.
- **Sich in Erinnerung rufen, dass die anderen überwiegend genauso an sich selbst denken!** Ja, wir sind nicht der Mittelpunkt der Welt, wie unser Unbehagen es uns manchmal glauben machen möchte. »Ob die anderen dich ständig beobachten und beurteilen? Aber die denken ja selber nur an sich! Wie du!« Hier zur Beruhigung eine Studie: Es ging um einige hundert falsche Ärzte in Großbritannien. Die meisten von ihnen flogen nicht etwa wegen ihrer Inkompetenz auf (manche unter ihnen waren es freilich wirklich und deshalb gefährlich), sondern wegen kleiner Details (unregelmäßige Buchführung, Betrug, allerdings nicht medizinischer, zu

viel Angeberei und Lügen usw.). Wenn den Leuten so viel daran liegen würde, die anderen zu beurteilen, wären diese falschen Ärzte nie so lange unentdeckt geblieben.[6] Außerdem werden in dieser Studie jene »Ärzte« nicht berücksichtigt, die man nie entdeckt hat – und das aus gutem Grund.

- **Akzeptieren, dass man unter Umständen bewertet wird.** Besser die Bewertung akzeptieren, als sie um jeden Preis vermeiden wollen. Dann sich in Ruhe ansehen, was man ändern kann (immer ausgehend von einem allgemeinen Ich und nicht von einem, das auf seine Grenzen und Schwächen konzentriert ist): Wenn man meint, dass man für ein Abendessen nicht passend angezogen ist, dann sollte man sich eben offen und gesprächig zeigen. Besser altmodisch und sympathisch als altmodisch und missmutig. Auch akzeptieren, dass manche Menschen uns tatsächlich an unserer äußeren Erscheinung, am Gespräch, am Akzent, am Benehmen oder an anderen dummen sozialen Kriterien messen und beurteilen. Es stimmt, das gibt es. Aber es stimmt auch, dass diese Menschen in der Minderzahl sind (außer Sie bewegen sich in Kreisen, in denen die äußere Erscheinung extrem wichtig ist, wie in der Welt der Mode oder des Films).
- **Annehmen von proaktiven Verhaltensweisen, das heißt auf die Menschen zugehen.** In der Psychotherapie trainieren wir oft, die ersten Anzeichen der Angst vor Ablehnung durch Unfolgsamkeit gegenüber dieser Angst zu bekämpfen: Wenn ich eingeladen oder im Urlaub bin und dort niemanden kenne, und ich spüre, wie die Angst hochkommt und ich mich am liebsten zurückziehen möchte, dann ist es das Beste, wenn ich mich sofort bei den Leuten, die ich nicht kenne, vorstelle. Das ist das beste Mittel, um meine Befürchtungen schon im Ansatz zu ersticken. Gleichzeitig erhöhen sich dadurch die Chancen für positive Überraschungen, z. B. einen sympathischen oder interessanten Menschen kennenzulernen. Wichtig ist, nicht auf ein »Eröffnungszeichen« zu warten, nicht darauf zu warten, dass die anderen den ersten Schritt tun, vor allem bei Problemen mit dem Selbstwertgefühl. Ich weiß,

dass das oft als Test betrachtet wird, nach dem Motto: »Wenn die Leute auf mich zukommen und mit mir reden, dann weil sie es wirklich wollen.« Verschiedene Studien zeigen, wie schädlich diese abwartende Haltung, die aus der Angst vor Ablehnung herrührt, vor allem in Situationen ist, in denen Gefühle im Vordergrund stehen.[7] Je größer die Angst vor Ablehnung, desto stärker werden »Eröffnungszeichen« (Zeichen für beabsichtigten sozialen Austausch) überbewertet und desto mehr erwartet man, dass die anderen diese Zeichen erkennen und darauf reagieren, wobei man darauf hofft, dass unsere Befangenheit erkannt wird und die anderen den ersten Schritt tun … Aber diese für uns so klaren und eindeutigen Eröffnungszeichen sind für die anderen oft nicht sichtbar. Da man jedoch denkt, man habe genug Zeichen gesetzt, bleibt man stehen, hofft und wartet. Es kommt aber nichts, und man ist enttäuscht … Diese abwartende Haltung ist der Grund für die vielen Enttäuschungen im Leben von Menschen mit niedrigem Selbstwertgefühl: Ihre Vorzüge und ihre Anziehungskraft treten viel weniger zu Tage, als sie glauben. Mein Rat: Seien Sie in Ihrem Verhalten klar und eindeutig! Man muss zwischen zwei Gefahren wählen: einer möglichen Ablehnung oder (ewigem) Bedauern. Wir werden bald sehen, *dass Bedauern manchmal langfristig schwerer zu ertragen ist als eine Ablehnung.*

22. Kapitel
Die Angst vor Gleichgültigkeit und der Wunsch nach Anerkennung: Leben unter dem Blick der anderen

> *Wenn man spürt, dass man nichts besitzt,*
> *womit man sich jemandes Wertschätzung erwerben kann,*
> *ist man nahe daran, ihn zu hassen.*
> Vauvenargues

»Meine größte Angst: Gleichgültigkeit. Dass man mich vergisst, dass man sich nicht für mich interessiert. Immer wenn ich das Gefühl habe, unsichtbar und in den Augen der anderen durchsichtig zu sein, fühle ich mich schon wie tot, wie als gäbe es mich nicht. Wenn ich Kummer habe und mich abends in der Menschenmenge bewege, und mich – natürlich – niemand ansieht, fühle ich mich total allein, vor allem im Winter, wenn alle schnell nach Hause wollen. Ich stelle mir vor, wie sie nach Hause kommen, wo jemand auf sie wartet, wie sie es sich im Warmen gemütlich machen, sich aufeinander freuen, sich lieben, dem anderen wichtig sind. Wem bin ich wichtig? Ich gehe allein nach Hause. Gerade noch die Wohnsitzlosen sind vielleicht genauso unglücklich wie ich. Manchmal habe ich eine seltsame Vision: Ich sehe mich als Atom, als einzelnes Partikel, um das Milliarden andere Partikel schwirren, die alle durch unsichtbare Kräfte miteinander verbunden sind, außer mit mir, mich berühren sie nie.«

Es gibt noch eine andere Angst als die vor Ablehnung, eine Angst, die sie überlagert und die viel diskreter, weniger spektakulär, für unser Wohlbefinden aber ebenso schädlich ist: Die Angst vor Gleichgültigkeit.

Der Wunsch nach Anerkennung

Anerkannt werden oder sich anerkannt fühlen. Aber was ist Anerkennung? Es ist ein anderes Bedürfnis als das nach Zustimmung und Liebe, dem es vorausgeht. Von den anderen voll und ganz als Mensch angesehen werden, beispielsweise begrüßt und empfangen werden, wenn man irgendwo ankommt, mit seinem Vor- oder Nachnamen angesprochen werden, je nachdem, wie vertraut wir mit unseren Gesprächspartnern sind… All diese Manifestationen sind sehr unauffällig: Sie machen nicht zwangsläufig Freude, aber sie sind unentbehrlich für das Wohlbefinden aller Menschen; sind sie nicht vorhanden, bemerkt man es zunächst kaum, aber es hat schädliche Auswirkungen. Interessant ist das Beispiel von älteren Menschen und ihrer Beziehung zu Verkäufern: Auf dem Markt begrüßt man sie und spricht sie mit ihrem Namen an; sie wissen, dass man sie und ihre

Gewohnheiten und Vorlieben kennt, Einzelheiten aus ihrem Leben weiß ... Das ist sehr wichtig für sie, denn ihre sozialen Beziehungen sind oft schwach, fragil und werden immer weniger (denn die Freunde sterben allmählich weg). Deshalb ist die Angst, ganz allein zu sterben, ohne dass es jemand bemerkt, bei alleinstehenden alten Menschen so häufig. Man denke an all die Geschichten von Nachbarn, die erst durch den Geruch alarmiert wurden ...

All das geht aus dem *Gefühl des Anerkanntseins hervor und zeigt, wie notwendig es ist, über ein gewisses Maß an sozialen Kontakten zu verfügen.* Von daher zweifellos stammt auch das dunkle und urtümliche Gefühl, die Anonymität der Großstädte sei »gegen die Natur«. Gegen die menschliche Natur jedenfalls ... Ein anderes Beispiel für Anerkanntsein: Angesprochen werden, ohne dass man darum gebeten hat, das heißt Einladungen, Aufmerksamkeiten, eine Postkarte, einen Besuch, kleine Geschenke erhalten, die uns zeigen, dass »man an uns gedacht hat«, ohne dass wir etwas dafür tun müssen ... Das wird sehr häufig von depressiven Patienten beklagt, die man – zu Recht oder zu Unrecht – »seelisch vernachlässigt« nennt: »Nie ruft mich jemand an, nie denkt jemand an mich. Immer bin ich es, die sich bemühen muss. Wenn ich auf andere zugehe, akzeptieren sie mich, das ist nicht das Problem. Wenn ich mich aber tot stelle, wie man so sagt, dann sterbe ich tatsächlich in ihrem Bewusstsein: Sie denken nicht mehr an mich.«

Sich anerkannt zu fühlen ruft ganz einfach das Gefühl hervor, eine soziale Existenz zu haben. Übrigens muss die Anerkennung nicht zwingend positiv sein. Kinder erzielen oft Aufmerksamkeit, indem sie Dummheiten machen oder schwierig werden, sobald man sie vernachlässigt. Oder sie stören fortwährend, wenn sie von ihrer Familie ständig vergessen werden ... Manche unserer Patienten, die kleine Delikte begangen haben, berichten uns rückblickend: »Jetzt wird mir erst bewusst, dass ich wollte, dass man sich für mich interessiert.« Für manche Narzissten ist es oft eine Befriedigung, gehasst zu werden: Wenn sie Abscheu erregen, fühlen sie sich in ihrer Existenz anerkannt und bestätigt, aber auch in der Bedeutung, die man ihnen beimisst: Sie ist ablesbar an der Intensität der von ihnen ausgelösten Aversion und an der Anzahl der Menschen, von sie verabscheut werden. In der Therapie haben wir nur selten Gelegenheit, mit solchen Menschen zu sprechen (zu uns kommen eher ihnen nahe stehende Menschen, die unter ihnen leiden). Sie haben sehr genau wahrgenommen, dass Abscheu Ausdruck für eine gewisses Band und eine Wertbeimessung ist, also das Gegenteil von Gleichgültigkeit. Ablehnung bedeutet ihnen in diesem Sinne wenig: Da sie bei den Menschen, die sie ablehnen, meistens starke Emotionen hervorrufen, sehen sie das als Anerkennung und fühlen sich als Sieger. Das erklärt ihr Bedürfnis nach regelmäßiger Provokation: Stille Ablehnung, Gleichgültigkeit bringt sie durcheinander und weckt Zweifel. Folgende Worte stammen zweifellos von jemandem, auf den dieses Profil passt: »Man liebt oder man hasst, aber man ist nicht gleichgültig.«

Anerkennung von Angepasstheit oder Anderssein? Zwei Arten, sein Selbstwertgefühl durch Anerkennung zu erhöhen

Es gibt zwei Arten, Anerkennung (und somit Selbstwertgefühl) zu bekommen: So wie die anderen sein, das heißt anerkannt werden durch Angepasstheit, oder sich unterscheiden, das heißt anerkannt werden durch Anderssein.[1]

Die Suche nach Anerkennung durch Angepasstheit kommt viel häufiger in der Kindheit oder im Alter vor. Wie die anderen sein – in der Erscheinung, im Geschmack, in der Art zu sprechen ... stellt eine Art Pass, eine Garantie für soziale Anerkennung dar. Anerkennung durch Angepasstheit steht oft mit einem Gefühl relativer Fragilität in Zusammenhang.

Die Suche nach Anerkennung durch Anderssein kommt häufiger bei Jugendlichen und jungen Menschen vor, denn dadurch formen sie ihre Identität. Deshalb ist für sie der *Look* so wichtig, aber auch die Sorge, dass dieser *Look* ihre allgemeine Lebenseinstellung repräsentiert und nicht nur Ausdruck einer momentanen Entscheidung und Unterwerfung unter die Mode ist. Man kann auch leicht belustigt feststellen, dass die Anerkennung durch Anderssein nichts anderes ist als eine Anerkennung durch Anpassung, die nur für eine kleine Gruppe gilt, der man sich zugehörig fühlt (oder versucht, es zu sein). Im Grunde aber handelt es sich immer um das Bedürfnis nach Anerkennung durch eine Gruppe, das heißt, um das Bedürfnis nach Zugehörigkeit: Wahre Anerkennung durch Anderssein ist in Wirklichkeit äußerst rar. Gibt es sie wirklich?

Die Zeichen für die Anerkennung mehren sich mit dem Gefühl, minoritär oder bedroht zu sein, zum Beispiel der kurze Gruß, den Motorradfahrer einander zunicken, wenn sie sich begegnen, und der ihnen ein angenehmes Gefühl verleiht. Als spontanes Zeichen von Anerkennung verschwindet er allmählich, weil es immer mehr Zweiräder gibt. Dafür gibt es jetzt ein anderes Ritual, speziell bei den Motorradfahrern in Paris: Sie heben dankend den Fuß, wenn einer den anderen, der schneller fährt, vorbeilässt. Es ist ein Zeichen der Anerkennung wie auch des Dankes, der Anerkennung für einen geleisteten Dienst.

Wie die anderen sein oder nicht – auch darum geht es beim Selbstwertgefühl. Sich den Codes einer Mehrheit anzupassen kommt häufiger bei Menschen mit niedrigem Selbstwertgefühl vor. Sich davon abzuheben oder sich an die Codes einer Minderheit anzupassen eher bei Menschen mit fragilem hohem Selbstwertgefühl. Menschen mit einem gesunden Selbstwertgefühl ist es mehr oder weniger egal.

Gefahren und Fehler bei der Suche nach Anerkennung

Bei niedrigem Selbstwertgefühl besteht die Hauptgefahr in der Überangepasstheit, die bis zur Entfremdung gehen kann. Man versteckt »alles, was darüber hinausgeht«, um sich dem sozialen Bild anzupassen, das uns die größte Akzeptanz zu versprechen scheint. Man folgt der Mode nur bedingt: nicht zu früh, um nicht die Blicke auf sich zu ziehen (oder es zu glauben), nicht zu spät, um nicht altmodisch zu erscheinen. Um keinen Widerspruch oder Spott heraufzubeschwören, äußert man seine Meinung erst dann, wenn man durch diejenige der Anführer bestätigt worden ist.

Bei Menschen mit fragilem hohem Selbstwertgefühl, die dazu neigen, ihre Zweifel durch die Suche nach Aufwertung zu kompensieren, ist es der Bruch mit der »Masse«, in deren Anonymität sie unerkannt zu verschwinden drohen. Von daher die Gefahr unmotivierter und sinnloser Provokationen. Bei Jugendlichen kommt es häufig vor, dass sie an sich selbst zweifeln und sich darum bemühen, von anderen, größeren Psychopathen als sie selbst anerkannt zu werden. Indem sie strafbare Handlungen begehen, erhoffen sie sich die Aufnahme in die Gruppe.

Alle machen die gleichen Fehler:
- **Den Fehler, sich nicht anerkannt zu fühlen, während man es in Wirklichkeit ist.** Dadurch entsteht der Bedarf an zusätzlicher und zufallsbedingter Anerkennung, obwohl es genügt hätte, die Augen aufzumachen.
- **Den Fehler, den Zeichen der Anerkennung, die man erhält, keine Bedeutung beizumessen; sich durch eine Gruppe oder Menschen, die uns anerkennen, nicht aufgewertet zu fühlen.**
- **Den Fehler, den Wunsch nach Anerkennung mit dem Wunsch nach Liebe zu verwechseln und vom ersten zu erwarten, dass er den zweiten erfüllt**: Bestimmte soziale Beziehungen können uns nur Anerkennung bringen, mehr nicht. Man sollte sie deshalb nicht abwerten, aber auch nicht mehr von ihnen verlangen. »Alle mögen mich, aber in Wirklichkeit habe ich niemanden«, erzählte mir eine junge Patientin. Indes begünstigen vermehrte soziale Beziehungen im Allgemeinen die Möglichkeit, einer Person zu begegnen, die man lieben könnte, weil das psychische Wohlbefinden (und damit die Öffnung zum anderen hin) sich verbessert und die Beziehungsfähigkeit entwickelt wird. Begünstigt, aber natürlich nicht garantiert ...

Einsamkeit und sich einsam fühlen

»Das Schmerzlichste während meiner Depression war nicht die Traurigkeit oder die Schwierigkeit, etwas zu tun, sondern die Angst, die mich runterzog, wie ein *Einsamkeitsschwindel*. Ich fühlte mich total allein, selbst unter Menschen, die mich gernhatten. Ich sah sie an und mir wurde bewusst – wie idiotisch –, dass sie nicht ich waren, dass sie autonome Personen waren, von denen ich nur das kannte, was sie mich sehen lassen wollten. Das löste in mir eine Panik vor dem Leben aus. Diese Einsamkeit machte mir Angst, denn ich fühlte mich unfähig, allein zu überleben. *Tatsächlich aber war es nicht Einsamkeit, sondern eine Angst vor Einsamkeit.* Mal war sie dumpf wie ein fernes Gemurmel, mal gewaltig wie eine Drohung vom Weltuntergang. Dieses Gefühl brach in mich ein, zerriss den Schleier der Illusionen (der Illusion, die wir uns nur von unseren Nächsten machen: sie ganz genau zu kennen). Dieses Problem hatte ich schon immer. Als meine Kinder groß und selbständig wurden, als sie anfingen, mir nicht mehr alle ihre Geheimnisse anzuvertrauen, und ihre Stimmungen hatten, hat mich das immer verunsichert.

Seitdem verstand ich, dass dieses Gefühl der Einsamkeit unvermeidlich war. Aber es machte mir Angst, weil ich mich nicht imstande fühlte, mich um mich selbst zu kümmern. Und in Wirklichkeit war es noch schlimmer: Als hätte ich es mein ganzes Leben vermieden, mich um mich selbst zu kümmern, hatte ich in der Illusion gelebt, dass ich nur Teil eines Ganzen war: der Familie, der Gruppe.«

In der Psychiatrie weiß man, dass bei Depressionen Einsamkeit und soziale Isolierung Risikofaktoren sind in Bezug auf die Flucht in Alkohol und Drogen, und, allgemeiner noch, auf eine Fragilität angesichts stressbehafteter Ereignisse. Was man jedoch bemerkt, ist, *dass nicht nur die tatsächliche Einsamkeit auf unserer Gesundheit lastet, sondern auch die wahrgenommene Einsamkeit: Die Tatsache, sich allein zu fühlen*, ist eine der Störungsquellen, die nicht nur psychische, sondern auch körperliche Auswirkungen hat, vor allem auf

Herz und Blutdruck.[2] Und man bemerkt, dass die Anzahl der sozialen Kontakte nicht geringer ist als bei anderen, die sich nicht beklagen! Wahrscheinlich handelt es sich mehr um eine qualitative Frage, die verknüpft ist mit der Zufriedenheit, die man aus den Kontakten gewinnt, eine Frage der sozialen Einstellung (von sozialen Kontakten profitieren oder nicht – ist man zum Beispiel »allein inmitten der anderen?«) und eine Frage der mentalen Einstellung (sich als anders und unverstanden zu erleben versperrt die Tür zum sozialen Austausch).

Die einzige Einsamkeit, die zählt, ist die, für die man sich selbst entscheidet, und nicht die, die man erleidet. Es ist durchaus möglich, sich als *geselliger Einzelgänger* zu definieren: Man schätzt es, allein zu sein, aber man schätzt auch die Gegenwart anderer. Ersteres wird leicht vorgezogen. Wenn diese Einsamkeit gewollt und positiv erfahren wird, ist es möglich, sie zu feiern, wie Malraux es tat: »Wenn es eine Einsamkeit gibt, in der der Einsame ein Verdammter ist, dann gibt es auch eine, in der er nur deshalb einsam ist, weil die anderen ihn noch nicht erreicht haben.« Aber nicht alle Einzelgänger träumen von Großartigkeit. Viele schätzen ganz einfach den Abstand, den sie aus dem Rückzug von der Welt gewinnen, und nehmen die Einsamkeit wie eine heilsame Übung an, so wie es Vauvenargue beschreibt: »Die Einsamkeit ist für den Geist das, was die Diät für den Körper ist.« Indes hat die Diät nur dann Bedeutung, wenn man nicht gerade am verhungern ist... Menschen, die sie nicht gewählt haben, die Vereinsamten, Verlassenen, Isolierten, leiden unter ihr nur und sehen in ihr nur eine nicht enden wollende Nacht ihrer Erwartungen und ihrer Bedürfnisse als »gesellige Tiere«.

Denn letzten Endes kann Einsamkeit für die meisten unter uns nur ein Zwischenzustand zwischen zwei Perioden von sozialem Austausch und Beziehungen sein. Die Einsamkeit ist ein Übergang, oft nützlich, manchmal nötig. Ein Übergang und kein Schicksal, denn man kann sich in der Einsamkeit auch verlieren.

23. Kapitel
Liebe, Zuneigung, Freundschaft, Sympathie: Die Suche nach der Wertschätzung durch andere

> *An Lob verträgt man bekanntlich ungemessene Mengen.*
> Siegmund Freud, anlässlich seines 80. Geburtstags
> (auf dem Höhepunkt seiner Bekanntheit)

Wie weit kann man mit seinem Bedürfnis nach Liebe gehen?

In Bezug auf Zeichen der Anerkennung und Zuneigung durch andere kann es extreme Abhängigkeiten geben. Etwa bei den »zu netten« Menschen, die andere durch ihre Fürsorglichkeit oder übertriebenen Geschenke ersticken: »Ich bin zu sehr damit beschäftigt, nett zu sein, und zu sehr auf die anderen konzentriert. Ich glaube immer, dass ich ihnen etwas schuldig bin. Nirgends kann ich ohne Geschenk auftauchen, und normalerweise ist es so: Je mehr ich an der mir entgegengebrachten Wertschätzung zweifle, desto größer ist das Geschenk, das ich mitbringe. Ich habe ständig das Gefühl, den anderen verpflichtet zu sein. Spontan kommt mir nie in den Sinn, dass man mir Anerkennung schulden oder sich mir gegenüber zu Dank verpflichtet fühlen könnte. Immer fühle ich mich als Schuldige. Wie kann ich *das Staunen beschreiben, das ich seit meiner Kindheit in mir habe, wenn ich entdecke, dass ich geliebt und wertgeschätzt werde?* Es ist wie ein Freudentanz, eine Erleichterung. Auf jeden Fall eine Befreiung. So als ob immer schon irgendwo in mir das Gefühl vorhanden war, dass es nicht selbstverständlich ist, dass ich geliebt werde, ohne dass ich mir diese Liebe zuvor durch Geschenke oder eine Gefälligkeit erkaufen muss. Erst mein Mann machte mich auf all das aufmerksam, er brachte mir bei, dass ich die Aufmerksamkeit oder Zuneigung der anderen nicht durch Liebenswürdigkeit oder Geschenke *erkaufen* muss.«

Ein oberflächliches Ritzen, und schon ist man beim Profil einer verletzlichen Persönlichkeit, im Register dessen, was die Psychiatrie Verlassenheitsangst oder affektive Hyperappetenz nennt.

Im Fall der Verlassenheitsangst reagieren die Betroffenen sehr heftig (innerlich durch Leiden, äußerlich durch Vorwürfe oder Weinen) auf alles, was sie als Rückzug oder Distanzierung wahrnehmen – zur großen Überraschung der Menschen, die darüber nicht informiert sind (meistens Freunde, denn die Familie »weiß« darüber schon lange Bescheid) und denen es nichts ausmacht, ein halbes Jahr lang nichts zu hören oder von sich hören zu lassen, weil sich für sie an der Freundschaft oder Zuneigung, die sie für jemanden hegen, dadurch nichts ändert. Wenn aber der betreffende Freund sich schnell verlassen fühlt, sieht er das ganz anders.

Im Fall der affektiven Hyperappetenz suchen die betreffenden Personen sehr rasch eine intensive Beziehung und ziehen sie auf die affektive Ebene: Sie freunden sich rasch an, kommen mit einem neuen Arbeitskollegen bald auf eine persönliche Ebene... So als ob sie glaubten, auf diese Weise würden sie an das Wesentliche herankommen: »Ohne Zuneigung ist eine Beziehung nichts wert«.

Bei diesen beiden Persönlichkeitsgruppen scheint es so, als ob ein unendliches Bedürfnis nach Zeichen der Anerkennung und Zuneigung bestünde, so als ob ihre Existenz davon abhinge, etwa nach dem Motto »Ohne Liebe ist man gar nichts«. So als hätten sie sich die Worte André Gides zu eigen gemacht: »Ich will nicht ausgewählt, ich möchte bevorzugt werden« – nur wagen sie nicht, es offen zuzugeben. Man klagt keine Exklusivität ein (dazu hat man nicht genügend Selbstwertgefühl), man wartet darauf, dass die anderen so tun, »als ob« es nur uns gäbe.

Wie die Suche nach Zuneigung im Fall von sozialer Ablehnung aktiv wird oder nicht

Es gibt viele Arbeiten zum Thema, was passiert, wenn wir einen Misserfolg, eine Ablehnung, kurz, eine Bedrohung unseres Platzes in den Augen der anderen erfahren, und zwar ebenso viele Laboruntersuchungen wie Studien »in der Natur«.[1] Meist ist es eine Frage des Selbstwertgefühls: Menschen mit fragilem oder niedrigem Selbstwertgefühl neigen nach Misserfolg generell dazu, sich gefälliger und liebenswürdiger zu verhalten. Menschen mit hohem Selbstwertgefühl dagegen sind zu anderen eher weniger nett, wenn sie in Frage gestellt wurden. Sie scheinen vom Bedürfnis nach sozialer Zustimmung, wie Entschädigung und Trost, weniger abhängig zu sein. Bei Menschen mit niedrigem Selbstwertgefühl besteht jedoch eine große Gefahr: Da sie glauben, nie erfolgreich zu sein (tatsächlich, befürchtet oder fantasiert), neigen sie oft dazu, die anderen durch Freundlichkeit zu kaufen. Freundlich zu sein ist prinzipiell nichts Schlechtes. Wenn es aber als Überlebensstrategie und Prävention eingesetzt wird und keine freie Wahl ist, ist es etwas ganz Anderes.

Liebe und Selbstwertgefühl

Erstaunlicherweise gibt es bei Menschen mit niedrigem Selbstwertgefühl häufig »Liebesschlamassel«, denn sie haben die unwiderstehliche Neigung, ganz allgemein den positiven Blick ihres Partners auf sich unterzubewerten.[2] »Ich brauchte mehrere Jahre, um in meiner Beziehung weniger ›auf der Hut‹ zu sein. Nicht dass ich misstrauisch war oder kein Vertrauen hatte. Aber ich war unbewusst, reflexartig vorsichtig: Um nicht zu sehr enttäuscht zu werden, wollte ich mich nicht zu sehr geliebt fühlen. Das führte zu mehreren Krisen, denn meine Frau spürte es. Sie fasste es aber als mangelnde Liebe auf, während es doch vielmehr übertriebene Angst war und in Wirklichkeit sogar ein Mangel an Vertrauen in mich selbst. Was mich geheilt hat? Die Zeit.

Und eben die Tatsache, dass ich immer mehr Vertrauen fasste, in meiner Arbeit erfolgreich war und von meinen beiden kleinen Söhnen bewundert wurde. Nach und nach wurde ich sensibler, empfänglicher und offener für die Liebe in der Ehe. Und auch dafür, zu verstehen und anzunehmen, dass wirklich ich es war, den mein Frau liebte, und nicht nur das Bild, das sie von mir hatte, oder eines, das ihren Mädchenträumen entsprang.«

Menschen mit niedrigem Selbstwertgefühl neigen auch dazu, nicht ausreichend auf ihre Partnerschaft zurückzugreifen, um mit ihren Gefühlen von Unangemessenheit und Inkompetenz ins Reine zu kommen: Sie vertrauen sich nicht genug an oder bitten nicht um Rat und Aufmerksamkeit, wenn sie es bräuchten.[3]

In der Liebe beobachtet man bei abhängigen Menschen auch das Bedürfnis nach Verschmelzung. Auch da geht es um Probleme des Selbstwertgefühls. Durch die Verschmelzung wird man stärker, weil sicherer, allerdings auch weniger sichtbar, weniger exponiert. Mit der Neigung, hinter seinem Partner zu verschwinden, sozial nur noch durch ihn zu existieren und seine eigene Identität zu betäuben, besteht in einer Partnerschaft jedoch leider auch die Gefahr der Entfremdung. Eines Tages wacht man auf und bemerkt, dass man es vernachlässigt hat, sich anders denn als »die Frau von« oder »der Mann von«, »die Eltern von« zu konstruieren. Im gleichen Maß sieht man dann sein Selbstwertgefühl sinken.

Deshalb vielleicht so viele Liebesklagen und Liebeskummer, und deshalb ist das Liebesleben eines der häufigsten Gebiete, mit dem wir in der Psychotherapie beschäftigen müssen: Zwischen Beziehungsängsten, dem schlechten Umgang mit ihnen und übertriebenen Idealen fehlt es weder an Leid noch an Arbeit, das alles zu überwinden.

Der richtige Liebhaber für das Selbstwertgefühl…

Ich erinnere mich an eine Patientin, nennen wir sie Armelle, die in unregelmäßigen Abständen zu mir kam, um ihre Komplexe und ihr Selbstwertgefühl behandeln zu lassen. Sie gab die Therapie regelmäßig dann auf, wenn sie sich verliebt hatte. »In solchen Momenten brauche ich weder Sie noch die Therapie. Sobald ich das Gefühl habe, geliebt zu werden, stelle ich mir keine Fragen mehr über mich…« Leider hatten ihre Liebesgeschichten keine dauerhafte therapeutische Wirkung, und nach und nach kamen die Zweifel wieder. Seltsamerweise tauchten sie immer zuerst in Bezug auf ihre Liebhaber auf: »Ab einem gewissen Moment höre ich auf, sie zu idealisieren, dann sehe ich ihre Mängel, die ich vorher übersehen oder bagatellisiert hatte. Danach sehe ich sehr rasch wieder meine eigenen Fehler und beginne an mir zu zweifeln und mich zu hemmen… Dann verlasse ich sie. Und finde mich so wieder, wie ich mich nicht mag, mit meinen Sorgen und meiner andauernden Unbefriedigtheit.«

Eine der Stärken der Liebe in Bezug auf die Verletzungen des Selbstwertgefühls liegt darin, dass sie uns, sofern sie gegenseitig ist, dezentriert: Wir denken nicht mehr an uns, sondern an den anderen. Wir denken nicht mehr an unsere Person, sondern an das Liebespaar, das wir bilden, ein Vergessen des Selbst durch die übermäßige Beschäftigung mit dem anderen…

Eines Tages fand Armelle den Mann ihres Lebens. Oder besser, sie traf einen Mann, der nach und nach der Mann ihres Lebens wurde. Trotz seiner Mängel… Zweifellos hatte sie ausreichend an sich gearbeitet, sodass ihre Selbstzweifel und ihre Perfektionsansprüche für ihr Glück kein Hindernis mehr darstellten. Vielleicht aber auch hatte sich ihr Partner ganz einfach als der richtige Liebhaber herausgestellt.

24. Kapitel
Die Angst vor Lächerlichkeit und der Kampf gegen Scham und verletzte Selbstliebe

> *Die gleiche hemmende Scham, die mich zurückhielt, hinderte mich oft daran, Gutes zu tun, das mir Freude bereitet hätte und dessen ich mich nicht enthielt, ohne meine Dummheit zu beklagen.*
>
> Jean-Jacques Rousseau,
> *Träumereien eines einsamen Spaziergängers*

Verletzungen der Selbstliebe kommen bei Problemen des Selbstwertgefühls häufig vor. Oft jedoch handelt es sich dabei um Verletzungen, die zu vermeiden gewesen wären oder in Wirklichkeit gar nicht existieren. Sie hängen mehr mit der Übersensibilität der jeweiligen Person zusammen als mit der Schwere oder der Realität der »Angriffe«, deren Opfer sie gewesen sein mochte.

Die Emotionen des leidenden Selbstwertgefühls

Mit den Schwierigkeiten des Selbstwertgefühls stehen viele Emotionen in Zusammenhang. Sie wurden von den Forschern die »*Emotionen des Selbstbewusstseins*« genannt.[1] Dieser Ausdruck passt gut, denn er erinnert uns daran, dass die Ursprünge der Emotionen, um die es hier geht, nicht nur außerhalb von uns liegen (die Situationen, die sie auslösen), sondern auch in uns (unsere eigene Empfindlichkeit und manchmal Überempfindlichkeit in diesen Situationen). All diese Emotionen sind zugleich die,

- **die am geheimsten sind**: beispielsweise Emotionen, die am wenigsten durch einen bestimmten Gesichtsausdruck gekennzeichnet sind, im Unterschied zu Emotionen wie Traurigkeit, Angst, Wut ...
- **die von äußeren Auslösern unabhängig sind**: Während die Auslöser von Angst oder Wut universell sind, sind die von Scham oder

Verlegenheit kulturell und manchmal auch individuell. Denn nicht die Situation, sondern ihre Interpretation zählt (was bis zu einem gewissen Grad für alle Emotionen zutrifft).
- **die am meisten von der Gegenwart anderer abhängen**: André Comte-Sponville definiert es wunderschön: »Die Eigenliebe ist die Liebe zu sich selbst unter dem Blick der anderen.«

Zu einem geringen Teil äußern sich diese Emotionen des leidenden Selbstwertgefühls in *Befangenheit und Verlegenheit*. Dieses erste Stadium ist nicht zwangsläufig an eine negative Bewertung seiner selbst gebunden. Nehmen Sie das Beispiel eines Vortragenden, den man mit großen Lobesworten vorstellt: Es wird ihn meistens verlegen machen, außer er ist besonders narzisstisch. Der Reflex in einer solchen Situation wird sicher ein gesenkter Blick sein, begleitet von einem leichten Lächeln (Menschen mit niedrigem Selbstwertgefühl könnten hier einwenden, seine Verlegenheit rühre von der Befürchtung her, nichts den Vorschusskomplimenten Entsprechendes leisten zu können!). Ein andermal ist die Verlegenheit mit einem Fehler oder nicht adäquatem Verhalten verbunden: Etwas fallen lassen, eine »Dummheit« sagen oder etwas als sensationelle Neuigkeit ankündigen, das alle schon wissen. Das hängt mehr vom Selbstwertgefühl ab und den Befürchtungen, die Erwartungen nicht zu erfüllen.

Das Gefühl, sich lächerlich zu machen, ist mit der Überzeugung verbunden, sein soziales Image beschädigt oder spöttische oder ironische Blicke hervorgerufen zu haben. Vom Wort her geht lächerlich auf Lachen zurück: Angst vor Lächerlichkeit, das ist die Angst, dass andere über einen lachen. Vielen Menschen mit einem fragilen Selbstwertgefühl fällt es daher schwer, mit anderen über sich selbst zu lachen, auch in Situationen, in denen das Lachen nicht beleidigend ist. Sich oft lächerlich zu fühlen oder oder von der Sorge getrieben zu sein, dieses Gefühl zu vermeiden, ist ein recht sicheres Anzeichen für ein unsicheres Selbstwertgefühl. Das am meisten gefürchtete Stadium dieser Emotionen des Selbstbewusstseins ist jedoch die Scham.

Formen und Auswirkungen der Scham

Scham ist ein sehr destruktives Gefühl, denn es steht in Zusammenhang mit der Person und nicht nur mit dem Verhalten. *Man fühlt sich schuldig für etwas, das man getan hat, aber man ist beschämt über das, was man ist*: Der Schaden ist viel größer. *Sich schämen bedeutet immer, sich über sich zu schämen*: Man lehnt sich selbst als Ganzes ab, nicht nur seine Handlungen.

Ein weiteres Kennzeichen der Scham: Sie wird durch die Vorstellung ausgelöst, dass unsere Handlungen öffentlich bewertet werden. Misserfolge sind umso schamvoller, wenn sie in Gegenwart eines anderen geschehen oder ihm zur Kenntnis gebracht werden.[2] Aber allein schon die Vorstellung einer Bewertung durch die anderen in Bezug auf unsere Verletzbarkeit oder einer Bloßstellung unserer Inkompetenzen in der Öffentlichkeit kann genügen, um im Vor- oder Nachhinein ein Schamgefühl auszulösen. Und in Bezug auf »Wenn die Leute wüssten« erlebt man bei Menschen mit niedrigem Selbstwertgefühl manchmal eine Art von selbstauferlegtem eingebildetem Prangerstehen. Die Scham ist übrigens eine sehr »visuelle« Emotion (man stellt sich unermüdlich die Situation vor), während die Schuld nur verbal sein kann (man macht sich Vorwürfe). Der letzte Unterschied zur Schuld ist vielleicht der wichtigste: Die Scham braucht nicht notwendigerweise eine »moralische Verfehlung«, damit sie sich einstellt. Das einfache Gefühl, versagt zu haben, es nicht geschafft haben, einer Sache nicht gewachsen zu sein, genügt, um zu leiden.

Da die Scham von unseren persönlichen Überzeugungen darüber abhängt, was »einer Sache gewachsen sein« oder »nicht enttäuschen« bedeutet, versteht man, dass sie häufig bei Menschen auftritt, die darum besorgt sind, nicht zu enttäuschen oder sich immer von der besten Seite zu zeigen.

Wenn sie gestört ist, ist sie zweifellos eine der furchtbarsten Emotionen, die das Selbstwertgefühl erschüttern können. Denn wenn sie in der Situation, in der sie aufkommt, schmerzlich ist (der Ausdruck

»vor Scham sterben« spricht für sich), dann ist sie auch langfristig zerstörerisch, denn in der Folge nährt sie schädliche Grübeleien. Letztere erhöhen nach und nach die Sensibilität der davon Betroffenen und rechtfertigen späteres Vermeidungsverhalten: Nach einem »beschämendes Erlebnis« kann es sein, dass man nicht mehr sprechen, tanzen, seine Meinung äußern will usw. Und nach wiederholten Schamerlebnissen (noch einmal: was zählt, ist das Erleben der Scham, weniger ihre soziale Situation) ist es möglich, dass man sich nach und nach aus sämtlichen sozialen Gefahrensituationen zurückzieht, das heißt jede Form von Spontaneität unterdrückt.

Indem sich so die Macht der Scham über unser Verhalten offenbart, scheint diese Emotion bei bestimmten Menschen auch gewalttätiges Verhalten auslösen zu können: Angriffe auf das Selbstwertgefühl erhöhen das Aggressionsrisiko.[3] Sich angegriffen fühlen kann dazu führen, dass man sich rächen will. Das kommt leider in den Kulturen der »Ehre« vor (wie manche mediterrane oder orientalische Kulturen), die in Wahrheit archaische und gewaltbereite Kulturen der Scham sind.

Übungen gegen das Schämen

Wie alle Emotionen hat die Scham eine Funktion: Sie dient uns dazu, nicht zu vergessen, dass es Regeln und Standards gibt, die respektiert werden müssen, wenn man in einer Gruppe (Familie, Freunde, Mikro- oder Makrogesellschaft) seinen Platz einnehmen will. In kleinen, angemessenen Dosen kann Scham antisoziales Verhalten verhindern: lügen, betrügen, stehlen, Schwächere schlecht behandeln, oder, wenn ich es getan habe, verhindern, dass ich es erneut tue. So wie die Angst bewirken kann, dass ich vorsichtiger werde, indem ich Gefahren antizipiere, kann mich die Scham bewusster machen, indem sie mich die soziale Ablehnung antizipieren lässt.

Alle Emotionen aber können gestört sein. Die Angst kann sich in

Phobie verwandeln. Die Scham kann sich verselbstständigen. Wir haben keinen speziellen Namen für »die Krankheiten der Scham«. Das ist sicherlich ein Zeichen dafür, dass sie von traditionellen Gesellschaften toleriert wurden und man sich mit ihr gut abfand: Die Scham ist ein geeignetes Mittel, um die Menschen ruhigzuhalten. Denken Sie an den Pranger, an den man im Mittelalter die Verbrecher stellte, oder an die Eselsmütze, die die schlechten Schüler bis in die fünfziger Jahre (in Frankreich) aufsetzen mussten.

Bei Problemen des Selbstwertgefühls gibt es viele Störungen der Scham. Deshalb haben wir in der Psychotherapie erstaunliche – zumindest in den Augen der Nichteingeweihten – »Übungen gegen die Scham«,[4] deren Ziel es ist, Verlegenheit, Betretenheit, das Gefühl, lächerlich zu sein, und schließlich Scham zu empfinden, ohne sich davon zu sehr beeindrucken zu lassen. Zum Beispiel: Sie fahren mit der U-Bahn oder dem Bus und sagen laut die Stationen an. Wenn die Leute Sie anschauen, lächeln Sie zurück. Wenn Sie angesprochen werden, sagen Sie einfach die Wahrheit: dass Sie eine Übung machen, durch die Sie lernen, gegen die Scham anzukämpfen. Ein derartiger Fall ist selten und nur ein einziges Mal passiert, seit wir diese Übungen mit meinen Patienten machen. Die Person, die uns ansprach, zeigte sich übrigens sehr interessiert, war neugierig, mit uns darüber zu sprechen, und erzählte schließlich sehr schamvolle Situationen aus ihrem Leben (etwa wie sie bei einer Lüge an ihrem Arbeitsplatz ertappt wurde). Diese und andere Übungen halfen mir sehr – ja, mir, denn ich dachte, dass ich nicht unter übermäßiger Scham leide: Ich entdeckte, dass wir in Wirklichkeit alle viel stärker von Scham beherrscht sind, als wir glauben: sich genieren, laut zu sprechen oder auf der Straße den Clown zu spielen, nachlässig gekleidet oder mit Hausschuhen oder im Pyjama auf die Straße zu gehen. Nicht dass ich das empfehlen würde, aber solche kleinen Übungen sind von Zeit zu Zeit nützlich, *um sein »Schamometer« zu justieren, damit es weniger empfindlich wird.*

Folgende Phänomene treten beim Üben auf:
- **Zunächst stellt man fest, dass man sich vorher viel schlechter fühlt als nachher.** Der Gedanke daran, lächerlich oder deplaziert zu sein, ist viel schlimmer als die reale Tatsache. Diese Einsicht ist äußerst wichtig, denn sie zeigt, wie unnütz es ist, immer allem aus dem Weg zu gehen: Wenn man immer auf der Flucht ist, realisiert man nie, dass man nur vor dem Gespenst der sozialen Ablehnung flüchtet.
- **Danach erkennt man** (wir sprachen darüber beim »Spotlight«-Effekt), dass die anderen uns wenig Aufmerksamkeit schenken, und zwar auch bei Dingen, von denen wir glauben, sie würden unfehlbar die Blicke aller auf sich ziehen. Manchmal schämen sich die Personen, die uns verstohlen anschauen, sogar mehr als wir, wenn wir in der U-Bahn die Namen der Stationen laut ankündigen.
- **Und wie beim Umgang mit der Angst bemerkt man: Je länger und je öfter man die Übungen macht, desto geringer und schwächer wird das Schamgefühl.** Bis man eine kleine Euphorie oder Leichtigkeit verspürt: Man spürt das Gewicht des Schamgefühls nicht mehr und sorgt sich nicht mehr darum, was sich gehört und was nicht. Ein wirklich angenehmes Gefühl.

Eine andere ganz wichtige Regel besteht darin, nie, wirklich niemals allein zu sein, wenn man sich schämt. *Einsamkeit und Isolation sind die Nährstoffe des Schamgefühls.* Wenn man sich schämt, zieht man sich reflexartig zurück: Man senkt den Blick, hört auf zu sprechen, möchte im Erdboden versinken, vor Scham sterben... Aber selbst wenn man sich schämt, über das zu sprechen, weswegen man sich schämt, ist es absolut nötig, das Gespräch zu suchen. Dadurch schafft man Distanz zu sich selbst und verkrampft sich nicht.

Vorsicht vorm Wiederkäuen, wie gesagt: Offenbar ist das Wiederkäuen eine Form verschlüsselter emotionaler Eincodierung der emotionellen Verletzungen in unser unbewusstes und bewusstes Gedächtnis. Man muss also die Wunden des Schamgefühls sorgfältig säubern.

25. Kapitel
Die sozialen Beziehungen richtig aufschienen: Dem unwiderstehlichen Reflex des Vergleichens misstrauen und nutzlosen Wettbewerb ablehnen

> *Wer glaubt, wegen seiner eigenen Gaben auf alle Welt verzichten zu können, täuscht sich sehr; wer aber glaubt, man könne auf ihn nicht verzichten, täuscht sich noch mehr.*
> La Rochefoucauld

»Wenn meine Frau mir von den Ehemännern ihrer Freundinnen erzählt, von den Supertypen, die viel verdienen, früh nach Hause kommen, das Geschirr spülen, sich am Wochenende mit den Kindern beschäftigen und ihren Frauen die Füße massieren, dann nervt mich das total. Mir ist es lieber, sie erzählt von Freundinnen, denen die Männer durch ihren Egoismus und ihre Fußball-Manie im Fernsehen das Leben unerträglich machen. Das motiviert mich. Ich sage mir dann nicht: ›Es gibt Schlimmere als mich‹, und ruhe mich nicht auf meinen Lorbeeren aus. Sondern: ›Ich bin auf dem richtigen Weg, ich möchte nicht wie sie sein.‹« (Samuel, 34 Jahre).

Bisweilen lassen wir uns in Beziehungen verwickeln, die wir eigentlich gar nicht gewollt haben: Wir steigen auf absurde Vergleiche und nicht weniger absurde Wettbewerbe ein. Diese Regungen sind umso unwiderstehlicher, als sie wahrscheinlich auf angeborenen Veranlagungen beruhen: Die Reflexe sind Teil unserer Vergangenheit als Primaten, die in Gruppen lebten, in denen das Überwachen dessen, was die anderen tun und sind, eine nützliche Gewohnheit ist, um nicht ins Hintertreffen zu geraten, und innerhalb deren die Frage der Dominanz für den Zugang zu Ressourcen aller Art (Nahrung und gute Position) wichtig ist. Wie immer bei Verhaltensweisen, die in einer fernen psychobiologischen Vergangenheit liegen, müssen wir diese deshalb nicht passiv akzeptieren. Auch wenn wir anerkennen, dass Vergleich und Wettbewerb angeboren sind, können wir doch versuchen, diesen Einflüssen nicht blind zu folgen und sie in unserem Leben nicht zu wichtig werden zu lassen, außer wir sind der

Ansicht, dass unsere Umgebung und unsere Interessen es rechtfertigen. Es geht also darum, zu *wählen* und nicht einfach nur zu *reagieren*.

»Ich vergleiche mich … tröstet oder betrübt mich das?«

Die Reflexe des sozialen Vergleichs scheinen zunächst unvermeidlich zu sein. Sie vollziehen sich sogar unbewusst.[1] Die schlichte Tatsache, in einer Gesellschaft zu leben, löst sie immer wieder aus. Zu den zahllosen Phänomenen, die soziale Vergleiche auslösen, gehören:

- **Sein Bewusstsein auf sich selbst fokussieren:**[2] Wenn Sie zum Beispiel einen kurzen Text über sich schreiben (im Vergleich zu einem kurzen Text über einen Kinostar), erhöht sich danach die Neigung zum sozialen Vergleich. Und da, wie wir gesehen haben, die Probleme mit dem Selbstwertgefühl von einer deutlichen Neigung begleitet werden, viel und oft über sich nachzugrübeln…
- **An sich selbst zweifeln**: Wenn ein Pseudo-Persönlichkeitstest, den Sie am Computer machen, ein unscharfes Bild von Ihnen entwirft (»nach Überprüfung Ihrer Antworten ist es nicht möglich, eine Zusammenfassung ihrer Persönlichkeitsmerkmale zu geben«), sind Sie ebenfalls eher geneigt, einen sozialen Vergleich anzustellen.
- **Einen Misserfolg erleben**: Die Tendenz, sich mit anderen zu vergleichen, denen es »schlimmer als einem selbst geht«, ist dann häufig, ganz gleich, welches Niveau das Selbstwertgefühl hat.[3]
- **In Schwierigkeiten und zugleich im Zweifel zu sein, verdoppelt die Intensität der Neigung.** Hier das Bekenntnis der Eltern von Luce: »Unsere kleine Tochter wurde mit motorischen Problemen geboren. Jahrelang hofften wir, dass sie ihren Rückstand aufholen würde. Sobald wir auf einem Familientreffen oder an einem Ort mit anderen Kinder waren, beobachteten wir sie insgeheim sehr aufmerksam, um zu sehen, wo sie im Vergleich zu Luce waren. Mit den Jahren hörten wir damit auf, denn es machte uns jedes Mal unglücklich, weil Luce ihren Rückstand nicht aufholte: Wir mussten uns damit abfinden, dass sie anders war als die anderen Kinder. Und vor allem anders als das ideale Kind, von dem wir

geträumt hatten und das sie hatte werden sollen. Es dauerte Jahre, bis wir sie so annahmen, wie sie ist: enttäuschend, wenn von ihr Leistungen erwartet wurden, und anziehend wie alle Kinder, denn sie ist eine kleine werdende Persönlichkeit, und niemand kann wissen, wie sie einmal sein wird, glücklich oder unglücklich. Heute aber vergleichen wir nicht mehr. Unsere Frage lautet nicht mehr: Ist sie im Vergleich zu den anderen zurück? Sondern: Ist sie glücklich?«

Vom Vergleich zum Wettbewerb

Die Gefahr beim Vergleichen liegt darin, den Alltag zum Kampfplatz um die Vorrangstellung zu machen: Wer beim Meeting am meisten spricht, das schönste Haus oder Auto, einen supersexy Partner, die schönsten Kinder hat...

Wie schon gesagt: Achtung! *Dieser Hang zu Vergleich und Wettbewerb wird sehr rasch aktiv.* Das zeigt die folgende Studie: Forscher wollten herausfinden, ob es möglich ist, Wettbewerbsverhalten durch die einfache Aufgabe hervorzurufen, mit Wörtern zu hantieren. Man bat Versuchspersonen, Sätze mit jeweils zehn Wörtern zu formulieren, die erstens eine Wettbewerbssituation (gewinnen, sich selbst übertreffen, Kampf, Rivalität, Wettbewerb), zweitens eine Zusammenarbeit evozierten (kooperieren, miteinander arbeiten, zusammenarbeiten, Freundschaft).[4] Die einfache Tatsache, mit Wörtern hantieren zu sollen, die Wettbewerb evozierten, löste in einem zweiten Schritt, in Situations- und anderen Spielen, einen sozialen Vergleich und Wettbewerbsverhalten aus, während die gleiche Aufgabe mit Wörtern, die Zusammenarbeit evozierten, die entgegengesetzte Tendenz auslöste. Insofern ist es überhaupt nicht harmlos, in einer Umgebung aufzuwachsen, in der den ganzen Tag lang bestimmte Werte propagiert werden: Die Lektüre einer bestimmten managerorientierten Presse zum Beispiel kann bei denen, die sie regelmäßig lesen, ein Wettbewerbsverhalten hervorrufen, das für das Unternehmen, bei dem sie angestellt sind, sehr gut sein mag, aber weniger gut für ihr persönliches Wohlbefinden. Besser ist zweifellos, seine Wettbewerbsinstinkte Situationen vorzubehalten, die sie erfordern (bestimmte berufliche Situationen), und sie in anderen (berufliche und private Zusammenarbeit) zurückzuhalten.

Ebenso kann *regelmäßiges Zusammensein mit Menschen, die von sozialem Wettbewerb besessen sind*, sich als sehr ungesund erweisen, es sei denn, wir sind uns des Problems gar nicht bewusst.

Es gibt noch andere *soziale Milieus, die Vergleich und scharfe Überwachung des Status anderer induzieren*: Film, Mode, Fernsehen. Jedes Umfeld übrigens, in dem das Individuum auf abgeschlossen Weise lebt, wenn nicht sogar der gesamte gesellschaftliche Diskurs verleitet natürlich dazu: So war es beim »Frankreich gewinnt« der dummen achtziger Jahre, womit nur die gleichen hyperindividualistischen und antikooperativen Werte der USA, Großbritanniens und des gesamten Abendlandes nachgeäfft wurden.

Merken wir an, dass wir uns gar nicht immer vergleichen *wollen*. Zuweilen kommt es vor, dass wir durch gewisse Lebensumstände dazu gezwungen werden: zum Beispiel, wenn wir erfahren, dass einer nahestehenden Person ein Unglück widerfahren ist oder dass sie erkrankt ist. Wenn wir uns in Bezug auf das, was ihr passiert ist, sehr stabil fühlen (»mir könnte das nicht passieren, weil …«), ist der Vergleich egoistischerweise zunächst beruhigend. Wenn aber unser Gefühl im Verhältnis zum betreffenden Ereignis eher wackelig ist, wird der Vergleich beunruhigend sein (»Das könnte auch mir passieren«). Dafür aber kann er präventive Strategien in Bezug auf das befürchtete Ereignis auslösen (»Morgen höre ich mit dem Rauchen auf«, »Schluss mit diesem sinnlosen Geldausgeben!«).[5]

Der Wettbewerb bringt uns nicht zwangsläufig weiter

Im Gegensatz zur gängigen Meinung ist es *nicht so, dass die, die wie besessen gewinnen wollen, auch immer wirklich gewinnen…* Zum

Glück! Der durch zu hohe Erwartungen erzeugte Druck kann im Gegenteil sogar die Leistung beeinträchtigen.[6] Klar ist auch, dass das Risiko vermehrter Konflikte wächst, denn jeder versucht den Platz des anderen einzunehmen, was man in der Theorie »Nullsummenspiel« nennt: Was der andere gewinnt, ist für mich verloren. Das Ziel liegt daher nicht nur im Gewinnen, sondern auch darin, zu verhindern, dass die anderen gewinnen. Eine solche Ansicht vom Leben in der Gesellschaft oder Gruppe zieht eine sehr verkrampfte Haltung nach sich in Bezug auf die Eroberung und Verteidigung von Territorien, Vorteilen und anderen Statussymbolen. Und dies wiederum führt regelmäßig zu weniger Wohlbefinden und zu einer Schwächung des Selbstwertgefühls: Solche egoistischen Umgebungen und eine derartige Wettbewerbssituation erzeugen reihenweise ein unsicheres, von äußerlichen Attributen abhängiges und hoch instabiles Selbstwertgefühl. Wunderbar, nicht?

Das Selbstwertgefühl zieht die Liebe der Macht vor

Zu Beginn dieses Buches haben wir gesehen, dass das Bedürfnis nach Anerkennung und Kontrolle die Energiequelle für das Selbstwertgefühl ist. Wenn wir es aber durch Wettbewerb nähren wollen, dann sind wir auf einem ganz falschen Weg. *Denn was Akzeptanz genannt wird, das heißt die Erfahrung, beliebt zu sein, wirkt sich doppelt so stark auf das Selbstwertgefühl aus wie die Dominanz, das heißt die Machtausübung.*[7] Wettbewerb und sozialer Vergleich sind für uns nicht die richtige Richtung. Durch sie verändert sich vielmehr nach und nach die Qualität unserer sozialen Beziehungen: Das Wenige und Instabile, das wir durch Dominanz gewinnen, verlieren wir an der Akzeptanz, die für das Selbstwertgefühl eine viel interessante Nahrung ist.

Modelle und Gegenmodelle:
Wie wir uns von den anderen inspirieren lassen können und dadurch weiterkommen

Wenn man so stark zum sozialen Vergleichen neigt, dann – wir sagten es bereits – auch deshalb, weil man zu Beginn Vorteile daraus ziehen kann, etwa Sicherheit gewinnen. Sozialer Vergleich kann aber auch noch besser genutzt werden: Er kann uns zu persönlichem Weiterkommen verhelfen und nicht nur Sicherheit verleihen. Dies geschieht durch soziales Lernen.[8]

Wenn wir lernen, dann meist nicht durch Ausprobieren oder Fehler oder durch braves Anhören von Anweisungen und Ratschlägen, die man uns so gern erteilt. Es geschieht durch die Beobachtung anderer: allen voran unserer Eltern, dann unserer Lehrer, Freunde und schließlich aller Menschen, die uns im Laufe unseres Lebens begegnen. Das gilt vor allem für komplexes Lernen, wie das Lernen im sozialen Bereich, die Beziehungen zu anderen usw.

Bei diesen »anderen« beobachten wir Positives und Negatives und merken uns Positives oder Negatives… Zum Beispiel den Hang, andere anzurempeln, wenn wir das bei Menschen, die wir gern hatten, beobachtet haben (selbst wenn wir das Opfer waren), oder die Angst vor Schlägen. *Modelle (so sein wie) und Gegenmodelle (nicht so sein wie) prägen uns.* Und zwar bewusst (ich wollte so sein wie der und der oder zumindest eine seiner Verhaltensweisen haben) oder unbewusst (mit Schrecken sehe ich, dass ich Verhaltensweisen nachahme, die ich doch eigentlich verabscheue und missbillige).

Bei Menschen mit hohem Selbstwertgefühl scheinen die besten Modelle sozialen Vergleichs die »positiven« Modelle zu sein (diese oder jene Schwierigkeit überwinden). Diese Menschen sind mehr *promotion-focused*, wie die Amerikaner sagen. Während Menschen mit niedrigem Selbstwertgefühl mehr durch »negative« Modelle in der Art von »so sollte man es nicht machen« motiviert zu werden scheinen, denn sie sind eher *prevention-focused*.[9] Sind wir also nur Nachahmer und gar nicht kreativ? Zum großen Teil ja!

Es ist ein unrealistischer Hochmut zu glauben, man sei einzigartig und autonom: Wir konstruieren uns zwangsläufig zu einem ebenso großen Teil durch Nachahmung. Gut, das zu wissen. Natürlich in der Kindheit, aber auch im Erwachsenenalter. Durch einfache Modelle – einfach im Sinne von begrenzt und simpel – wie Werbung, Fernsehen oder Film; oder durch andere, dichtere und subtilere, wie »echte« Menschen, denen wir begegnen: Dabei müssen wir fähig sein, sie mit offenen Augen zu beobachten und *nicht nur diejenigen zu bewundern, die die Gesellschaft uns als bewundernswert hinstellt*, sondern auch auf andere zu achten, bescheidenere und anonyme, die etwas besitzen, das wir uns mit Gewinn zu eigen machen könnten. Bewundern und sich inspirieren lassen vom Verhalten von Menschen, die uns nicht sympathisch sind oder uns in Bezug auf bestimmte Haltungen kritisierbar erscheinen – warum nicht? Wir sprechen hier nicht von Nachahmen, sondern von Lernen am Beispiel, sei es offen gegeben oder versteckt! Beobachten und profitieren wir lieber von den unzähligen Beispielen – oder Gegenbeispielen –, die uns das Leben bietet, anstatt sie negativ zu bewerten …

Nach vielem Beobachten und Vergleichen erreichen wir eines Tages eine Art Weisheit des Selbstwertgefühls: *die Fähigkeit, sich auch mit sich selbst zu vergleichen*. Mit der oder dem, die oder der wir vor einigen Monaten oder Jahren waren, mit der oder dem, die oder der wir an guten oder schlechten Tagen sind. Das ist sicherlich eines der besten Mittel, seine persönliche Entwicklung zu praktizieren: sich als *ewigen Künstler seiner selbst* zu erleben …

26. Kapitel
Neid und Eifersucht:
Die Emotionen des Selbstzweifels und ihre Heilmittel

> *Eifersucht enthält mehr Selbstliebe als Liebe.*
> La Rochefoucauld

Neid oder Eifersucht sind Anzeichen von misslungenem Selbstwertgefühl, solange es der Verlockung zu Vergleich und Wettbewerb nachgibt. Beide Emotionen, die Zeichen des Selbstzweifels sind, unterscheiden sich voneinander, selbst wenn man heute mit »Eifersucht« oft beide Gefühle bezeichnet.

Neid geht auf das unangenehme Gefühl zurück, das wir angesichts dessen verspüren, dass ein anderer etwas besitzt, das wir nicht haben, aber gerne hätten: Geld, Status, Glück ... Im Allgemeinen ist man auf Menschen neidisch, denen man mehr oder weniger nahesteht oder mit denen man sich zumindest realistischerweise vergleichen kann. Selten quält uns Neid auf den Lebensstil von Menschen, die sich auf einer ganz anderen sozialen Ebene bewegen, wie Stars oder Milliardäre.

Eifersucht wiederum bezeichnet die Angst davor, etwas zu verlieren, das wir schon haben: So kann man eifersüchtig auf seine Privilegien bedacht sein, und man wird sie aggressiv und wachsam verteidigen. Oder eifersüchtig auf seinen Partner, dessen Tun und Reden man genau beobachtet, um etwaige Anzeichen für einen Rivalen oder eine Rivalin zu erkennen. Auch in Freundschaften gibt es Eifersucht, etwa in Form des Wunsches nach einer exklusiven Verbindung.

Beide Emotionen haben offensichtlich eine Verbindung zum fragilen Selbstwertgefühl.

Warum bin ich neidisch?

Neid entsteht unter zwei Bedingungen: Zunächst ein sozialer – für uns ungünstig ausfallender – Vergleich zwischen unseren Vorteilen und denen des anderen. Dann ein Gefühl der Machtlosigkeit, das, was der andere besitzt, auch zu bekommen. Ohne dieses Ohnmachtsgefühl wären wir nicht neidisch, sondern würden ganz einfach nur das Gleiche bekommen wollen... Von daher die Verbindung zum Selbstwertgefühl: *Man ist neidisch auf das, was man nicht hat, aber nur, wenn man glaubt, dass man es aus eigener Kraft nicht auch bekommen kann.* Neid hat nicht zwingend etwas mit Macht oder realem Besitz zu tun: Man kann auch auf das Glück des anderen neidisch sein, oder es fuchst einen, dass er immer gut gelaunt ist usw. Das Phänomen ist universell: In allen Kulturen kennt man Legenden von Königen und Kaisern, die neidisch auf das geringe Gut ihrer Untertanen waren...

Neid ist ein Problem des Selbstwertgefühls, und leider setzt er einen Teufelskreis in Gang, der es noch mehr schwächt, indem er immer wieder zu neuen sozialen Vergleichen antreibt, von denen wir wissen, wie schädlich sie sind. Selbst wenn man es vor sich selbst nicht bewusst zugibt, verweist er indirekt auf das Bild eines Selbst, das unfähig ist, das zu bekommen, was es erstrebt. Er begünstigt das Gefühl des persönlichen Scheiterns, das man im Fall von Neid auf den Erfolg des anderen immer als soziale Ungerechtigkeit auffassen kann (»Wenn so etwas vorkommen kann, dann taugt die Gesellschaft nichts...«). Aber dieses Hilfsmittel funktioniert kaum. Vor allem verhindert es nicht neuen Neid, sondern fügt ihm noch Bitterkeit hinzu.[1]

Sich vom Neid befreien

La Rochefoucauld mahnte seine Zeitgenossen: »Unser Neid währt stets länger als das Glück derer, die wir beneiden.« Reicht das aus?

Oft sind zahlreiche Versuche nötig, um sich vom Gift des Neides zu befreien.

Zum Beispiel Tratsch (über Menschen schlecht reden, auf die man neidisch ist): Das Bedürfnis, über andere schlecht zu reden, hängt zu einem großen Teil mit Neid und schwacher Kontrolle über das eigene Leben und die eigene Umgebung zusammen. Vielleicht ist es aber auch für unser emotionales Wohlbefinden nützlich, vorausgesetzt, es wird nicht von zu starken negativen Emotionen begleitet.[2] Schlecht reden, warum nicht, aber ohne sich zu sehr aufzuregen, ohne zu sehr daran zu glauben, sondern nur aus Freude am Reden und sich Austauschen.

Eine andere Neigung, die dazu gehört: über die Gesellschaft schlecht reden und seinen Neid in einen sozial wertenden Diskurs über Intoleranz und Ungerechtigkeit einkleiden. Ungerechtigkeit ist tatsächlich ein Problem. Es ist aber ein *anderes* Problem als das unserer Unfähigkeit, zu ertragen, dass andere mehr haben als wir ... Jules Renard schrieb es in sein Tagebuch: »Man muss die Reichen nicht verachten, es genügt, sie nicht zu beneiden.«

Es ist nicht leicht, seinen Neid in Gleichgültigkeit umzuwandeln. Oder gar in Wohlwollen! Wie kann man erreichen, sich über den Erfolg der anderen zu freuen, vor allem, wenn wir selbst nichts dabei verlieren (was oft der Fall ist)? Das ist nicht leicht, wenn man Probleme mit dem Selbstwertgefühl hat. Trotzdem ist es eine sehr gesunde und lehrreiche Übung, vor allem in Bezug auf diesen dummen Neid, in den uns alle sozialen Wettbewerbssituationen versetzen.

Genauso wichtig ist es, sich nicht damit zu begnügen, den Neid zu unterdrücken. Besser ist es, ihn zu erkennen und umzuwandeln. Sich darin zu üben, den aggressiven (»Es ist ungerecht, dass diese Niete das hat«) oder depressiven Neid (»Ich bin erbärmlich, weil ich das nicht habe«) in einen wetteifernden Neid zu verwandeln: »Was muss ich tun, um auch an das zu kommen, was meinen Neid erregt?« Man stößt so vermutlich auf eine der ursprünglichen und natürlichen (und vor allem vorteilhaften) Funktionen von Neid: auf den Antrieb zum Handeln.

Die Sackgasse der Eifersucht

Die Eifersucht beruht auf einer falschen Auffassung davon, was das ist: eine affektive Bindung an den anderen, gleich ob Liebe oder Freundschaft. Eifersucht in einer Liebesbeziehung betrifft uns tief und allgemein und erweist sich als noch zerstörerischer für unser Selbstbild.[3] In beiden Fällen aber beruht die Eifersucht auf einer falschen oder vielmehr archaischen und urtümlichen Auffassung von Bindung: dass Lieben Besitzen wäre; und dass die Liebe eines Eifersüchtigen oder einer Eifersüchtigen anzunehmen, heißen würde, sich seinem bzw. ihrem krankhaften Besitzwunsch zu unterwerfen.

Die Eifersucht ist immer ein Leiden, das durch den Rückgang an Selbstwertgefühl, das sie hervorruft, und zugleich durch die Vorwegnahme des Verlusts privilegierter Bindungen Angst erzeugt.[4] *Eifersüchtige genießen ihr Glück nie, sie überwachen es nur.* Die Probleme des Selbstwertgefühls sind hier übrigens noch offenkundiger als beim Neid:[5] Der oder die Eifersüchtige hat Angst, seine bzw. ihre Qualitäten könnten nicht ausreichen, um den Partner an ihrer Seite zu halten. Deshalb ihre Versuche, ihn zu prüfen, einzuschüchtern und einzusperren: Anstatt den anderen zu veranlassen, mit Freude bleiben zu wollen, versucht man mit allen Mitteln, ihn am Weggehen zu hindern. Das defiziente Selbstwertgefühl wird *so* natürlich nicht verbessert: Am Ende verhindert die Eifersucht nur, dass man sich der Liebe oder Zuneigung, die man uns entgegenbringt, sicher fühlt. Da der andere gefesselt ist, kann man unmöglich wissen, ob er uns *wirklich* zugeneigt ist. Die Eifersucht verstärkt also das Problem, anstatt es zu lösen. Sie ist der völlige Bankrott einer Bindung, zum anderen und zu sich selbst. Und schließlich lässt sie uns das Wesentliche an dem vergessen, was eine blühende Bindung sein soll: Gegenseitigkeit.

27. Kapitel
Nicht misstrauen, sondern vertrauen:
Die Vorteile überwiegen die Nachteile

> *Vertrauen ist keine leere Illusion. Letztlich wird uns nur durch sie versichert, dass unsere private Welt nicht auch eine Hölle ist.*
>
> Hannah Arendt

»Vertrauen haben? Ich habe schon nicht genug Vertrauen in mich selbst … Ich bin zu schwach, um anderen zu vertrauen. Ich meckere nicht, wenn man mich ausnutzt. Ich empöre mich nicht, wenn ich hintergangen werde. In meinem Leben ist es mir oft passiert, dass ich als Letzte begriffen habe, dass man mich ausnutzte. Da ich an mir selbst zweifle, unterstelle ich den anderen immer, dass sie gute Gründe haben. Ich gehe davon aus, dass meine Zweifel unbegründet sind und mein Verdacht nicht gerechtfertigt ist … Wenn ich hintergangen werde, ist mein Alarmsignal betäubt. Lange Zeit konnte ich mir nicht einmal die einfachsten Sätze sagen wie: ›Das ist nicht normal. Das ist ein Übergriff. Lass dir das nicht gefallen. Das ist unannehmbar. Das ist Verrat und vollkommen unmoralisch.‹ Wie Sie sich vorstellen können, konnte ich das nicht einmal denken, geschweige denn es anderen sagen … Ich kann es immer noch nicht ausdrücken, aber heute liegt der Unterschied darin, dass ich die Situationen vermeide, in denen ich es aussprechen müsste: Damit ich nicht mehr enttäuscht oder verraten werde, vertraue ich niemandem mehr. ›Kredit wird nicht mehr gegeben.‹ Ich merke natürlich, dass ich mich dadurch isoliere und und um vieles bringe. Aber ich bin lieber allein und misstrauisch als akzeptiert und hintergangen.«

Vertrauen haben

Vertrauen? Das ist die Erwartung, dass unser Wunsch nach Zusammenarbeit nicht enttäuscht und unsere Verletzlichkeit vom andern nicht ausgenutzt wird. Vertrauen ist Intuition, manchmal eine (mehr oder weniger begründete) Entscheidung und viel mehr eine Hoffnung als eine Gewissheit. Vertrauen ist eine Form von Optimismus in Bezug auf soziale Beziehungen: Es ist aber nicht, wie der Optimismus, blind gegenüber Schwierigkeiten (im Falle von ernsthaften Problemen reagieren Optimisten und Pessimisten gleich), sondern Gelassenheit angesichts der Abwesenheit konkreter Probleme. Während der Optimismus konkrete Situationen nicht zwangsläufig verändert – das Vertrauen kann es: einem anderen sein Vertrauen zu schenken kann sich sehr günstig auf seine Entwicklung auswirken und auch dazu beitragen, die Gesellschaft menschlicher zu machen.

Die Fähigkeit zu vertrauen geht natürlich auf unsere Vergangenheit zurück: Vertrauensvolle Eltern und kein schmerzlicher Treubruch, wenn man sehr viel von sich eingebracht oder offenbart hat, sind wohl die beiden Hauptfaktoren. Es gibt aber noch eine Menge anderer Faktoren, die aus der Gegenwart stammen und zusammen ein komplexes Ganzes bilden.

Zunächst können die Gründe, Vertrauen zu haben, entgegengesetzt sein: Man kann jemandem auf Grund einer persönlichen Schwäche (niedriges Selbstwertgefühl) vertrauen, weil man dazu neigt, die anderen zu idealisieren oder sich ihnen gegenüber in eine Position der Schwäche oder Abhängigkeit zu begeben. *Man kann auch Vertrauen schenken, weil man sich stark genug fühlt, einen etwaigen Verrat auszuhalten oder danach trotzdem weiterzumachen*: »Ich gebe ihm eine Chance ...« (hohes Selbstwertgefühl). Jemandem sein Vertrauen schenken zu können hängt also stark davon ab, wie sehr man sich selbst vertraut, sowie von den eigenen Ansprüchen in puncto Selbstwertgefühl: Wir können in unangemessener Weise Vertrauen schenken oder entziehen, etwa weil wir bestätigt oder bewundert werden möchten, anstatt unsere Gesprächspartner und die Situation in Ruhe einzuschätzen.

Aber auch andere Elemente können eine Rolle spielen.

Manche sind hormonell bedingt: Eine erstaunliche neurobiologische Studie[1] hat kürzlich bewiesen, dass es möglich war, das Vertrauen in den anderen dadurch zu verdoppeln, dass Versuchspersonen ein Spray auf Oxytocin-Basis inhalierten, ein Hormon, das die Grundlage des Mutterverhaltens bildet und auch die sexuelle Annäherung erleichtert. Chemisch das Vertrauen beeinflussen? Das könnte bedeutende ethische Fragen aufwerfen: Was würde passieren, wenn Verkäufer oder Politiker unbemerkt Oxytocin einsetzen, um ihre Gesprächspartner und Zuhörer zu überzeugen?

Andere sind psychologischer Art: Vertrauen wird stark durch Emotionen beeinflusst. Logischerweise wird es durch positive Emotionen erleichtert und durch negative gehemmt.[2] Wenn man oft traurig, wütend oder ängstlich ist, kann dem anderen gegenüber ein systematisches Misstrauen entstehen, das auf Furcht (das ist bei Patienten mit sozialer Phobie der Fall), Pessimismus (bei Depressiven) oder der Projektion der eigenen negativen Gedanken und Sichtweisen auf die Menschheit (Griesgrämige, Wütende, ständig Verbitterte) beruht. All diese Störungen beeinträchtigen das Funktionieren von Personengruppen, die wechselseitiges Vertrauen brauchen – das reicht vom Familienleben bis zum beruflichen und sozialen Verhalten –, während häufige positive Emotionen die Qualität des Austauschs sehr erleichtern.[3]

In manchen Fällen hängt die Unfähigkeit, Vertrauen zu schenken, mit einer psychiatrischen Pathologie zusammen: Das beste Beispiel dafür sind die Paranoiker: Sie sind davon überzeugt, dass niemand, nicht einmal ihre nächsten Angehörigen, absolutes und dauerndes Vertrauen verdienen. Für sie existieren nur andere, die verraten haben, gerade verraten wollen oder eines Tages verraten werden …

Vor- und Nachteile des Vertrauens

Anderen Vertrauen schenken: Ist das nicht riskant?

Ja! Aber es ist auch riskant, kein Vertrauen zu schenken. Die Gefahren des Misstrauens sind vielleicht weniger sichtbar, weniger unmittelbar als die des Vertrauens, sie sind aber sehr real.

Kein Vertrauen zu schenken bedeutet, viel Energie in Misstrauen, Beobachten, Überwachen, Nachprüfen, Abwarten zu investieren. Es bedeutet, in einer körperlichen Anspannung zu leben und eine negative Weltsicht zu haben. Beide erweisen sich als anstrengend und schädlich, das heißt, es fällt einem schwer, seine Wachsamkeit dann zu verringern, wenn man es tun könnte. Sicher: Täuschungen oder Enttäuschungen können so vermieden werden. Aber um welchen Preis?

Nehmen wir das Beispiel von Touristen, die den Bewohnern des Landes, in dem sie Urlaub machen, misstrauen, da diese (ihrer Meinung nach) dafür bekannt sind, dass sie die Besucher übers Ohr hauen. Die Touristen können ihren Aufenthalt damit verbringen, ständig aufzupassen, dass sie nicht reingelegt werden: den Taxichauffeur überwachen, indem man auf dem Stadtplan den Weg mitverfolgt, den er fährt (anstatt mit ihm über die lokalen Gebräuche zu plaudern oder die Landschaft zu betrachten); sehr vorsichtig das Restaurant auswählen und die Preise im ganzen Viertel vergleichen, beobachten, wer hinaus- und hineingeht (anstatt sich dort hinzusetzen, wo es schön ist und gut duftet); allen Händlern und Verkäufern misstrauen und wachsam sein, vergleichen, handeln, sich ärgern, sich verkrampfen (anstatt zu plaudern, zu lächeln, Neues zu entdecken…). Wenn man sich so verhält, vermeidet man sicherlich die meisten (nicht alle…) Gelegenheiten, bei denen man reingelegt werden kann. Aber man versäumt dabei auch das Wesentliche: von seinem Aufenthalt zu profitieren…

Vertrauen haben setzt in der Tat voraus, dass man sich auf ein soziales Risiko einlässt, nämlich die Täuschung oder Doppelzüngigkeit seitens der Gesprächspartner, zu Gunsten eines handfesten Vorteils, nämlich Lebensqualität.

Vertrauen gut einsetzen

Wäre es also besser, *erst einmal* zu vertrauen?

Wenn unser Ziel Lebensqualität ist, dann ja. Unnütz, uns deswegen in sinnloser Weise der Enttäuschung oder Ausbeutung auszusetzen. Die Lösung liegt also zweifellos in unserer Fähigkeit, *dem anderen nicht blind, sondern wachsam zu vertrauen*: Das Maximum an *möglichem* Vertrauen schenken, *erst einmal* vertrauen, aber unsere Gesprächspartner nur so lange als glaubwürdig erachten, bis das Gegenteil bewiesen ist.

Manche platzieren ihre Gesprächspartner auf einer Vertrauens-Skala mit 20 Einheiten auf der 10: »Ich vertraue maßvoll, nicht mehr.« Danach beurteilen sie sie nach dem Verhalten. Andere, misstrauischere, fangen bei 0 von 20 an: »Man muss mein Vertrauen erst gewinnen.« Wieder andere fangen sofort bei 20 von 20 an: »Ich vertraue erst einmal, danach entscheide ich.« Wie immer liegt der Schlüssel in der Flexibilität: Es liegt an uns, ob wir fähig sind, den Grad unseres Vertrauens zum anderen nicht an unseren Schwächen auszurichten (Zweifel, Ängste, Furcht, sich nicht verteidigen zu können oder nach einer Täuschung Wiedergutmachung zu fordern), sondern am Kontext (im Geschäftsleben oder im Zusammenhang mit Eroberung oder Machtausübung ist es normal, misstrauischer zu sein) oder in Bezug auf unsere Gesprächspartner (es ist normal, Unbekannten nur vorsichtig zu vertrauen). Das macht auch die Bemühung notwendig, zu verstehen, dass manche erlebte Vertrauensbrüche auch einer Ungeschicklichkeit oder einem Unverständnis oder gar einem Egoismus geschuldet sein können und nicht der Böswilligkeit oder dem Zynismus. Ist das Ergebnis das gleiche? Vielleicht materiell oder emotional (in der jeweiligen Situation), nicht aber in Bezug auf unsere Ansicht von der Menschheit.

Das enttäuschte Vertrauen

»Als ich hörte, dass Sylvie bei einer Einladung, bei der viele Freunde von mir waren, schlecht über mich gesprochen hatte, war das für mich wie ein Dolchstoß. Ich hatte sie einige Male davor getroffen, wir waren uns sympathisch gewesen, und ich hatte ihr einige Geheimnisse anvertraut, so wie sie mir. Mir kam es so vor, als würde sich zwischen uns eine Freundschaft anbahnen. Jemand, der an jenem Abend dabei war, erzählte mir aber, dass sie sich über meine Naivität lustig machte, über meinen Wunsch, unbedingt ihre Freundin zu werden, während ich den Eindruck hatte, der Wunsch nach Annäherung sei genauso von ihr gekommen… Ich grübelte den ganzen Abend, dann fing ich mich wieder. Ich rief einige Freunde an, die mir sagten, dass es viel weniger schlimm gewesen sei, als mir erzählt worden war: ›Sie wollte uns nur zum Lachen bringen und sich auf deine Kosten wichtig machen.‹ Sie erzählten mir auch, dass ihr Beitrag deplaziert gewesen sei und ihnen unangenehm war. Also sagte ich mir, dass diejenige, die ein Problem damit hatte, eigentlich sie sei und nicht ich: Für mich war das Ganze erledigt, nicht ich hatte schlecht geredet, sondern sie. Dann dachte ich darüber nach, was der Vorfall nun eigentlich bedeutete, und versuchte, mich in meinen Überlegungen nicht von meinem tatsächlichen Gefühl der Ungerechtigkeit oder Täuschung – von Verrat will ich gar nicht reden – in die Falle locken zu lassen. Im Grunde ging es um eine Geschichte, die so alt war wie die Menschheit: Jemand hatte über jemand anderen schlecht geredet. Punkt. Die tatsächlichen Folgen waren geringfügig: Meine Freunde wussten, wer ich bin, und hatten ihr Gerede nicht gut gefunden, den Leuten, die mich nicht kannten, war es egal, und die anderen, die mich nicht mögen, hatten es genossen. Und? Danach fragte ich mich nach ihren Beweggründen: Fühlte sie sich derart unwohl in ihrer Haut, dass sie es nötig hatte, sich vor den anderen aufzuwerten, indem sie über jemanden herzog, zu dem sie davor freundlich gewesen war? Schließlich beruhigte mich das alles. Und anstatt mit Verallgemeinerungen wie ›Niemandem mehr vertrauen‹

anzufangen, blieb ich bei ›Es gibt Leute, die wenig vertrauensvoll und doppelzüngig sind‹. Ich kam sogar dahin, mir zu sagen ›Lehne sie nicht in Bausch und Bogen ab: Du weißt nur, dass du ihr nicht vertrauen kannst, das ist alles. Unnötig, ihr den Tod zu wünschen. Bleib cool. Du bist jetzt gewarnt. Du bist ohne viele Kosten vorgewarnt: Es war eine gute Lehre.‹ Es klingt dumm, aber ich war stolz darauf, dass ich mich nicht vom Grübeln über Verbitterung, Wut oder Rachsucht hatte vereinnahmen lassen, wie es mir noch einige Jahre zuvor passiert wäre. Und schließlich habe ich Sylvie nicht mal angerufen, um sie zur Rede zu stellen, es war mir fast egal geworden …« (Amélie, 43 Jahre).

In diesem Bericht zeigt uns Amélie, wie man sich im Fall von verletztem Vertrauen grundsätzlich verhalten soll:

- Sich daran erinnern, dass die Person, über die der Verrat am meisten aussagt, der Verräter und nicht der Verratene ist.
- Ist man emotionell verletzt, nicht das Misstrauen verallgemeinern und auf die ganze Menschheit ausdehnen. Weiterhin sein Vertrauen vertrauenswürdigen Menschen schenken.
- Der Person, die einen verraten hat, nur ein erhöhtes Misstrauen entgegenbringen, ihr aber nicht zwangsläufig jegliches Vertrauen entziehen.
- Bald danach mit Freunden darüber sprechen, um den Verrat in seiner »Schwere« richtig einzuschätzen. Der Anfangssituation misstrauen, in der die Emotionen »hochsteigen« und unser Urteil verschärfen.
- Wenn es sich um Erzähltes handelt, immer nachfragen und überprüfen.
- Eventuell mit der betreffenden Person sprechen, aber eher Fragen stellen (»Kannst du mir erklären oder bestätigen?«) als Vorwürfe oder Anschuldigungen vorbringen.

Individuelle und kollektive Vorteile des gegenseitigen Vertrauens

Das Vertrauen gibt es in allen menschlichen Gesellschaften, sei es in persönlichen Beziehungen – Paar, Familie, Freunde, Bekanntschaften[4] – oder in größerem Maßstab (Arbeit, Leben in der Gesellschaft im weiteren Sinne).

Für jede Form von menschlicher Gemeinschaft ist das gegenseitige Vertrauen langfristig dasjenige, das sich am meisten auszahlt.

Es existiert ein positiver Schneeballeffekt: Je mehr wir wahrnehmen, dass unser Gesprächspartner auf unsere Bedürfnisse eingeht, desto mehr Vertrauen bringen wir ihm entgegen, und desto mehr nimmt er wahr, dass wir auf seine eigenen Bedürfnisse eingehen, woraufhin wiederum er uns mehr Vertrauen entgegenbringt usw.[5]

Packende Arbeiten zu diesem Thema haben gezeigt, *dass gegenseitiges Vertrauen Einzelnen wie Gruppen langfristig am meisten bringt.*

Ein klassisches Modell für interaktives Vertrauen in der Sozialpsychologie ist das »Gefangenendilemma«.[6] Stellen Sie sich zwei wegen eines Delikts festgenommene und eingesperrte Menschen vor. Der Richter ist von ihrer Schuld überzeugt, hat aber keine Beweise. Er sagt zu ihnen: »Sie haben das Recht, zu sprechen oder zu schweigen. Wenn keiner von Ihnen gesteht, werden Sie zu drei Monaten Gefängnis verurteilt, denn es liegt eine geringfügige Anklage gegen Sie vor. Wenn Sie beide gestehen, tragen wir dem Rechnung, und Sie kommen für einen Monat ins Gefängnis. Wenn einer von Ihnen gesteht und der andere nicht, wird der Geständige zu sechs Monaten verurteilt und der andere freigelassen.«

Die beiden Gefangenen haben keine Möglichkeit, miteinander zu reden, sie müssen also einander vertrauen. Das gemeinsame Interesse liegt darin, dass beide alles gestehen: Die Strafe ist dann minimal (ein Monat Gefängnis für beide, das macht zwei Monate insgesamt, aber gleich verteilt). Wenn aber der eine gesteht und der andere nicht, dann wird nur er bestraft (die Gesamtstrafe von sechs Monaten wird an einem einzigen vollstreckt, der damit der Gelackmeierte in dieser Geschichte ist). Die egoistische Versuchung besteht darin, nicht zu gestehen: Im besten Fall frei sein, im schlimmsten drei Monate Gefängnis. Aber die kollaborative Intelligenz besteht im Geständnis: Vorausgesetzt, der andere tut das Gleiche, kommt man nur für einen Monat ins Gefängnis.

Wie reagieren wir im wirklichen Leben? Studien zeigen, dass in solchen Situationen Misstrauen die spontane Reaktion ist:[7] Vor allem in bestimmten umgrenzten Austauschsituationen mit Unbekannten sind wir automatisch misstrauisch (und vielleicht nicht zu Unrecht). Im Gegenzug scheint bei längeren und wiederholten Austauschsituationen »Geben-Geben« das wirkungsvollere und die gegenseitigen Vorteile mehr fördernde Modell zu sein.[8] Vorausgesetzt, dieses System wird nicht blind angewandt (wiederholte Vertrauensbrüche entziehen das Vertrauen), sondern offen angekündigt und angewandt (»Ich zähle aufs Vertrauen, ich tue das, was ich sage«) und durch Diskussionen und direkte Gespräche erleichtert (Distanz erhöht das Misstrauen). Die kollektiven Kosten des Misstrauens, das zu schlechter Zusammenarbeit führt, sind immer höher als die des Vertrauens.

28. Kapitel
Nicht mehr werten: Die anderen anzunehmen hat Vorteile

Wir sehen die Dinge nicht, wie sie sind, wir sehen sie, wie wir sind.
Talmud

Wenn man die anderen annimmt, wird es dann leichter, sich selbst anzunehmen? Das ist wahrscheinlich.

Paradoxerweise macht uns das Annehmen stärker, denn so können wir uns als mögliches Spielzeug der anderen wahrnehmen und zu Akteuren werden.

Bewerten oder Kennen?

Die Neigung, zu bewerten, was andere sind oder tun, kann es offensichtlich nur ausgehend von unserer eigenen Erfahrung geben. *Wir können bei den anderen nur das sehen, was wir zu sehen gelernt haben, und das haben wir im Allgemeinen an uns selbst...* Unser Egoismus lehrt uns, den Egoismus der anderen aufzudecken, manchmal in angemessener Weise, manchmal übertrieben – und im schlimmsten Fall imaginär: Das ist die »Projektion« in der Psychoanalyse, ein Mechanismus, der uns veranlasst, dem anderen Gefühle oder Absichten zuzuschreiben, die in Wirklichkeit wir selbst haben.

Diese Neigung, die Welt durch die Brille unserer persönlicher Schwierigkeiten zu sehen, hängt zu einem Teil von der Bedeutung ab, die unser Ego für unsere Psyche gewinnt: Die schmerzhafte Selbstbesessenheit, wie sie für Menschen mit Problemen des Selbstwertgefühls charakteristisch ist, setzt sie dieser Gefahr in hohem Maße aus.

Im Gegenzug führt diese selbstzentrierte Sicht (die Angelsachsen verwenden den amüsanten Ausdruck *myside bias*, den man mit so etwas wie *auf die eigene Nasenspitze fixiert sein* übersetzen könnte) zu einer Verarmung unserer Weltsicht und folglich unserer selbst.

Die Neigung, zu bewerten, führt auch dazu, dass man sich der Erfahrung verschließt. Man füllt die Welt mit sich selbst an, anstatt sich von ihr anfüllen, informieren, bilden zu lassen. Von daher auch die Schwierigkeit, zuzuhören und zu verstehen, was man selbst nicht ist. Ergebnis: Die Welt erscheint uns erstarrt, »Es ist immer das Gleiche«, die Menschen sind »immer gleich« (und immer enttäuschend). Oft ist aber nur unsere Art, sie wahrzunehmen, immer dieselbe.

»Immer bin ich von den anderen enttäuscht«

Diese Redeweise ist sehr häufig. Aber woher kommt das Problem? *Sind die anderen so enttäuschend? Oder bin ich zu leicht »enttäuschbar«?* Beides: Zunächst einmal sind die anderen weder immer so bewundernswert noch immer so armselig, wie wir uns das vorstellen. Wenn ich oft von ihnen enttäuscht bin, dann weil ich zu viel von ihnen erwarte. Warum? Zur Enttäuschung gehören immer zwei: Meine eigenen Erwartungen erklären sie oft genauso wie das Verhalten des anderen. Wie kann ich realistischer werden? Gibt es einen richtigen Umgang mit den anderen, der mich davor schützt, allzu oft enttäuscht zu sein, ohne dass ich mich deshalb vom sozialen Austausch zurückziehen müsste, was verlockend ist (um nicht mehr unter der Enttäuschung zu leiden)?

Das ist Teil der Arbeit in der Therapie. Ich erinnere mich an eine Patientin, die einen paranoischen Vater – er war misstrauisch, litt aber auch unter Wahnvorstellungen und Verfolgungsideen – und eine depressive Mutter hatte. Zu ihrem großen Glück war sie nicht die Kopie ihrer Eltern, aber sie hatte von ihnen und durch die gemeinsam verlebten Jahre doch die Neigung geerbt, misstrauisch (Vater) und enttäuscht (Mutter) zu sein. Sie war intelligent genug, um die Schäden, die aus dieser Haltung hervorgingen, zu konstatieren, hatte aber dennoch Probleme, sie zu bewältigen. Als lebhafte und angenehme Person hatte sie viele Freunde, Liebesbeziehungen oder Freundschaften zerbrachen jedoch immer schnell an Kleinigkeiten. »Ich spüre sehr rasch die Schwächen bei anderen auf, und dann versteife ich mich darauf und sehe nur noch sie. Manchmal ist das absurd: Der Tic, an der Nase herumzufummeln, oder ein schlechter Mundgeruch – und schon ist die Person für mich entschieden weniger interessant. Manchmal sind es nur Kleinigkeiten: Leute, die etwas zu selbstzufrieden sind, oder andere, die etwas farblos und schulmeisterlich sind – schon verblassen dahinter ihre übrigen Qualitäten. Dann erkalte ich ihnen gegenüber und habe keine Lust mehr, weiterzumachen. Lange sagte ich mir, dass meine Ansprüche einem Bedürfnis nach Außergewöhnlichem entspringen und dass ich deshalb meine Zeit nur mit Leuten verbringen sollte, die es wert sind: »Das Beste oder gar nichts«. Aber das ist idiotisch, denn es gibt keine perfekten Menschen; ich bin es nicht, niemand ist es. Also muss ich an dieser Unfähigkeit, die positiven Seiten der Leute zu sehen, arbeiten, oder vielmehr: ich sehe sie, sollte mich aber so intensiv dafür interessieren, dass ich nicht mehr auf ihre Schwächen achte. Ich habe schon eine Therapie gemacht, in der ich begriffen habe, dass meine Haltung ein gutes Mittel war, mich nicht einzulassen, denn davor habe ich Angst. Aber jetzt?«

Wie kann man aus den anderen das Beste herausholen und von ihnen das bekommen, was an ihnen positiv ist? Oder wie es hervorrufen, es selber nehmen? *Wie dem anderen gegenüber eine aktive »Beziehungspolitik« betreiben?*

Das Nicht-Bewerten üben: Immer akzeptieren

Der Effekt der Etikettierung ist in der Psychologie gut bekannt: Hat man einmal von jemandem eine Meinung gefasst, ist es schwierig, sie zu revidieren, denn alle seine späteren Handlungen stehen unter dem Einfluss dieser Bewertung. Wir neigen dazu, das in Erinnerung zu behalten, was die Etikettierung bestätigt, und das zu verdrängen, was sie nicht bestätigt. Das nennen wir die Verzerrung der *selektiven Wahrnehmung. Man wählt vorzugsweise Informationen aus, die unsere Meinung und unsere Vorlieben bestätigen.* Das stimmt für die Auswahl von Zeitungen, die man liest: Üben Sie regelmäßig, Zeitungen zu lesen, mit deren Meinung Sie nicht einverstanden sind – nicht um über sie zu schimpfen, sondern um sich mit ihren Begründungen und Argumenten auseinanderzusetzen und sie zu verstehen. Das stimmt auch für die kleinen Details, die uns umgeben: Rassisten sind immer auf Informationen über Delikte aus, die von Ausländern begangen wurden; die Anarchisten immer auf polizeiliches Fehlverhalten.

Von daher die besondere Hartnäckigkeit – auf individueller und kollektiver Ebene – von rassistischen Wertungen, sexistischen Klischees und allen Formen von Vorannahmen. Der Wirkung der Etikettierung entgegenzutreten erfordert ein gut organisiertes Vorgehen. Einfacher noch, als unsere Wertungen systematisch zu revidieren, ist es, nicht zu rasch zu werten. Sonst sind wir Opfer der Wirkung von Priorität: Die erste Meinung, die sich festsetzt, bleibt sehr lange bestehen, selbst wenn sie später zurückgenommen wird.[1]

Wir erkennen hier die Prinzipien des Annehmens wieder: Sich langsam und regelmäßig daran gewöhnen, zu beobachten und das anzunehmen, was wir beobachten, bevor wir werten; erst dann darüber nachdenken, und wenn wir werten, dann präzise und vorläufig (»Im Moment denke ich auf diesem Gebiet so und so«). Schließlich handeln, um das zu ändern, was geändert werden muss.

Soll ich also, zumindest am Beginn meiner Überlegungen, Ungerechtigkeit und Verrat akzeptieren? Wie sollte man anders verfahren, denn es gibt sie ja... Akzeptieren, dass man mich angelogen, mich verraten, meine Schwächen oder, noch schlimmer, mein Vertrauen missbraucht hat? Wenn so etwas vorgekommen ist, worin liegt die Wahl? Ich muss akzeptieren, dass es passiert ist...

Hier aber hört das Akzeptieren auf. Bei dem, was ist, was existiert. Allem, was noch nicht ist oder passieren kann, werde ich mich stellen: Dem Akzeptieren folgt immer das Handeln – und nicht das Verzichten.

Übungen zur Empathie (leichte und schwere...)

In gewisser Hinsicht ist Empathie »*jener Blick, der dem Anderen den Vorzug gibt*«.[2] Der Vorzug setzt Wohlwollen und vorgängiges Akzeptieren voraus und nicht Unterwerfung und Zustimmung.

Empathisches Zuhören und Beobachten des anderen erfordern oft eine bestimmte Art von Aufmerksamkeit und regelmäßige Praxis. Hier fünf Ratschläge dazu:
- Vom Allgemeinen zum Besonderen gehen: Üben, seine Bewertungen zu differenzieren und auszubalancieren: Was gefällt mir an dieser Person? Womit komme ich gut zurecht? Was missfällt mir? »Plus« und »Minus« gegeneinander abwägen.
- Von der Neigung, jemanden zu bewerten (»Das ist ein Angeber«),

dahin gelangen, nur sein Verhalten zu beschreiben (»Gestern Abend war er angeberisch«).
- Von einem festgefahrenen Standpunkt (»So ist sie«) zu einer relativierenden Sichtweise gelangen (»So ist sie in dieser Situation«).
- Vom Bewerten (»Sie ist mühsam«) zum Verstehen und Funktionalen übergehen (»Sie ist so, weil ihr das etwas bringt, aber was?«).
- Vom Grollen zum Diskutieren gelangen. Sich mit Menschen auseinanderzusetzen, mit denen ein Missverständnis besteht oder gegen die wir eingenommen sind, ist immer eine nützliche Übung, im Gegensatz zu unseren Reflexen, die uns dazu drängen, Menschen zu meiden, die uns ärgern, um dann schlecht über sie zu reden oder sie aus der Entfernung zu bestrafen. Ich empfehle diese Übungen oft Patienten, wenn wir an ihren sozialen Beziehungen arbeiten. Auch hier besteht das Ziel nicht darin, nur auf Freundschaften aus zu sein, sondern sich anzugewöhnen, die eigene Sicht auf den anderen zu verfeinern, indem man sich mit ihm auseinandersetzt. Ganz allgemein führt das Sprechen mit anderen zu der Erkenntnis, dass sie fast immer fragiler und manchmal auch netter sind, als man sich beim Bewerten aus der Entfernung hatte vorstellen können. Das hindert einen nicht daran, ihre Schwächen zu bemerken, kann aber dazu führen, das wir unsere Gefühle und unsere Handlungsweise ändern.

Eine empathische Annäherung an den anderen hat nicht den Zweck, ihm zuzustimmen oder ihn zu lieben, sondern:
1. damit es Ihnen besser geht;
2. um dem anderen gegenüber bestimmte falsche Umgangsweisen oder irrige Meinungen zu vermeiden;
3. um nach und nach auch selbst weiterzukommen.

Weshalb man andere nicht bewerten soll, und warum das gut für das Selbstwertgefühl ist ...

Den anderen zu akzeptieren korreliert mit einem allgemeinen Wohlbefinden, das sich bei jedem steigert, der es praktiziert.[3] Was einen Spiraleneffekt zur Folge hat: Wenn es mir gut geht, kann ich wohlwollender sein, und dieses Wohlwollen tut mir selbst gut.

Andererseits korreliert das Sich-öffnen mit dem Selbstwertgefühl: Dieses ist umso besser, je mehr es uns hilft zu beobachten, ohne zu vergleichen, zu neiden oder zu bewerten, und je mehr es uns hilft, aus unseren Lebenserfahrungen Nutzen zu ziehen, flexibler zu sein und uns leichter an eine neue Umgebung anzupassen.[4] Studien zu diesem Thema legen nahe, *das Selbstwertgefühl als einen »aktiven psychischen« Faktor anzusehen: Es hilft uns, das Positive aus unserer Umgebung »herauszuholen«, aber auch, es zu hervorzurufen.* Zum Beispiel: Anstatt bei einer Abendeinladung einen langweiligen Gast zu ertragen, irritiert zu sein oder sich zu langweilen, sollte man die Energie, die man sonst in Bewertung und Ärger investieren würde, lieber dazu benutzen, ihn zu akzeptieren, ihn zu beobachten und das zu entdecken, was an ihm interessant oder anziehend sein könnte.

Bis zur Vergebung gehen?

Welche Beziehung herrscht zwischen Vergeben, Annehmen und Bewerten? Vergeben heißt Verzicht auf Bewerten und Bestrafen. Es ist kein Vergessen ... Es ist die Entscheidung, nicht mehr von Hass und Ressentiments gegenüber denen abhängig zu sein, die einen verletzt haben. Es ist die Entscheidung, sich von ihnen zu befreien. Es ist eine höhere Form des Annehmens oder vielmehr ein Wieder-Annehmen nach einer schweren Verletzung.

Viele Arbeiten haben gezeigt, wie schwer es bei Problemen mit dem Selbstwertgefühl fällt, zu vergeben, vor allem narzisstischen Menschen mit hohem Selbstwertgefühl, die aber instabil, empfindlich oder aggressiv sind.[5] Es gibt noch mehr Arbeiten über die Vorteile des Vergebens.[6] Sie alle zeigen, dass die Fähigkeit, zu vergeben, ein bedeutender Faktor für das innere Gleichgewicht und ganz allgemein für den emotionalen Haushalt ist:[7] Denn fortdauerndes Ressentiment, selbst wenn es durch die Gewalt, die man erlebt hat, gerechtfertigt ist, bleibt eine zusätzliche und chronische Quelle des Leidens. Es geht aber auch nicht darum, auf das Vergeben zurückzugreifen, um einer Auseinandersetzung mit denen, die uns beleidigt oder ungerecht behandelt haben, oder aggressiv gegen uns waren, aus dem Weg zu gehen oder klein beizugeben. *Vergeben ist kein Ausweichen und kein Zurückweichen: Es muss eine freie Entscheidung sein.*

Wahrscheinlich erleichtert das Üben, dem anderen zu vergeben – unabhängig von der eigenen Schwäche oder der Stärke des anderen –, auch sich selbst zu vergeben: Wir sprachen bereits von den ständigen Selbstvorwürfen und strengen Selbstbeurteilungen mancher Menschen, die manchmal einer moralischen Selbstquälerei gleichkommen. In beiden Fällen bedeutet Vergeben nicht Freisprechen (so tun, als ob es das Problem nie gegeben hätte). Vielmehr ist es eine Absage an weiteres Leiden und weitere Selbstbestrafung, die sich beide aus der Erinnerung daran nähren, was einmal geschehen ist.

Die Arbeit am Vergeben ist eine häufige Etappe bei vielen Psychotherapien. Sie ist vor allem sehr wichtig bei Bevölkerungsgruppen, die besonders schwere Beleidigungen und Aggressionen erlebt haben, wie die Opfer von Inzest, bei denen das Selbstwertgefühl durch die Therapie nachweislich verbessert werden konnte.[8] Wenn es oft einen Therapeuten erfordert, um die Fähigkeit, zu vergeben, wiederzuerlangen, so deshalb, weil dies emotional sehr schwierig ist, und vor allem, weil dem Vergeben massives Misstrauen entgegengebracht wird: Es sei eine »schwache« Antwort auf eine Beleidigung oder eine objektiv ungerechte Gewalt. Rache dagegen sei eine »starke« Antwort. Und wer möchte sich gegenüber Gewalt schon schwach zeigen? Dennoch muss man, wann immer es möglich ist, auf Rache und Ressentiment verzichten. Wir arbeiten vor allem an diesem Aspekt. Das Vergeben kann nicht auf einer Unterdrückung des Wunsches nach

Rache beruhen, sondern muss eine freie Entscheidung sein. Es setzt nicht zwingend eine Versöhnung voraus. Dagegen erlaubt es, mit dem Aggressor-Beleidiger wieder in Kontakt zu treten, ohne dabei in eine emotionale Notsituation zu geraten. Bis zu einem gewissen Grad ist es nicht so wichtig, ob der Aggressor die Intelligenz besitzt, von der Vergebung berührt zu sein, um Reue und Entschuldigung zu zeigen. Man vergibt sich selbst genauso wie dem anderen – mehr sogar sich selbst. Man vergibt, damit nicht auch noch die Menschen, die man liebt, die Bürde unseres Grolls und unserer Ressentiments tragen müssen. Vergeben ist kein Verzicht auf Wut: In der Therapie des Vergebens opfert man viel Zeit dafür, ganz präzise und intensiv die Wut auszudrücken – und auch das Schamgefühl, denn die Opfer schämen sich oft vor sich selbst … Letztlich versucht man in der »Therapie des Vergebens« zu ereichen, dass es dem Patienten gut geht, und strebt nach der *befreienden Wirkung der Vergebung für die vergebende Person*. Vergeben ist immer ein Sieg über Widrigkeiten und Traurigkeit, außerhalb wie innerhalb unserer selbst …

Annehmen, Vergeben und Gewaltverzicht

Achtung! Noch einmal: Annehmen und Vergeben bedeuten nicht, dass man darauf verzichten soll zu handeln oder Gerechtigkeit zu fordern. Vergeben ist nur eine Vorbedingung für die Forderung nach Gerechtigkeit oder für das Handeln, damit eine erlittene Beleidigung nicht noch einmal geschieht … Es ist auch ein Mittel, allgemeine Gewalttätigkeit zu vermeiden, die durch das Gesetz der Vergeltung ausgelöst würde, wenn es von allen angewandt würde: In einer seiner Predigten sagte Martin Luther King, der Sprecher des Gewaltverzichts:[9] »Ich habe mir verboten, dem antiken Grundsatz des ›Auge um Auge‹ zu gehorchen, weil dadurch am Ende die ganze Welt blind wäre.« Gewaltverzicht gehört auch eng zum Problem des Vergebens, des Annehmens und des friedlichen Handelns, um die ganze Welt zu verändern. Seine drei Regeln sind die folgenden:[10]

- **Gewaltverzicht ist ein mutiger Akt.**
  Er ist eine Seinsweise und eine Form, mit Konflikten oder Ungerechtigkeiten umzugehen, die darin besteht, ruhig und bestimmt zu sagen: »Das akzeptiere ich nicht.« Deshalb benötigt er Mut (es wagen, aufzustehen, um zu sprechen), Einsicht (sich vom Wunsch nach Rache an dem, der uns weh getan hat, nicht blind machen lassen) und Selbstbeherrschung (Wut angesichts der Ungerechtigkeit ist natürlich).
- **Gegen Ideen, nicht gegen Menschen kämpfen.**
  Ungerechte, aggressive, gewalttätige Menschen sind Opfer ihrer selbst. Sie sind nicht frei, sondern abhängig: von ihrer sozialen Herkunft, ihren Vorurteilen, ihrer Vergangenheit. Das ist kein Grund, Aggressivität oder Ungerechtigkeit zu tolerieren: Man muss sich von Anfang an mit aller Kraft dagegen wenden. Sondern es ist ein Grund, mit Menschen, die gewaltsame Handlungen oder Parolen an den Tag legen, nicht zu hadern: Sich gewaltfrei gegen sie zu wenden ist das einzige Mittel, um die Gesellschaft und die Menschen nachhaltig zu verändern.
- **Immer an die Wiederherstellung nach dem Konflikt denken.**
  In jeder Gesellschaft, in jedem menschlichen Leben sind Konflikte unvermeidlich, vielleicht sogar notwendig. Aber auch Friede ist notwendig. Was muss man tun, damit nach einem Konflikt Friede möglich wird? Mehr als durch alles andere wird das durch Gewaltverzicht möglich: Er ist kein Verzicht auf Kampf, er ist eine Weise, nie zu vergessen, sich während des Kampfes würdevoll und menschlich zu verhalten. Und er erleichtert das Vergeben, die Versöhnung und das spätere gemeinsame Handeln: kurz, an die Zeit nach dem Krieg denken.

Das Selbstwertgefühl speist sich nicht aus engelhaften Wesen, sondern aus friedlichem Handeln.

29. Kapitel
Freundlichkeit, Dankbarkeit, Bewunderung:
Das Band mit den anderen stärkt das Band mit uns selbst

Du bist der Freund des Besten in mir.
Georges Brassens an einen Freund

Als ich in der Schule war (so allmählich ist das schon lange her), lasen uns die Lehrer und Lehrerinnen jeden Morgen einen »moralischen« Text vor: Es handelte sich um eine kleine Erzählung, die als »wahre Geschichte« präsentiert wurde, um uns auf die Vorteile aufmerksam zu machen, nett, sozial, aufmerksam, gehorsam zu sein und nicht zu lügen und zu stehlen. Nach der Lesung gab es keine Diskussion, wie das heute wäre, sondern der Lehrer ließ uns ein oder zwei Minuten still darüber nachdenken. Danach ging man zu Mathematik oder Geschichte über… Die Vorlesungen über Moral gibt es seit dem Mai 1968 nicht mehr. Ist das gut oder schlecht?

Freundlichkeit

Raphael: »Vor einigen Jahren war ich schwer krank, eine Blutkrankheit, eine Art Leukämie. Ich musste mich unzähligen Untersuchungen, Analysen, Krankenhausaufenthalten und Behandlungen unterziehen. Ich erspare Ihnen Einzelheiten. Ich hatte Glück und wurde wieder gesund. Drei Dinge haben mich während dieser Zeit besonders frappiert: Erstens die ungemeine Zerbrechlichkeit, die man, wenn man krank ist, angesichts der riesigen Maschinerie Krankenhaus verspürt, die einen verschluckt. Man ist abhängig vom Wohlwollen all dieser Ärzte, Krankenschwestern, Sekretärinnen, Sanitäter. Zweitens das übergroße Bedürfnis nach Freundlichkeit, das man in diesem Moment empfindet: nicht nur das Bedürfnis, höflich aufgenommen und behandelt zu werden, nein, mehr das Bedürfnis nach Worten, Gesten, freundlicher Aufmerksamkeit. Zweifellos in Zusammenhang mit dieser Zerbrechlichkeit steht auch: Man ist wie ein kleines Kind, das spontane Zuneigung braucht, einfach weil es da ist und ein Kind ist. Bedingungslos. Drittens: Jedes Mal, wenn man freundlich behandelt wird, geht etwas in unserem Körper vor: eine warme, weiche Welle, fast wie eine hormonelle Veränderung. Ich bin sicher, dass es physiologische Auswirkungen hat, wenn man zu Kranken freundlich ist.«

Die Freundlichkeit ist eine wohlwollende Aufmerksamkeit gegenüber einem anderen und *von vornherein* bedingungslos. Dem anderen wohlwollen: 1. ohne dass er darum gebeten hat, 2. ohne zu wissen, ob er es verdient, 3. ohne zu wissen, wer er ist. Einfach nur, weil er ein Mensch ist. Freundlichkeit ist eine Gabe. Sie unterscheidet sich vom einfachen Zuhören oder von der Empathie. Durch Freundlichkeit ergreift man die Initiative. Als Behandelnder weiß ich, wie nützlich es ist, zu meinen Patienten freundlich zu sein: Wenn sie auf die Station kommen, sind sie Leidende (sonst würden sie nicht kommen) und beunruhigt (wer mag sich schon in einer psychiatrischen Klinik behandeln lassen?). Deshalb versuche ich freundlich zu ihnen zu sein. Das gelingt mir mehr oder weniger gut, aber es ist mein Ziel. Als ich meinen Beruf erlernte, war es nicht in Mode, zu den Patienten freundlich zu sein, wenn man Psychiater war. Freundlichkeit war Sache der Krankenschwestern. Die Psychiater mussten sich eine »neutral wohlwollende« Haltung angewöhnen, so wie in der Psychoanalyse. Das heißt bestenfalls eine ziemlich kühle Haltung (vor allem für jemanden, dem es nicht gut geht), schlimmstenfalls eine abweisende. Das kann sinnvoll sein, wenn ein Patient eine Psychoanalyse beantragt und sie in diesem ganz konkreten Rahmen begonnen hat. Ich bin heute immer noch der Ansicht, dass auch Psychiater (und natürlich Psychologen) zu ihren Patienten freundlich sein müssen und nicht nur ihnen »zuhören«. *Bevor man anfängt, über die Risiken der Freundlichkeit zu theoretisieren (»Sie werden eine Übertragung induzieren«), sollte man zunächst über die Risiken von Kälte und Distanz nachdenken.*

Bei Problemen mit dem Selbstwertgefühl ist die Freundlichkeit oft blockiert. Menschen mit niedrigem Selbstwertgefühl haben Angst, »zu freundlich« zu sein. Wie aber könnte Freundlichkeit eine Schwäche sein? *Das Problem liegt nicht darin, dass man zu freundlich ist, sondern dass man anderswo nicht selbstsicher ist.* Im Gegenteil, man muss freundlich sein, das ist eine Tugend: den anderen Gutes wünschen, ihnen Gefälligkeiten erweisen, ihre guten Seiten sehen … Was wäre die Welt ohne freundliche Menschen? Ein sehr mühseliger Ort! Nur darf man nicht nur freundlich sein. Man muss auch sagen können: »Nein«, »Ich bin nicht einverstanden«, »Ich bin nicht zufrieden«.

Was Menschen mit instabilem hohem Selbstwertgefühl betrifft, so stammt ihr Problem mit der Freundlichkeit daher, dass sie oft in der Defensive sind, sich oft durch andere bedroht fühlen, wodurch sie kalt und unangenehm auf andere wirken.[1] Oder sie denken, Freundlichkeit bringe ihnen nicht genug Glanz oder Macht, wodurch sie kaum motiviert werden, weil ihr Selbstwertgefühl von genau solchen Zeichen der Wertung abhängig ist.

Deshalb ist die Fähigkeit zu Güte und Freundlichkeit gegenüber anderen nicht so einfach zu erwerben. Eine meiner Patientinnen erzählte mir ihre Probleme mit ihrem ältesten Sohn, einem Teenager, ein wunderbarer Junge, aber ohne jede Freundlichkeit, sondern sogar mit einer gewissen Härte gegenüber seinen Geschwistern und Eltern, die selbst eher freundlich waren. Sie und ihr Mann hatten sehr oft mit ihrem Sohn darüber diskutiert und alle möglichen Argumente vorgebracht: den sozialen Nutzen, freundlich zu sein, anderen Gutes zu tun, sich selbst Gutes zu tun (man fühlt sich besser, wenn man zu seinen Geschwistern ein gutes Verhältnis hat), materielle Vorteile: Die Eltern sind besser gelaunt und freigebiger, wenn ihre Sprösslinge freundlich sind … Wie immer bei Kindern, zeigte er keinerlei Reaktion . Er hörte ihnen zu, machte ein verdrossenes Gesicht und seufzte. Aber nach und nach änderte sich sein Verhalten. War es ihm bewusst geworden? Oder war er in die Klemme geraten? Denn zur selben Zeit hatten die Eltern, noch immer freundlich, aber zunehmend strenger, beschlossen, die gemeinen Verhaltensweisen und Reden ihres Ältesten gegenüber seinen Geschwistern nicht mehr durchgehen zu lassen.

Großzügigkeit

Großzügigkeit ist die »Tugend der Gabe«.[2] Durch sie kultiviert man eine nützliche Unabhängigkeit von Materiellem: »Lieber geben, was man besitzt, als davon besessen sein« … Im Alltag besteht sie darin, etwas (oder viel) mehr zu geben, als die anderen erwarten oder bevor sie darum bitten müssen. *Großzügigkeit muss nicht bis zum Opfer gehen.* Aber es ist notwendig, in Bezug auf die anderen »blind« zu handeln: immer einen Kredit geben, der den eigenen Kapazitäten entsprechend mehr oder weniger hoch ist, ohne zu wissen und herausfinden zu wollen, ob die Empfänger »es wert« sind, ob sie es einem danken oder ob sie »zurückzahlen«.

Wie die Freundlichkeit ist die Großzügigkeit kein Luxus, im Gegenteil: für das Leben in der Gemeinschaft scheint sie sehr nützlich zu sein. Unter diesem Aspekt war sie auch Gegenstand von Untersuchungen in der Sozialpsychologie, vor allem als eine Art Versicherung gegen Missverständnisse und Störungen in Beziehungen.[3] Wenn Sie in Beziehungen gewohnheitsmäßig einen großzügigen Stil pflegen, werden die anderen eher dazu tendieren, ihre potenziellen negativen oder widersprüchlichen Haltungen nachsichtiger zu beurteilen (zum Beispiel wenn Sie zu spät zu einer Verabredung kommen, auf eine E-Mail oder eine telefonische Nachricht nicht antworten, schlecht aufgelegt sind, während Sie normalerweise recht gelassen sind). In jedem Austausch ist *die Gewohnheit, etwas mehr zu geben, als man bekommen oder erwartet hat,* eine Vorbeugung (keine Garantie) gegen spätere »Störungen« der Art »Für wen hält er sich?«, »Er respektiert mich nicht«.

Die Leiden des Selbstwertgefühls führen manchmal zu Kleinlichkeit: Man erwartet vom anderen, dass er zuerst gibt oder mehr als wir, dass er den ersten Schritt tut. Man überwacht aufmerksam die strikte Wechselseitigkeit des Austauschs, und man wird zum kleinlichen Buchhalter (ich bitte die Buchhalter unter meinen Lesern um Verzeihung) von Interaktionen und Austausch.

Wenn Sie in diesem Bereich bei sich Schwierigkeiten beobachtet haben, dann machen Sie den Test: Verändern Sie Ihre Haltungen dauerhaft und sehen Sie sich die Ergebnisse an: Geben Sie, ohne dass man Sie darum bittet (Informationen, Zeit, Hilfe …), ganz frei, ohne dass man Sie dazu zwingt, indem Sie sich sagen: »Ich mache meinen Job als Mensch …«

Solche freundlichen und großzügigen Verhaltensweisen gibt es – natürlich in anderer Form – auch in der Tierwelt: als Altruismus, als Fähigkeit, mit den Schwächeren zu teilen. Für die Forscher sind die Vorteile für die Gruppe offensichtlich: Diese sozialen Verhaltensweisen begünstigen den Zusammenhalt von Gruppen und ihre Überlebenschancen und sind ein Anpassungsvorteil, ein Zeichen von gesteigerter Intelligenz gegenüber den Schwierigkeiten des Lebens.[4]

Dankbarkeit

Dankbarkeit besteht darin, das Gute anzuerkennen, das man den anderen verdankt. Und auch, sich darüber zu freuen, dass man es ihnen verdankt, anstatt es zu vergessen wollen.

Der Beginn der *Selbstbetrachtungen* von Marc Aurel, einem Hauptwerk der stoischen Philosophie, besteht in Bekundungen der Dankbarkeit gegenüber Eltern, Ahnen, Freunden und Lehrern, und am Ende auch den Göttern: »Ich danke den Göttern dafür, dass sie mir rechtschaffene Großeltern, rechtschaffene Eltern, eine rechtschaffene Schwester, rechtschaffene Lehrer, rechtschaffene Hausgenossen, Verwandte, Freunde, ja alles Gute, das man sich wünschen kann, gegeben haben.« hat Nicht jeder hat ein solches Glück wie Marc Aurel oder seine Seelengröße. Es ist aber immer möglich, seine Formulierungen leicht abzuwandeln: »Ein Vater, der getan hat, was er konnte«, »Eine Mutter, die so gut wie möglich war« usw.

Dankbarkeit mag als veraltete Tugend erscheinen, sie birgt jedoch vielfältige Vorteile, vor allem für das psychische Wohlbefinden, wie zahlreiche Arbeiten bestätigen.[5] Sie ist aber auch von Vorteil für das Selbstwertgefühl, denn sie steigert das Zugehörigkeitsgefühl zu einer Gruppe, einer Geschlechterlinie, zur Gemeinschaft der Menschen. Und alles, wodurch das Zugehörigkeitsgefühl gesteigert wird, stärkt das Selbstwertgefühl. Schließlich scheint es auch mit einer erhöhten Autonomie gegenüber materialistischen Einstellungen zu korrelieren, die das Selbstwertgefühl sehr destabilisieren und verfälschen.[6] In diesem Bereich zerreißt die Dankbarkeit zweifellos das egoistische Band zwischen uns selbst und unseren »Besitz-« und »Reichtümern«, indem sie uns dahin führt, anzuerkennen, was sie so vielen anderen verdanken: Eltern, die uns das Leben schenkten und die Stärken und Talente mitgaben, mit denen wir diese Besitztümer erlangen konnten, Lehrer, von denen wir lernten, Freunde, die uns liebten und Tatkraft vermittelten.

Leider beeinträchtigen die Leiden des Selbstwertgefühls die Umsetzung von Dankbarkeit. So zum Beispiel das Bedürfnis, sich durch die Aufwertung seiner Autonomie selbst aufzuwerten: Man ist stolz darauf, anderen nichts zu verdanken, alles ganz allein geschafft zu haben. Eine Art Selbstlüge, die weitgehend verzeihlich ist, denn sie gehört zu den großen Mythen unserer Epoche: der Mythos vom Individuum, das durch seinen Willen, seine Arbeit und seine Intelligenz völlige Autarkie erreichen kann. Auf die Kunst des 20. Jahrhunderts hat er tiefgehende Wirkung ausgeübt: Zahlreiche Künstler suchen um jeden Preis, sich von ihren Vorgängern abzusetzen und zu unterscheiden, anstatt auf ihr Erbe zurückzugreifen und es fortzusetzen.[7]

Wie kann man Dankbarkeit umsetzen? Denn nur ihre Umsetzung hat Sinn...

Dazu einige Übungen:

- **Für unseren Erfolg dankbar sein**: Nicht um unser Verdienst zu schmälern, sondern um mit den Menschen, denen wir es verdanken, verbunden zu bleiben.

- **Über den materiellen Erfolg hinaus dankbar für erhaltene Freundlichkeit sein**: für ein Lächeln, eine kleine Hilfeleistung (jemand hat uns die Tür aufgehalten, einen heruntergefallenen Gegenstand aufheben helfen ...).
- **Jeden Abend beim Einschlafen dankbar sein** (»Wer hat mir heute etwas Gutes getan durch eine Geste, ein Wort, ein Lächeln, einen Blick?«), wodurch das emotionale Wohlbefinden verbessert wird.[8]
- **Dankbarkeit in immer weiteren Bereichen umsetzen**: Sich darin üben, Dankbarkeit für nahestehende Menschen, Bekannte, aber auch Unbekannte zu empfinden.

Bewunderung

»In der Bewunderung liegt etwas, das die Intelligenz erhöht und würdig macht«, schrieb Victor Hugo (der es gern hatte, wenn man ihn bewunderte). Paul Claudel war noch kategorischer: »Wer bewundert, hat immer Recht.« La Rochefoucauld konstatierte mit knappen Worten die Folgen, wenn man beim anderen die guten Seiten nicht sehen kann: »Einer, dem niemand gefällt, ist viel unglücklicher als einer, der niemandem gefällt.«

Die Bewunderung ist jenes angenehme Gefühl angesichts dessen, was uns überlegen ist. Bei der Natur, mit der wir nicht im Wettbewerb stehen, versteht sich das von selbst. Für den Menschen aber, vor allem, wenn er mit seinem Selbstwertgefühl nicht ganz im Reinen ist, konkurrieren Bewunderung und sozialer Vergleich: Was bewirkt, dass die Begegnung mit einer Person, die uns in einem oder mehreren gesellschaftlich hoch bewerteten Bereichen überlegen scheint – oder uns so vorgestellt wird –, eher Bewunderung als Verärgerung oder Abwertung auslöst? Victor Hugo, der mit diesen Problemen persönlich konfrontiert war, schrieb folgendes: »Die Bösen sind neidisch und voll Hass; das ist ihre Art der Bewunderung.« Ein weiteres klassisches Problem bei Interaktionen zwischen Bewunderung und Selbstwertgefühl veranschaulichen die Narzissten, die in ihren

Gefühlsbeziehungen oft lieber bewundern als lieben, eine Haltung, die so manche Liebesbeziehung scheitern lässt:[10] Wenn man von jemandem, den man aus Bewunderung liebt, enttäuscht wird, kann sich die Enttäuschung weniger in Verständnis als in Verachtung verwandeln. Man weiß auch, dass der leidenschaftliche Wunsch, zu bewundern, zu Kriecherei oder Fanatismus führen kann. Reife Bewunderung muss auf Idealisierung verzichten können. Es ist möglich, an jemandem nur bestimmte Haltungen zu bewundern, ohne dabei etwas von seiner eigenen Freiheit aufzugeben: Bewunderung darf keine Unterwerfung sein.

Wenn man diese Vorsichtsregeln befolgt, sind die Vorteile der Bewunderung nicht von der Hand zu weisen: Durch sie können Menschen zu Leitbildern werden, die in einem Bereich herausragen, an dem uns viel liegt (das ist am einfachsten) oder der uns fern oder fremd ist. In diesem Fall ist Bewunderung vielleicht schwieriger, dafür aber näher an der Bewunderung, von der die Philosophen einst sprachen, wie etwa Descartes: »Die Bewunderung ist ein plötzliches Überraschtwerden der Seele; sie bewirkt, dass man aufmerksam auf die Dinge achtet, die einem selten und außergewöhnlich erscheinen.« Auch hier wieder *bedeutet Bewundern nicht den Verzicht auf Handeln, etwa weil man durch die Vollkommenheit der bewunderten Person wie zerschmettert wird, sondern Handeln, um sich anzunähern, wenn man es wünscht.*

Bewunderung ist ein machtvoller Antrieb, durch den sich auch Stereotype ändern können, ja selbst so heimtückische und verborgene wie Rassenvorurteile. Eine Studie, bei der weißen Versuchspersonen Bilder von bewundernswerten Menschen mit afrikanischem Aussehen gezeigt wurden, belegte, dass die spontane rassische Bevorzugung von Personen europäischen Typs daraufhin abnahm.[11]

Schlussfolgerung: *Nie eine Gelegenheit versäumen, sein Auge und vor allem seinen Geist darin zu üben, sich am Bewundern zu erfreuen.* Die Vorteile für das Selbstwertgefühl? Sie sind unzählig: über positive Modelle verfügen, seine Bescheidenheit kultivieren, sich öffnen lernen und positive Gefühle empfinden …

30. Kapitel
Die Frage nach dem Selbstwertgefühl anders stellen: Seinen Platz unter den anderen finden

Man fühlt sich nie gut, wenn man keinen Platz hat …
Jean-Jacques Rousseau

»Das größte Schamgefühl in meiner Kindheit? Dass ich mich von meiner Schwester distanzierte, um von den Älteren in der Schule akzeptiert zu werden. Während des Sommers waren wir umgezogen und mussten uns in einer neuen Schule einleben. Ich war 8 oder 9 Jahre alt und meine Schwester zwei Klassen unter mir. Wir verstanden uns gut. Aber die Stimmung in der Schule war nicht sehr angenehm. Eine Gruppe von nicht sehr sympathischen Jungs verbreitete ein schlechtes Klima im Pausenhof, und die Lehrer nahmen das nicht wahr. Von Anfang an machten sie sich über meine kleine Schwester lustig, weil sie schielte. Ich spürte oder hatte den Eindruck, man würde mich ablehnen, wenn ich sie verteidigte. Ich hatte nicht besonders viel Selbstvertrauen. Also gab ich meiner Angst nach und unterstützte sie nicht. Wenn sie schlecht über sie sprachen, verteidigte ich sie nicht. Wenn sie gemein zu ihr waren, tat ich so, als sei ich am anderen Ende des Hofs in ein Spiel vertieft. Dabei entging mir kein einziges Wort oder keine Geste, die sie erlitten hatte. Eines Tages fühlte ich mich sogar verpflichtet, mich ihnen anzuschließen und mich über sie lustig zu machen. Ich versuchte irgendwie, die beste Freundin eines der Rohlinge zu sein, die zu den Anführern in Sachen Boshaftigkeit gehörten. Meine kleine Schwester weinte. Wenn ich daran denke, fühle ich mich noch heute körperlich schlecht, ich schäme mich. Ich habe noch nie etwas so Unmenschliches getan …« (Aurore, 38 Jahre, depressiv).

Es ist unmöglich, sich selbst zu schätzen, wenn man zu seinen Mitmenschen nicht in gutem Verhältnis steht. Das heißt nicht nur, von einigen wenigen, den mächtigsten, beeindruckendsten oder höchstbewerteten, akzeptiert zu werden, sondern in möglichst harmonischer Beziehung mit allen Menschen um uns herum zu stehen. Der Egoismus aus Schwäche und Angst bei schlechtem Selbstwertgefühl, so wie in der Erzählung der Patientin, führt manchmal dazu, die eigenen Beziehungsideale der Interessenwahrung zu opfern. Jules Renard spricht auch von »der häufigen kleinen Feigheit, zusammen mit anderen gegen einen Freund vorzugehen«. Aus solchen Haltungen kann kein stabiler, gelassener Geist hervorgehen ...

Der Mensch ist ein geselliges Tier: Kein gesundes Selbstwertgefühl ohne gute Beziehungen zu den anderen

Ohne die anderen gibt es kein gesundes Selbstwertgefühl, aber auch nicht gegen die anderen oder auf dem Rücken der anderen. Es kann einem auf die Dauer nicht gut gehen, wenn man allein oder zurückgezogen lebt, oder mit der ganzen Welt im Streit, oder in Konflikten ist oder Menschen, die in unserer persönlichen Geschichte eine Rolle spielen, verrät, ausbeutet oder manipuliert.

Was aber ist mit dem Selbstwertgefühl von miesen Typen, Perversen, gemeinen Kerlen, die immer so leben und den Eindruck machen, als würden sie sich dabei wohlfühlen, die sich am Leben, am Handeln, am Erfolg oder daran, glücklich zu sein oder zu scheinen, nicht hindern lassen? Vielleicht habe ich nicht ausreichend viele von ihnen kennen gelernt, um eine Vorstellung davon zu haben, aber ich bin überzeugt, dass sie schwerlich mit sich selbst in Einklang sein dürften. Im Innersten unserer selbst spüren wir immer sehr genau, dass wir, wenn wir anderen weh tun, sie verachten, ihnen gegenüber über die Maßen aggressiv sind, unsere eigenen moralischen Gesetze verletzen. Wir können diese Gedanken verdrängen, aber sie kommen immer wieder.

Der »Konflikt-Schmerz« ist ein gutes Beispiel. Wenn wir uns über unsere Partner, Kinder, Familienangehörigen, Freunde oder Kollegen »ärgern«, das heißt über alle die Menschen, die zu unserer Geschichte und Identität etwas beitragen, können wir uns in unserer Haut nicht wohlfühlen. In diesem Moment leidet unser gesamtes Selbstwertgefühl.

»Während eines ganzen Phase meines Lebens hatte ich ständig Konflikte. Meine Eltern hatten immer so gelebt, mit Anschnauzen, und meine Großeltern beider Seiten auch. Kurz, ich konnte mir das Leben anders gar nicht vorstellen. Ich nahm zwar hie und da wahr, dass es auch friedliche Leute gab, die den Eindruck machten, kaum Konflikte zu haben, aber ich dachte, das sei nur äußerlich, oder es interessierte mich nicht mehr. Dann, als ich schon einiges erlebt hatte – ich war krank, meine Freundin hatte mich verlassen –, habe ich angefangen, über das alles nachzudenken und in den Beziehungen zu anderen nach mehr Gelassenheit und Harmonie zu suchen. Es ging mir besser, und ich ertrug Streit erstaunlicherweise immer weniger. Früher machte es mir nichts aus, mit nahestehenden Menschen zu streiten, ich hatte sogar den Eindruck, dass mich das zum Handeln antrieb und an anderes denken ließ (in Wirklichkeit verdrängte ich nur mein Leiden). Nach und nach verstand ich, dass es genau umgekehrt war: Wenn ich die positive Energie, die ich in mir aus der Zeit hatte, in der mein Beziehungsleben friedlich war, mit der verkrampften Energie jener Momente in meinem Leben verglich, in denen ich dauernd stritt, konnte es keinen Zweifel darüber geben, was besser war. Je weiter ich kam, je klarer ich sah, desto mehr litt ich darunter, Konflikte in meinem Leben nicht aufzulösen. Da erst erkannte ich, was Versöhnung bedeutet, die ich bis dahin total ignoriert hatte und auch ablehnte, weil ich dachte, ich würde mich damit erniedrigen. Ich verwechselte Selbstwertgefühl mit Stolz oder Hochmut. Jetzt verstehe ich, dass das Band zu den anderen für uns selbst alles bedeutet: Es ist das, was uns als Menschen ausmacht, was uns unser ganzes Leben lang ernährt; es ist das Wertvollste, was wir besitzen. Es ist besser, sich um es zu kümmern, als sich verbissen mit dem eigenen Selbstbild, dem eigenen Ego zu beschäftigen.«

Schluss mit dem »Alles fürs Ich«: Sein Selbstwertgefühl erweitern

Stammen nicht zahlreiche unserer Probleme mit dem Selbstwertgefühl aus unserer zu restriktiven und engen Sicht auf unser Ich? Matthieu Ricard, ein buddhistischer Mönch, spricht von den »Schleiern des Ichs«[1] und von dem grundlegenden Irrtum, den wir begehen, wenn wir unsere Identität nur als Autonomie und als Unterschiedenheit vom anderen wahrnehmen.

Die abendländische Kultur, außerordentlich verstärkt durch die Konsumgesellschaft, drängt uns dazu, unsere Existenz mehr als Differenz denn als Zugehörigkeit zu verstehen: Einzigartig sein, Dinge besitzen, die uns unterscheiden... Kein Zweifel, dieser Ansatz hat seine guten Seiten: Unsere Vorfahren erstickten unter den starren sozialen Zugehörigkeiten (Familie, Stadtviertel, Religion...), die ihnen nur einen kleinen Bewegungsspielraum zugestanden, um ihre eigene Existenz zu konstruieren. *Heute aber scheint das Wettrennen ums Ich die Grenzen dessen, was für uns gut ist, überschritten zu haben.* Die traditionelle Auffassung vom Ich ist vielleicht nicht mehr aktuell: Viele Studien vergleichen heute die Vor- und Nachteile der traditionellen Definition des abendländischen Individuums (die sich durch die Differenz bestimmt)[2]. Jedenfalls ist *zweifellos die Zeit gekommen, das Selbstwertgefühl zu überdenken.*

Wie wäre es, wenn wir unser Selbstwertgefühl so kultivierten, dass wir eher nach Zugehörigkeit und weniger nach Differenz suchen? Verschiedene Arbeiten zeigten in diesem Zusammenhang die Vorteile auf, wenn man positive Erlebnisse mit anderen teilt:[3] Wenn man etwas Schönes erlebt, kann man das positive Gefühl aus diesem Erlebnis noch steigern, indem man es mit einem anderen teilt. Dadurch verlängert sich die Wirkung, ja hält manchmal sogar dauerhaft an. Offensichtlich ist der Mensch dazu prädestiniert, seine Emotionen[4] automatisch mitzuteilen, so wie eine intuitive Ansteckung: Wir tragen alles in uns, was wir brauchen, um uns am Glück der anderen zu erfreuen. Warum tun wir das nicht öfter? Warum gibt es uns nichts, wenn ein anderer etwas Schönes erlebt, warum können wir uns daran nicht mehr erfreuen? Außer bei sehr nahestehenden Menschen, Kindern, Eltern, Partnern und Freunden. Zweifellos sind wir Gefangene der schlechten Reflexe des Selbstwertgefühls. Wir sind viel zu sehr auf Konkurrenz aus und denken zu wenig solidarisch. Und begünstigen eher negative als positive Emotionen.

Wenn man lernt, sich darüber zu freuen, wenn anderen Gutes widerfährt, ist es sehr wahrscheinlich, dass sich das nicht nur positiv auf die Gesellschaft im Allgemeinen auswirkt, sondern auch auf das eigene Selbstwertgefühl. *Das Streben nach Harmonie bekommt uns besser als das nach Vorherrschaft.* Sozialer Wettbewerb ist für das Selbstwertgefühl gefährlich. Man kommt allerdings schwer dagegen an, denn wir werden von unserer Gesellschaft dazu angespornt. Trotzdem: Man muss kämpfen... Viele Arbeiten zeigen, *wie positiv sich eine weiter gespannte Vorstellung vom Selbstwertgefühl auswirkt.* Sozialpsychologische Studien haben es belegt: Wenn man bei Versuchspersonen das Gefühl der Nähe und Zugehörigkeit zu ihren Freunden und Partnern intensiviert, dann leidet ihr Selbstwertgefühl weniger, wenn diese Menschen erfolgreich sind, als wenn man die gleichen Versuchspersonen veranlasst, sich vor allem als autonome, auf sich gestellte Personen wahrzunehmen.[5] Das gilt auch für soziale Beziehungen im weiteren Sinne.[6] Wenn wir so weit sind, unser Selbstwertgefühl auf das der anderen auszudehnen, dann wird es umso robuster. Eine andere Übung besteht darin, *an der Verbreitung des Selbstwertgefühls auf andere zu arbeiten*: andere Menschen bewusst positiv bewerten, ihnen Mut machen, ihren Wert anerkennen – das ist der beste Dienst, den jeder einzelne der Menschheit erweisen kann. Denn es ist wichtig, diese Zugehörigkeit nicht auf begrenzte Kreise zu beschränken (Nahestehende oder Menschen, die so sind wie wir), sondern sie auszuweiten: Sonst hätten wir die alten gesellschaftlichen Zwänge ganz umsonst aufgebrochen. Das soll der Begriff »Weltbürger« vermitteln.

Wenn man »wir« denkt, stärkt man sein Selbstwertgefühl

Zu erkennen, dass die eigene Identität zum Teil durch die Bindung bestimmt ist, verändert tiefgreifend die Beziehung zu sich selbst.[7] Sie wird dadurch eher reicher, denn man weiß, dass es nicht immer das Beste ist, sich zu sehr auf sich selbst zu konzentrieren, wenn man sich selbst kennenlernen möchte.[8] Zweifellos sind in Bezug auf die Beziehung zu sich selbst sehr bedeutsame Entwicklungen absehbar, aber wir können nicht vorhersehen, wohin sie uns führen. Versuchen wir einfach so klar wie möglich zu sehen, worum es dabei geht und welchen Mechanismen sie gehorchen. Die Entwicklung unserer Gesellschaft bewegt sich in Richtung Gleichheit, Brüderlichkeit, Geschwisterlichkeit. Hierarchische Beziehungen wie die patriarchalen, die früher in unseren Gesellschaften dominierten, gelten als archaisch und einengend. Auch das Selbstwertgefühl entwickelt sich so: Es beruht heute nicht mehr nur auf Dominanz (durch Macht oder Besitz), sondern eher auf Bindungen und Zugehörigkeiten.

Bei dieser Entwicklung liegen die Frauen zweifellos vorn. Oder findet diese Entwicklung vielleicht gerade deshalb statt, weil Frauen für die Weiterentwicklung unserer Gesellschaft immer wichtiger werden? Auf jeden Fall korreliert ihr Wohlbefinden mit ihrem Selbstwertgefühl und zugleich mit der Qualität der sozialen Beziehungen, während das der Männer eher nur auf dem Selbstwertgefühl beruht.[9] Für Frauen sind soziale Beziehungen wichtiger, und ihre Gesundheit scheint von den altruistischen Verhaltensweisen, die sie praktizieren, sehr viel mehr zu profitieren als die der Männer.[10]

Diese »Beziehungs-Intelligenz« des modernen Selbstwertgefühls führt zu einer Spiralenform: Ein gesundes Selbstwertgefühl begünstigt die Anpassung an neue Gruppen, und zwar vor allem, weil man dazu tendiert, sie genauso positiv wie sich selbst zu sehen. Und diese Anpassung ist wiederum gut für das Selbstwertgefühl.[11] Der Begriff »soziales Kapital« ist für ein stabiles Selbstwertgefühl grundlegend: Unser größter Reichtum liegt in den sozialen Beziehungen, und zwar umso mehr, als dieses Kapital frei und in ständiger Bewegung ist (Kommen, Gehen, Wiederfinden …) und nicht geschlossen (wie in Sekten, in Ghettos oder bei stereotypen Existenzweisen). Dabei geht es natürlich nicht darum, völlig in der Masse zu verschwinden. Die Lösung liegt zweifellos darin, ein Gleichgewicht zwischen beiden Tendenzen herzustellen: Selbstsicherheit und Zugehörigkeit.[12]

Das erweiterte Selbstwertgefühl: Sich anderen anschließen, um seinen Platz zu finden

In Bezug auf die Vervollkommnung des Selbstwertgefühls *ist es manchmal nützlich, nicht sich selbst, sondern einfach seinen Platz zu suchen*, das heißt den Ort, die Aktivität, die Bindungen, die uns das beste Lebensgefühl vermitteln. Nicht mehr nur eine Identität suchen, sondern Interaktionen mit seiner Umgebung, sei es materieller oder menschlicher Art. Nicht mehr nur sich und die Kontrolle über die Umgebung im Blick haben, sondern die Interaktionen zwischen sich und der Umgebung. Es gibt mehrere Arten von »Plätzen«: Die Orte, an denen man auftankt (durch ihre Schönheit oder ihre Bedeutung für unsere persönliche Geschichte), Handlungen, bei denen man zu sich selbst kommt (helfen, pflegen, trösten, aufbauen …), Bindungen, in denen man sich entfaltet (Liebe, Freundschaft, Menschlichkeit). Wenn man seinen Platz hat, ist man viel leichter im Einklang mit sich selbst und dem, was uns umgibt. Unsere Ängste legen sich, man ist durchdrungen vom Gefühl der Gewissheit (»Ich bin da, wo ich sein muss«) und Kohärenz (»Hier wollte ich immer sein«), ein Gefühl von Erfülltheit stellt sich ein, und man hört auf, sich ständig Fragen über seine Existenz und seine Identität zu stellen.

Die Suche nach dem richtigen Platz ist wichtig, wenn das Selbstwertgefühl gut funktionieren soll. Denn der Kreis kann ein Teufelskreis sein: *Ein schlechtes Selbstwertgefühl erschwert es, den richtigen Platz zu finden*. Und ihn nicht zu finden verändert das Selbstwertgefühl: Dieses Phänomen wurde zum Beispiel bei hochbegabten

Menschen untersucht, die paradoxerweise häufig Störungen des Selbstwertgefühls zeigen[13], und zwar auf Grund ihrer häufigen Probleme, ihren Platz im Kreis der anderen zu finden. Aber der Kreis kann auch vorteilhaft sein: Seinen Platz finden oder wissen, dass man einen, oder besser, mehrere Plätze hat, die irgendwo auf uns warten, hellt das Selbstwertgefühl auf und festigt es. Es kommt kaum vor, dass uns ein Platz auf Anhieb »gegeben« ist, und oft tun wir uns am Anfang schwer damit, ihn zu finden. Aber nach und nach werden wir aktiver, damit es uns besser geht: Wir »machen« uns unseren Platz ebenso, wie wir ihn finden. *Statt ihren Platz zu suchen und zu schaffen, neigen Menschen mit niedrigem Selbstwertgefühl dazu, sich ihn zu erträumen und auf ihn zu warten.* Menschen mit hohem Selbstwertgefühl dagegen gestalten ihn sich eher kraftvoll, anstatt sich still an ihm einzurichten. Manchmal schaffen Sie sich einen neuen, anstatt einen bereits bestehenden einzunehmen. Man könnte die Haltung gegenüber den Plätzen, die man sich im Leben schafft, beispielsweise damit vergleichen, was sich bei Abendeinladungen abspielt. Menschen mit niedrigem Selbstwertgefühl kommen herein und halten sich im Hintergrund, warten, bis jemand zu ihnen kommt und ihnen einen Platz zuweist: sie fallen zwar nicht auf, sind dafür aber abhängig. Menschen mit hohem Selbstwertgefühl drängen sich auf und ziehen die Aufmerksamkeit auf sich (versuchen es zumindest): sie machen Getöse und erzeugen Spannung. Menschen mit gesundem Selbstwertgefühl nehmen sich Zeit und nähern sich den anderen langsam an, sprechen mit den anderen, hören zu und integrieren sich in alle Gruppen. Sie vergessen sich, tauchen in den Abend ein, in die Stimmung, in den Austausch. Aber dieses Vergessen ist keine Selbstabwesenheit: Sie haben umso mehr Gewinn von diesen Momenten, als sie sich als integrierender Bestandteil fühlen und sich von ihnen absorbieren lassen.

Überall seinen Platz haben

Wichtig ist also nicht nur, sich auf das zu konzentrieren, was man ist oder tut, sondern auch, es zu vergessen, um sich nur dem Gefühl hinzugeben, sich an seinem Platz zu fühlen. Und nicht nur an einem vorgegebenen Platz: Das bestmögliche Ziel liegt vielleicht darin, zu versuchen, seinen Platz überall zu haben oder zumindest an so vielen Orten oder in so vielen Bindungen wie möglich, und dabei zu wissen, dass die anderen nachkommen werden, *dass wir in dieser Bewegtheit, die das Leben mit sich bringt, auch unseren Platz finden können*: An seinem Platz sein bedeutet nicht, unbeweglich zu sein. Nichts ist unbeweglich. Sondern es bedeutet, von allem zu profitieren, was uns umgibt und auf uns zukommt. Es bedeutet, das Gefühl zu haben, weiterzukommen, lebendig zu sein, das heißt sich in jedem Moment reicher zu fühlen durch das, was wir soeben erlebt haben, gleich ob es angenehm oder unangenehm war. So erfüllt, kann man sich in aller Ruhe auf das große Mysterium aller unserer zukünftigen Plätze zubewegen. An seinem Platz sein, das bedeutet auch, regelmäßig zu spüren, was Romain Rolland das »ozeanische Gefühl« nennt, diese »ihrer selbst bewusste unendliche, positive Ausdehnung«, über die er mit Freud ausführlich korrespondierte.[14] Es ist dieses dumpfe und starke, mehr als animalische, biologische Gefühl der Zugehörigkeit zur Welt, wenn wir uns dunkel an unserem Platz spüren, ein Gefühl, in dem sich die Überzeugung einer unbestreitbaren Identität (man ist einfach da, ohne Infragestellung oder Beunruhigung) vermischt mit einer Verbundenheit mit allem, was uns umgibt. Einer der Gipfel des Selbstwertgefühls?

31. Kapitel
Narziss

Als Liriope, eine wunderschöne Nymphe, mit dem, der dann Narziss werden sollte, schwanger war, ging sie zum Seher Teiresias, demselben, der Ödipus den Mord an seinem Vater und den Inzest mit seiner Mutter vorhersagte. Als sie ihn fragte, ob Narziss lange leben werde, antwortete Teiresias: »Ja, wenn er sich selbst nicht erkennt...«

Narziss wuchs heran und wurde ein sehr schöner junger Mann. Viele Nymphen verliebten sich in ihn, er aber stieß alle hochmütig zurück. Auch die Nymphe Echo, die ihn hartnäckig mit ihrer Liebe verfolgte, sie ihm aber nicht offenbaren konnte, weil ein früherer Fluch ihr verboten hatte, je als erste zu sprechen: Sie konnte nur wiederholen, was sie hörte. Und Narziss sagte nie zu ihr, dass er sie liebe...

Echo starb aus Kummer und verwandelte sich in einen Felsen. Die anderen Nymphen waren wütend und forderten von Nemesis, der Göttin der Rache, sie solle Narziss bestrafen. Sie stimmte zu und sprach einen Fluch über ihn aus: »Möge er lieben und nie das Objekt seiner Liebe besitzen!« Bald danach entdeckte Narziss sein Spiegelbild in einem Teich und verliebte sich zum ersten Mal leidenschaftlich. Aber es war sein eigenes Bild. Fasziniert durch sein Spiegelbild, starb er schließlich den Hungertod und verwandelte sich in die Blume, die seitdem seinen Namen trägt.

Der Hochmut des Narziss, der ihn dazu trieb, die Gesetze der Liebe zu missachten, war der Grund für seinen Tod, seine Reinkarnation in Gestalt einer einfachen Blume, Teil der Natur, an ihrem Platz auf dem Erdboden, ist die Botschaft der Götter.

Welchen Sinn kann es haben, sich selbst zu lieben, wenn man nicht fähig ist, den anderen zu lieben?

4. Teil
Etwas tun – dadurch ändert sich alles!

Etwas tun? Das Persönliche drückt sich aus…

Das Selbstwertgefühl bezieht sich zwar auf einen selbst, aber durch Handeln bekommt es seine Nahrung. Es entwickelt sich nur in der Wechselbeziehung mit dem Handeln: Reflexion und Aktion, Aktion und Reflexion… Es geht um die Atmung des Selbstwertgefühls: das Wiederkäuen, das Begründen, das Diskutieren allein ersticken sie, selbst wenn das alles hellsichtig und intelligent ist.

Handeln ist der Sauerstoff des Selbstwertgefühls. Unbeweglichkeit schwächt es, Bewegung rettet es, auch wenn das um den Preis einiger Schmerzen geschieht: Handeln bedeutet, sich Fehlschlägen und Beurteilungen auszusetzen. Aber das Selbstwertgefühl baut sich auch – immer? – auf zerbrochenen Träumen auf.

Wie können wir handeln, ohne – zu sehr – zu leiden? Um in unser Leben die Bewegung des Lebens selbst wieder hereinzubekommen, müssen wir Befürchtungen zurückdrängen, Gewohnheiten umstürzen, neue Regeln aufstellen: keine Angst mehr vor Misserfolg haben, nicht mehr vom Erfolg abhängig sein, nicht mehr an Perfektion glauben…

Hier einige Regeln, damit unser Handeln gelassener wird.

32. Kapitel
Handeln und Selbstwertgefühl:
Sich bewegen, um sich wertzuschätzen

Wenn man etwas tut, irrt man sich manchmal.
Wenn man nichts tut, irrt man sich immer.
Romain Rolland

Seelisches Leiden nimmt zuweilen komische Formen an. Ein oder zwei Mal im Jahr kommt es vor, dass sehr große Kinder von 30 oder 40 Jahren mich aufsuchen, mit einem offenbar sehr hohen Selbstwertgefühl, oft hochbegabt, wie ihr IQ bestätigt. Oft gehören sie zu einem Kreis sehr intelligenter Menschen. Ihr Leben aber ist ein einziger Misserfolg. Sie wagten nie ein Abenteuer, verließen nie das Familiennest. Sie mussten sich nie am aktiven Handeln reiben. *Ihr hohes Selbstwertgefühl ist nur virtuell: Sie haben viele Möglichkeiten, aus denen sie nichts gemacht haben.* Anhäufung von Wissen durch Lektüre, durch Surfen im Internet, manchmal auch im Verlauf eines Studiums, das nie zu einer Berufsausübung geführt hat. Ihr Selbstwertgefühl im stillen Kämmerlein unterstreicht das noch: Sich wertschätzen hat nur Bedeutung, wenn es dazu dient, zu leben. Und leben bedeutet, etwas tun, nicht nur denken…

Etwas tun ist der Sauerstoff für das Selbstwertgefühl

Selbstwertgefühl und Handeln sind eng verbunden, und zwar in drei grundsätzlichen Dimensionen:
- Das wahre Selbstwertgefühl offenbart sich nur im Tun und in der

Auseinandersetzung mit der Realität: Es kann sich nur durch Misserfolg oder Erfolg, durch Annahme oder Ablehnung bilden... Sonst ist es nur eine »Deklaration«, wie die Meinungsforscher es ausdrücken: Wir sind nicht nur das, was wir proklamieren oder uns vorstellen zu sein. Wir tun nicht immer das, was wir ankündigen. Das wahre Selbstwertgefühl siedelt sich auch im Alltagsleben an, nicht nur auf den Höhen des Geistes.

- **Das Tun wird durch das Selbstwertgefühl erleichtert:** Eines der Symptome von fragilem Selbstwertgefühl besteht gerade in der schwierigen Beziehung zum Handeln. Bei Menschen mit niedrigem Selbstwertgefühl wird das Tun gefürchtet und zurückgewiesen (Hinausschieben), denn man hat Angst, seine Schwächen zu offenbaren, seine Grenzen zu verraten. Oder man tut etwas, um bewundert und anerkannt zu werden, hält es aber nur aus, wenn man erfolgreich ist, *successful*, wie die Amerikaner sagen.
- **Das Tun nährt, prägt, formt das Selbstwertgefühl:** Zusammen mit der sozialen Bindung ist es einer der beiden großen Ernährer des Letzteren. Der ganze Rest ist nur Autosuggestion, zum Besseren oder zum Schlechteren.

Ein grundlegendes Bedürfnis: Spüren, dass man etwas bewirken kann

Jeder Mensch muss spüren und wahrnehmen, dass er durch sein Tun seine Umgebung und sich selbst beeinflusst. Für unsere Psyche ist das ein so wichtiges Gefühl, dass es auch außerhalb psychischer Probleme Gegenstand positiver Illusionen und unauffälliger, aber erstaunlicher Verhaltensweisen ist: Wenn wir eine Fünf oder Sechs würfeln müssen, werfen wir den Würfel unbewusst heftiger; und sanfter, wenn es im Spielverlauf nötig wird, eine niedrige Zahl zu würfeln.[1] Dieses Dimension des Gefühls, die Kontrolle zu haben, hat fundamentalen Einfluss auf das Wohlbefinden (bei Tieren und Menschen) und auf das Selbstwertgefühl (bei Menschen).[2]

Je nachdem, auf welchem Niveau sich ihr Gefühl, die Kontrolle zu haben, ansiedelt, gibt es zwischen den Menschen bedeutende Unterschiede: Man nimmt allgemein an, dass dieses Gefühl sich, je stärker es ist (oder je »interner«, das heißt vom Selbst und nicht vom Zufall abhängig), desto günstiger auswirkt, vor allem auf das Selbstwertgefühl. Übrigens sind diese beiden Dimensionen der Persönlichkeit so eng miteinander verknüpft, dass manche Forscher überlegen, ob die beiden Begriffe nicht ein und dasselbe meinen.[3]

Eine im Alltagsleben wichtige und leicht zu messende Dimension liegt in der Fähigkeit zur Selbstkontrolle, das heißt in der Fähigkeit, ein gestecktes Ziel auch dann zu verfolgen, wenn man nicht sofort dafür belohnt wird. Darin gründet auch die Möglichkeit, das Bedürfnis nach Belohnung zu differenzieren. Selbstkontrolle bei Kindern wird zum Beispiel ausgehend von kleinen Entscheidungssituationen gemessen: »Du kannst sofort *ein* Bonbon haben, oder *drei* morgen. Was ist dir lieber?« Auch Erwachsene sind sehr weitgehend davon betroffen: Selbstkontrolle ist in vielen Alltags-, Schul- und beruflichen Situationen sowie im Gesundheitsverhalten impliziert – und dort auch sehr nützlich.

Kontrolle im Alltag auszuüben wirkt sich hervorragend auf das Wohlbefinden und das Selbstwertgefühl aus. Deshalb ist es wichtig, sobald Sie an sich selbst zu zweifeln beginnen, trotzdem das Geschirr zu spülen oder Ihre Wohnung oder Ihr Büro aufzuräumen. Solche kleinen Gesten der Kontrolle über unsere Umgebung zu unterlassen ist der große Fehler, den depressive Menschen unter dem Eindruck ihrer Krankheit machen: »Wozu? Es ist lächerlich und nutzlos«, und dadurch ihren Zustand verschlimmern: »Ich bin nicht einmal mehr fähig, mich um die einfachsten Dinge zu kümmern.« Auch wenn der Einfluss dieser kleinen Handgriffe gering ist, sie sind doch so etwas wie das »Kleingeld des Selbstwertgefühls«. Oder, für die, die auf so etwas stehen: eine Art Kräutertee des Selbstwertgefühls: diskrete, aber reale Wirkung, und absolut *bio*…

Alles, was unsere Beziehung zum Handeln stört, ist daher potenziell gefährlich. Denn die Probleme des Selbstwertgefühls führen, wie wir gesehen haben, oft dazu, nicht zu handeln oder einer Handlung auszuweichen.

Das Vermeidungsverhalten untergräbt das Selbstwertgefühl: Wir lernen nichts – Handeln dagegen lehrt Demut

Nicht zu handeln kann uns hochmütig machen. Paradox? In Wirklichkeit erhalten wir, wenn wir nichts tun, die Illusion aufrecht, dass wir vielleicht Erfolg hätten haben können, wenn wir uns nur genug angestrengt hätten. Eine gefährliche, lügenhafte Illusion. Sie erklärt erstaunliche Redeweisen von Menschen mit niedrigem Selbstwertgefühl, wenn sie sozialen Misserfolg erleben, aber von ihren großen Fähigkeiten überzeugt sind … Wenn das Leben nur weniger hart, die Menschen nur weniger ungerecht wären, dann würden ihre wahren Werte schon erkannt werden! Diese Argumentation kann dazu führen, immer weniger zu handeln und gleichzeitig den Abstand zwischen dem Glauben an seine hervorragenden Qualitäten und der Feststellung, dass unsere Umgebung diesen Qualitäten nicht entspricht, zu vergrößern, und zwar so lange, bis dieser Abstand so groß ist, dass sich helle Verzweiflung breit macht, zumindest unbewusst …

Vermeiden bringt nichts. Es wirft uns nur auf uns selbst zurück, auf Dinge, die wir bereits wissen: dass das Leben hart ist, dass wir es schwer haben, dass es schlimm gewesen wäre, zu scheitern, dass wir Recht hatten, es nicht zu tun, dass es trotzdem schade ist … Wir können nur durch Auseinandersetzen lernen. Manchmal ist das schmerzhaft, aber wir lernen dabei … Vermeiden untergräbt unser Selbstwertgefühl, und letzten Endes ändert man sich nur, indem man etwas tut, ganz gleich, was wir über uns denken. Das Handeln hat wiederum auf das Wiederkäuen einen positiven Einfluss. Michel Audiard spielt in einem Film darauf an: »Ein Idiot, der läuft, kommt auf jeden Fall weiter als ein Intellektueller, der sitzen bleibt.« Das Ideal wäre zweifellos ein Intellektueller, der läuft, dann aber wäre die

Replik weniger komisch. »Nur beim Gehen hat man große Gedanken«, sagte, etwas seriöser, Nietzsche.

Handeln und was man daraus lernt

Handeln und daraus lernen ist somit das Beste, was man für sein Selbstwertgefühl tun kann. Deshalb sind Therapeuten so darauf versessen, ihre Patienten aus ihren Reflexionen heraus- und sie in die Arena des Handelns herunterzuholen. Achtung: *Handeln* und *daraus lernen! Denn in Wirklichkeit gibt es zwei Arten des Vermeidens:*

- **Nicht-Handeln** ist typisch für Menschen mit niedrigem Selbstwertgefühl, die Ausweichmanöver können aber auch Menschen mit fragilem hohem Selbstwertgefühl betreffen. Hier lässt sich nichts aus dem Handeln lernen, denn es hat keines stattgefunden. Man denkt nur über das nach, »was passiert wäre, wenn…«, wodurch negative Gewissheiten begünstigt werden, die oft in Antworten münden wie: »Das wäre bestimmt schlecht ausgegangen – wie gut, dass ich nichts unternommen habe.«
- Aber auch: **Handeln und nichts daraus lernen**, was häufig bei Menschen mit hohem Selbstwertgefühl vorkommt. Bei Misserfolg besteht die klassische Verteidigung darin, keine Verantwortung zu übernehmen oder den Misserfolg herunterzuspielen. Oder bei Erfolg: Nicht erkennen, welcher Glückszufall daran beteiligt war oder wie viel man den anderen dabei verdankt. Sich für die erhaltene Hilfe zu bedanken oder seine Dankbarkeit auszudrücken wird als Schmälerung des eigenen Verdiensts betrachtet, und das kann ein Mensch mit fragilem hohem Selbstwertgefühl nicht ertragen. Verstehen wir uns recht: Es geht nicht darum, sich nicht über seinen Erfolg zu freuen. Es ist legitim, emotional davon zu profitieren, aber auch, daraus zu lernen: Zu erkennen, welchen Anteil wir selbst dabei haben und welchen die anderen oder was daran einfach nur Glück war, sollte unser Selbstwertgefühl nicht schmälern, sondern es vielmehr schärfen und festigen.

Intelligent handeln

Der Philosoph Alain schlug in einem seiner *Gespräche* vor, den Halbgott Herkules als Symbol für die Verschränkung von Reflexion und Handeln zu betrachten:[4] »Ich halte Herkules für das beste Modell eines Denkers (…) Man muss über die Dinge nachdenken, um eine nützliche Veränderung in der Welt herbeizuführen (…). Wenn du deinen Spaten nimmst, dann musst du damit die Erde umgraben. Wenn du dein Denken als Werkzeug nimmst, dann reiß dich zusammen und denke gut.« Rudyard Kipling schlägt in seinem Gedicht *If* vor: »Denken, ohne nur Denker zu sein«… Die antiken Philosophen erinnerten gern an die Hohlheit der Worte und Lehren, die nicht unmittelbar und ernsthaft im Alltag angewandt werden. Diese Lehre wäre es wert, einigen unserer Zeitgenossen in Erinnerung gerufen zu werden. Die antike Philosophie war nicht nur spekulativ, sondern ihr Ziel lag darin, den Alltag durch eine Vielzahl von Handlungen und praktischen Überlegungen zu verbessern.[5]

Wenn wir uns nicht bewegen, verharren wir in unserer persönlichen Welt. Wenn wir handeln, dann verändern und öffnen wir sie… Das *overthinking* der Angelsachsen führt nicht sehr weit. Wenn man das aus einer Handlung Erlernte nicht umsetzt, dann verkrampft sich das Selbstwertgefühl, es schrumpft und wird immer fragiler.

In der Auseinandersetzung mit dem Leben konstruieren wir uns, entwickeln wir uns, lernen wir uns selbst kennen, nicht aber, wenn wir im stillen Kämmerlein unseres Ichs sitzen bleiben. Wenn wir uns der Wirklichkeit entziehen, dann erstarren wir. An der Begegnung mit ihr können wir wachsen. Nur die Handlung öffnet uns die Welt, anstatt immer nur das Ich zu stärken.

33. Kapitel
Etwas tun – ohne Druck von außen:
Regeln für ein gelassenes Handeln

Glück ist das Ergebnis richtigen Handelns.
André Comte-Sponville,
Auf der anderen Seite der Verzweiflung

Handeln ist eine Chance, aber auch eine Bedrohung. Die Chance, sich selbst zu entdecken und zu entfalten, die Bedrohung, zu versagen und an diesem Versagen gemessen zu werden. Wie man sich zwischen diesen beiden Alternativen entscheidet, sagt viel über das Selbstwertgefühl aus, aber auch, wie eine Handlung mehr oder weniger beunruhigt antizipiert wird, gefolgt von mehr oder weniger realistischem Wiederkäuen, verrät viel über uns.

Wie kann man handeln, ohne zu leiden?

Handeln ist sicherlich notwendig, nicht aber in jedem Zustand und um jeden Preis. Das Schlimmste ist klarerweise, das Vermeiden zu einem Lebensstil zu machen und so sein Selbstwertgefühl zu beschützen. Es gibt aber auch weniger Schlimmes, denn wir haben viele Möglichkeiten, eine Handlung in Schmerz zu verwandeln, und viele Momente, in denen dies möglich ist. Ich spreche hier nur von Handeln, das für das Selbstwertgefühl von Bedeutung ist und dessen Folgen – oder schlimmer noch: das selbst – unter den Augen oder der Beurteilung anderer geschieht. Handlungen, die wir ohne Zeugen ausführen und deren Konsequenzen nur uns betreffen, stehen nicht unter dem gleichen intensiven emotionalen Druck.
Bevor man handelt: Sich so quälen – das ist die Angst der Vorwegnahme –, dass man davon krank wird. Eine der deutlichsten Botschaften über die Nichtigkeit und Ineffizienz unserer vorweggenommenen Ängste vermittelt uns die Bibel in den düsteren Klagen des

Predigers Salomo: »Wer ängstlich nach dem Wind schaut, der säet nicht / Wer nur auf die Wolken sieht, der erntet nicht ...« Ängstlich nach etwas zu schauen ist aber kein Hindernis dafür, erfolgreich zu sein. Wie viele Menschen, die gesellschaftlich Großes leisten (Schauspieler, Dirigenten, Berufsmusiker), bringen ihr ganzes Leben damit zu, sich in der Öffentlichkeit immer wieder als sehr leistungsfähig zu zeigen, leiden aber gleichzeitig unglaublich und ständig daran. Das Leiden überträgt sich auch auf ihre Umgebung, auf ihre Partner und ihre Kinder, die ebenfalls dafür bezahlen, indem sie den Stress des Stars, der zweifelt und zittert, aushalten ... Allein die Befriedigung, die sie dafür erhalten, sei es Geld, Ansehen oder Bekanntheit, erlaubt diesen Menschen weiterzumachen. Sie allein kennen die Kluft zwischen ihrem öffentlichen Gesicht und ihrem fragilen Inneren.

Während man handelt: Handeln und dabei beunruhigt, angespannt und davon besessen sein, dass man womöglich scheitert. Deshalb beobachtet man ängstlich die Reaktionen und Kommentare der anderen und reagiert auf sie zuweilen sehr gereizt und sensibel. Wenn man derart ängstlich ist, schafft man es im Allgemeinen nicht, in der Handlung aufzugehen, sondern ist auf sich, seine Befürchtungen und die möglichen Konsequenzen eines Fehlers oder Scheiterns fixiert. Im schlimmsten Fall kann dadurch die Leistung verändert werden. Im besten Fall wird die Leistung nicht beeinträchtigt, es ist aber für diesen Menschen unmöglich, aus der Handlung auch nur die geringste Freude zu ziehen.

Nachdem man gehandelt hat: Sicher ist man deutlich erleichtert, wenn sich Erfolg einstellt, leider aber wird man schnell von den vorweggenommenen Ängsten vor der nächsten Leistung eingeholt (denn bei Problemen des Selbstwertgefühls nimmt Erfolg nie die Angst vor Misserfolg). Erstaunlicherweise verdoppeln sich diese Ängste manchmal sogar gerade durch den Erfolg, vor allem bei Menschen mit niedrigem Selbstwertgefühl:[1] »Jetzt gilt's – ich darf meine Freunde nicht enttäuschen und meinen Feinden keinen Gefallen tun.« Bei einem Misserfolg wird das schmerzhafte Wiederkäuen einsetzen, das umso länger anhält, je niedriger das Selbstwertgefühl ist. Menschen mit fragilem hohen Selbstwertgefühl legen dann eine bemerkenswerte Aggressivität gegen andere an den Tag, während solche mit niedrigem Selbstwertgefühl verzweifelt nach Trost suchen.

Deshalb sollte man über die Regeln für gelassenes Handeln nachdenken.

Je öfter man etwas tut, desto mehr wird die Angst davor entschärft

Handeln sollte gleichsam zu einem Atmen des Selbstwertgefühls werden, zu einer gewohnheitsmäßigen Weise, seine Ängste und Hoffnungen zu überprüfen. Seine positiven Illusionen anzupassen, aber auch neue daraus entstehen zu lassen. Eine Handlung muss eine Askese (vom Griechischen *askesis* = Übung) des Selbstwertgefühls sein.

»Wir sind das, was wir täglich wiederholen«, heißt es bei Aristoteles.[2] Man muss also ständig wiederholen. Für Menschen mit niedrigem Selbstwertgefühl ist das nicht so leicht einzusehen: Je seltener man handelt, desto mehr fürchtet man sich davor. Wenn man selten handelt und deshalb nicht daran gewöhnt ist, häufen sich die Widerstände, Misserfolge oder mögliche Zwischenfälle. Wir idealisieren dann auch gern die Handlung selbst: Wenn sie uns nicht perfekt gelingt, sprechen wir uns das Recht dazu ab. Von daher das häufige Aufschieben: verzögertes oder auf später verschobenes Handeln – nicht aus Faulheit, sondern aus Mangel an Gewohnheit und Automatisierung (aber auch, wie wir werden sehen werden, aus Angst vor Misserfolg).

Deshalb schlagen wir in der Therapie oft »kleine« Übungen vor, um die Auseinandersetzung mit dem Leben zu erleichtern. Wir wissen, dass es notwendig ist, darüber zu sprechen und es zu verstehen, aber das genügt nicht. Patienten, die Scheu vorm Handeln haben, muss man regelmäßig kleine Schritte wiederholen lassen: Zehn Mal täglich zehn verschiedene Händler anrufen und sie um eine Auskunft bitten, zehn Personen auf der Straße nach dem Weg oder der Uhrzeit fragen... Beim zehnten Mal haben die meisten Patienten verstanden, worum es geht: *Je öfter man etwas tut, desto leichter, einfacher und klarer wird es.*

In Bezug auf das Selbstwertgefühl passt der Slogan »*Global denken, lokal handeln*« absolut: Wir müssen unsere globalen Gedanken in lokale Handlungen umwandeln. Denn nach den Jahren des Vermeidens, das auf die Probleme des Selbstwertgefühls zurückgeht, ist unser Gehirn oft völlig resistent gegenüber gutem Zureden und lobenswerten Vorsätzen geworden! Nur solch kleine, scheinbar harmlose Übungen können es auf die Gegenspur bringen und Veränderung bewirken.

Große Wirkungen kleiner Entscheidungen

Unsere Zeit ist manchmal sehr anmaßend... Nehmen Sie zum Beispiel die guten Vorsätze für das Neue Jahr. Wir machen uns gern darüber lustig, auch wenn viele Leute es tun: »Im kommenden Jahr versuche ich...« Wer aber würde jemals nachprüfen, ob diese Vorsätze auch umgesetzt werden? Eine Gruppe Psychologen hat es getan... [3] Von 300 Personen, die zum Jahresanfang den Wunsch hatten, ihren Alltag zu verändern, hatte etwa die Hälfte »gute Vorsätze« für das Neue Jahr formuliert, die anderen nicht. Die Auswertung erfolgte einfach durch einen Telefonanruf sechs Monate später, ob die gewünschten Veränderungen eingetreten seien. Die Wünsche betrafen im Wesentlichen drei Bereiche: abnehmen, mehr Sport treiben oder aufhören zu rauchen. Die Ergebnisse sprachen für sich: 46 Prozent von denen, die einen Vorsatz für das neue Jahr formuliert hatten, erreichten ihr Ziel und konnten es halten, gegenüber 4 Prozent, die es nicht erreicht hatten. *Ganz bescheidene Vorsätze scheinen also nicht so absurd zu sein, wie man glaubt.* Sie sind zwar keine Garantie (schließlich hatten 54 Prozent ihre »Vorsätze« nicht verwirklicht), aber sie stellen eine viel wichtigere Hilfe dar, als man gemeinhin glaubt. Im Alltag ist es oft so: Wir suchen die Lösung unserer Probleme häufig in langwierigen und komplexen Verfahren, während wir – manchmal, aber nicht immer – zunächst eher einfache Annäherungen versuchen sollten. Sie ausprobieren und sie vor allem dauerhaft praktizieren.

Ein anderer Punkt, der in der Psychologie der Verhaltensänderung sehr bekannt ist: das Premack-Prinzip.[4] Man bezeichnet dieses gute alte Rezept auch als »Großmuttergesetz«. Es lautet: »Kinder, ihr dürft spielen, wenn ihr euer Zimmer aufgeräumt habt.« Auf sich selbst angewendet, ist es eine beträchtliche Hilfe. In dieser Hinsicht ist es besser, wenn die Entscheidung zur Umsetzung von einem selbst kommt und nicht von außen: Selbstkontrolle erzielt immer bessere Ergebnisse als eine Kontrolle von außen. Unnötig, sie als Zwang oder Strafe zu erleben, denn man kann sie durchaus gelassen und heiter gestalten. Sie entsteht aus Bescheidenheit: Wir sind sehr empfänglich für Zerstreuung und Ablenkung, wodurch unsere Fähigkeiten zur Selbstkontrolle gemindert werden. Das Premack-Prinzip anzuwenden ist in jeder Umgebung nützlich, in der wir von schwierigen Aufgaben zugunsten unmittelbarer Anfragen abgelenkt werden. Es ist beinahe kränkend: *Wir sehen uns so gern als subtile und überlegene Persönlichkeiten. Aber wir sind auch einfache Wesen, und einfache Regeln können uns helfen.*

Es scheint, dass wir beides, das Einfache und das Komplexe, brauchen und dass wir beides gleichzeitig brauchen: uns anspruchsvolle und allgemeine Ziele zu setzen, aber auch konkrete und grundlegende Haltungen definieren zu können, die uns bei der Umsetzung der Ersteren helfen.[5]

Flexibel handeln: Sich engagieren können und aufhören können

Ein anderes Problem des Handelns, das bei Menschen mit schwachem Selbstwertgefühl auftaucht, ist mangelnde Flexibilität: Es ist wichtig, sich bei einer Tätigkeit engagieren zu können, genauso wichtig aber ist es, sich auch wieder zurückziehen zu können, wenn man nach und nach Informationen erhalten hat... *Denn wenn Menschen mit niedrigem Selbstwertgefühl nur langsam in Schwung kommen, können sie sich manchmal auch nur schwer bremsen...* Das nennt man »neurotische Beharrlichkeit«, deren Devise sein könnte: »Wenn ich schon mal damit angefangen habe, muss ich es auch um jeden Preis zu Ende bringen.« Diese Beharrlichkeit wird durch zahlreiche Sprichwörter und Maximen gestützt, von denen meines Wissens die nordamerikanische Version die gefährlichste ist: »*Quitters never win and winners never quit.*« Sehr schön, manchmal wahr und oft falsch.

Was bedeutet mentale Flexibilität? Sie ist die Fähigkeit aufzuhören, wenn man erkannt hat, dass das Erreichen des Ziels zu kostspielig ist in Bezug auf Zeit, Energie und das Verhältnis von Qualität zu Preis. Mit einer Tätigkeit in Einklang sein bedeutet, sie manchmal abzubrechen und sich zurückzuziehen. Das erfordert Hellsichtigkeit und Selbstwertgefühl: Man muss sich selbst ausreichend wertschätzen, um sich durch den Abbruch der Tätigkeit oder eine Meinungsänderung nicht entwertet zu fühlen. Die Probleme mit dem Selbstwertgefühl sind übrigens ein gefundenes Fressen für Ausbeuter, vor allem dank des folgenden Mechanismus: Sobald jemand sich engagiert hat, traut er sich, auch wenn er spürt, dass er im Begriff ist, eine Dummheit zu begehen, nicht, einen Rückzieher zu machen, damit er vor den anderen nicht sein Gesicht verliert.

Die Fähigkeit, aufzuhören und sich zurückzuziehen, ist an sich schon schwierig, sie wird aber noch schwieriger, wenn es sich um eine Verpflichtung gegenüber anderen handelt: Auch hier zeigen alle Arbeiten über die Manipulation, dass es sich um eine wirksame Falle handelt, die Leute gegen ihre eigenen Interessen handeln zu lassen.[6] Man muss diese Neigung kennen und sich folgende Rechte zugestehen:
- das Recht, sich zu irren
- das Recht, aufzuhören
- das Recht, seine Meinung zu ändern

- das Recht, zu enttäuschen
- das Recht, kein perfektes Ergebnis zu bringen

Sonst werden wir zu Opfern aller möglichen Manipulationen und auch zu Opfern unserer selbst und unseres Eigensinns (»Nie sein Wort brechen oder seine Entscheidung zurücknehmen«). Die sozialen Stereotype betonen zu stark, dass man seine Meinung nie ändern soll. Wir müssen deshalb achtsam sein.

Es ist wichtig zuzugeben, dass Probleme auftauchen, die wir nicht perfekt lösen können, Lösungen, die auf wackeligen Füßen stehen: Wie wir noch sehen werden, ist auch der rigide Perfektionismus ein Feind des Selbstwertgefühls.

Köder Perfektionismus: Sich durch hervorragende Leistungen schützen funktioniert nicht...

Paul Valéry pflegte zu sagten: »Die Perfektion ist eine Abwehr...«

Ich erinnere mich an einen Patienten, einen brillanten Forscher, der seine Lehrveranstaltungen und Vorträge für Kongresse und Konferenzen bis ins kleinste Detail auswendig vorbereitete... Als er zu mir kam, war er nach zwanzig Jahren wissenschaftlicher Forschung auf höchstem Niveau erschöpft und hatte bereits zwei ernste depressive Phasen hinter sich. Da er ein sehr verletzbares Selbstwertgefühl hatte, sicherte er sich materiell wirkungsvoll ab, verbrauchte sich aber emotional zu stark: »Jahrelang habe ich mich in hervorragende Leistungen geflüchtet, um meine Ängste zu besiegen. Ständig versuche ich mich *überanzupassen*, um sicher zu sein, dass man meine Person oder meine Beiträge akzeptieren würde. Ich kann bezeugen, dass das nicht funktioniert.«

Nur handeln, wenn man sich des Erfolgs sicher ist? Alles beherrschen, damit man nichts riskiert? Diese Lösung kann für gewisse genau umschriebene Situationen passend sein, wenn es effektiv nötig ist, eine hervorragende Leistung zu bringen. Bei Mensch mit verletzlichem Selbstwertgefühl aber ist die Zuflucht zur Perfektion ein Missbrauch. Perfektionismus kann dann geeignet sein, wenn er auf das Erreichen eines ganz präzisen Ziels zu einem bestimmten Zeitpunkt beschränkt ist. Er wird kontraproduktiv, wenn er ein Mittel ist, um sich gegen die Angst vor Misserfolg oder Unvollkommenheit abzusichern. Dieser »neurotische« Perfektionismus kommt bei Menschen mit Problemen des Selbstwertgefühls sehr häufig vor.[7] Die Zuflucht zu diesem Perfektionismus und zur Überkontrolle ist eine relative Sackgasse und auf jeden Fall ein schlechter Kompromiss zwischen Wohlbefinden und Leistung. Deswegen Achtung vor Zyklen wie »Druck – Depression«: *Handeln, nicht Druck ausüben!*

Auch hier reicht es nicht, zu verstehen, man muss auch üben. Deshalb wird in der Verhaltenstherapie auf Übungen nach dem Motto »Lockerlassen« viel Wert gelegt: Man fängt klein an und bleibt zunächst außerhalb des Bereichs, der für das Selbstwertgefühl eine zu direkte oder zu große Gefahr sein könnte. Zum Beispiel beginnt man in der Freizeit und bittet den Patienten, *absichtlich* zu spät ins Kino zu kommen oder eine Aufgabe im Haushalt nur halb auszuführen – alles unangenehme Dinge, aber man kann mit ihnen leben. Das Ziel dieser Übungen liegt darin, zu beobachten, was dann wirklich passiert: Der Patient kann selbst feststellen, dass nichts Schlimmes passiert und dass der kontinuierliche Druck, den er ausübt, damit alles perfekt ist, Ausdruck eines unangemessenen und wirklichkeitsfernen Glaubens ist (»Wenn ich es nicht so mache, dann läuft es schief«). Erst dann geht man zu Situationen über, die das Selbstwertgefühl etwas direkter herausfordern, das heißt Situationen, die unter den Blicken der anderen stattfinden: Freunde einladen, ohne das Abendessen vorbereitet zu haben (und folglich irgendetwas Tiefgekühltes auftauen müssen oder einen großen Topf Nudeln kochen) oder ohne das Chaos in der Wohnung beseitigt zu haben … Freundschaften müssten solche Sachen überleben. Wenn Sie es schaffen, bei Kleinigkeiten dieser Art lockerzulassen, dann haben Sie sicherlich auch mehr von Ihren Freunden.

Was ist angesichts der Komplexität der Welt besser: verzweifelt versuchen, unsere Kontrolle und unsere Leistung zu erhöhen, oder das Selbstwertgefühl verbessern? Wir sollten uns bemühen, unser Selbstbewusstsein abseits all dieser Köder wie Leistung oder Anerkennung zu pflegen und lockerzulassen, ohne auf das Wesentliche zu verzichten.

Es einfacher machen

Der Selbstzweifel bewirkt, dass wir uns manchmal selbst in die Klemme bringen. Oft habe ich gesehen, wie meine Patienten, die an ihrem Selbstwertgefühl litten, sich in sehr komplizierte Unterfangen stürzten, anstatt es einfacher zu machen: Während sie bloß eine kleine freundschaftliche Begrüßungsrede halten sollten, verirrten sie sich in esoterisches Gefasel voller Andeutungen und Anspielungen, nur weil unter den Zuhörern ein alter Fachschulingenieur saß. Saßen sie bei Tisch neben eben diesem Fachschulingenieur, glaubten sie die Diskussion heben zu müssen und versuchten große Themen wie internationale Politik anzuschneiden, nach denen sie am selben Morgen die Zeitung durchforstet hatten, während sich an einem einfachen und herzlichen Gespräch alle hätten beteiligen können und nicht nur ein Einziger. Ihre Konversation wäre viel leichter und angenehmer gewesen, wenn sie sich spontan hätte entwickeln können.

Versuchen wir einfache Handlungen und Haltungen nicht als Ausdruck von beschränkter Intelligenz zu sehen, sondern als Ausdruck von klarem Verstand. Es einfacher zu machen ist paradoxerweise die Eigenschaft von Menschen mit gesundem Selbstwertgefühl: Sie müssen sich nicht hinter dem Komplexen verschanzen, um ihre Lücken zu verbergen. Sie versuchen nicht, sich in den Vordergrund zu stellen, sondern nehmen ihren Platz ein und spielen ihre Rolle in der vorgesehenen Beziehungssymphonie.

Handeln als Selbstzweck?

In seinem Essay *Der Mythos von Sisyphos* fragt Albert Camus nach dem Geisteszustand von Sisyphos, der von den Göttern dazu verurteilt worden war, ewig einen Felsen einen Berg hinaufzutragen, um ihn wieder herabrollen zu sehen, sobald er den Gipfel erreicht hat. Camus versucht zu verstehen, wie es Sisyphos gelingt, nicht in Verzweiflung zu versinken:[8] »Sisyphos lehrt uns die größere Treue, die die Götter leugnet und die Steine wälzt (…). Dieses Universum, das nun keinen Herrn mehr kennt, kommt ihm weder unfruchtbar noch wertlos vor (…). Der Kampf gegen den Gipfel vermag ein Menschenherz auszufüllen. Wir müssen uns Sisyphos als einen glücklichen Menschen vorstellen.«

Ohne die Verzweiflung von Sisyphos erforschen zu wollen oder in einer hochtrabenden Inszenierung unseres Alltags zu posieren – widmen wir uns doch ganz einfach unserer Aufgabe, Mensch zu sein… *Man muss nicht nur handeln, um Erfolg zu haben oder ein Ergebnis zu erzielen. Man muss auch um des Handelns willen handeln.* In gewisser Hinsicht ist der Mensch geboren, um zu handeln, und es besteht ein untrennbares Band zwischen seinem Wohlbefinden und dem alltäglichen Handeln: Sämtliche Studien zeigen, dass Handeln die Laune hebt, aber auch, dass bessere Laune, und sei es ganz unauffällig und der jeweiligen Person unbewusst, das Handeln erleichtert.[9] Zufriedenes Handeln… Am Schluss dieses Buches werden wir noch einmal darüber sprechen. Diese Art des Denkens wird in den meditativen Annäherungen vom Typus *Mindfulness* ausführlich angewendet und lässt sich folgendermaßen zusammenfassen: *Bei allen meinen Taten dessen gegenwärtig sein, was ich tue.* Im Handeln aufgehen und die Gewohnheit annehmen, das, was ich tue, nicht danach zu bewerten, ob es erfolgreich ist oder nicht. Es einfach tun. Oder es nicht tun. Aber bewusst und in voller Annahme. Einer meine jungen Patienten fasste es einmal in der Maxime zusammen: »Um etwas gut zu machen, muss man manchmal auch nichts tun können.«

34. Kapitel
Kann man die Angst vor Misserfolg loswerden?

>»*Nur das ist wichtig: Lernen, Verlierer zu sein.*«
> Emil Michel Cioran

»Ich habe den Eindruck, jedes Mal, wenn ich etwas tue, es schlecht zu machen... Wie ein Zweifel, der mich nie loslässt. Wenn es um etwas geht, das nur mich betrifft, kann ich mich damit abfinden. Aber wenn andere mit einbezogen sind, ist es peinlicher. Bei meinem Job als Ingenieur zum Beispiel. Ich habe oft Lust, meinen Job aufzugeben und Müllfahrer oder Briefträger zu werden, irgend etwas Einfaches, dem ich gewachsen wäre oder mich jedenfalls gewachsen *fühlen* würde. Dennoch ist es der Beruf, den ich will, der mich interessiert, er ist gut bezahlt, ich werde gut behandelt, das ist nicht das Problem. Das Problem liegt vielmehr darin, dass ich es nicht mehr aushalte, mich zu fragen, ob ich es schaffe, ob ich nicht enttäusche, ob ich überhaupt kompetent bin, ob nicht alles zusammenkracht. Dieser Druck ist für mich unerträglich geworden.«

Ich habe oft Patienten, die mir davon erzählen, dass sie alles hinschmeißen wollen, bevor es zu spät ist, bevor alles zusammenkracht und die (angenommenen) Schwächen ans Licht kommen, die sie um jeden Preis zu verbergen versuchten. Verbraucht vom Stress und dem Gefühl zu betrügen sowie der Gefahr, mit einem Mal »demaskiert« zu sein und nackt dazustehen, möchten sie nach »unten« oder in eine Position flüchten, die ihnen ihrer Meinung nach »so wenig Stress wie möglich« abverlangt. Sie alle leben in einer permanenten und zwanghaften Angst vor Misserfolg. Das führt dazu, dass sie beinah alle Formen von Handeln fürchten, durch die sie der Beurteilung ausgesetzt würden.

Eine junge Frau erzählte mir folgende Geschichte: »Ich war sieben Jahre alt und die Lehrerin gab mir eine kleine Aufgabe in Mathematik, die ich mündlich lösen sollte, aber sie verstand meine Antwort nicht richtig. Diese Mistkuh machte sich vor der ganzen Klasse über mich lustig, nahm mich beiseite und sagte: ›Lass dein Hirn arbeiten, finde die richtige Lösung‹, während sie und die anderen in die Pause gingen. Ich war total verloren und suchte verzweifelt nach anderen Lösungen, die ganz unlogisch und absurd waren, fand aber keine Lösung, denn die richtige Lösung hatte ich ja schon gesagt. Eine Viertelstunde lang befand ich mich in der Welt der Unvernunft, ausgerechnet ich, die ich ultra-logisch war. Ich fühlte mich in die Enge getrieben, machtlos, panisch und ganz allein gegenüber der ganzen Welt: Was für mich die richtige Lösung war, war es nicht für die anderen. Ich zweifelte an mir, an meiner Vernunft, an meinem Platz unter den anderen. Auch als Erwachsene hatte ich oft solche Momente totaler Angstanfälle vor Misserfolg, vor Unverständnis, vor Unvorhersehbarem, die mich eine existentielle Panik erleben ließen und das furchtbare Gefühl auslösten, der Himmel würde über mir einstürzen und ich würde ganz den Sinn für die Realität verlieren.

Es macht mir Angst, dass bei mir eine banale Schwierigkeit so eine riesige Rakete abfeuern kann, die mich in die Unendlichkeit der Angst befördert.«

Wie Misserfolge besser tolerieren: Weniger Misserfolge oder höhere Toleranz?

Wenn die Angst vor einem Misserfolg so häufig vorkommt, dann weil sie bis zu einem gewissen Grad normal ist. Sie verhindert es, dass wir gegenüber den materiellen und sozialen Konsequenzen unserer Handlungen gleichgültig werden. Sie ist also wünschenswert. Aber nur bis zu einem gewissen Grad. Darüber hinaus handelt es sich nicht mehr um simple Angst, sondern um eine wahrhafte *Allergie gegen Misserfolg*. Die Konsequenz eines Misslingens ist dann nicht mehr bloß unangenehm, sondern ein echter Kummer: Studien zu diesem Thema zeigen, dass der Kern des Problems die Scham ist,[1] das heißt jenes starke Gefühl, das uns vermittelt, nicht nur inkompetent zu sein, sondern allgemein mangelhaft und unwürdig.

Die Arbeit an dieser Allergie gegen Misserfolg, welche bei Menschen mit einem leidenden Selbstwertgefühl vorkommt, ist ganz besonders wichtig und erfordert mehrere Strategien, von denen wir hier die wichtigsten anführen:
- **Autopsie des Misserfolgs**: Es geht ganz einfach darum, sich anzugewöhnen – auch wenn es weh tut (weshalb wir es ja nicht tun) –, über seinen Misserfolg nachzudenken, und zwar nicht um ihn zu bewerten oder über ihn nachzugrübeln, sondern um ihn zu verstehen. In einer Gesellschaft, in der die »Gewinner« nie über ihre Misserfolge sprechen, ist das gar nicht so leicht. Es ist auch nicht leicht, weil es emotional schmerzhaft ist, sich an den Misserfolg zu erinnern. Aber es ist lehrreich und hat therapeutische Wirkung. Hier die wesentlichen Schritte: 1. Besser unmittelbar und aktiv darüber nachdenken, was passiert ist, als es bleiben zu lassen (weil sich der Misserfolg sonst nämlich selbstständig »reflektiert« in Form des Wiederkäuens, das wir halbbewusst und undeutlich als *Flashbacks* wahrnehmen: mit, vor allem – wie wir noch sehen werden – auf lange Sicht, garantiert schlechtem Ergebnis). 2. Eine ausbalancierte Sichtweise anstreben (Gibt es nicht doch einen positiven Aspekt? Hätte es schlimmer sein können? Auch wenn es abwegig erscheint: Solche Versuche sind notwendig, sie sind der erste Schritt dazu, einen Misserfolg zu »verdauen«; das ist ein bisschen wie Wiederkäuen … Es ist noch nicht das wirkliche Verdauen, aber bereitet es vor). 3. Nicht endlos über den Misserfolg nachdenken, sondern zum Punkt kommen und Lehren für die Zukunft daraus ziehen. 4. Halt! Stehen bleiben. Wenn das Wiederkäuen wiederkommt, es sofort genau so noch einmal machen, allerdings ohne sich dasselbe zu sagen wie beim ersten Mal. Im Allgemeinen weiß man, dass das Wiederkäuen sich eher an einem Misserfolg festhakt, der psychisch nicht »bearbeitet« wurde.
- **Je schmerzhafter der Misserfolg, desto mehr lernt man, wenn man sich mit ihm auseinandersetzt**: In der Psychotherapie wendet man dabei die Techniken der bildhaften Vorstellung an, die man manchmal bei traumatischen Ereignissen einsetzt. Sie beste-

hen darin, sich an ein Maximum an Details und intensiven Gefühlen der traumatischen Erlebnisse zu erinnern. Je mehr Bilder und Emotionen dabei entstehen, desto besser funktioniert es,[2] denn durch eine realistische und intensive Erinnerung ist es wahrscheinlich möglich, das Übermaß an emotionalem Druck einzudämmen und das Ereignis im Gedächtnis als »gereinigte« und nicht mehr aktive Erinnerung abzulegen. Das ist nicht leicht und bedarf im Allgemeinen einiger Ratschläge, wenn nicht gar der ausführlichen Hilfe eines Therapeuten, wenn das negative Erlebnis sehr intensiv und schmerzhaft war. Es gibt tatsächlich richtiggehende Traumen des Selbstwertgefühls auf Grund von Erniedrigungen, Niederlagen vor einem großen oder in unseren Augen wichtigen Publikum, in Bereichen, in denen man sich persönlich sehr eingesetzt hat, wo man »belauert« wurde oder um jeden Preis erfolgreich sein wollte.

- **Sich bemühen, seine Misserfolge differenziert zu betrachten:** Es gibt kaum wirklich derart hundertprozentige Misserfolge, wie es uns unsere Emotionen glauben machen wollen. Unter dem Eindruck der Emotion neigen wir dazu, alle Misserfolge als umfassend (nichts Positives oder Verwertbares darin), global (Demütigung und Scham kontaminieren alle Bereiche unseres Lebens) und allgemein (der Eindruck, dass alle es wissen, und zwar, wie einige Patienten uns erzählen, dermaßen, dass sie noch Stunden später den Leuten auf der Straße nicht mehr in die Augen sehen können) zu betrachten. Man muss über das verzerrte »emotionale Bewerten« Bescheid wissen und achtsam sein.
- **Nicht allein bleiben:** Was uns zusetzt, ist weniger der Misserfolg selbst, sondern eher das mutmaßliche Spektakel, das wir den anderen damit bieten. Überprüfen wir deshalb immer die Wahrnehmung und den Blick der anderen, wenn wir nicht erfolgreich waren: Zwischen denen, die das Ganze nicht beachtet haben, anderen, die gar nichts mitbekommen haben, und solchen, die finden, es sei nicht so schlimm, oder denken, dass wir uns davon wieder erholen, könnten wir, falls wir uns die Mühe machen,

rasch bemerken, dass der Blick der anderen auf unseren Misserfolg immer gerechter und angemessener ist als unser eigener. Folgendes darf man nie vergessen: Jeder hat schon einmal einen Misserfolg erlebt und hat womöglich Verständnis für den, dem es ähnlich ergeht. Falls ein solches Verständnis nicht vorhanden ist, hat das andere Gründe: Vielleicht hat der andere mit uns oder mit sich selbst noch eine Rechnung offen. In diesem Fall ist unser Misserfolg bloß ein Vorwand; ein Erfolg würde genauso Kritik auslösen: Das Problem liegt anderswo. In jedem Fall darf man nicht allein bleiben, sondern sollte Feed-back suchen: Dafür muss man allerdings gegen den natürlichen, animalischen Instinkt ankämpfen, der die Scham in uns hochkommen lässt und uns zum Rückzug veranlasst.

- **Sein Gedächtnis verbessern**: Menschen mit niedrigem Selbstwertgefühl haben leider ein sehr selektives Gedächtnis: Mit Vorliebe bewahrt es vergangene Misserfolge. Die Autoren einer hervorragenden Forschungsarbeit zu diesem Thema verwenden sogar das Adjektiv »tragisch« für diese Selektion,[3] womit sie betonen, dass das Problem nicht so sehr daher kommt, dass wir diese Erinnerungen haben, sondern wie sie von Anfang an codiert werden. In der Praxis bedeutet das: Wenn man nicht möchte, dass die Wunde des Misserfolgs jedes Mal wieder aufbricht, sobald eine neue ähnliche Schwierigkeit in einem ähnlichen Kontext auftaucht, muss man sie sofort und aktiv »pflegen« und darf nicht warten, bis sie von selbst verheilt (siehe weiter oben die Techniken zur Autopsie des Misserfolgs). Die Zeit tut das ihre, aber nur, wenn wir etwas dazu beitragen...
- **Misserfolge als Etappen wahrnehmen**: Es ist äußerst wichtig zu verstehen, dass sie zum Erlernen des Selbstwertgefühls dazugehören. Diese Einstellung ist äußerst wertvoll. Sie lässt sich früh durch Erfahrung erlernen und ist dann eine große Chance. Kinder sind für solche Botschaften seitens ihrer Eltern sehr empfänglich. Wenn ein Kind beim Versuch, den Tisch zu decken, einen Teller zerbricht, und die Eltern loben es für sein Bemühen, anstatt mit ihm

zu schelten, dann helfen sie ihm zu erkennen, dass ein Fehler nur ein Schritt zum Erfolg ist. Wird es dagegen geschimpft, zieht es den Schluss, dass man nur handeln soll, wenn man ganz sicher ist. Und dass man in Ruhe gelassen wird, wenn man nichts tut… Zumindest drängen sich ihnen diese Schlussfolgerungen auf, wenn sich solche Szenen Tag für Tag und in allen Lebensbereichen wiederholen.

- **Regelmäßig die Konsequenzen vergangener Misserfolge auswerten:** Diese Arbeit führt meistens zu der Erkenntnis, dass die Konsequenzen immer geringer sind, als wir im Moment befürchtet hatten. Aber man muss so ehrlich sein, es vor sich selbst zu erkennen und diese Überzeugung tief in sich einzuprägen. Wenn man sich über die Dauer täuscht, ist das meistens nicht schlimm. Ebendies merkt Cioran ironisch an: »Wir alle sind Schelme, wir überleben unsere Probleme.«
- Kleine Erinnerung: Je weniger man handelt, desto schlimmer ist das Scheitern.
- Weitere Erinnerung: **Kleine, ganz kleine Übungen finden, mit denen man seine Toleranz bei Misserfolgen testen und erweitern kann.** Meistens genügen kleinste Dinge: Zum Beispiel in ein Geschäft gehen, verschiedene Sachen kaufen, zur Kasse gehen und plötzlich draufkommen (hier tut man so als ob), dass man sein Portemonnaie vergessen hat. Der Kassiererin in die Augen schauen und vorschlagen, dass man alle Artikel wieder zurückstellt, lächeln und mit den anderen Kunden über seine Zerstreutheit plaudern, wenn welche da sind und sich dazu bereit zeigen. Das ist keine große Sache, aber es zu tun und im Hinterkopf den wissenschaftlichen Beobachter zu haben (Wie werde ich reagieren? Was wird passieren?) – daraus lernt man mehr, als wenn man nur darüber nachdenkt.

Philosophie der Unvollkommenheit

»Wenn ich es nicht perfekt machen kann, dann mache ich es lieber gar nicht.« In bestimmten klischeehaften Sprüchen liegt manchmal etwas Gefährliches, wenn nicht gar Dummes, und nicht immer Volksweisheit. Wie soll man sich manchmal an das »gut genug« halten, ohne sich deshalb abzuwerten? Wie Perfektionismus und Selbstverfolgung ganz bewusst im richtigen Moment einsetzen? Und wie sie rasch wieder deaktivieren, sobald sie absurd und unnütz geworden sind? Sieht man sich die Zahl der Menschen an, denen das schwer fällt, ist so etwas ganz sicher nicht einfach. Sind wir alle davon betroffen? Zweifellos, aber öfter Menschen, die Probleme mit ihrem Selbstwertgefühl haben.

Wie soll man zwischen Akzeptablem und Perfektem unterscheiden? Wie kann man den Übergang vom einen zum anderen spüren? Je mehr unsere Selbstliebe auf dem Spiel steht, desto wachsamer müssen wir in dem Moment sein, da unsere Bemühungen einen akzeptablen Stand erreicht haben. Das Akzeptable ist das, was den anderen genügt. Das Perfekte ist das, was wir erstreben, denn es macht uns sicher oder schmeichelt uns oder beides zugleich. Aus Hochmut oder Angst treiben wir uns zu überdurchschnittlichen Leistungen und zur Perfektion an ... Während es weder notwendig noch gefragt ist. Der Perfektionismus und der Anspruch auf Exzellenz sollten eine persönliche Wahl oder eine Verpflichtung von außen sein und nicht einem aus dem Ruder gelaufenen Selbstwertgefühl entspringen.

Riskiert man mit derartigen Überlegungen, nur Mittelmaß zu sein? Vielleicht, wenn man ein Genie sein möchte, das ein außergewöhnliches Werk schafft und seinen Namen unsterblich machen will. Dann muss man die »Kosten für Exzellenz« abwägen. Aber die meisten Menschen treffen diese Wahl nicht, sie sind eher in die Verteidigungsstrategien ihres Selbstwertgefühls verstrickt. Die Suche nach Exzellenz ist für uns meistens nur ein Mittel, um uns zu schützen oder uns im Moment weiterzubringen. *Die Weisheit normaler Menschen liegt darin, Unvollkommenheit bei anderen und bei sich selbst zu akzeptieren: Sie ist nicht immer Ausdruck von Schlendrian oder Mittelmäßigkeit. Die Unvollkommenheit anzunehmen ist der Beweis dafür, dass die Lebensfreude die Besessenheit des Selbstbildes überwiegt...* Seine Arbeit für einen Moment unterbrechen, um mit einem Freund zu sprechen, in den Himmel zu schauen, früher nach Hause zu kommen, um mit den Kindern zusammenzusein – ist das Intelligenz oder Mittelmaß? Zweifellos gibt es in den meisten Leben Platz für alles: Für die Exzellenz in gewissen Momenten, und in anderen für die Lebensklugheit.

35. Kapitel
Die Autonomie gegenüber Erfolg, Gelingen und Bestätigung: Wie gleichgültig soll man werden? Oder wie frei ...

> *In einem Wald zwischen herbstlich verklärten Farnen gehen, das ist ein Triumph. Was sind daneben Beifall und stehender Applaus?*
> Emil Michel Cioran

Wie kann man sich von Erfolg und Misserfolg befreien?

Wir können uns vom Gelingen nicht lossagen. Das Streben nach »Erfolg« geht auf das elementare Bedürfnis zurück, unsere Umgebung zu kontrollieren oder sie in besonders günstigem Licht zu sehen. Sie zu gestalten, einen Platz in ihr zu finden. Wir haben wenig in der Hand, und es geht nicht darum, auf das Handeln oder den Erfolg zu verzichten. In diesem Kapitel habe ich indes ausführlich dargelegt, was es kostet, hartnäckig und ängstlich besorgt bestimmte Ziele zu verfolgen ... Kein anderer hat dieses ängstliche Besorgtsein um Erfolg besser zusammengefasst als Jules Renard:[1] »Den Erfolg, den wir verdienen, haben wir gehabt. Wollen wir ihn ewig wieder haben?« Deshalb ängstigt der Erfolg gleichermaßen das hohe (wie lange hält er an?) wie niedrige (was, wenn er plötzlich kommt?) Selbstwertgefühl. Angesichts der Bedeutung, die Erfolgsbesessenheit und Angst vor Erfolg für ein leidendes Selbstwertgefühl haben können, tun wir gut daran, öfter darüber nachzudenken, wie wir uns davon befreien können, anstatt uns ohne nachzudenken von diesen Zwängen oder Ängsten bestimmen zu lassen.

Alle Studien bestätigen, dass das so genannte »äußere« Selbstwertgefühl, das auf der Erreichung konkreter Ziele beruht, viel fragiler ist als das so genannte »innere«, das sich in der persönlichen Entwicklung und im Verfolgen nicht materiellen oder sichtbaren Erfolges, sondern psychischer Fähigkeiten manifestiert, die man früher *Tugenden* genannt hat.[2] Daran ist nichts Neues, sämtliche Religionen und Philosophien haben diesen Aspekt stets propagiert. Die Psychologie des Selbstwertgefühls bestätigt ihn uns nur in trivialerer Form: *Die Zufriedenheit mit sich selbst nicht vom Erfolg abhängig machen* (»Ich bin gut, weil ich erfolgreich bin«). Dieses »konditionale« Selbstwertgefühl ist emotional gesehen das bröckeligste und unbequemste.[3] Die meisten unter uns wissen es und stimmen diesen Grundsätzen zu. Die wirkliche Frage ist die, warum wir unser Leben nicht an dieser elementaren Weisheit ausrichten?

Der gefährliche Mythos vom »Sich-selbst-Übertreffen«

Die psychotherapeutische Arbeit mit schwer deprimierten Ex-Machern, bei denen ich mit ansehen musste, wie sie ihre Gesundheit ruinierten, ihre Familien vernachlässigten, dem Alkohol, den Schlaftabletten verfielen und schließlich in schwere Depressionen abstürzten, hat mich dazu geführt, dieses dumme Wort *»challenge«* zu hassen. Es repräsentiert in meinen Augen die ungesunde Ideologie der achtziger und neunziger Jahre von *winners* und *loosers* mit ihrem dummen und gefährlichen Leistungskult.

So sehr ich auch betone, wie wichtig das Handeln für das Selbstwertgefühl ist, weiß ich doch auch, dass es nicht der alleinige Antriebshebel sein kann: Erfolg als einziges Ideal und Handeln als einzige Identität sind klarerweise eine sehr schlechte Lebensgrundlage. Jedenfalls eine sehr unzureichende.

Man kann an seinem Leben völlig vorbeigehen, wenn man jeder Handlung ausweicht – wir sprachen darüber. Man kann aber auch an ihm vorbeigehen, indem man sich ins Handeln flüchtet. Nichts leichter als das: Es reicht, den ständigen Anforderungen zu genügen. Auf die Anforderungen der Eltern, der Gesellschaft, unserer unreflektierten Bedürfnisse in Bezug auf das Selbstwertgefühl reagieren (was nicht handeln bedeutet)... »Ich führte das Leben einer Ratte«, erzählte mir einmal ein Patient, der Leiter eines Unternehmens war. »Manchmal, wenn ich zu einem Geschäftstermin unterwegs war, kam ich an einer Grünanlage oder einem Park vorbei. Mit fiel die Natur auf, oder der blaue Himmel. Ich dachte, wie schön es wäre, Zeit für eine kurze Unterbrechung zu haben, sich treiben lassen können, ein bisschen in der Sonne spazieren gehen. Ich hatte die vage Vorstellung, dort sei das wahre Leben. Ich brauchte dreißig Jahre und drei Depressionen, bevor ich es verstanden habe. Und nur, weil ich dem Geld und der Anerkennung hinterherlief, mit denen ich schon nichts mehr anzufangen wusste. Ich brauchte immer mehr davon, denn ich hatte Angst: etwas zu versäumen, vergessen zu werden, für die anderen nicht mehr zu existieren...«

Die Wahnvorstellung von der Mittelmäßigkeit (»Vor allem: nicht in sie abrutschen«) führt zur Mittelmäßigkeit: Mittelmäßigkeit in der Lebensqualität und Mittelmäßigkeit in Bezug auf gesellschaftlich positiv bewertete Verhaltensmodelle.

Die Hygiene des Erfolgs

Ich denke, vom Erfolg unabhängig sein geht Hand in Hand mit einer erarbeiteten Freiheit gegenüber Misserfolg. Damit ist kein bloßes Abwarten gemeint, sondern man muss sich darin üben! *Man kann sich gegen Enttäuschung wappnen, ohne deshalb gegen Misserfolg oder Erfolg gleichgültig zu werden, sondern hellsichtig und gelassen.* Sich gelassen über seine Errungenschaften freuen. Und in aller Ruhe über seine Misserfolge nachdenken und nicht vergessen, dass das Leben anderswo ist: in Begegnungen, im Austausch, im Tun selbst, ohne Kontrolle, ohne Leistungsanspruch... Und auch nicht vergessen, *dass das Selbstwertgefühl sich auf zerbrochenen Träumen aufbaut.* Auch wenn wir es gern verdrängen: Auf dem Weg zum Erfolg scheitern wir öfter, als wir Erfolg haben. Diese Einsicht soll uns nicht vom Handeln abhalten, sondern uns helfen, es friedlicher zu gestalten.

Zweifellos wohnt dem Erfolg so etwas wie »Hygiene« inne. Es bringt nichts, wenn wir Erfolg ablehnen oder ihn durch übermäßige Besorgnis (»Und was wird morgen?«) oder durch präventiven Pessimismus (»Nichts ist ewig, nichts ist gesichert, freu dich nicht zu sehr und denke schon heute an morgen«) verderben. Erfolg soll man genießen, ohne sich dabei überzubewerten. Man soll diese Mischung aus Glückszufall und Verdienst nicht aus dem Blick verlieren, aber auch die Ungerechtigkeit nicht, von der jeder Erfolg gekennzeichnet ist.

Erfolg enthüllt nicht mehr Wahrheiten über uns als Misserfolg. Wenn wir also erfolgreich sind, sollen wir uns darüber freuen und viele positive Gefühle haben. Danach sollten wir auf das Wesentliche zurückkommen: Weiterarbeiten an unserer teilnehmenden Gegenwart in der Welt, an unseren Beziehungen zu anderen.

36. Kapitel
Die Psychologie des Bedauerns

> *»Man kann nie wissen, was man wollen soll, weil man nur ein Leben hat, das man weder mit früheren vergleichen noch in späteren korrigieren kann. (…) Es ist unmöglich zu überprüfen, welche Entscheidung die richtige ist, weil es keine Vergleiche gibt.*
>
> Milan Kundera,
> *Die unerträgliche Leichtigkeit des Seins*

Wer ist nicht schon einmal von der Überzeugung (oder vom Zweifel) geplagt worden, sich in einem bestimmten Moment seiner Vergangenheit nicht richtig entschieden zu haben? Das Gefühl des Bedauerns kommt bei Problemen mit dem Selbstwertgefühl häufig vor. Es verhält sich in etwa symmetrisch zum Zögern und zum Aufschieben: Vor der Handlung fragt man sich: »Soll ich's machen oder nicht?«, und dann: »War es gut, dass ich's gemacht habe, oder nicht?« Wenn es nicht gut ausgeht, ist das Bedauern natürlich viel größer … Es kommt vor, dass Menschen mit niedrigem Selbstwertgefühl es vorziehen, sich weder auf etwas einzulassen noch sich zu entscheiden, damit sie später nichts bedauern müssen: Die Lust zu handeln wird durch die Vorwegnahme zerstreut. Weil der Misserfolg einen lebendigen Schmerz auslösen kann.

Handeln oder nicht handeln? Was wird man mehr bedauern?

Paul und Pierre besitzen Aktien von zwei Gesellschaften, Gesellschaft A und B. Im vergangenen Jahr wollte Paul, der seit langem sein ganzes Geld in A investiert hatte, etwas ändern und alles in B investieren. Aber er tat es nicht. Und er verlor deshalb 2000 Euro, denn die Gesellschaft B machte große Gewinne, während A Verlust schrieb. Pierre wiederum besaß Aktien bei der Gesellschaft B. Er hatte die schlechte Idee, alles auf die Gesellschaft A zu verlagern. So verlor er ebenfalls 2000 Euro. Aus rein finanzieller Perspektive gesehen hatten die beiden Männer das gleiche Missgeschick. Wenn aber Außenstehende beschreiben sollen, wer von den beiden mehr zu bedauern sei, entscheidet sich eine große Mehrheit (92 Prozent) für Pierre: Seine falsche Eingebung führte zu einem verhängnisvollen Verhalten. Er hätte besser daran getan ... nichts zu tun! Während Paul, Opfer seines Nicht-Handelns, bei den Außenstehenden, die sich mit den glücklosen Helden der erfundenen Geschichte identifizieren sollten, offenbar weniger Bedauern auslöste. Sollte Handeln etwa eher Bedauern auslösen als Nicht-Handeln? Das würde Menschen mit niedrigem Selbstwertgefühl und ihrer Neigung, eher nicht zu handeln, Recht geben.

Im Allgemeinen zeigen ziemlich viele sozialpsychologische Studien[1] deutlich, dass man eher das bedauert, was man getan hat, als das, was man nicht getan hat: Misserfolge sind kurzfristig schmerzlicher, wenn sie aus Handlungen entstehen, die nicht gut gelaufen sind (wie im Fall von Pierre, der seine Anteile an der Gesellschaft B im ungünstigen Moment verkauft hatte), als aus Nicht-Handeln (Paul, der die Anteile von B kaufen wollte, es aber nicht tat). Entwicklungspsychologen nehmen übrigens an, dass die Funktion des Bedauerns genau darin liegt: aus unseren Misserfolgen lernen, damit wir in Zukunft vorsichtiger sind, bevor wir uns erneut zu einer Handlung hinreißen lassen. Eine manchmal nützliche Bremse also. Aber bei Menschen mit niedrigem Selbstwertgefühl kann diese Bremse zur Blockade werden.

In anderen Studien dagegen, in denen evaluiert wurde, was die Leute in ihrem Leben am meisten bedauerten, fand man heraus, dass am meisten bedauert wurde, wenn man etwas nicht getan hatte: »Ich hätte viel länger studieren sollen«, »Ich hätte meinen Kindern viel mehr Zeit widmen sollen«, »Ich hätte mit meinem Vater vor seinem Tod mehr sprechen sollen«, »Ich hätte diesen Mann heiraten sollen.«

Wie lässt sich dieser Widerspruch erklären? Ganz einfach damit, dass das Bedauern sich erst mit der Zeit entwickelt: *Das, was wir sofort bedauern, sind vor allem die Dinge, die wir getan haben, unsere*

Handlungen (sofern sie schiefgelaufen sind, natürlich). Langfristig bedauern wir eher das, was wir nicht getan haben, also Handlungen, die wir vermieden oder nicht ausgeführt haben.[2] Menschen mit niedrigem Selbstwertgefühl, für die das Vermeiden von Handlungen oft eine (auferlegte) Lebensphilosophie ist, sind Opfer von solchem »Bedauern dessen, was nicht getan wurde«.

Im Übrigen scheint es, dass beide Arten des Bedauerns in emotionaler Hinsicht verschieden sind: Das kurzfristige Bedauern von Handlungen (»Ich hätte das nicht tun sollen…«) ist im Allgemeinen intensiver als das Bedauern von etwas, das man nicht getan hat (»Hätte ich doch…«). In Bezug auf die Emotionen werden Erstere oft »brennendes Bedauern« (*hot regrets*) genannt, während man Letztere mit »melancholisches Bedauern« (*wistful regrets*) bezeichnet.

Sich gefühlsmäßig von seinen Erinnerungen distanzieren…

In den Studien kann man sehen, dass Menschen mit gesundem Selbstwertgefühl leichte Verzerrungen in ihrer Gedächtnisleistung in Bezug auf Erinnerungen erzeugen: Sie erinnern sich lebhafter an Erfolge als an Misserfolge (als Antwort auf die Frage: »Wenn Sie an dieses Erlebnis denken, wie lebhaft ist es Ihnen heute in Erinnerung?«). Bei Menschen mit niedrigem Selbstwertgefühl ist es genau umgekehrt.[3] Es gibt mehrere Hypothesen dazu, aber es ist zu befürchten, dass eine erneute Prüfung und eine Wiederbelebung der Niederlagen größere Nähe und Aktualität bei ihnen auslösen.

Der Kampf gegen den Mythos der »richtigen Entscheidung«

»Mein verstorbener Bruder vermittelte den Eindruck, als hätte er überall glücklich sein können, ganz gleich, wozu er sich entschieden hätte: zu heiraten oder nicht, Vater zu sein oder nicht, in der Stadt zu leben oder auf dem Land. Er machte eben immer das Beste daraus, und nicht aus Passivität oder Resignation. Das war nicht Gleichgültigkeit, sondern Intelligenz: Wenn er nicht selbst wählen konnte, machte er das Beste daraus und holte es auch heraus. Und wenn er wählen konnte, verlor er sich nicht in Vermutungen: Er vertraute dem Leben. Das war sein Lieblingsausdruck, dem Leben vertrauen. Wenn man zögere, so sagte er, dann deshalb, weil beide Lösungen gleich gut sind, also keine besser als die andere. Und dass man seine Energie nicht darauf verschwenden sollte, herauszufinden zu wollen, welche die richtige sei, sondern sich vielmehr entscheiden, indem man auf sein Herz hört und später verbessert. Ich denke immer noch an ihn in Momenten, wo ich hin- und herüberlege und zögere. Dann sage ich mir: Los, entscheide, dann handle. Es wird alles gut gehen, du wirst es nicht bereuen...« (Alexander).

Um gegen übermäßiges Bedauern anzukämpfen, muss man sich zunächst von der *zwanghaften Angst befreien*, »*die falsche Entscheidung« zu treffen*, dieser großen Seeschlange der Psychotherapie von Menschen mit schlechtem Selbstwertgefühl. Es gibt keine richtige Entscheidung. Nur wir allein können unsere Entscheidungen zu »richtigen« oder »falschen« machen. Das Dilemma der »richtigen Entscheidung« liegt genau hier: Sie ergibt sich oft erst nachher, nicht vorher. *Ob eine Entscheidung richtig oder falsch war, zeigt sich an dem, was wir aus ihr machen und, in geringerem Maße, wie wir über sie denken.* Das stimmt für die meisten Entscheidungen im Alltag: In welchem Viertel man wohnt, welchen Job man annimmt, welche Partnerschaft man eingeht (oder ob man sich trennt) usw. Natürlich kann man sich für einen Partner oder einen Beruf entscheiden und es nachher bedauern. Aber ein anderer Partner oder anderer Beruf hätte auch viele Konsequenzen mit sich gebracht, und möglicherweise ebenso bedauerliche! Betrachten wir unser Leben lieber nicht als eine Aneinanderreihung von Entscheidungen, bei denen alles, was geschieht, endgültig ist: So funktioniert unser Dasein nicht.

Wenn wir uns von der Angst vor dem vorweggenommenen Bedauern von Entscheidungen befreien wollen, sollten wir uns daran erinnern, dass es nicht am wirkungsvollsten ist, etwas nicht zu tun, sondern dass man seine Toleranz gegenüber Misserfolg stärken soll. Und dass man daraus lernen soll, um ein Bedauern in ein Dazulernen umzuwandeln, wie der Spruch es ausdrückt: »Sie können verlieren, aber verlieren Sie nicht die Lehre aus dem Verlieren« …

37. Kapitel
Der kleine braune Bär ist stolz auf sich

Ich lese meiner jüngsten Tochter gerade die Geschichte *Der kleine braune Bär ist stolz auf sich* vor.[1]

Für die Kleinen ist der kleine Bär ein Held, ein Star. Viele seiner Abenteuer habe ich schon sehr vielen Kindern vorgelesen. Und ich lerne ihn immer besser kennen. Am Anfang ärgerte ich mich ein wenig über ihn, ich fand, dass er materialistisch, egoistisch, selbstzufrieden und ein Einschmeichler sei … Schließlich aber erkannte ich, dass er mir sehr ähnlich ist, dass er vielen von uns, ja uns allen ähnlich ist: Der kleine braune Bär hat alle unsere Schwächen und Vorzüge, und er lebt sie ganz naiv aus oder er steht zu ihnen mit der Selbstsicherheit von Menschen, die geliebt werden (von seiner Mama und seinem Papa wird er sehr geliebt).

In dieser Geschichte tut der kleine braune Bär Dinge, auf die er sehr stolz ist, deswegen der Titel. Zum Beispiel: »Der kleine braune Bär zeichnet schön runde Kreise. Er sagt: Ist das nicht schön?« Oder: »Der kleine braune Bär gießt sein Glas ganz alleine ein. Er sagt: Wer will etwas davon haben?« Meine Tochter bemerkt – vielleicht an dem leicht spöttischen Tonfall, den ich an mir habe, wenn ich vorlese, was er sagt –, dass der kleine braune Bär ein bisschen *zu* selbstzufrieden ist. Sie sagt es auf ihre Art: »Papa, der kleine braune Bär röstet aber schon ein bisschen rum, oder?« Sie versucht wie ihre älteren Schwestern zu reden, die wiederum so wie die Großen in der Schule reden wollen, die wiederum…

»Ja, ja…«, antworte ich. Aber finde trotzdem, dass es nicht so schlecht ist, wenn die Kinder mit sich selbst zufrieden sind, und dass ein ganz klein wenig Aufwertung des Selbstwertgefühls schon in der Kindheit durchaus in Ordnung ist. So fahre ich fort:

»Aber er hat Recht, er hat es ja gut gemacht, der kleine braune Bär. Er darf mit sich zufrieden sein.«

»Ja, aber das war ja leicht, er gibt zu viel an.«

»Ach ja? Und du findest, das ist nicht gut?«

»Nein, alle ärgern sich darüber, wenn man angibt.«

»Aber wenn man davon überzeugt ist, dass man etwas gut gemacht hat, ist es doch egal, ob sich die anderen ärgern, oder?« (Ich hätte gern, dass meine Tochter nicht zu viel darauf gibt, was die anderen von ihr denken könnten. Das Problem ist: Wenn ich Geschichten erzähle, suche ich immer nach etwas therapeutisch Verwendbarem. Das ist natürlich idiotisch, eine Berufskrankheit…).

»Ja, gut, aber es wäre besser, wenn er nur in Gedanken stolz ist und nicht so rumröstet. Wenn er so weitermacht, sind wirklich bald alle von ihm genervt. Und wenn es ihm beim nächsten Mal nicht gelingt, dann jammert er…«

In diesem Moment verstehe ich, dass meine Tochter bereits genauso viel über die Grundlagen des Selbstwertgefühls weiß wie ich. Bleibt mir nur noch, die Geschichte in aller Ruhe zu Ende vorzulesen, ohne anzugeben. Danke, kleiner brauner Bär.

5. Teil
Sich selbst vergessen

Immer an sich denken? Das ist ein Zeichen dafür, dass das Selbstwertgefühl leidet. Je mehr wir uns entwickeln und je mehr wir uns vergessen, desto eher denken wir ans Leben, an den Austausch, ans Lernen, an den Genuss, an die Liebe... Wenn man von Zeit zu Zeit Harmonie spüren will, muss man sich behutsam von sich selbst entfernen. Und vor den anderen: Sich nicht mehr darum kümmern, welchen Eindruck man macht...

Das alles können die Bemühungen bewirken, von denen wir bis jetzt sprachen. Es kann auch nur genau eine dieser Bemühungen sein. Beim Arbeiten sich und seine Gegenwart vergessen, eine Demut entwickeln, die nicht selbstbestrafend ist, seinen Platz, nicht seinen Ruhm suchen, indem man den möglichen Sinn seiner unbedeutenden Handlungen erkennt. Indem wir die Verrenkungen des Selbstwertgefühls aufgeben, mit denen wir unsere Ängste vor dem Leben oder vor dem Tod maskieren.

Indem wir Frieden in unsere Seele bringen.

38. Kapitel
Die Stille des Selbstwertgefühls

> *Der Mensch besitzt keine Weisheit. Er kann nur nach*
> *ihr streben und sie lieben, was schon löblich genug ist.*
> Immanuel Kant

Was geht vor sich, wenn wir unser Selbstwertgefühl weiterentwickeln? Wenn wir uns nicht einfach nur noch mehr schätzen, sondern wenn dies mit einer größeren Ausgeglichenheit einhergeht und wir ein stabileres Selbstwertgefühl haben, mit beiden Beinen fest auf der Erde stehen und uns gegen schädliche Versuchungen und »eitlen Ruhm«, von dem die Bibel spricht, gut abgrenzen können. Wenn wir die Irrwege des Ich und der Selbstzufriedenheit klar erkennen. Im Allgemeinen nimmt das Bedürfnis nach Selbstwertgefühl dann nach und nach ab. Wir denken immer weniger an uns selbst und immer mehr an das, was wir erleben.

»Je besser es mir geht, desto weniger denke ich an mich«

Die Erzählungen von Patienten, die von ihren Leiden in Verbindung mit dem Selbstwertgefühl »geheilt« wurden, beschreiben alle das Gleiche, den gleichen Weg und das gleiche Ergebnis: Wenn man leidet, wenn es einem schlecht geht, wenn man an sich und an seinem Tun excessiv und krankhaft zweifelt, denkt man vor allem an sich selbst. Mit dem Fortschritt nimmt die (erzwungene) Selbstfixiertheit ab und zieht sich zurück. Unser Geist befreit sich vom Zugriff unseres leidenden Ego, und langsam pendelt sich etwas ein: Wir sind wieder für das Leben bereit.

Dieses Schweigen des Selbstwertgefühls ist nur scheinbar paradox: So wie eine gute Gesundheit (»Leben im Schweigen der Organe«, wie die Ärzte sagen), *ist ein gesundes Selbstwertgefühl still*, denn das Selbstbewusstsein hält den Geist des Menschen nicht mehr besetzt, weder bei dem, was er sagt, noch im Zusammensein mit anderen oder im Alltag. Vor einigen Jahren gab es einen Film mit dem Titel *Mein Leben ohne mich.*[1] Er erzählt die letzten Monate im Leben einer jungen Frau, die unheilbar an Krebs erkrankt ist: ein schöner Film mit einem wunderbaren Titel. Kann man weiter existieren, wenn der Überschuss an Selbstwertgefühl verschwunden ist?

Wie schafft man es, nicht in sich selbst zu versinken?

Probleme mit dem Selbstwertgefühl führen oft dazu, dass man zur Marionette seines Leidens, seines Stolzes oder seiner Ängste wird und glaubt, immer alles nur gut machen zu müssen. Man ist überzeugt, sich entscheiden zu müssen, etwas entweder gar nicht oder übereifrig zu tun.

Das Ich, das sich uns in Erinnerung bringt, ist das Ich, dem es schlecht geht. Es ist zu sehr angefüllt von sich selbst, seinen Ängsten oder Erwartungen. Man kann auf drei verschiedene Weisen in sich selbst versinken: Durch Schmerz, Angst, Fehler …

Durch Schmerz: Das Selbstwertgefühl leidet tatsächlich unter Schmerzen: Chronische Unzufriedenheit und Traurigkeit, diese Verwandten des moralischen Schmerzes bei deprimierten Menschen. Diese leichte chronische Schwermut, die man nur im Handeln, in der Diskussion oder manchmal auch im Getränk vergessen kann … Dieser Schmerz mag typisch für uns Menschen scheinen. Ganz sicher gehört er auch teilweise zu unserer Psyche, aber nur, wenn er nicht andauernd da ist und lähmend wirkt.

Durch Angst: Probleme mit dem Selbstwertgefühl hängen fast immer mit Angst zusammen: Angst um den eigenen Status, um das Image, um die Zukunft. Angst vor Misserfolg, Angst vor der Aggression anderer, wenn wir ihnen widersprechen, wenn wir uns zu Wort melden und unsere Gewissheiten und Unsicherheiten aussprechen. Kurz: Wenn man sich ganz einfach traut zu existieren. Wenn wir uns zu viel mit uns selbst beschäftigen, verdanken wir das vor allem unseren Ängsten und nicht irgendeinem Hochmut. Wie Hypochonder, die immer nur an ihre Gesundheit denken aus Angst, krank zu werden, zu leiden oder zu sterben. Unter den Krankheiten des Selbstwertgefühls, diesen Hypochondrien des Selbst, liegt die Angst vor Misserfolg und sozialer Ablehnung, die Angst, in Vergessenheit zu geraten, nicht anerkannt und geschätzt zu werden.

Durch Fehler: Wir lassen uns zu oft durch Egotismus, durch das Pseudo-Selbstwertgefühl, das nur aus (übrigens mäßig wirksamen) Strategien zur Aufwertung unseres Selbstbildes und unserer Außenpersönlichkeit – und nicht unserer Person – besteht, auf den falschen Weg bringen. Diese Ermutigung zum Egotismus, dieses »hormonelle Selbstwertgefühl« wird durch Werbung und Marketing sehr begünstigt. Die Gesellschaft schmeichelt uns (weniger zu unseren als zu ihren eigenen Gunsten: Wir sollen Dinge kaufen, wir sollen einen bestimmten Kandidaten wählen) und fordert uns auf, uns selbst für die Norm, den Fix- und Mittelpunkt der Welt zu halten. So viele Menschen wie möglich sollen glauben, sie stünden im Zentrum des Interesses der anderen. Aber auch das alles funktioniert nur, weil wir in einer brutalen Welt leben. Deshalb brauchen wir das Selbstwertgefühl in der Tat, nicht aber dieses.

Sich um sich kümmern

»Ich verliere mich in mir selbst«, erzählte mir eines Tages eine Patientin, die lange unter einem ängstlichen Narzissmus gelitten hatte, der ihr und ihren Angehörigen das Leben vergällte. »Ich dachte ständig an mich und beschäftigte mich mit mir, aber auf eine dumme Weise: Ich kaufte pausenlos ein und blüffte herum. Ich ging auf Reisen, aber nur dorthin, wo man sich zeigt, oder um zu erzählen, wo man gewesen war. Mein ganzes Leben widmete ich meinem Image. Aber nicht mir selbst. Manchmal verabscheute ich mich dafür, dass ich so war. Ich sagte mir: Dein Leben ist nichts wert, du bist eine Egoistin. Ich dachte an Mutter Teresa und an all die Leute, die sich für andere aufopfern. Ich versuchte, mich weniger für mich selbst zu interessieren. Im Allgemeinen war das in den Perioden, in denen ich deprimiert war. Und es machte mich noch düsterer. Das war auch nicht die richtige Lösung.«

Ein weiteres Paradox des Selbstwertgefühls liegt darin, *dass man sich, um sich zu vergessen und weniger mit sich selbst beschäftigt zu sein, zunächst mehr um sich kümmern muss.* Und man sollte sich nicht bestrafen: Selbstherabsetzung und -kasteiung wirken manchmal faszinierend und sehen wie eine Lösung aus, sind es aber schlichtweg nicht. Zumindest für das Selbstwertgefühl… Sich um sich selbst zu kümmern bedeutet, sich die Zeit zu nehmen, über sich selbst nachzudenken, damit man später nicht doch wieder zu grübeln anfängt. Es bedeutet auch zu handeln, damit das Leben von anderen Dingen als man selbst ausgefüllt wird. Keine Abwesenheit von sich selbst, sondern einfach etwas mehr Distanz.

Zum Beispiel sollte man andere nicht nur in ihrer unterstützenden Funktion sehen, sei es als Trostspender und dankbare Bewunderer oder als Richter und potenzielle Kritiker. Vielmehr sollte man sie als Menschen mit einer eigenen Existenz betrachten und sich in ihrem Sinne fragen: Abgesehen davon, was ich von ihnen erwarte, welches Interesse bringe ich ihnen eigentlich entgegen? Was gebe ich ihnen an Aufmerksamkeit und Unterstützung? Also ganz einfach ein erweitertes »Wie geht's?« des alltäglichen Austauschs. Sich von außen sehen und denken, und das nicht nur selbstzentriert wie ein Gegenstand der Beobachtung (»Was hält man von mir? Welchen Eindruck mache ich?«), sondern auch als Subjekt (»Was gebe ich den anderen? Was trage ich zum alltäglichen Gang der Welt bei?«).

Das Selbstwertgefühl ist nicht alles im Leben

Wir sollten in unser Selbstwertgefühl nicht nur deshalb investieren und es beschützen und fördern, weil die Welt so hart ist. Wir brauchen das Selbstwertgefühl, aber nicht als Selbstzweck, sondern mehr als Werkzeug. Es ist ein wichtiges und wertvolles Werkzeug, ein Werkzeug für unser Wohlbefinden und eine Hilfe zu ausgewogenem Handeln. Deshalb kann man – wieder die Stille – ein gut funktionierendes Selbstwertgefühl mit einem Motor vergleichen (Kühlschrank, Heizung, Auto: Verzeihen Sie mir diese trivialen Vergleiche, aber auch diese Gegenstände sind für unser Leben sehr wichtig): Die besten Motoren sind solche, die man kaum hört. Und wenn nicht die besten – im Sinne von Leistung –, so zumindest die angenehmsten im Alltag, denn sie erfüllen ihre Funktion und halten uns den Kopf frei für anderes. Genau das erwarten wir vom Selbstwertgefühl, nicht mehr und nicht weniger.

Ein gesundes Selbstwertgefühl ist folglich eine Hilfe, aber seien Sie unbesorgt (falls Sie spüren, dass es in Ihrem Fall noch Arbeit gibt): Probleme mit dem Selbstwertgefühl zu haben heißt nicht, dass man nichts Außergewöhnliches leisten könnte. In der Vergangenheit haben viele Menschen mit niedrigem Selbstwertgefühl ihr Genie bewiesen (denken Sie an Charles Darwin), genauso wie viele große Narzissten (etwa Salvador Dalí). Wenn man die Probleme aber bewältigen kann, bringt einen das zweifellos noch viel weiter, und das auf friedlichere Weise.

Die Bedeutung, die dem Selbstwertgefühl verliehen wird, stand in den vergangenen Jahren im Zentrum großer Debatten in der kleinen Welt der Psychologie des Wohlbefindens. Darunter gibt es auch Stimmen, die meinen, seine Bedeutung werde überschätzt und es sei vielleicht nur ein Artefakt, das an eine bestimmte Periode in der Geschichte der menschlichen Kultur gebunden ist: die Psyche des wohlhabenden Abendlandes am Ende des 20. und zu Beginn des 21. Jahrhunderts.[2] Für andere wiederum ist das Selbstwertgefühl weiterhin das A und O unseres Seelenlebens.

Heute ist man der Ansicht, dass das Selbstwertgefühl dennoch eine wichtige Grundgegebenheit darstellt, mit der sich viele menschliche Verhaltensweisen verstehen lassen. Die Kenntnisse und Ansichten über das Selbstwertgefühl entwickeln sich jedoch weiter. Viele Untersuchungen im Bereich der positiven Psychologie (die sich nicht nur mit den Mechanismen von Krankheiten befasst, sondern auch mit denen des Wohlbefindens) haben gezeigt, wie wichtig das Selbstwertgefühl für das Gleichgewicht und das allgemeine Wohlbefinden ist. Sechs Faktoren für das Wohlbefinden werden von den Forschern hervorgehoben:[3] Ziele im Leben haben, seine Umgebung relativ im Griff haben, positive Beziehungen zu anderen haben, über ein Minimum an Selbstbestimmung verfügen, sich für seine persönliche Entwicklung Zeit nehmen (lernen, sich entwickeln) und, *last but not least*, sich annehmen und wertschätzen.

Wenn Menschen mit einem gesunden Selbstwertgefühl oft als ausgeglichen, mit einer ruhigen und starken Präsenz wahrgenommen werden, dann liegt das nicht nur an ihrem gesunden Selbstwertgefühl, sondern daran, dass Letzteres ein Träger für andere Werte gewesen ist. Bei der Suche nach diesen Werten wirkt es harmonisierend und befriedend.

39. Kapitel
Seine Gegenwärtigkeit verstärken

> »*Er ging aufs Land, mitten in die Felder, ein junger Mann von sechzehn Jahren, und als er seinen Blick hob, flog eine Gruppe weißer Reiher weit oben am Himmel: Nichts anderes als die Weißheit dieser Lebewesen, die am blauen Himmel flogen, nichts als diese beiden Farben, eine gegen die andere; dieses unaussprechliche Gefühl von Ewigkeit ergriff mit einem Mal seine Seele und löste ihn von allem, löste alles von ihm, und er fiel zu Boden wie tot.*«
>
> Hugo von Hofmannsthal

Die schlichte, plötzliche Freude am Leben... Atmen, gehen, sprechen, schauen: Alles normale Dinge, deren man sich nur bewusst wird, wenn man sie um ein Haar verloren hätte. Überlebende von Unfällen, schweren Krankheiten oder einschneidenden Erlebnissen erzählen alle das Gleiche und schildern auch das gleiche Gefühl, das mit dieser Bewusstwerdung verbunden ist: Das Leben ist eine Chance. Und sich dessen bewusst zu werden kann überwältigend sein.

Selbstbezweckende Verhaltensweisen und Persönlichkeiten: In etwas aufgehen und erfüllt sein

In allen philosophischen Schulen findet man die Ermutigung, sich intensiv dem zu widmen, was man gerade tut, auch wenn es sich um alltägliche Handlungen handelt. Der amerikanische Psychologe Mihaly Csikszentmihaly[1] entwickelte daraus eine Theorie, in der er die Handlungen »selbstbezweckend« nennt, aus dem Griechischen autos: selbst, und telos: Ziel oder Zweck. *Das sind alle Handlungen, die wir ausführen, wenn sie kein anderes Ziel haben als die Freude daran, sie zu tun*: In die Natur gehen, nicht um irgendwohin zu gehen, sondern aus Freude am Gehen; im Garten arbeiten, nicht um zu essen, was man erntet, sondern weil man gern im Garten tätig ist; ein Musikinstrument spielen, nicht um bewundert zu werden oder auf ein Konzert hinzuarbeiten, sondern weil man gern Wohlklang erzeugt… Die intensive Freude und das Erfülltheitsgefühl beim Ausführen dieser Tätigkeiten kann durch den Druck beeinträchtigt werden, den man sich auferlegt, um das Ziel zu erreichen, oder wenn man durch andere Gedanken und Gefühle abgelenkt wird: Gehen und dabei an seine Sorgen denken, im Garten arbeiten und dabei über seinen Partner oder seine Nachbarn fluchen usw.

Man kann sehr gut mit einer Tätigkeit beginnen, ohne sich gleich ganz auf sie zu konzentrieren, und geht erst nach und nach in ihr auf, weil sie einem Spaß macht, weil man sie beherrscht und unbewusst weiß, dass sie einen in einen besonderen Bewusstseinszustand bringen wird, den Csikszentmihaly *flow* nennt. Damit ist ganz einfach eine der Methoden gemeint, sich dem Glück durch völliges Eintauchen in das, was man gerade tut, anzunähern.[2] Denn es scheint, dass sich dieser mentale Zustand auf unser psychisches Gleichgewicht sehr günstig auswirkt. Deshalb werden in die bestehenden psychotherapeutischen Techniken zunehmend auch Techniken aus der Meditation integriert mit dem Ziel, Patienten leichter in diesen Zustand ihres Bewusstseins zu bringen.[3]

Meditation und momentane Präsenz: Den Geist trainieren

Die heutige Gesellschaft unterstützt uns nicht, wenn es darum geht, sich auf eine Aufgabe zu konzentrieren und darin aufzugehen. Unsere Aufmerksamkeit wird immer mehr von »Zerstreuungen« und »Unterbrechungen« aller Art abgelenkt: Telefonanrufe im Festnetz oder am Handy, E-Mails im Internet, überall Musik, Werbung aller Art (immer etwas zu lesen oder anzuschauen)… Wenn wir fernsehen und unsere Aufmerksamkeit auch nur leicht nachlässt, schalten wir sofort um, weil wir ja über viele Kanäle verfügen.

Darin liegt zwar auch eine Chance, denn es bedeutet, dass wir in einer sehr dichten, uns bereichernden und stimulierenden Welt leben. Wir müssen aber Widerstand leisten und verhindern, dass unsere Konzentrationsfähigkeit von dieser Welle an Reizen, wie es sie noch nie gegeben hat, völlig gefangengenommen wird. Man kann sich fragen, ob die massive Häufung von Aufmerksamkeitsstörungen bei Kindern (und auch bei Erwachsenen) nicht teilweise in diesem sozialen Wandel seinen Ursprung hat: Nicht dass die Gesellschaft diese Pathologien oder Unausgewogenheiten erzeugen würde (sie sind auch nicht immer krankhaft), es ist aber wahrscheinlich, dass sie bei Menschen zutage treten, die an Konzentrationsschwäche leiden und Probleme haben, ihre Aufmerksamkeit zu fokussieren. Und da es scheint, dass sich die Schule mit dieser Situation abgefunden hat und beispielsweise die Unterrichtseinheiten immer mehr zerstückelt, anstatt den Kindern die Möglichkeit zu bieten, durch bestimmte Übungen zu lernen, sich zu konzentrieren, kann man davon ausgehen, dass das Problem noch lange nicht gelöst sein wird.

Es wird aber nicht nur die Aufmerksamkeit abgelenkt und zerstreut, es herrscht auch ein so genanntes *overthinking*, eine ständige Rationalisierung, der konstante Rekurs auf logisches Begründen, der manchmal dazu führt, die Intuition völlig zu ersticken, und der manchmal auch zu einer Spirale wird: Viele deprimierte oder ängstliche Menschen werden so zu Opfern ihrer eigenen Logik, der sie anhängen und die wesentlich zu ihren Symptomen beiträgt ... Paul Valéry schrieb maliziös: »Manchmal denke ich, manchmal bin ich.« Klare Botschaft: Es kommt vor, dass wir durch zu viel Denken von wesentlichen Dingen oder Seinsweisen abgelenkt werden. Die Meditation soll das Denken nicht ersetzen, sie soll eine andere Denkweise darstellen.

Deshalb sind die Meditationstechniken, bei denen es ums volle Bewusstsein (*mindfulness*) geht, in der Psychotherapie, aber auch bei der persönlichen Entwicklung so erfolgreich. Der Begriff Meditation, um den es hier geht, bedeutet einfach »Training des Geistes«, wie es mein Freund, der buddhistische Mönch Matthieu Ricard, versteht.

Trainieren des Geistes auf mehr Freiheit hin, wählen, worauf man seine Konzentration richten und beibehalten will. *Frei sein bedeutet, Herr seiner selbst und seiner Seele zu sein.*

Einige Übungen

Die Regeln der Meditation des *vollen Bewusstseins* sind einfach:
- Sich bequem hinsetzen oder hinlegen, die Augen schließen oder einen bestimmten Punkt fixieren.
- Versuchen, geistig hier und jetzt präsent zu sein und seine Aufmerksamkeit auf den gegenwärtigen Moment, auf das Gegenwärtige zu lenken: Auf meine körperlichen Empfindungen, auf meine Atmung, auf die Geräusche oder Gerüche um mich herum, auf die Gedanken, die meinen Geist durchziehen.
- Sich so gut wie möglich in einen geistigen Zustand versetzen (je nach Verfassung ist dies mehr oder weniger möglich…), in dem man alles, was passiert, annehmen kann. Kleine Pläne machen, nicht grübeln, nichts vorwegnehmen: Wenn sich dieser Zustand einstellt (und er wird sich einstellen), langsam zum gegenwärtigen Moment zurückkehren und diese mentalen Phänomene beobachten. Sie beobachten (ich sehe, dass ich unruhig oder wütend bin), aber ohne daran teilzuhaben. Auch die dabei aufkommenden Schwierigkeiten annehmen: Sich nicht ärgern, wenn man an etwas Anderes zu denken beginnt; das ist normal. Einfach und langsam zum gegenwärtigen Moment zurückkehren.
- Eine nicht wertende Haltung einnehmen: Versuchen, nicht sich zu sagen »Das ist gut« oder »Das ist schlecht«, sondern nur konstatieren, was ist, ohne zu bewerten.

Diese Übungen haben ein einziges und zentrales Ziel: *im gegenwärtigen Moment bleiben.* Oder vielmehr seinen Geist langsam und unermüdlich zum gegenwärtigen Moment hinführen, denn er ist ja ständig dabei, sich in Richtung auf vergangene oder künftige Beschäftigungen zu entfernen. Das ist normal: Unser Gehirn ist »dafür gemacht«, es überwacht, was in unserem Leben passiert, um Probleme zu lösen, um uns durch sämtliche Gefahren hindurchzuführen usw. Aber es ist nicht *nur* »dafür gemacht«. Man kann auch sagen, dass wir es gewöhnlich fast *nur* dafür verwenden...

Diese Meditation dient nicht nur der körperlichen Entspannung (was schon sehr gut ist). Und auch nicht nur dem positiven Denken, bei dem man versucht, »gute« Gedanken zu haben[4] (was bereits nützlich wäre). Die Meditation zielt in Wirklichkeit darüber hinaus: darauf, zu lernen, seine geistigen, körperlichen und emotionalen Vorgänge aufmerksam zu beobachten, ohne deren Ablauf zu belasten (zumindest am Anfang).

Die Meditationstechniken sind erlernbar, sie korrespondieren mit ganz konkreten zerebralen funktionellen Veränderungen, die man bei Studien auf dem Gebiet der bildgebenden Verfahren beobachtet.[5] Dieses Lernen erfordert regelmäßiges und tägliches Üben (wie die Tonleiter für einen Musiker). Es ist nicht bloß eine Technik, sondern eine Geisteshaltung dem Leben gegenüber (»Zunächst akzeptieren, was ist, bevor man sich entschließt, es zu ändern«). Schließlich: die Prinzipien des Akzeptierens auf die Übungen selbst anwenden, also akzeptieren, dass es einem an bestimmten Tagen schwer fällt, zu meditieren; bewusst diese Übungen nicht als »misslungen« ansehen (das wäre ein Bewerten), sondern einfach konstatieren, dass es in jenem Moment schwierig war zu meditieren; sich bewusst sein, dass auch solche Momente einen Fortschritt bedeuten und dass sie nützlich sind (sie dienen dazu, das zu akzeptieren, was uns als *von vornherein* misslungen erscheint...). Diese Fähigkeit kann dann in verschiedenen Zusammenhängen eingesetzt werden:

- Meditieren, auch wenn man keine bestimmten Probleme hat, sondern einfach um sich darin zu üben.
- In schmerzlichen Situationen meditieren, um seine übermäßigen Emotionen wenn möglich zu entschärfen.
- Bei existenziellen Problemen meditieren (Leben, Tod, Leid, Trennung).

In welchem Zusammenhang stehen kontrollierte Aufmerksamkeit und Selbstwertgefühl?

Es scheint, dass das Meditationstraining des *vollen Bewusstseins* die Fähigkeiten zur psychologischen Selbstregulation erleichtert und das positive emotionale Gleichgewicht verbessert – beides Phänomene, die sich auf das Selbstwertgefühl günstig auswirken.[6] Indirekt erleichtert es auch die persönliche Kohärenz (*self-concordance*), die darin besteht, die Kontinuität zwischen dem, was man spürt, und dem, was man ausdrückt, zu verbessern. Durch Meditation übt man schließlich täglich die nicht-wertende Haltung und das Akzeptieren dessen, was ist, von denen wir gesehen haben, dass sie für das Gleichgewicht des Selbstwertgefühls so wichtig sind. Wenn man Meditation betreibt, ist es wichtig, sich nicht darauf zu konzentrieren, ob eine Sitzung »gelungen« oder »misslungen« ist: Dadurch stärkt man die mentale Software des »nicht bewerten, sondern akzeptieren, was ist«.

Nicht bloß eine Technik, sondern eine Seinsweise

»*Meditieren heißt nicht, der Wirklichkeit zu entkommen, sondern ihr gelassen zu begegnen.*« Das lehren uns die Meister der Meditation.[7] Das Ziel der Meditation liegt nicht nur darin, das Wohlbefinden und das Selbstwertgefühl zu verbessern, sondern auch darin, das Dasein zu verdichten. Und nicht nur darin, im Rahmen von Übungen praktiziert zu werden, sondern eine Seinsweise zu werden.

Deshalb ist es wichtig, die Haltung des momentanen Bewusstseins auf alle Aspekte unseres Lebens auszudehnen: Dadurch können wir die Zerstreuungen des Alltags abwenden, die so etwas wie »Aufmerksamkeitsdiebstähle«, Entwendungen unserer psychischen Fähigkeiten sind (denken Sie an all die Zeit, die Sie damit verbracht haben, sich im Fernsehen blödsinnige Sendungen anzuschauen oder unnütze Werbung zu lesen). Das Ziel liegt nicht so sehr darin, sie zu unterdrücken (unmöglich), als vielmehr sich von ihnen zu distanzieren und wieder frei mit ihnen umzugehen. Die am häufigsten empfohlenen Übungen zielen darauf ab, sich anzugewöhnen, nicht mehrere Dinge gleichzeitig zu tun: beim Autofahren nicht Radio hören, beim Telefonieren nicht lesen, beim Fernsehen nicht essen... Manchmal, so oft wie möglich, gar nichts tun. Nichts tun ist eine der Tätigkeiten – denn es ist eine, wenn man sie ganz bewusst ausübt –, die heute am wenigsten praktiziert werden. Zum Beispiel am Abend: Sich nicht von einem Buch, das man »fertig lesen« möchte, oder von einer Zeitschrift, die man »lesen muss«, vereinnahmen lassen, sondern sich ganz einfach hinlegen und an die Decke schauen, seine Gedanken vorbeiziehen lassen, ohne zu versuchen, Lösungen für Probleme zu finden, den nächsten Tag zu planen, verstehen zu wollen, was tagsüber passiert ist. Einfach die Gedanken, die kommen und gehen, vorbeiziehen lassen und sich auf seine Atmung konzentrieren...

Regelmäßig üben, nur eine Sache zu tun.[8] Nur spazieren gehen, die Wolken anschauen, *dieses* Geschirr spülen, *dieses* Unkraut jäten, *diesem* Vogel oder *dieser* Freundin zuhören, die Wäsche aufhängen. Nur auf den Bus warten, die vorbeiziehende Landschaft betrachten. Nur den sich gleichzeitig ändernden und regelmäßigen Atem beobachten...

Ganz einfach voll und ganz in dem sein, was man tut.[9]

Weder an sich noch an das Warum denken – noch an das Selbstwertgefühl...

40. Kapitel
In dem, was man tut, ganz aufgehen

> *Ich werde nun die Erfahrung beschreiben, die darin besteht, sich in Erstaunen über die Welt zu versetzen: Es ist die Erfahrung, die Welt als ein Wunder zu sehen.*
> Ludwig Wittgenstein

Ein Sonntagnachmittag im Winter. Die neunjährige Louise und die sechsjährige Céleste spielen in Célestes Zimmer. Da seit einiger Zeit nichts von ihnen zu hören ist, was ungewöhnlich ist, schaut ihr Vater nach, was vor sich geht. »Was macht ihr denn, Mädchen?« Die Mädchen spielen ganz ruhig und freundschaftlich miteinander, nachdem sie unter der Woche wegen ihres Mangels an Solidarität zurechtgewiesen worden waren: Wie viele moderne Kinder versuchen sie zu oft, die Aufmerksamkeit der Eltern auf sich zu ziehen, streiten, geraten sich wegen Kleinigkeiten in die Haare. Nichts Schlimmes, aber von Zeit zu Zeit schimpfen die Eltern. Nun, jetzt ist die Gelegenheit da … Sie antworten überlegen und leicht ironisch: »Wir schließen Freundschaft zwischen Schwestern!« Kleine Lektion für den Vater. Nicht weit vom Wesentlichen entfernt …

Seinem Leben Sinn geben

Eine der schönsten Seiten des Menschen liegt vielleicht darin, Sinn zu verleihen, Sinnstifter zu sein, wie die angelsächsischen Philosophen sagen (*a sense maker*). Viele Patienten beklagen sich bei den Psychotherapeuten über das Gefühl der »existenziellen Leere«, die schwerer zu ertragen ist, als man glaubt. Das »gute« Leben, im Sinne der griechischen Philosophen, besteht nicht nur darin, nicht zu leiden, sondern auch in einem Dasein, das einen Sinn hat (oder zu haben scheint).

Das Gefühl, dass unser Leben leer ist, keinen Sinn hat, kann vorübergehend sein, wie eine Traurigkeit oder ein Schatten, der über uns hinwegzieht. Dann ist es ein nützliches Gefühl für unsere Intelligenz: Es drückt das Bewusstsein von den traurigen Dingen in der Welt aus... Es bezeugt Hellsichtigkeit, schafft Zweifel und erhält unsere Fähigkeit, etwas in Frage zu stellen; es bewirkt, dass wir die Gewissheit des Sinns hinterfragen, den wir unserem Leben verleihen wollen. Kurz, ein Moment, in dem wir auf subtile und automatische Weise unser Innenleben neu ausbalancieren. Wir finden dann Lösungen, Erklärungen, Handlungen, Illusionen, die uns vorwärtsbringen. Und finden unser Wohlbefinden wieder und mit ihm die Energie, die wir zum Leben brauchen.

Manchmal aber dauert dieser Verlust an Lebensfreude, diese *Ageusie* (Verlust der Geschmacksempfindung), wie eine Krankheit an. Das kann die Folge affektiver Störungen wie Depression sein, funktioniert in zweifacher Hinsicht und verstärkt sich dann: Weil ich deprimiert bin, finde ich keinen Sinn in meinem Leben, und das deprimiert mich...

Umgekehrt ist der Versuch, Sinn für sein Dasein zu finden, sicherlich ein wichtiger psychohygienischer Schutzfaktor. Viele geniale Künstler haben ihre Labilität und ihre schwache Psyche durch außergewöhnliche persönliche Leistungen kompensiert, die ihrem Leben einen Sinn gaben und bewirkten, dass sie nicht verrückt wurden. Dieser Mechanismus erscheint mir wahrscheinlicher als die Erklärung ihrer Genialität *mit* ihrer psychischen Fragilität: Ich glaube vielmehr, dass die Suche nach Sinn auf Grund ihrer Genialität bei ihnen das Schlimmste verhindert hat (was vielen Namenlosen passiert ist, die die psychiatrischen Anstalten bevölkern). Wie auch immer, viele psychologische Arbeiten beschäftigen sich heute mit der Sinnfrage, die nicht mehr nur eine Sache von Religion oder Philosophie ist.[1]

Hellsichtig leben bedeutet, die Welt um uns zu verstehen, es bedeutet, Antworten auf die Frage »Warum?« zu suchen. Es bedeutet, in vielen Richtungen vieles zu suchen:
- Über die Erscheinung und das Unmittelbare hinausgehen. Was steckt wirklich hinter meinen Bedürfnissen, meinen Motivationen, meinen Träumen?

- Einen Zusammenhalt, eine Kohärenz zwischen all unseren Tätigkeiten in unserem Leben suchen, das heißt eine Verbindung zwischen verstreuten Dingen herstellen. Folgt mein Leben einer bestimmten Logik? Oder antworte ich nur auf Fragen oder gehorche nur meinen Impulsen, wie ein Blatt im Wind?
- Versuchen, über das Bedürfnis nach Kohärenz, die für den Menschen fundamental zu sein scheint, eine gewisse Stabilität zu erreichen, Stabilität sowohl der Werte und Dinge als auch der eigenen Persönlichkeit,.[2] Bin ich trotz der vergehenden Zeit immer dieselbe Person? Bin ich das geworden, was ich werden wollte?

Die Suche nach Sinn treibt uns dazu an, die universelle Tragweite von persönlichen Handlungen und Emotionen zu erfassen.

Den alltäglichen Handlungen Sinn geben

Den Lauf der Gedanken anhalten, sich von Zerstreuungen lösen. Wenn man in einem Wartezimmer sitzt, sich nicht von Zeitschriften zerstreuen lassen, seinen Ärger über die Verzögerung beiseite stellen. Durchatmen und sich fragen, wie man diesen Moment voll leben kann. An seinen Körper denken, es sich bequem machen, bewusst atmen, lächeln – warum nicht? Kurz, etwas »voll« und ganz machen. Sich bewusst werden, dass man lebt.

Sich oft fragen, worin der Sinn dessen liegt, was wir gerade tun oder wie wir gerade leben. Auch wenn es so scheint, als läge keiner oder nur wenig darin... Das kann man im Rahmen von Aktivitäten tun, die wir im vorigen Kapitel angesprochen haben, als es um die momentane Gegenwärtigkeit ging. Denn um den Momenten unseres Lebens Sinn zu geben, muss man ihnen natürlich zunächst seine Aufmerksamkeit zuwenden. Im Wald spazieren gehen, Geschirr spülen, auf dem Weg sein, eine Arbeit tun, sich mit anderen Menschen beschäftigen, auf eine Verabredung warten.

Sinn kann man nicht ununterbrochen geben: Das würde uns

erschöpfen und wäre vielleicht auch unnütz. Es gewinnt aber, wenn es häufig gemacht wird, so wie die Psychohygiene. Es ist lange her, dass wir Pantoffeltierchen waren, die nur nach dem Reiz-Reaktions-Mechanismus lebten. Vorsicht auch beim umgekehrten Fall; nicht in ein »Sinndelirium« verfallen, das darin besteht, hinter jedem Zufall, jeder Fehlleistung, jeder Krankheit, jedem Ereignis einen versteckten Sinn zu sehen. Es geht hier nicht um den *versteckten* Sinn, sondern wir sprechen vom *vergessenen* Sinn. So wie wir vergessen, dass hinter dem »Guten Tag« ursprünglich von Seiten dessen, der diese Wörter ausspricht, der aufrichtige Wunsch steckt, man möge einen guten Tag erleben...

Sinn geben kann alle Betätigungen des Alltags betreffen, so zum Beispiel essen, was verständlich ist, oder Essen zubereiten, was eine Schinderei oder ein Vergnügen sein kann. Die Beziehung der Franzosen zum Essen beschäftigt die Amerikaner und begeistert manche Spezialisten, die zum Beispiel die im Vergleich zu den USA relativ seltene (was sich ändern kann) Fettsucht und Übergewichtigkeit in Frankreich zu erklären versuchen. Interessieren sich doch die Franzosen viel mehr für das Essen... Eine der Hypothesen[3] ist, dass die Franzosen die Mahlzeit als Zweck an sich betrachten, langsamer und gemeinsam mit anderen essen, was als angenehm empfunden wird. Das heißt, dass sie allem, was mit dem Essen zu tun hat, mehr *Aufmerksamkeit* schenken und zugleich dem Essen selbst einen *Sinn* verleihen. Deshalb kommt es vielleicht zu einem metabolischen Vorteil beim Verzehren dieser Mahlzeiten in voller Bewusstheit, einfach auf Grund der Tatsache, dass sich die Franzosen nicht mit Essen vollfüllen, sondern die Nahrung genießen.

Jenseits des Selbstwertgefühls

Momentane Gegenwärtigkeit, das Bewusstsein, lebendig zu sein und wie ein lebendiges Wesen zu handeln, und von da her mit dem Universum verbunden zu sein...

Es gibt im Leben also nicht nur das Selbstwertgefühl, sondern auch andere wesentliche Dinge, wie das Bedürfnis, zu spüren, dass wir wertvoll sind und einen Platz in der menschlichen Gemeinschaft einnehmen. Es gibt auch das Gefühl, zu existieren, mitsamt seinen animalischen und spirituellen Wurzeln. Damit in Verbindung zu bleiben ist wesentlich. Vielleicht entwickelt und stärkt sich dadurch sogar ein profundes Selbstwertgefühl…

Die Suche nach Sinn vervollständigt die nach dem Selbstwertgefühl, ganz so wie die nach Wohlbefinden und Glück.[4] Ein sinnerfülltes Leben, wie das der Helden, oder ein Leben, das dem Selbstwertgefühl den Rücken kehrt, wie das der Heiligen, kann möglicherweise auch nicht glücklich oder harmonisch sein. Aber es wäre schade, wenn das glückliche und harmonische Leben, das ein gesundes Selbstwertgefühl fördert, keinen Sinn hätte.

41. Kapitel
Demut: Wie weit soll man sich zurücknehmen?

> *Der demütige Mensch fühlt sich nicht den anderen unterlegen – oder will es nicht ein: er hat nur aufgehört, sich überlegen zu fühlen – oder fühlen zu wollen.*
> André Comte-Sponville, *Philosophisches Wörterbuch*

Bei einer Klausur, an der ich einmal bei den Benediktinern teilnahm, fiel mir in der Klosterbibliothek ein seltsames Buch in die Hände. Seinen Titel habe ich vergessen, es müsste so etwas sein wie *Wege zu Gott*, aber ich weiß es nicht mehr so genau. Dafür habe ich den Namen des Autors nicht vergessen: »Ein Kartäuser-Mönch«.

Wie? Gab es keinen Namen? Ich drehte das Buch um und um in der Hoffnung, irgendwo Informationen über diesen so zurückhaltenden Autor zu finden. Aber nichts, rein gar nichts. Dann ergriff mich ein leichtes Schwindelgefühl. Alle tun so bescheiden, aber letztlich ist niemand es wirklich, zumindest nicht bis zur letzten Konsequenz. Sogar bescheiden sein und sich so zeigen kann uns schmeicheln, wie Jules Renard in seinem *Tagebuch* ironisch schreibt: »Ich bilde mir etwas ein auf meine Bescheidenheit…« Niemand oder nicht viele sind dazu bereit, auf all diese Krümelchen des Selbstwertgefühls zu verzichten. Der Mönch, der dieses Buch geschrieben hatte, hatte es geschafft, sich von der sozialen Gratifikation zu distanzieren, dass sein Name auf einem Buchumschlag stand. Ich halte mich selbst für *eher* bescheiden, vielleicht irre ich mich, aber ich muss zugeben, dass es mir noch nie in den Sinn gekommen ist, ein Buch zu publizieren, auf dem statt des Autorennamens nur steht: »Ein Psychiater«.

Ich setzte mich dann in dieser stillen Bibliothek hin, hielt das Buch in den Händen und dachte über die Geste des Kartäuser-Mönchs nach. Sich vorzustellen, dass hinter dieser Geste weder eine Sorge um Kränkung noch eine Strafe für früheren Hochmut liegt, sondern vielmehr eine freudige Absicht, eine schlichte und einfache Handlung von jemandem, der einen ungewöhnlichen Zustand von Weisheit und Verzicht erreicht hatte. Und dahinter verbirgt sich, da war ich mir sicher, die schelmische Erwartung, dass diese kleine beim Leser bewirkte Irritation Letzterem nützen würde. Die besten Lehren stammen immer aus Beispielen.

Das Verhältnis von Demut und Selbstwertgefühl

»Die Demut ist die Bescheidenheit der Seele«, sagte Voltaire. Diese leichte Anstrengung zum Demütigsein, dieses ruhige Annehmen der eigenen Grenzen und des eigenen Ungenügens ist in keiner Weise ein Wunsch nach Demütigung.

Nichts ist weiter entfernt von einem gesunden Selbstwertgefühl als der Hochmut, von dem wir schon viel gesprochen haben. Im Gegenzug ist die Demut mehr als nur günstig für das Selbstwertgefühl:[1] Sie macht sein Wesen aus.

Demut führt zur Freiheit: Durch die Demut sind wir nicht mehr von unserem Image oder vom Wettbewerbsdruck abhängig. Sie erlaubt uns, uns so zu zeigen, wie wir sind, anstatt zu versuchen, uns im besten Licht darzustellen. Sie grenzt die Neigung zum Bewerten ein und erleichtert das Sich-Öffnen für neue Ideen, die Empfänglichkeit für Feed-back und das Interesse gegenüber allem, was nicht das Selbst ist. Demut ist nicht gleich Desinteresse an sich selbst oder Selbstverachtung, sondern sie bewahrt das Interesse an sich selbst auf einem relativ stabilen und unauffälligen Niveau, außer wenn es die jeweilige Situation erfordert. Demut erleichtert auch das Handeln, denn sie treibt nicht dazu, glänzen zu wollen, und erzeugt keine Angst vor Misserfolg. Was Saint-Exupéry treffend ausdrückte: *Ich verstehe den Sinn der Demut. Sie ist keine Abwertung des Selbst. Sie ist der Ursprung des Handelns selbst.*

Demut bereitet den Boden für die Spiritualität,[2] von der wir sagten, dass sie als Annehmen und Suchen nach einer Verbindung mit allem verstanden werden kann, was uns übersteigt und sich als viel größer als wir selbst erweist. Sich dem zu stellen, was größer ist als wir – in der Natur oder in der Menschheit –, wirkt sich sehr positiv auf das Selbstwertgefühl aus ...

Aber Demut ist auch ein Faktor in sozialen Beziehungen: Die Demut kann vertikal sein, wie in der Spiritualität, aber auch horizontal, indem sie uns das universelle Bewusstsein der Nähe und Brüderlichkeit der gesamten gegenwärtigen und vergangenen Menschheit vergegenwärtigt. Das will Paul Valéry ausdrücken: »Bescheiden sind die, bei denen das Gefühl, in erster Linie Mensch zu sein, zum Gefühl, man selbst zu sein, führt. Sie bringen ihren Mitmenschen und den Gemeinsamkeiten mehr Aufmerksamkeit entgegen als den Unterschieden und Besonderheiten.«

Wahre und falsche Demut?

Auch in unserer Zeit wird Demut geschätzt, aber sie gerät uns zum Schwindel. Ich erinnere mich an einen recht ulkigen Artikel (ich glaube, es handelte sich um eine Kolumne des Schriftstellers Frédéric Beigbeder in der Zeitschrift *Lire*), in der ein mondäner Pariser

Dandy erklärt, dass er sich, als jemand, den er nicht kannte, ihm aufmerksam zuhörte und sich sehr höflich ihm gegenüber benahm, sagte: Dieser Typ muss bekannt sein, wenn er sich so verhält, das ist nicht normal; mitten unter all dieser narzisstischen Leuten, die sich nur mit sich selbst, ihrem Image und ihrer Wirkung auf andere beschäftigen, spielt er mir »Trotz des Erfolgs einfach und sympathisch geblieben« vor... Diese falsche Demut der Stars ist sicher ein Modeeffekt.[3] Schließlich aber ist diese Mode besser als Arroganz. »Knien Sie nieder, und der Glaube kommt«, sagt Pascal. Vielleicht mündet die vorgetäuschte Demut bei unseren VIPs vom Fernsehen in Dankbarkeit und lässt sie das Glück wahrhaftiger Demut entdecken?

Wenn aber die Demut so simuliert wird, dann auch deshalb, weil sie ein moderner (und zweifellos ewiger) gesellschaftlicher Wert ist und aufrichtig geschätzt wird: Eine Studie, die mit 127 Studenten durchgeführt wurde,[4] zeigte, dass sie Demut nicht mit Selbsterniedrigung in Verbindung brachten, sondern sehr positiv einschätzten: Als sie eine Erinnerung nennen sollten, die sie mit Demut assoziierten, dachten sie oft an Erfolge und nicht nur an Misserfolge. Dagegen assoziierten sie sie nur schwach mit *Führungsqualitäten*. Aber nur Studenten mit sehr hohem Selbstwertgefühl schätzten die Demut als vorteilhaft ein, während sehr narzisstische Studenten sie negativ wahrnahmen.

Anleitung zur Demut

Als guter Schutz vor Hochmut und Überheblichkeit ist die Demut keine Gabe, kann sie keine bloße Absichtserklärung sein. Sie erfordert Nachdenken und regelmäßige Praxis. Freilich ohne dass man deshalb auf das normale Leben verzichten müsste (sonst könnten nur Ordensgeistliche sich darauf einlassen) und ohne die eigenen Bedürfnisse und Erwartungen zu verdrängen.

Der Amerikaner Bill Wilson, Gründer der »Anonymen Alkoholiker«, verstand die Bedeutung der Demut für die Heilung von dieser

Sucht.[5] Das erste Prinzip der »AA« ist folgendes: »Wir haben zugegeben, dass wir dem Alkohol gegenüber machtlos sind – dass wir die Herrschaft über unser Leben verloren haben.« Die Hellsichtigkeit, die darin besteht, seine Grenzen zu akzeptieren und seine Hilfsbedürftigkeit anzuerkennen, ist eine wichtige Etappe für viele Patienten, die Alkoholprobleme haben.

Aber man kann auch mit Übungen zur *Reinigung des Ichs* beginnen, ohne dass man an einem Punkt so tiefgehender Hilflosigkeit angekommen sein muss wie die Menschen mit Alkoholproblemen. Es ist gar nicht so schlecht, das *Selbstwertgefühl von Zeit zu Zeit auf Diät zu setzen*. Etwas gut machen, ohne sich zu glorifizieren oder davon zu profitieren, um sein Image aufzuwerten. Der Kritik zuhören, die man uns entgegenbringt, und warten, bis der andere zu Ende gesprochen hat, bevor man antwortet. Nicht immer auf *fishing for compliments* aus sein und sich einfach fragen: »Habe ich das gemacht, damit ich gefeiert werde, oder weil ich es einfach tun musste?« Etwas, das man gerade zu kaufen im Begriff war, nicht kaufen. Oder es kaufen und es jemandem auf der Straße oder einer nahestehenden Person schenken. Eine meiner Großmütter schenkte am Ende ihres Lebens immer sehr rasch die Geschenke weiter, die sie bekommen hatte. Das ärgerte manchmal einige Familienmitglieder, aber am Ende machte das Geschenk zumindest zwei Mal Freude …

Manchmal ist das Praktizieren von Demut eine Quelle von Missverständnissen. Ich erinnere mich an eine Diskussion zwischen dem Politiker Bernard Kouchner und dem buddhistischen Mönch Matthieu Ricard zum Thema humanitäres Engagement. Während Matthieu Ricard in der buddhistischen Tradition den Verzicht auf die Ichbezogenheit pries, rebellierte Kouchner dagegen, weil ihn der Gedanke beunruhigte, dass man auf sein Ich verzichten könnte. Für einen Politiker ist das doch normal, werden Sie mir sagen, aber zweifellos sprachen die beiden nicht über das Gleiche und hatten nicht die gleichen Ziele im Auge: Der eine strebte nach der Beherrschung des Ichs, der andere war auf die Verteidigung seines Ideals aus.[6]

Sich nicht um die Wirkung sorgen, die man auslöst

Die Anmut der Selbstvergessenheit bei Kindern ... Diese animalische Schönheit, die aus der Abwesenheit des Besorgtseins – ja gar der Abwesenheit des Bewusstseins – um sein Bild und die Blicke der anderen kommt. Und das Verschwinden dieser Anmut bei den meisten von uns, wenn sie erwachsen werden. Manchmal sogar noch früher. Es ist traurig zu sehen, wie viele Kinder heute durch das Fernsehen und die Werbung geschädigt sind, in denen es von gelehrten und kokettierenden Äffchen wimmelt, verunreinigt auch durch den verrückten Reflex des Fotos oder Videos (erstaunlich, diese Eltern, die die glücklichen Momente ihres Familienlebens mehr filmen als leben!). Viele sind sich ihres Bildes bereits voll bewusst und werfen sich in Pose: verschwundene Anmut. Schlimmer noch: ein künftiges Selbstwertgefühl, das abhängig ist von einer der lächerlichsten und tyrannischsten Zufälligkeiten des Materiellen: dem Bild...

»Ich bin ein Tagesgericht«

Die »Ruhe des Ich«, die wir suchen, ohne dass dies die totale Selbstverleugnung bedeuten würde. Einfach »ein netter Mensch« sein... Ich erinnere mich an ein Interview mit der Schaupielerin Mathilde Seignier, das ich gelesen habe, einer jungen Frau voller Leben, Kraft und Einfachkeit.[7] Auf die Frage eines Journalisten gab sie folgende außergewöhnliche Antwort: »Was ist die »Linie Seignier«? – »Pff, die gibt es nicht. Ich spiele Situationen, das ist alles. Bei mir gibt es keine Intellektualisierung, keine Verkopftheit. Ich bin animalisch. Ich bin ein Tagesgericht!« In dieser Formulierung ist alles darüber gesagt, was Demut im Alltag sein kann. Ein Tagesgericht, das ist gut, das ist einfach, das ist schmackhaft, es ist nicht pompös (normalerweise nehme ich es immer gern, und Sie?).

Akzeptieren, ganz gewöhnlich zu sein, das ist außergewöhnlich.

42. Kapitel
Das Selbstwertgefühl, der Sinn des Lebens und die Furcht vor dem Tod

> *Und ob ich schon wanderte im finstern Tal, fürchte ich kein Unglück, denn du bist bei mir.*
> Bibel, Psalm 23

Was sind wir anderes als Lebende, die vom Tod besessen sind? In seiner großartigen und beunruhigenden Novelle *Der Tod des Iwan Iljitsch* erzählt Tolstoi die letzten Tage eines Mannes, der an einer tödlichen Krankheit leidet (vermutlich Darmkrebs). Diese letzten Tage sind von grauenvollen Schmerzen beherrscht, aber auch von Verzweiflung: Iwan Iljitsch wird schlecht sterben, weil er schlecht gelebt hat. Nicht dass er Schlechtes *getan* hätte, er war ein gerechter und ehrlicher Mann, von Beruf übrigens Richter. Aber sein Leben hatte keinen Sinn. Iwan gab sich damit zufrieden, das zu tun, was die Gesellschaft und seine Angehörigen von ihm erwarteten: angemessen und materiell korrekt zu leben. Als er dem Tod immer näher rückt, fällt alles in sich zusammen. »Ich kann nicht mehr, nein, ich kann nicht mehr so weiterleben, wie ich bisher gelebt habe und wie wir alle leben«, schrieb Tolstoi als Nachschrift in einer der ersten Fassungen der Novelle.[1] Die Lektüre von *Der Tod des Iwan Iljitsch* ist für uns heute immer noch erschütternd, so wie es auch für Tolstoi damals war, als er sie schrieb. In ihr nimmt der Tod wieder die zentrale Stellung in unserer Existenz ein. Und mit dem Tod die Frage nach dem Sinn des Lebens, um die wir uns manchmal nicht besonders kümmern, da wir permanent damit beschäftigt sind, unseren kommenden Tod zu vergessen. Alle Tiere sind sterblich, aber wir Menschen sind die einzigen Lebewesen, die wissen, dass sie sterblich sind. Deshalb ist unsere Beziehung zum Tod in allen Bereichen unseres körperlichen Lebens so wichtig. Das Selbstwertgefühl ist von dieser Regel nicht ausgenommen. Ganz und gar nicht …

Die Furcht vor dem Tod erhöht den Bedarf an Selbstwertgefühl

Für einige Theoretiker und vor allem nach den Ergebnissen einer großen Anzahl von Arbeiten auf dem Gebiet der Experimentalpsychologie – mehr als 130 in dem Jahr, als ich dieses Buch schrieb[2], das heißt, wir sind weit entfernt von Einzelstudien oder Anekdoten – ist das Streben nach Selbstwertgefühl ein Mittel, um unsere Furcht vor dem Tod zu verdrängen.

Wenn man das Selbstwertgefühl stärkt (indem man Ihnen zum Beispiel nach einem Persönlichkeitstest ein positives Feed-back gibt), verringert man vorläufig die allgemeine Angst,[3] genauso wie die Furcht vor dem Tod.[4] Wenn man hingegen bei Versuchspersonen das Todesbewusstsein erhöht, indem man sie einen kurzen Text schreiben lässt, der von ihrem eigenen Tod handeln soll, erhöht man den »Bedarf« an Selbstwertgefühl, so als ob es irgendwie vor der Todesdrohung schützen würde... Auf diese Weise mit seinem eigenen Verschwinden konfrontiert zu werden ruft, abhängig von der Person und ihrer Umgebung, im Alltagsleben unterschiedliche Reaktionen hervor:

- Eine höhere Bereitschaft, positives Feed-back anzunehmen[5], und ein Bedürfnis nach Komplimenten und beruhigenden Botschaften.
- Den gesteigerten Wunsch, sich seiner Persönlichkeit gewiss zu sein, die Neigung, sich in seinem Auftreten autoritärer und entschiedener zu zeigen und seine Gewissheiten zu verteidigen.[6]
- Eine Erhöhung der Risikobereitschaft; zumindest in den Bereichen, in denen man ein hohes Selbstwertgefühl hat, wie etwa beim Autofahren.[7]
- Ein erhöhtes Bedürfnis nach Luxus und materiellem Besitz;[8] die erste dieser Studien über die Verbindung zwischen der Furcht vor dem Tod und dem Streben nach Reichtum trug einen grausamen Titel: »Wer mit den meisten Spielsachen stirbt, hat gewonnen...«.
- Ein gesteigertes Interesse an seinem Körper, am Sex und an seiner

physischen Erscheinung,[9] jedenfalls bei Menschen, für die all dies eine Quelle des Selbstwertgefühls darstellt.
- Erhöhte Großzügigkeit und verstärktes altruistisches Verhalten, Investitionsfelder des Selbstwertgefühls, die für die Gesellschaft interessanter sind als *look* oder Luxus! Surrealistischer (und unfreiwilliger?) Humor in Bezug auf die Genauigkeit wissenschaftlicher Forschung: Eine der Studien zeigte die Steigerung des so genannten »pro-sozialen« Verhaltens nach der Aktivierung des »Sterblichkeitsgefühls«, wobei die Botschaft »Du bist sterblich« dadurch aktiviert wurde, dass man die Befragten vor Bestattungsgeschäften oder an einem »tödlich neutralen« Ort ansprach.[10] Das tödlich Neutrale erbrachte weniger ...

Keine Furcht mehr vor dem Tod haben

Seine Furcht vor dem Tod zu besiegen verbessert das Selbstwertgefühl, es wird gelassener und weniger defensiv.[11]

In der Psychotherapie kann man sehr wirkungsvoll an der Furcht vor dem Tod arbeiten. Viele Therapeuten aber erforschen diesen Bereich nicht, zweifellos weil Freud es selbst aus vielerlei Gründen nicht tat und wenig darüber sprach. Sein Einfluss auf die Psychologie und die Psychiatrie des 20. Jahrhunderts war so groß, dass nur wenige Therapeuten es wagten, Theorien und Strategien der Behandlung zu entwickeln, die es erleichtern, sich mit der Furcht vor dem Tod auseinanderzusetzen.[12] Dabei ist das Problem zentral, und viele Patienten leiden an dieser Furcht. Der Ausgangspunkt ist einfach nachzuvollziehen, aber natürlich – zumindest am Anfang – schmerzhaft ins Werk zu setzen: Man muss sich langsam und regelmäßig mit dem Gedanken befassen, dass alle menschlichen Wesen sterben. Und sich an die »praktischen Anwendungen« dieses Gedankens gewöhnen, das heißt an die Bilder vom eigenen Tod und dem der Angehörigen, auch wenn wir sie über alles lieben. Hier sind wir erneut beim Thema »Annehmen«.

Dringen wir bis zum Grund unserer Ängste vor, die mit dem Selbstwertgefühl verbunden sind, so stoßen wir vielleicht auf den Tod: den gesellschaftlichen Tod (Ablehnung, Geringschätzung, Verlassenwerden). Manchmal auf den physischen Tod (und die Ahnung, dass man vielleicht vor Kummer oder Scham sterben kann). *Nehmen wir diese Ängste und ihre Bilder an.* Lesen Sie, was Saint-Exupéry dazu schrieb: »Der Krieg ist kein Annehmen der Gefahr. Auch kein Annehmen des Kampfes. Vielmehr bedeutet es für den Soldaten, zu bestimmten Zeiten den nackten und schlichten Tod anzunehmen.« Oder der befremdliche Autor Louis-René Des Forêts: »Nicht sich beim Altwerden zusehen in dem Spiegel, den der Tod uns vorhält, ihn auch nicht durch große Worte herausfordern, sondern, wenn es möglich ist, ihn in aller Stille empfangen, so wie ein Kind in der Wiege seiner Mutter zulächelt.«[13]

Gedanken über den Tod waren in den verschiedenen Religionen immer sehr zentral, und ebenso auch in den philosophischen Systemen wie etwa bei den Stoikern. In seinem berühmten *Handbüchlein* schrieb Epiktet: »Halte dir den Tod, das Exil und alles, was dir schrecklich erscheint, täglich vor Augen, allem voran aber den Tod.« Und weiter: »Wenn du dein Kind oder deine Frau umarmst, sage dir, dass es menschliche Wesen sind, die du umarmst; denn wenn sie sterben, wirst du nicht mehr darüber verstört sein.«[14] Nicht verstört sein, wenn es dazu kommt? Lassen wir das Epiktet entscheiden... Nicht aber im Vorhinein durch die *Möglichkeit* des Todes verstört zu werden, das liegt schon eher in unserer Reichweite. Wie kann man das üben? Dafür gibt es eine ganz einfache Übung: Wenn ich in einer Woche sterben würde, was wäre dann für mich am wichtigsten? Wen würde ich ein letztes Mal sehen und umarmen wollen? Welche Orte würde ich wiedersehen wollen? Welche Aktivität entdecken wollen? Und dann es tun, dies alles, in einem Monat, in einem Jahr...

Jeden Tag an den Tod denken, um nicht mehr der Spielball seiner Ängste zu sein, vor allem, wenn sie so eindrucksvoll und grundsätzlich ist wie die vor unserem Verschwinden: Vergessen und Verdrängen bringen in diesem Bereich nichts! Wenn man hingegen seine Furcht überwunden hat, dann ergeben sich viele Vorteile, wie zahlreiche Zeugnisse von Menschen beweisen, die eine tödliche Krankheit überwunden haben. Wenn wir eine Krankheit als Grenzsituation erleben und sie annehmen, wird uns bewusst, dass unser Dasein letztlich nur ein permanenter Aufschub ist und dass man voll und ganz leben muss. Dadurch werden oft ungeahnte Kapazitäten aktiviert.[15] »Ich bin bereit zu sterben«, erzählt Lydie Violet, Autorin eines ernsten und schönen Buches über ihre Krankheit, einen Gehirntumor.[16] »Die Versicherungen, das Testament, alles ist fertig. Es ist klar, es ist einfach, es ist nichts. Seit ich krank bin, lebe ich im Einklang mit mir selbst. Heute verbringe ich mein Leben nicht mehr damit, mich auf den Tod vorzubereiten. Das habe ich schon geregelt. Ich denke nicht mehr in Jahren, ich lebe ganz einfach.«[17]

Vermindert das Selbstwertgefühl die Furcht vor dem Tod?

Es gibt eine andere Lösung für diese Furcht: Es gibt den Glauben an ein Leben nach dem Tod. Auch hier wieder kann man mithilfe experimenteller Manipulationen (man lässt die Testpersonen überzeugende Texte über die Wahrscheinlichkeit eines Lebens nach dem Tod lesen) den Bedarf an Selbstwertgefühl steigern oder verringern.[18] Merken wir dagegen an, dass andere Investitionen in das Selbstwertgefühl, die die Furcht vor dem Tod lösen sollen, instabiler sind, wie einige Studien zeigen. So etwa durch das Mitmachen bei Fanclubs, wie dem eines Fußballvereins in Dänemark,[19] bei dem man die Anhänglichkeit an die eigene Mannschaft stärkte, indem man die Fans zuvor an ihren eigenen Tod denken ließ. Sobald sich aber die Ergebnisse der Mannschaft verschlechterten, nahm das Interesse ab und verlagerte sich auf ein Basketball-Team …

Denn das Selbstwertgefühl, das als globaler Regulator zur Kontrolle von Angst und vor allem von Todesfurcht oder Furcht vor Krankheiten fungieren soll, kann nicht x-beliebiger Natur sein.[20]

Damit es diese Schutzwirkung robust und dauerhaft ausüben kann, muss es wahrscheinlich nicht nur hoch, sondern auch stabil und ausgeglichen sein. Ein allzu verletzbares und defensives Selbstwertgefühl würde diese Funktion sicherlich nicht erfüllen. Angesichts unserer Furcht vor dem Leben und vor dem Tod würde es uns nur Schwindeleien und Verrenkungen erlauben.

Wir haben aber gesehen, dass ein Selbstwertgefühl, das geduldig in die verschiedenen Richtungen, die wir angesprochen haben, kultiviert und entwickelt wurde, von einer Art Spiritualität ohne Gott nicht so weit entfernt ist (was im Übrigen nicht daran hindert, an einen Gott zu glauben ...). Die Spiritualität als Faktor für psychische Gesundheit wird seit einigen Jahren ausführlich erforscht.[21] Zweifellos kann sie definiert werden als Begehren oder vielmehr als Bedürfnis danach, sich mit dem auseinanderzusetzen, was größer ist als man selbst: das Absolute, das Unendliche, der Sinn oder Nicht-Sinn des Daseins, das Leben und der Tod, die Zeit, die Ewigkeit ... und die Möglichkeit eines Gottes. Durch tägliches Üben können wir zur Spiritualität kommen: »Das spirituelle Leben ist eine Geisteshaltung in jedem einzelnen Moment.«[22]

André Comte-Sponville, der Atheist, erklärt einleuchtend: »Eine Spiritualität ohne Gott? Das wäre eher eine Spiritualität der Immanenz als der Transzendenz, eher der Meditation als des Gebets.«[23] Immanenz: Gegenwärtigkeit von allem in allem, dort, wo die Transzendenz eine Erhöhung voraussetzt.

Wie das Selbstwertgefühl: Es erreichen und, vor allem, es durch all die einfachen Dinge des alltäglichen Lebens hindurch wieder vergessen... *Die gelassene Annäherung an das Selbstwertgefühl ist in gewisser Hinsicht spirituelle Suche, das heißt, sie bezieht sich auf unseren Geist.* Es erneuert sich (in der Wiederholung oder im Stereotyp verkümmert es oder wird schwach) in einer stillen Zetetik, vom Griechischen *zetetikos:* »der gerne sucht«. Deshalb werden Sie mit Ihrem Selbstwertgefühl nie fertig sein. Und genau deshalb bleibt es immer spannend...

43. Kapitel
Der alte arabische Herr und der Fernseher

Mein lieber Freund Etienne ...

ein charismatischer Christ, der, ohne es groß auszustellen, die Grundsätze seines Glaubens in die Tat umsetzt. Vor einigen Jahren entschloss er sich, ehrenamtlich auf einer palliativen Pflegestation mitzuarbeiten. Seinen Vater hatte er schon früh verloren, und der Tod seiner Mutter hatte ihn zutiefst erschüttert. Er liebt den Gedanken, Menschen bis an die Pforte des Todes zu begleiten. Wie ich auch, kennt er alle Lieder von Georges Brassens über den Tod, die Sargträger, die Totengräber usw. auswendig. Er denkt oft an den Tod, an das Jenseits, an die Ewigkeit, an die Auferstehung, an das ewige Leben. Er denkt immer heiter daran, mein Freund Etienne, weil er glaubt und weil sein Glaube fest und unerschütterlich ist.

Sein Selbstwertgefühl? Ich kenne kein solideres, und keines, das so gut funktioniert. Etienne spricht niemals laut, aber jeder hört ihm zu. Bei seiner Arbeit macht Etienne nie den Eindruck, als ob er sich anstrengt, sondern alles geht ihm wie von selbst von der Hand. Fast immer. Wenn etwas nicht geht, macht Etienne sich über sich selbst lustig, mit einem echten Lächeln, und kneift dabei die Augen zu. Er lacht ganz ernsthaft über sich, nicht zum Schein, nicht um die Rolle eines Philosophen zu spielen, des guten Verlierers. Er gibt nichts auf Rollen und auf zusammengesetzte Persönlichkeiten. Ich habe ihn nie eine Rolle spielen sehen. Er ist immer er selbst, mit jedermann und in allen Situationen. Seine Stimme ändert sich nicht, sein Blick ändert sich nicht, auch nicht seine Gesten. Kurz, was seine Misserfolge betrifft – ich bin etwas abgeschweift –: Hat Etienne die Enttäuschung darüber, im Stich gelassen worden zu sein, erst einmal hinter sich, dann amüsiert es ihn. Ich glaube, er kostet die Lektion aus: sich nicht zu sehr an den Erfolg klammern. Er verkostet, er schlürft. Am Ende schmeckt es ihm, wenn er die kleine anfängliche Bitterkeit, diesen Reflex der Enttäuschung, erst einmal überwunden hat. Sein überaus gesundes Selbstwertgefühl macht aus Etienne ein recht bizarres, einzigartiges Wesen. Er ist sehr nett, aber auch sehr aufrichtig. Er kann die größten Gemeinheiten sagen, ohne dabei Böses zu wollen, sondern weil es die Wahrheit ist und weil er denkt, nur die Wahrheit könne helfen. Es gibt Menschen, die am Anfang sehr verärgert über ihn sind. Dauert die Beziehung aber an, mögen Etienne am Ende alle. So ist es. Jemand, der offen und nett ist, den mag man, auch wenn er einen manchmal ärgert.

Ich diskutiere mit Etienne oft über Psychologie. Während ich dieses Buch schrieb, sprachen wir über das Selbstwertgefühl. Ich fragte ihn nach *seinem* Selbstwertgefühl. Er mochte das gar nicht. Aber er gab sich Mühe, weil wir Freunde sind. Etienne spricht nicht gern über sich selbst, dagegen spricht er gern über seine Begeisterung für die Kenosis, vom Griechischen *kenoô*: leeren, entkräften, auf Nichts reduzieren... Die Kenosis, das war der Zustand Christi, der sein göttliches Sein ablegte, um als Mensch zu erscheinen, und als Mensch bis ans Ende ging. Etienne denkt, die Kenosis sei viel interessanter als das Selbstwertgefühl. Ich selbst denke, sie ist einer seiner Endpunkte. Hin und wieder sprechen wir darüber, wenn wir Zeit haben, uns zu sehen.

Etienne hat sich also als Ehrenamtlicher bei einem palliativen Pflegezentrum gemeldet. Er absolviert eine anspruchsvolle Ausbildung mit viel Psychologie, er, der das alles nicht sehr mag (er hat kein einziges meiner Bücher gelesen, obwohl ich sie ihm alle angeboten habe). Dann fängt er an. Einmal in der Woche kommt er auf die Station, wo man ihn liebgewonnen hat. Die Krankenschwestern nennen ihm ein oder zwei Namen von Kranken, die am Ende ihres Lebens angekommen sind. Etienne klopft an ihre Tür und bietet ihnen Hilfe, Zuhören und menschliche Wärme an. Manchmal wird er nicht unbedingt freundlich empfangen, was man verstehen kann: Man hat nicht immer Lust, in einer derartigen Phase seines Lebens mit einem Unbekannten zu sprechen. Aber manchmal wird er sehr freundlich empfangen. Das heißt, er wird aufgenommen. Man lässt ihn eintreten, antwortet auf seine Fragen, hört höflich seiner Ansprache zu: »Ich heiße Etienne, ich bin ein freiwilliger Begleiter, wenn Sie einverstanden sind, komme ich jede Woche vorbei, um Sie zu besuchen, Sie sind aber nicht verpflichtet, mich zu sehen oder mit mir zu sprechen usw.«

Etienne hatte viel über diese Tätigkeit nachgedacht, bevor sie begann. Wie immer hatte er sie idealisiert. Er stellte sich vor, große Diskussionen über den Tod und den Sinn des Lebens zu führen. Tränen würden fließen und große Gefühle wallen. Nicht, dass er das besonders mögen würde, aber so hatte er sich das vorgestellt. Ganz unbewusst wertete ihn diese Tätigkeit vielleicht auch ein bisschen auf: *Ehrenamtlicher auf einer palliativen Pflegestation.* Er hatte das nicht nötig, ich sagte es bereits, sein Selbstwertgefühl war absolut gesund. Aber Gutes zu tun ist gut für das Ego, auch wenn man es nicht deswegen tut.

Nach und nach verstand Etienne, dass seine Rolle nicht unbedingt darin bestand, über Leben und Tod zu sprechen. Weil man keine besondere Lust hat, darüber zu sprechen, wenn man auf einer palliativen Pflegestation liegt. Und dann gibt es auf dieser Station ja auch Psychologen. Und die Krankenschwestern, die so nett und freundlich sind. Auch die Familie, die vorbeikommt (was leider nicht immer der Fall ist). Dagegen gibt es in fast allen Zimmern einen Fernseher. Und wenn man seine Tage in einem Krankenhausbett verbringt, und man das Ende der Geschichte kennt (jedenfalls das seiner eigenen), dann sieht man oft fern. Selbst wenn man sehr müde oder durch seine Krankheit sehr geschwächt ist, durch die Metastasen oder das Morphium, das das Leiden verhindert, kann man fernsehen. Fast die ganze Zeit. Der Vorteil beim Fernsehen liegt darin, dass man dabei sein Hirn nicht anstrengen muss. Auch sonst keine Energie verbraucht. Und manchmal kann man dabei auch schlafen. Bei den meisten Programmen ist das egal.

So verbrachte Etienne recht viel Zeit damit, mit den Menschen, die er besuchte, fernzusehen oder ihnen beim Schlafen zuzuschauen. Irgendwann ging er dann auf Zehenspitzen hinaus. Manchmal wachten die Leute auf, und einige baten ihn, nicht zu gehen: »Nein, nein, bitte bleiben Sie da!« Andere wachten auf, sagten aber nichts.

Wieder andere schliefen weiter. Etienne akzeptierte das alles. Und er tat es aus ganzem Herzen. Bei Menschen mit einem gesunden Selbstwertgefühl ist das so. Er bemerkte auch, wenn er Fehler machte, die er mir dann erzählte: »Manchmal vergesse ich mich nicht ganz und gehe oft zu früh, weil mich der Kranke langweilt, oder ich bleibe zu lange, weil er mich interessiert, und dann ermüde ich ihn. Aber dadurch verstehe ich das Ganze immer besser, wenn ich bei unseren Ehrenamtlichen-Treffen darüber spreche. Danach vergeistige ich es: Ich sage mir, dass Gott mich so liebt, wie ich bin. Ich würde ihm weniger gefallen, wenn ich besser wäre...« Dennoch stellte Etienne sich viele Fragen, und darüber hinaus kam es vor, dass er mir gestand, manchmal etwas von dieser Tätigkeit enttäuscht zu sein. Oft kamen ihm Gedanken wie: »Was mache ich hier, in diesen überheizten Zimmern, mit diesen Leuten, von denen ich nicht weiß ob ich ihnen wirklich etwas bringe, während draußen so viel zu tun wäre...?« Aber er hatte sich dazu entschlossen, es zu tun, also machte er weiter, mehrere Jahre lang – jedenfalls solange man ihn würde haben wollen –, um nicht an der Oberfläche der Dinge zu bleiben, um wirklich in dieses dämmrige Zwischenreich zwischen Leben und Tod einzudringen.

Eines Tages wurde Etienne von der Gnade berührt. Im Zimmer eines alten arabischen Herrn, der keine Familie hatte. Er war seit ein paar Wochen da, was auf einer derartigen Station selten vorkommt... Etienne mochte den alten Herrn sehr. Anfangs, bei den ersten Besuchen, hatten sie viel diskutiert. Dann schritt sein Krebs voran. Trotz der Besuche von Etienne. Er konnte nicht mehr viel sprechen, war aber zufrieden, wenn Etienne kam, das sah man an seinem Blick. An jenem Abend lief im Fernseher des alten Herrn ein Fußballspiel. Der alte Herr konnte es praktisch nicht sehen, er schloss die Augen und atmete mühsam. Aber als Etienne den Fernseher abschalten wollte, schüttelte er den Kopf: »Nein, nein«, und machte ihm ein Zeichen, er solle sich neben ihn auf den Bettrand setzen. Er nahm Etiennes Hand. Dann schlief er ein. Noch nie war Etienne so glücklich gewesen. Noch nie hatte er sich so stolz auf sich gefühlt (er hasste es, auf etwas stolz zu sein). Noch nie hatte er sich so sehr an seinem Platz als Mensch gefühlt. Im Zimmer dieses alten arabischen Herrn, von dem er spürte, dass er ihn das letzte Mal sehen würde und dessen Hand er hielt, während er ein Fußballspiel anschaute in einem Fernsehapparat, der (der alte Herr hörte nicht mehr sehr gut) viel zu laut aufgedreht war.

Schluss

Marc Aurel, Selbstbetrachtungen, 10. Buch, zwischen 170 und 180 nach Christus:[1]

Wirst du irgendwann einmal, meine Seele, gut und einfach, eins mit dir selbst und unverhüllt sein, offener als der Körper, der dich umgibt? Wirst du irgendwann einmal den Zustand der Liebesfähigkeit und Liebesbereitschaft genießen? Wirst du irgendwann einmal satt und bedürfnislos sein und nichts ersehen und verlangen, weder Beseeltes noch Unbeseeltes, zur Befriedigung irgendwelcher Lüste? Auch nicht die Zeit, die deinem Genießen längere Dauer verleihen könnte, auch nicht die Annehmlichkeit eines Ortes, eines Landes oder Klimas und auch nicht die Zuneigung eines Menschen? Wirst du stattdessen zufrieden sein mit deinem gegenwärtigen Zustand und dich freuen über alles Vorhandene und dich davon überzeugen, dass dir alles gut gelingt (...).

Wir versuchen es, Kaiser Marc Aurel, wir versuchen es ...
Wir versprechen, unser Bestes zu tun.
Friede deiner Seele.

Anmerkungen

Wie geht es Ihnen?

1 US News and World-Report (31. März 1997, S. 18): »Oprah: a heavenly body? Survey finds a talk-show host a celestial shoo-in«, zit. nach Myers, D. G., Psychologie, Paris: Flammarion, 2004.
2 Codol, J. P., On the so-called »superiority conformity on the self« behavior: Twenty experimental investigations, in: European Journal of Social Psychology, 1975, 5, S. 457–501.
3 Crocker, J., Contingencies of self-worth: Implications for self-regulation and psychological vulnerability, in: Self and Identity, 2002, 1, S. 143–149.
4 Ergebnis der vor kurzem erschienenen Arbeit zu diesem Thema in: DeAngelis, T., Why we overestimate our competences, in: Monitor on Psychology, 2003, 34 (2), S. 60–62.
5 Taylor, S. E., Armor, D. A., Positive illusions and coping with adversity, in: Journal of Personality, 1996, 64, S. 873–898.
6 Epley, N., Dunning, D., Feeling »Holier than thou«: Are self-serving assessments produced by errors in self or social predictions?, in: Journal of Personality and Social Psychology, 2000, 79, S. 861–875.
7 Kruger, J., The »below-average effect« and the egocentric nature of comparative ability judgments, in: Journal of Personality and Social Psychology, 1999, 77, S. 221–232.
8 Roberts, J. E., Gotlib, I. H., Temporal variability in global self-esteem and specific self-evaluations as prospective predictors of emotional distress: Specificity in predictors and outcome, in: Journal of Abnormal Psychology, 1997, 106, S. 521–529.
9 Roberts, J. E., Kassel, J. D., Labile self-esteem, life stress, and depressive symptom: Prospective data testing a model of vulnerability, in: Cognitive Therapy and Research, 1997, 21, S. 569–589.
10 Twenge, J. M., The age of anxiety? Birth cohort change in anxiety and neuroticism, 1952–1993, in: Journal of Personality and Social Psychology, 2000, 79, S. 1007–1021.
11 Caughlin, J. P., Malis, R. S., Demand/withdraw communication between parents and adolescents: Connections with self-esteem and substance use, in: Journal of

Social and Personal Relationships, 2004, 21, S. 125–148. Siehe auch: Guillon, M. S., et al., The Relationship between self-esteem and psychiatric disorders in adolescents, in: European Psychiatry, 2003, 18, S. 59–62.
12 Eiber, R., et al.: Estime de soi: étude comparative entre patients avec troubles des conduites alimentaires et phobiques sociaux, in: L'Encéphale, 2003, 29, S. 35–41. Siehe auch: Fossati, M., et al.: Thérapie cognitive en groupe de l'estime de soi chez des patients obèses, in: Journal de Thérapie cognitive et comportementale, 2004, 14, S. 29–34.
13 Siehe dazu Ehrenberg A., Le Culte de la performance, Paris: Calmann-Lévy, 1991. Siehe auch Amadieu, J.-F., Le Poids des apparences, Paris: Odile Jacob, 2002.
14 Ehrenberg, A., La Fatigue d'être soi, Paris: Odile Jacob, 1998. Dt.: Das erschöpfte Selbst. Depression und Gesellschaft in der Gegenwart, Frankfurt am Main: Campus Verlag, 2004.

2. Kapitel: Das Wichtigste über das Selbstwertgefühl

1 Dieser »Sinn für den anderen« ist die Empathie. Siehe vor allem die Forschungsübersicht zu diesem Thema von Alain Berthoz und Gérard Jorland, L'Empathie, Paris: Odile Jacob, 2004.
2 Kaufman, J.-C., L'invention de soi. Une théorie de l'identité. Paris: Armand Collin, 2004.

3. Kapitel: Was ist ein gesundes Selbstwertgefühl?

1 André, C., L'estime de soi au quotidien, in: Sciences humaines, 2002, 131, S. 34–39.
2 Paradis, A. W., Kernis, M. H., Self-esteem and psychological well-being: implications of fragile self-esteem, in: Journal of Social and Clinical Psychology, 2002, 21, S. 345–361.
3 Crocker, J., et al., Contingencies of self-worth in college students: theory and measurement, in: Journal of Personality and Social Psychology, 2003, 85, S. 894–908.
4 Crocker, J., The cost of seeking self-esteem, in: Journal of Social Issues, 2002, 58, S. 597–615.
5 Metalsky, G., et al., Depressive reactions to failure in a naturalistic setting: A test of the hopelessness and self-esteem theories of depression, in: Journal of Abnormal Psychology, 1993, 102 (1), S. 101–109.
6 Sedikides, C., et al., Are normal narcissists psychologically healthy? Self-esteem matters, in: Journal of Personality and Social Psychology, 2004, 87 (3), S. 400–416.
7 Taylor, S. E., et al., Are self-enhancing cognitions associated with healthy or unhealthy biological profiles?, in: Journal of Personality and Social Psychology, 2003, 85, S. 605–615.

4. Kapitel: Schwankungen des Selbstwertgefühls

1 Wood, J. V., et al., Snatching defeat from the jaws of victory: Self-esteem differences in the experience and anticipation of success, in: Journal of Personality and Social Psychology, 2005, 89 (5), S. 764–780.
2 Heimpel, S. A., et al., Do people with low self-esteem really want to feel better? Self-esteem differences in motivation to repair negative moods, in: Journal of Personality and Social Psychology, 2002, 82. S. 128–147.

5. Kapitel: Das verletzbare Selbstwertgefühl: Höhen und Tiefen

1 Jordan, D., et al., Secure and defensive high self-esteem, in: Journal of Personality and Social Psychology, 2003, 85, S. 969–978.

6. Kapitel: Nachhaltige Entwicklung des Selbstwertgefühls

1 Fennell, M. J. V., Overcoming low self-esteem, London: Constable and Robinson, 1999.
2 Carlock C. J. (Hg.), Enhancing self-esteem, Philadelphia: Taylor and Francis [3]1999.
3 Zu den Fragen des psychologischen Determinismus, siehe das Kapitel »Faut-il croire au déterminisme psychologique?«, in: Kagan, J., Des idées reçues en psychologie, Paris: Odile Jacob, 2000.
4 Wir verweisen den interessierten Leser auf eine Vertiefung der Fragen bezüglich der Entwicklung des Selbstwertgefühls in der Kindheit und bezüglich weiterer theoretischer Aspekte auf eine aktuelle Annäherung an das Thema: L'Estime de Soi, von Christophe André und François Lelord, erschienen bei Odile Jacob.
5 Wie in »Suddenly, Last Summer« (dt.: »Plötzlich im letzten Sommer«) von Joseph Mankiewicz (1959) oder »Spellbound« (dt.: »Ich kämpfe um dich«) von Alfred Hitchcock (1945).
6 Gabbard, G. O., Gabbard, K., Psychiatry and the Cinema, Washington, D. C.: American Psychiatric Association, 21999.

7. Kapitel: Das Selbstwertgefühl beginnt damit, dass man sich selbst annimmt

1 Comte-Sponville, A., De l'autre côté du désespoir, Paris: L'Originel, 1997.
3 Svâmi Prajnanpad, zit. nach André Comte-Sponville, op. cit.
4 Euripides, zit. nach Marc Aurel, Selbstbetrachtungen VII, XXXVIII.
5 Dalai Lama, zit. nach Matthieu Ricard, Plaidoyer pour le bonheur, Paris: NiL Editions, 2003.
6 James, W., The Principles of Psychology. 2 Bde. New York, London: Holt and Macmillan 1890.
7 Hayes, S. C., et al., Acceptance and commitment therapy. An experiential approach to behavior change, New York: Guilford, 1999.
8 Orsillo, S. M., et al., Acceptance, mindfulness and cognitive-behavioral therapy:

comparisions, contrasts and applications to anxiety, in: Hayes, S. C., et al. (Hgg.), Mindfulness and Acceptance, New York: Guilford, 2004, S. 66–95.
9 Morgan, S. P., Depression: Turning toward life, in: Germer C. K., et al. (Hgg.), Mindfullness and Psychotherapy, New York: Guilford, 2005, S. 130–151.
10 Marlatt, G. A., et al., Vipassana meditation as a treatment for alcohol and drugs use disorders, in: Hayes, S. C., et al. (Hgg.), Mindfulness and Acceptance, New York: Guilford, 2004, S. 261–287.
11 Siehe vor allem das Kapitel: Control is the problem, not the solution, in: Hayes, S. C., et al., Acceptance and commitment therapy, New York: Guilford, 1999, S. 115–147.
12 Hadot, P., La Citadelle intérieure, Paris: Fayard, 1992.
13 Marc Aurel, Selbstbetrachtungen, Frankfurt am Main: Insel Verlag, 2003.

9. Kapitel: Das Sich-selbst-Annehmen praktizieren

1 Purdon, C., Clark D. A., »Suppression of obsession-like thoughts in non-clinical individuals: Impact on thought frequency, appraisal and mood state, in: Behaviour Research and Therapy, 2001, 39, S. 1163–1181.
2 Nystul, M. S., Garde, M., The self-concept of regular transcendental meditators, dropout meditators and non-meditators, in: Journal of Psychology, 1979, 103, S. 15–18.
3 Marcks, B. A., et al., A comparison of thought suppression to acceptance-based technique in the management of personal intrusive thoughts: A controlled evaluation, in: Behaviour Research and Therapy, 2005, 43, S. 433–445.
4 Watkins, E., Adaptative and maladaptative ruminative self-focus during emotional processing, in: Behaviour Research and Therapy, 2004, 42, S. 1037–1052.

10. Kapitel: Sich nicht mehr bewerten

1 Dunkley, D. M., et al., Self-critical perfectionism and daily affect: Dispositional and situational influences on daily affect, in: Journal of Personality and Social Psychology, 2003, 84, S. 234–252.
2 Josephs, R. A., et al., Self-esteem maintenance processes: Why low self-esteem may be resistant to change, in: Personality and Social Psychology Bulletin, 2003, 29 (7), S. 920–933.
3 Fennel, M. J. V., Depression, low self-esteem and mindfulness, in: Behaviour Research and Therapy, 2004, 42, S. 1053–1067.
4 Gross, J. J., John, O. P., Individual differences in two emotions regulation processes: Implications for affect, relationships, and well-being, in: Journal of Personality and Social Psychology, 2003, 85, S. 348–362.
5 Fennell, M. J. V., Overcoming low self-esteem: A self-guide using cognitive-behavioral techniques, op.cit.
6 Dutton, K. A., Brown, J. D., Global self-esteem and specific self-views as deter-

minants of people's reactions to success and failure, in: Journal of Personality and Social Psychology, 1997, 73, S. 139–148.
7 Ehrlinger, J., Dunning, D., How chronic self-views influence (and potentially mislead) estimates of performance, in: Journal of Personality and Social Psychology, 2003, 84, S. 5–17.
8 Seibt, B., Förster, J., Stereotype threat and performance: How self-stereotypes influence processing by inducing regulatory foci, in: Journal of Personality and Social Psychology, 2004, 87, S. 38–56.
9 Savitsky, K., et al., Do others judge as harshly as we think? Overestimating the impact of our failures, shortcomings, and mishaps, in: Journal of Personality and Social Psychology, 2001, 81, 44–56.

11. Kapitel: Mit sich selbst sprechen

1 Augustinus, Bekenntnisse, Frankfurt am Main: Insel Verlag, 2004.
2 Ignatius von Loyola, Geistliche Übungen, Freiburg: Herder, 1985.
3 Besançon, G., L'Écriture de soi, Paris: L'Harmattan, 2002.
4 Pennebaker, J. W., Writing to heal: A guided journal for recovering from Trauma and Emotional upheaval. Oakland: New Harbinger 2004.
5 Lepore, S. J., Smyth, J. M., The Writing Cure: How expressive writing promotes health and emotional well-being, Washington, D. C.: American Psychological Association, 2002.
6 Les écritures du Moi, de l'autobiographie à l'autofiction, in: Le Magazine littéraire, Nr. 409, Mai 2002.
7 Dijksterhuis, A., I like myself but I don't know why: Enhancing self-esteem by subliminal evaluative conditioning, in: Journal of Personality and Social Psychology, 2004, 86, S. 345–355.
8 Auszug vom 21. Dezember 1860, zit. nach Besançon, op. cit.

12. Kapitel: Gewaltloser Umgang mit sich selbst: Hör auf, dir weh zu tun!

1 Zit. nach Myers, op.cit., S. 329.

13. Kapitel: Der Kampf gegen die eigenen Komplexe

1 Umfrage im April 2003 bei 1000 Personen, die über 18 Jahre alt waren, in: Psychologies Magazine, Nr. 220, Juni 2003, S. 200–104.
2 Johnson, F., Wardle J., Dietary, body dissatisfaction, and psychological distress: A prospective analysis, in: Journal of Abnormal Psychology, 2005, 114, S. 119–125.
3 Tignol, J., Les Défauts imaginaires, Paris: Odile Jacob, 2006.
4 Jansen, A., et al., Selective visual attention for ugly and beautiful body parts in eating disorders, in: Behaviour Research and Therapy, 2005, 43, S. 183–196.
5 Sarwer, D. B., et al., A prospective, multi-site investigation of patient satisfaction

and psychological status following cosmetic surgery, Aesthetic Surgery Journal, 2005, 25, S. 263–269.
6 Dittman, M., Plastic surgery: Beauty or beast? In: Monitor on Psychology, 2005, 36, S. 30–32.

14. Kapitel: Das Selbstwertgefühl vor schlechten Einflüssen, Werbung und gesellschaftlichem Druck schützen

1 Amadieu, J.-F., Le Poids des apparences, op. cit.
2 Zit. nach Myers, op. cit. S. 730.
3 Duval, T. S., Silvia, P., Self-awareness, probability of improvement and the self-serving bias, in: Journal of Personality and Social Psychology, 2002, 82, S. 49–61.
4 Pope, H. G., et al., Body image perception among men in three countries, in: American Journal of Psychiatry, 2000, 157 (8), S. 1297–1301.
5 Olivardia, R., et al., Muscle dysmorphia in male weightlifters: A case-control study, in: American Journal of Psychiatry, 2000, 157 (8), S. 1291–1296.
6 Lorenzen, L. A., et al., Exposure to muscular male models decreases mens body satisfaction, in: Sex Roles, 2004, 51, S. 743–738.
7 De Botton, A., Du statut social, Paris: Mercure de France, 2005 (der englische Originaltitel »Status anxiety« kommt dem Thema des Buches näher).
8 Patrick, H., et al., Appearance-related social comparisons: The role of contingent self-esteem and self-perceptions of attractiveness, in: Personality and Social Psychology Bulletin, 2004, 30, S. 501–514.
9 Cash, T., et al., »Mirror, mirror on the wall…«, Contrast effects and self-evaluations of physical attractiveness, in: Personality and Social Psychology Bulletin, 1983, 9, S. 351–358.
10 Stapel, D. A., Blanton, H., From seeing to being: Subliminal social comparisons affect implicit and explicit self-evaluations, in: Journal of Personality and Social Psychology, 2004, 87, S. 468–481.
11 Guégen, N., 100 Petites expériences en psychologie du consommateur, Paris: Dunod, 2005.
12 Siehe zum Beispiel das Dossier »Comment on vous manipule«, in: Science et Vie Junior, Nr. 170, November 2003, S. 36–72.

15. Kapitel: Sich zuhören, sich respektieren und selbstsicher werden

1 André, C., Légeron, P., La Peur des autres. Trac, timidité et phobie sociale, Paris: Odile Jacob, 32000.
2 Wilson, K., Gallois, C., Assertion and its social context, Oxford: Pergamon Press, 1993.
3 Damasio, A., Le Sentiment même de soi. Paris: Odile Jacob, 1999.

16. Kapitel: Unvollkommen sein: Der Mut zur Schwäche

1 Yao, S. N., Cottraux, J., Le sentiment d'inferiorité entre population normale et anxieuse, in: L'Encéphale, 2002, 28, S. 321–327.
2 Adler, A., Studie über Minderwertigkeit von Organen, Frankfurt am Main: Fischer Verlag, 1977.
3 Cannone, B., Le Sentiment d'imposture, Paris: Calmann-Lévy, 2005.
4 Billand, C., Psychologie du menteur, Paris: Odile Jacob, 2004.

17. Kapitel: Sich um seine Stimmung kümmern

1 Kernis, M. H., Goldmann, B. M., Stability and variability in self-concept and self-esteem, in: Leary, M. R., Tanyney, J. P. (Hgg.), Handbook of self and identity, New York: Guilford, 2002, S. 106–127.
2 Kaufmann, J.-C., op. cit.
3 Neiss, M. B., et al., Executive self, self-esteem, and negative affectivity: Relations at the phenotypic and genotypic level, in: Journal of Personality and Social Psychology, 2005, 89 (4), S. 593–606.
4 Brown, J. D., Dutton, K. A., The thrill of victory, the complexity of defeat: Self-esteem and people's emotional reactions to success and failure, in: Journal of Personality and Social Psychology, 1995, 68, S. 712–722.
5 Watson, D., et al., Global self-esteem in relation to structural models of personality and affectivity, in: Journal of Personality and Social Psychology, 2002, 83, S. 185–197.
6 Harber, K. D., Self-esteem and affect as information, in: Personality and Social Psychology Bulletin, 2005, 31, S. 276–288.
7 Brown, J. D., Marshall M. A., Self-esteem and emotions: Some thoughts about feelings, in: Personality and Social Psychology Bulletin, 2001, 27, S. 574–584.
8 Thayer, R. E., The origin of everyday moods, Oxford: Oxford University Press, 1996.
9 Sanna, L. J., et al., Mood, self-esteem, and simulated alternatives: Thought-provoking affective influences on counterfactual direction, in: Journal of Personality and Social Psychology, 1999, 76, S. 543–558.
10 Wood, J. V., et al., Savoring versus dampening: Self-esteem differences in regulating positive affect, in: Journal of Personality and Social Psychology, 2003, 85, S. 566–580.
11 Heimpel, S. A., et al., Do people with low self-esteem really want to feel better? Self-esteem differences in motivation to repair negative moods, in: Journal of Personality and Social Psychology, 2002, 82, S. 128–147.
12 Siehe das 2. Kapitel: Cognition, mood, and the nature of depressive relapse, in: Segal, Z. V., Williams, J. M. G., Teasdale, J. D., Mindfulness-based cognitive therapy, New York: Guilford, 2002, S. 21–45.
13 Williams, J. M. G., et al., Problem solving deteriorates following mood challenge

in formerly depressed patients with a history of suicidal ideation, in: Journal of Abnormal Psychology, 2005, 114, S. 421–431.
14 Etkin, A., et al., Toward a neurobiology of psychotherapy: Basic science and clinical applications, in: Journal of Neuropsychiatry and Clinical Neuro-sciences, 2005, 17, S. 145–158.
15 Fossati, P., et al., In Search of the Emotional Self: An fMRI Study Using Positive and Negative Emotional Words, in: American Journal of Psychiatry 2003, 160 (11), S. 1938–1945.
16 Goldapple, M., et al., Modulation of cortical-limbic pathways in major depression: treatment-specific effects of cognitive-behavior therapy, in: Archives of General Psychiatry, 2004, 61, S. 34–41.
17 Thayer, R. E., The origin of everyday moods, Oxford: Oxford University Press, 1996, op. cit.
18 Forgas, J. P., The Affect Infusion Model (AIM): An integrative theory of mood effects on cognition and judgments, in: L. L. Martin u. G. L. Clore (Hgg.), Theories on mood and cognition, Mahwah, NJ: Erlbaum, 2001, S. 99–134.
19 Muraven, M., Baumeister R. F., Self-regulation and depletion of limited resources: Does self-control resemble a muscle? In: Pychological Bulletin, 2000, 126, S. 247–259.
20 Siehe vor allem: Baumeister, R. F. u. Vohs, K. D. (Hgg.), Handbook of self-regulation. Research, theory and application, New York: Guilford, 2004, die Kapitel von Carver, C. S., »Self-regulation of action and emotion«, S. 13–39, und von Larsen, R. J. u. Prizmic, Z., »Affect regulation«, S. 40–61.
21 Zusammenfassung in: André, C., Vivre heureux. Psychologie du bonheur. Paris: Odile Jacob, 2003.
22 Burns, D. D., Ten days for self-esteem, New York: Harper Collins, 1999.
23 Tugade, M. M., Fredrickson, B. L., Resilient individuals use positive emotions to bounce back from negative emotional experience, in: Journal of Personality and Social Psychology, 2004, 86, S. 320–333.
24 Deleuze, G., Spinoza, Berlin: Merve Verlag, 1988.

18. Kapitel: Sich selbst der beste Freund sein

1 Comte-Sponville, A., Dictionnaire philosophique, Paris: PUF, 2001. Die anderen Zitate von Comte-Sponville stammen aus: Maximen und Reflexionen, Französisch und Deutsch, München: Goldmann, 1987.
2 Hahusseau, S., Comment ne pas se gâcher la vie, Paris: Odile Jacob, 2003.

20. Kapitel: Der unerträgliche Schmerz sozialer Ablehnung

1 Twenge, J. M., et al., Social exclusion and the deconstructed state: Time, perception meaningless, lethargy, lack of emotion, and self-awareness, in: Journal of Personality and Social Psychology, 203, 85, S. 409–423.

2 Mendoza-Denton, R., et al., Sensitivity to status-based rejection: Implications for african-american student's college experience, in: Journal of Personality and Social Psychology, 2002, 83, S. 896–918.
3 Williams, K. D., et al., Cyberostracism: Effects of being ignored over the Internet, in: Journal of Personality and Social Psychology, 2000, 79, S. 748–762.
4 Twenge, J. M., et al., Social exclusion causes self-defeating behavior, in: Journal of Personality and Social Psychology, 2002, 83, S. 606–615.
5 Buckley, K., et al., Reactions to acceptance and rejection: Effects of level and sequence of relational evaluation, in: Journal of Experimental Social Psychology, 2004, 40, S. 14–28.
6 Downey, G., Feldman, S. I., Implications of rejection sensitivity for intimate relationships, in: Journal of Personality and Social Psychology, 1996, 70, S. 1327–1343.
7 Baumeister, R. F., et al., Effects of social exclusion on cognitive processes: Anticipated aloneness reduces intelligent thought, in: Journal of Personality and Social Psychology, 2002, 83, S. 817–827.
8 Siehe dazu: Farge, A., et al., Sans visages. L'impossible regard sur la pauvreté, Paris: Bayard, 2004. Oder: Declerck, P., Les Naufragés. Paris: Plon, 2001.
9 Baumeister, R. F., Suicide as escape from self, in: Psychological Review, 1990, 97, S. 90–113.
10 Baumeister, R. F., et al., Social exclusion, impairs, self-regulation, in: Journal of Personality and Social Psychology, 2005, 88, S. 589–604.
11 Stroebe, W., Stroebe M. S., Bereavement and health: The psychological and physical consequences of partner loss, New York: Cambridge University Press, 1987.

21. Kapitel: Der Kampf gegen die Angst vor Ablehnung

1 Baumeister R. F., Leary, M. R., The need to belong: Desire for interpersonal attachments as a fundamental human motivation, in: Psychological Bulletin, 1995, 117, S. 497–529.
2 Ayduk, O., et al., Rejection sensivity and depressive symptoms in women, in: Personality and Social Psychology Bulletin, 2001, 27, S. 868–877.
3 Murray, S. L., et al., When rejection stings: How self-esteem constrains relationship-enhancement processes, in: Journal of Personality and Social Psychology, 2002, 83, S. 556–573.
4 Gilovitch, T., et al., The spotlight effect in social jugdment: An egocentric bias in estimates of the salience of one's own actions and appearance, in: Journal of Personality and Social Psychology, 2000, 78, S. 211–222.
5 Savitsky, K., et al., Do others judge us as harshly as we think? Overestimating the impact of our failures, shortcomings, and mishaps, in: Journal of Personality and Social Psychology, 2001, 81, S. 44–56.
6 Hartland, J., Masquerade. Tracking the bogus doctors, Health Service Journal, 1996, S. 26–29.
7 Vorauer, J. D., et al., Invisible ouvertures: Fears of rejection and the signal ampli-

fication bias, in: Journal of Personality and Social Psychology, 2003, 84, S. 793–812.

22. Kapitel: Die Angst vor Gleichgültigkeit und der Wunsch nach Anerkennung: Leben unter dem Blick der anderen

1 Todorov, S., Sous le regard des autres, in: Sciences humaines, 2002, 131, S. 22–27.
2 Hawkley, L. C., et al., Loneliness in everyday life: Cardiovascular activity, psychosocial context, and health behaviors, in: Journal of Personality and Social Psychology, 2003, 85, S. 105–120.

23. Kapitel: Liebe, Zuneigung, Freundschaft, Sympathie: Die Suche nach der Wertschätzung durch andere

1 Vohs, K. D., Heatherton, T., The effects of self-esteem and ego threat on interpersonal appraisals of men and women: A naturalistic study, in: Personality and Social Psychology Bulletin, 2003, 29, S. 1407–1240.
2 Murray, S. L., et al., Self-esteem and the quest for felt security: How perceived regard regulates attachment process, in: Journal of Personality and Social Psychology, 2000, 78, S. 478–498.
3 Murray, S. L., et al., Calibrating the sociometer: The relational contingencies of self-esteem, in: Journal of Personality and Social Psychology, 2003, 85, S. 63–84.

24. Kapitel: Die Angst vor Lächerlichkeit und der Kampf gegen Scham und verletzte Selbstliebe

1 Siehe z. B. das Kapitel »Self-conscious emotions«, in: Lewis, M. u. Havilland, J. M., Handbook of emotions, New York: Guilford, 1993, S. 563–574.
2 Smith, R. H., et al., The role of public exposure in moral and nonmoral shame and guilt, in: Journal of Personality and Social Psychology, 2002, 83, S. 138–159.
3 Kirkpatrick, L. A., et al., The functional domain specificity of self-esteem and the differential prediction of agression, in: Journal of Personality and Social Psychology, 2002, 82, S. 756–767.
4 Siehe das Kapitel »Exercices pour combattre la honte«, in: Ellis, A., Dominez votre anxieté avant qu'elle ne vous domine, Québec: Editions de l'Homme, 1999, S. 135–145.

25. Kapitel: Die sozialen Beziehungen richtig aufschienen: Dem unwiderstehlichen Reflex des Vergleichens misstrauen und nutzlosen Wettbewerb ablehnen

1 Stapel, D. A., Suls, J., Method matters: Effects of explicit versus implicit social comparisions on activation, behaving, and self-views, in: Journal of Personality and Social Psychology, 2004, 87, S. 860–875.
2 Stapel, D. A., Tesser, A., Self-activation increases social-comparison, in: Journal of Personality and Social Psychology, 2001, 81, S. 742–750.

3 Taylor, S. E., Lobel, M., Social comparison activity under threat, in: Psychological Review, 1989, 96, S. 569–575.
4 Stapel, D. A., Koomen, W., Competition, cooperation, and the effects of others on me, in: Journal of Personality and Social Psychology, 2005, 88, S. 1029–1038.
5 Lockwood, P., Could it happen to you? Predicting the impact of downward comparisons on the self, in: Journal of Personality and Social Psychology, 2002, 82, S. 343–358.
6 Diekmann, K. A., et al., From self-prediction to self-behavior: behavioral forecasting, self-fulfilling prophecies, and the effect of competitive expectations, in: Journal of Personality and Social Psychology, 2003, 85, S. 672–683.
7 Leary, M. R., et al., Deconfounding the effects of dominance and social acceptance on self-esteem, in: Journal of Personality and Social Psychology, 2001, 81, S. 898–909.
8 Bandura, A., op. cit.
9 Lockwood, P., et al., Motivation by positive or negative role models: Regulatory focus determines who will best inspire us, in: Journal of Personality and Social Psychology, 2002, 83, S. 854–864.

26. Kapitel: Neid und Eifersucht: Die Emotionen des Selbstzweifels und ihre Heilmittel

1 Parrott, W. G., Smith, R. H., Distinguishing the experiences of envy and jealousy, in: Journal of Personality and Social Psychology, 1993, 64, S. 906–920.
2 Wert, S. R., Salovey, P., A social comparison account of gossip, in: Review of General Psychology, 2004, 8, S. 122–137.
3 Salovey, P., Rodin, J., The differentiation of social-comparison jealousy and romantic jealousy, in: Journal of Personality and Social Psychology, 1986, 50, S. 1100–1112.
4 Mathes, E. W., et al., Jealousy: Loss of relationship rewards, loss of self-esteem, depression, anxiety, and anger, in: Journal of Personality and Social Psychology, 1985, 48, S. 1552–1561.
5 Parker, J. G., et al., Friendship jealousy in youth adolescents: Individual differences links to sex, self-esteem, aggression and social adjustment, in: Developmental Psychology, 2005, 41, S. 235–250.

27. Kapitel: Nicht misstrauen, sondern vertrauen: Die Vorteile überwiegen die Nachteile

1 Kosfeld, M., et al., Oxytocin increases trust in humans, in: Nature, 2005, 435 (Nr. 7042), S. 673–676.
2 Dunn, J. R., Schweitzer, M. E., Feeling and believing: The influence of emotion on trust, in: Journal of Personality and Social Psychology, 2005, 88, S. 736–748.
3 Hertel, G., et al., Mood effects on cooperation in small groups: Does positive mood simply lead to more cooperation? In: Cognition and Emotion, 2000, 14, S. 441–472.

4 Rempel, J. K., et al., Trust in close relationships, in: Journal of Personality and Social Psychology, 1985, 49, S. 95–112.
5 Wieselquist, J., et al., Commitment, pro-relationship behavior, and trust in close relationships, in: Journal of Personality and Social Psychology, 1999, 77, S. 942–966.
6 Luce, R. D., Raiffa, H., Games and Decisions, New York: John Wiley and Sons, 1957.
7 Komorita, S. S., et al., Cooperative choice in the N-person dilemma situation, in: Journal of Personality and Social Psychology, 1980, 38, S. 504–516.
8 Axelrod, R., Comment réussir dans un monde d'égoïstes, Paris: Odile Jacob, 1992.

28. Kapitel: Nicht mehr werten: Die anderen anzunehmen hat Vorteile

1 Anderson, C. A., et al., Perseverance of social theories: The role of explanation in the persistence of discredited informations, in: Journal of Personality and Social Psychology, 1980, 39, S. 1037–1049.
2 Der Ausdruck stammt vom Schweizer Philosophen Ruedi Imbach, in seinem Vorwort zum Werk von Alexandre Jollien, Éloge de la faiblesse, Paris: Cerf, 1999.
3 Peterson, C., Seligman, M. E. P., Character strengths and virtues, Oxford: Oxford University Press, 2004, Kapitel »Curiosity«, S. 125–141, und »Openmindness«, S. 143–159.
4 Kling, K. C., et al., Exploring the influence of personality on depressive symptoms and self-esteem across a significant life transition, in: Journal of Personality and Social Psychology, 2003, 85, S. 922–932.
5 Exline, J. J., et al., Too proud to let go: Narcissistic entitlement as a barrier to forgiveness, in: Journal of Personality and Social Psychology, 2004, 87, S. 894–912.
6 Karremans, J. C., et al., When forgiving enhances psychological well-being: The role of interpersonal commitment, in: Journal of Personality and Social Psychology, 2004, 86, S. 295–309.
7 Enright, R. D., et al., Le pardon comme mode de régulation émotionelle, in: Journal de Thérapie comportementale et cognitive, 2001, 11, S. 123–135.
8 Freedman, S. R., Enright, R. D., Forgiveness as an intervention goal with incest survivors, in: Journal of Consulting and Clinical Psychology, 1996, 64, S. 983–992.
9 Predigt vom 3. Mai 1963, in: King, M. L., Autobiographie, Paris: Bayard, 2000.
10 André, C., Maîtres de vie: Martin Luther King, in: Psychologies, November 2005, 246, S. 90–91.

29. Kapitel: Freundlichkeit, Dankbarkeit, Bewunderung: Das Band mit den anderen stärkt das Band mit uns selbst

1 Heatherton, T. F., Vohs, K. D., Interpersonal evaluation following threats to the self: Role of self-esteem, in:, Journal of Personality and Social Psychology 2000, 78, S. 725–736.

2 Comte-Sponville, A., Dictionnaire philosophique, op. cit.
3 Van Lange, P. A. M., et al., How to overcome the detrimental effects of noise in social interactions: The benefits of generosity, in: Journal of Personality and Social Psychology, 2002, 82, S. 768–780.
4 Zusammenfassung in: Pelt, J. M., La Solidarité. Chez les plantes, les animaux, les humains, Paris: Fayard, 2004. Und: De Waal, F., Le Bon Singe. Les bases naturelles de la morale, Paris: Bayard, 1997.
5 McCullough, M. E., et al., Gratitude in intermediate affective terrain: Links of grateful moods to individual differences and daily emotional experience, in: Journal of Personality and Social Psychology, 2004, 86, S. 295–309. Siehe auch: Emmons, R. A., McCullough, M. E. (Hgg.), The Psychology of Gratitude, Oxford: Oxford University Press, 2004.
6 McCullough, M. E., et al., The grateful disposition: A conceptual and empirical topography, in: Journal of Personality and Social Psychology, 2002, 82, S. 112–127.
7 Kundera, M., Der Vorhang, München: Hanser, 2005.
8 Emmons, R. A., McCullough, M. E., Counting blessings versus burdens: An experimental investigation of gratitude and subjective well-being in daily life, in: Journal of Personality and Social Psychology, 2003, 84, S. 377–389.
10 Campell, W. K., Narcissism and romantic attraction, in: Journal of Personality and Social Psychology, 1999, 77, S. 1254–1270.
11 Dasgupta, N., Greenwald, A. G., On the malleability of automatic attitudes: Combating automatic prejudice with images of admired and disliked individuals, in: Journal of Personality and Social Psychology, 2001, 81, S. 800–814.

30. Kapitel: Die Frage nach dem Selbstwertgefühl anders stellen: Seinen Platz unter den anderen finden

1 Ricard, M., Plaidoyer pour le bonheur, Paris: Nil Éditions, 2003.
2 Lee, A. Y., et al., The pleasures and pains of distinct self-construals: The role of interdependance in regulatory focus, Journal of Personality and Social Psychology, 2000, 78, S. 1122–1134.
3 Gable, S. L., et al., What do you do when things go right? The intrapersonal and interpersonal benefits of sharing positive events, in: Journal of Personality and Social Psychology, 2004, 87, S. 228–245.
4 Neumann, R., Strack, F., »Mood contagion«: The automatic transfer of mood between persons, in: Journal of Personality and Social Psychology, 2000, 79, S. 211–223.
5 Lockwood, P., et al., Feeling better about doing worse: Social comparisons within romantic relationships, in: Journal of Personality and Social Psychology, 2004, 87, S. 80–95.
6 Gardner, W. L., et al., When you and I are »we«, you are not threatening: The role of self-expansion in social comparison, in: Journal of Personality and Social Psychology, 2002, 82, S. 239–251.

7 Cros, S. E., et al., The relational-interdependant self-construal, self-consistency, and well-being, in: Journal of Personality and Social Psychology, 2003, 85, S. 933–944.
8 Silvia, P. J., Gwendola, G. H. E., On introspection and self-perception: Does self-focused attention enable accurate self-knowledge? In: Review of General Psychology, 2001, 5, S. 241–269.
9 Reidl, A., Gender and sources of subjective well-being, in: Sex Roles, 2004, 51, S. 617–629.
10 Väänänen, A., et al., When it is better to give than to receive: Longterm health effects of perceived reciprocity in support exchange, in: Journal of Personality and Social Psychology, 2005, 89, S. 176–193.
11 Gramzow, R. H., Gaertner, L., Self-esteem and favoritism toward novel in-group: The self as an evaluative base, in: Journal of Personality and Social Psychology, 2005, 88, S. 801–815.
12 Matthew, J., Hornsey, M. J., Jetten, J., The individual within the group: Balancing the need to belong with the need to be different, in: Journal of Personality and Social Psychology, 2004, 8, S. 248–264.
13 Millêtre, B., L'estime de soi chez les adultes à haut potentiel, Vortrag am 33. Wissenschaftstag der »Thérapie comportementale et cognitive«, Paris, 2005.
14 Hulin, M., La Mystique sauvage, Paris: PUF, 1993.

32. Kapitel: Handeln und Selbstwertgefühl: Sich bewegen, um sich wertzuschätzen

1 Siehe die Zusammenfassung in: Dubois, N., La Psychologie du contrôle, Grenoble: Presses Universitaires de Grenoble, 1987.
2 Zusammenfassung in: Maddux, J. E., Self-efficacy, in: Snyder, C. R., Lopez, S. J. (Hgg.), Handbook of positive psychology, Oxford: Oxford University Press, 2002, S. 277–287.
3 Judge, T. A., et al., Are mesures of self-esteem, neuroticism, locus of control, and self-efficacy indicators of a common core construct?, in: Journal of Personality and Social Psychology, 2002, 83, S. 693–710.
4 Alain, Propos, Paris: Gallimard (La Pleiade), 1956 (Gespräch vom 4. April 1913).
5 Hadot, P., La Philosophie comme manière de vivre, Paris: Albin Michel, 2001.

33. Kapitel: Etwas tun – ohne Druck von außen: Regeln für ein gelassenes Handeln

1 Ralph, J. A., Mineka, S., Attributional style and self-esteem: The prediction of emotional distress following a midterm exam, in: Journal of Personality and Social Psychology, 1998, 107, S. 203–215.
2 Zit. nach Ide, P. u. Adrian, L. (op.cit) in ihrem außerordentlichen Buch: Sept Péchés capitaux, Paris: Mame, 2002, S. 20.

3 Norcross, J. C., et al., Auld lang Syne: Success predictors, change processes, and self-reported outcomes of New Year's resolvers and nonresolvers, in: Journal of Personality and Social Psychology, 2002, 58, S. 397–405.
4 Cottraux, J., Les Thérapies comportementales et cognitives, Paris: Masson, ³1998.
5 Freitas, A. L., et al., Abstract and concrete self-evaluative goals, in: Journal of Personality and Social Psychology, 2001, 80, S. 410–424.
6 Di Paula, A., Campbell, J. D., Self-esteem and persistence in the face of failure, in: Journal of Personality and Social Psychology, 2002, 83, S. 711–724.
7 Grzegorek, J. L., et al., Self-criticism, dependency, self-esteem, and grade point average satisfaction among clusters of perfectionists and nonperfectionists, in: Journal of Counseling Psychology, 2004, 51, S. 192–200.
8 Camus, A., Der Mythos von Sisyphos, Hamburg: Rowohlt, 1959.
9 Custers, R., Aarts, H., Positive affect as implicit motivator: On the non-conscious operation of behavioral goals, in: Journal of Personality and Social Psychology, 2005, 89, S. 129–142.

34. Kapitel: Kann man die Angst vor Misserfolg loswerden?

1 McGregor, H. A., Elliot, A. J., The shame of failure: Examining the link between fear of failure and shame, in: Personality and Social Psychology Bulletin, 2005, 31 (29), S. 218–231.
2 Behar, E., et al., The effects of suppressing thoughts and images about worrisome stimuli, in: Behavior Therapy, 2005, 36, S. 289–298.
3 Tafarodi, R. W., et al., Self-esteem and memory, in: Journal of Personality and Social Psychology, 2003, 84, S. 29–45.

35. Kapitel: Die Autonomie gegenüber Erfolg, Gelingen und Bestätigung: Wie gleichgültig soll man werden? Oder wie frei ...

1 Renard, J., Journal, Eintragung vom 10. Oktober 1893.
2 Kernis, M. H., High self-esteem: A differentiated perspective, in: E. C. Chang u. L. J. Sanna, Virtue, vice and personality. The complexity of behavior, Washington, D. C.: American Psychological Association, 2003, S. 3–22.
3 Baldwin, M. W., Sinclair, L., Self-esteem and »if ... then« contingencies of interpersonal acceptance, in: Journal of Personality and Social Psychology, 1996, 71 (6), S. 1130–1141.

36. Kapitel: Die Psychologie des Bedauerns

1 André, C., Regrets d'hier et d'aujourd'hui ..., in: Cerveau et Psychologie, 2005, 9, S. 32–36.
2 Gilovich, T., Medvec, V., The experience of regret: What, when, and why, in: Psychological Review, 1995, 102, S. 379–395.
3 Ross, M., Wilson, A. E., It feels like yesterday: Self-esteem, valence of personal

past experience, and judgments of subjective distance, in: Journal of Personality and Social Psychology, 2002, 82, S. 792–803.

37. Kapitel: Der kleine braune Bär ist stolz auf sich

1 Bour, D., Petit Ours brun est fier de lui, Paris: Bayard, 2005.

38. Kapitel: Die Stille des Selbstwertgefühls

1 Mein Leben ohne mich, von Isabel Coixet, 2003.
2 Für Spezialisten, siehe alle Artikel zur Debatte über das Selbstwertgefühl in der exponiertesten Zeitschrift der wissenschaftlichen Psychologie: Psychological Bulletin, Bd. 130, Nr. 3, Mai 2004.
3 Ryff, C. D., Singer B., Ironies of the human condition: Well-being and health on the way to mortality, in: L. G. Aspinwall u. U. M. Staudinger, A psychology of human strengths. Fundamental questions and future directions for a positive psychology, Washington, D. C.: American Psychological Association, 2003, S. 271–288.

39. Kapitel: Seine Gegenwärtigkeit verstärken

1 Csikszentmihaly, M., Lebe gut! Wie Sie das beste aus Ihrem Leben machen, München: dtv, 2001.
2 André, C., Vivre heureux. Psychologie du bonheur, Paris: Odile Jacob, 2003.
3 Germer, C. K., et al. (Hgg.), Mindfulness and psychotherapy, New York: Guilford, 2005.
4 Langer, E., Well-being: Mindfulness versus positive evaluation, in: Snyder, C. R., Lopez, S. J. (Hgg.), Handbook of positive psychology, Oxford: Oxford University Press, 2002, S. 214–230.
5 Lutz, A., et al., Long-term meditators self-induce high-amplitude gamma synchrony during mental practice, in: Proceedings of the National Academy of Sciences, 2004, 101 (46), S. 16369–16373.
6 Brown, K. W., et al., The benefits of being present: Mindfulness and its role in psychological well-being, in: Journal of Personality and Social Psychology, 2003, 84, S. 822–848.
7 Thich Nhat Hanh, Le Miracle de la pleine conscience, Paris: L'Espace Bleu, 1994.
8 Castermane, J., La Sagesse exercée, Paris: La Table Ronde, 2005.
9 Comte-Sponville, A., De l'autre côté du désespoir, Paris: L'Originel, 1997.

40. Kapitel: In dem, was man tut, ganz aufgehen

1 Baumeister, R. F., Vohs, K. D., The pursuit of meaningfulness in life, in: Snyder, C. R., Lopez, S. J. (Hgg.), Handbook of positive psychology, Oxford: Oxford University Press, 2002, S. 608–618. Siehe auch: Emmons, R. E., Personal goals, life

meaning, and virtue: Wellsprings of a positive life, in: C. L. M. Keyes u. J. Haidt, Flourishing. Positive psychology and the life well lived, Washington, D. C.: American Psychological Association, 2003, S. 105–128.

2 Siehe zum Beispiel in M. R. Leary u. J. P. Tangney (Hgg.), Handbook of self and identity, New York: Guilford, 2003, die Kapitel »Stability and variability in self-concept« (Kernis, M. H. u. Goldmann, B. G., S. 106–127) oder »Self-verification, the search for coherence« (Swann, W. B., et al., S. 367–383).

3 Wrzesniewski, A., et al., Working, Playing, and eating: Making the most of most moments, in: C. L. M. Keyes u. J. Haidt, Flourishing. Positive psychology and the life well lived, Washington, D. C.: American Psychological Association, 2003, S. 185–204.

4 Sheldon, K. M., Houser-Marko, L. H., Self-concordance, goal-attainment, and the pursuit of happiness: Can be there an upward spiral?, in: Journal of Personality and Social Psychology, 2001, 80, S. 152–165.

41. Kapitel: Demut: Wie weit soll man sich zurücknehmen?

1 Tangney, J. P., Humility, in: Snyder, C. R., Lopez, S. J. (Hgg.), Handbook of positive psychology, Oxford: Oxford University Press, 2002, S. 411–419.

2 Morgan, V. G., Humility and the transcendent, in: Faith and Philosophy, 2001, 18, S. 307–322.

3 André, C., La folie people, in: Cerveau et Psycho, November 2005, 12, S. 16–19.

4 Exline, J. J., Geyer, A., Perceptions of Humility: A Preliminary Study, in: Self and Identity, 2004, 3, S. 95–114.

5 Siehe das Kapitel: »Humility and modesty«, in: Peterson, C., Seligman, M., op. cit., S. 461–475.

6 Bei einer Diskussion, organisiert von der Association humanitaire Karuna, Salle de la Mutualité, Paris, am 20. Oktober 2005.

7 Nouvel Observateur (supplément), Nr. 2008, 3. Mai 2003.

42. Kapitel: Das Selbstwertgefühl, der Sinn des Lebens und die Furcht vor dem Tod

1 Tolstoi, L., Gesammelte Werke, Dieckmann (Hg.), Berlin: Rütten & Loening, 1984.

2 Pyszczynski, T., et al., Why do people need self-esteem? A theoretical and empirical review, in: Psychological Bulletin, 2004, 130, S. 435–438.

3 Greenberg, J., et al., Why do people need self-esteem? Converging evidences that self-esteem serves as an anxiety-buffering function, in: Journal of Personality and Social Psychology, 1992, 63, S. 913–922.

4 Harmon-Jones, E., et al., Terror management theory and self-esteem: Evidence that increased self-esteem reduces mortality-salience effect, in: Journal of Personality and Social Psychology, 1997, 72, S. 24–36.

5 Pyszczynski, T., et al., Why do people need self-esteem? A theoretical and empirical review, in: Psychological Bulletin, 2004, 130, S. 435–438.
6 McGregor, I., et al., Compensatory conviction in the face of personal uncertainty: Going to evidences and being oneself, in: Journal of Personality and Social Psychology, 2001, 80, S. 472–488.
7 Taubmann Ben-Ari, O., et al., The impact of mortality salience on reckless driving: A test of terror management mechanisms, in: Journal of Personality and Social Psychology, 1999, 76, S. 35–45.
8 Mandel, N., Heine, S. J., Terror management and marketing: He who dies with the most toys wins, in: Advances in Consumer Research, 1999, 26, S. 527–532. Siehe auch: Kasser, T., Sheldon, K. M., On wealth and death: Materialism, mortality salience, and consumption behavior, in: Psychological Science, 2000, 11, S. 348–351.
9 Goldenberg, J. L., et al., The body as source of self-esteem: The effects of mortality salience on identification with one's body, interest in sex, and appearance monitoring, in: Journal of Personality and Social Psychology, 2000, 79, S. 118–130.
10 Jonas, E., et al., The scrooge effect: Evidence that mortality salience increases prosocial attitudes and behavior, in: Journal of Personality and Social Psychology, 2002, 28, S. 1342–1353.
11 Pyszczynski, T., et al., Freedom versus fear: On the defense, growth, and expansion of the self, in: M. R. Leary u. J. P. Tangney (Hgg.), Handbook of self and identity, New York: Guilford, 2003, S. 314–343.
12 Siehe die Zusammenfassung in: Yalom, I. D., Existential Psychotherapy, New York: Basic Books, 1980 (vor allem: »Freud: Anxiety without death«, S. 59–74).
13 Des Forêts, R. L., Pas à pas jusqu'au dernier, Paris: Mercure de France, 2001.
14 Epictetus, Handbüchlein der Moral und Unterredungen, Schmidt, H. (Hg.), Stuttgart: Kröner, 1959.
15 Yalom, I. D., op. cit. Siehe auch: André, C., Psychologie de la peur, Paris: Odile Jacob, 2004.
16 Violet, M., Despleschin, M., La Vie sauve, Paris: Seuil, 2005.
17 Interview in: Psychologies Magazine, Nr. 246, November 2005, S. 104–105.
18 Dechesne, M., et al., Literal and symbolic immortality: The effect of evidence of literal immortality on self-esteem striving in response to mortality salience, in: Journal of Personality and Social Psychology, 2003, 84, S. 722–737.
19 Dechesne, M., et al., Terror management and the vicissitudes of sports fan affiliation: The effects of mortality salience on optimism and fan identification, in: European Journal of Social Psychology, 2000, 30, S. 813–835.
20 Sherman, D. A. K., et al., Do messages about health risks threaten the self? Increasing the acceptance of threatening self messages via self-affirmation, in: Personality and Social Psychology Bulletin, 2000, 26, S. 1046–1058.
21 Siehe besonders zwei Werke, veröffentlicht von der American Psychological Association: Miller, W. R. (Hg.), Integrating Spirituality Into Treatment: Resources for

Practitioners, 1999, und: Sperry, L., Sharfranske, E. P. (Hgg.), Spirituality Oriented Psychotherapy, 2004.
22 Dalai Lama u. Cutler, H., L'Art du bonheur, Paris: Laffont, 1999.
23 Comte-Sponville, A., Dictionnaire philosophique, op. cit.

Schluss

1 Marc Aurel, Wege zu sich selbst, Nickel, R. (Hg.) Düsseldorf: Artemis & Winkler, 2001, S. 122.

Weiterführende Literatur

Baumeister, R. F. (Hg.), Self-esteem: The puzzle of low self-regard, New York: Plenum Press, 1993.
Bolognini, M., Prêteur, Y., Estime de soi, perspectives développementales, Lausanne: Delachaux et Niestlé, 1998.
Burns, D. D., Ten days to self-esteem, New York: Harper Collins, 1999.
Carlock, C. L. (Hg.), Enhancing self-esteem, Philadelphia: Taylor & Francis, 1999.
Fennell, M. J. V., Overcoming low self-esteem, London: Constable & Robinson 1999.
Hadot, P., Exercices spirituels et philosophie antique, Paris: Albin Michel, 2002.
Kernis, M. H. (Hg.), Efficacy, agency, and self-esteem, New York: Plenum Press, 1995.
Leary, M. R., Tangney, J. P. (Hgg.), Handbook of self and identity, New York: Guilford, 2003.
Owens, T. J., Stryker, S., Goodman, N. (Hgg.), Extending self-esteem theory and research. Sociological and psychological currents, Cambridge: Cambridge University Press, 2001.